THORSTEN DIETZ

MENSCHEN *mit* MISSION

EINE LANDKARTE DER EVANGELIKALEN WELT

SCM

Stiftung Christliche Medien

SCM R.Brockhaus ist ein Imprint der SCM Verlagsgruppe, die zur Stiftung Christliche Medien gehört, einer gemeinnützigen Stiftung, die sich für die Förderung und Verbreitung christlicher Bücher, Zeitschriften, Filme und Musik einsetzt.

Max-Eyth-Straße 41 · 71088 Holzgerlingen
Internet: www.scm-brockhaus.de · E-Mail: info@scm-brockhaus.de

Die Bibelverse sind folgender Ausgabe entnommen:
Elberfelder Bibel 2006, © 2006 SCM R.Brockhaus in der
SCM Verlagsgruppe GmbH, Witten/ Holzgerlingen.

Lektorat: Karoline Kuhn, www.elayz.de
Titelbild: © everst (shutterstock.com)
Autorenfoto: © Paulphotography7
Gesamtgestaltung: Grafikbüro Sonnhüter, www.grafikbuero-sonnhueter.de
Satz: typoscript GmbH, Walddorfhäslach
Druck und Bindung: Finidr, s.r.o.
Gedruckt in Tschechien

ISBN 978-3-417-00015-3
Bestell-Nr. 227.000.015

INHALT

VORWORT

Als Martin Hünerhoff und ich den Podcast *Das Wort und das Fleisch* begonnen haben, hat sich eine Dynamik entwickelt, die uns selbst überwältigt hat. Neben den hohen Aufrufzahlen entstand vor allem unter evangelikalen Hörerinnen und Hörern ein starkes Bedürfnis, uns in vielen Rückmeldungen aus der eigenen Geschichte zu erzählen und sich irgendwo auf dieser Landkarte wiederzufinden. Das ist alles andere als einfach. Denn wer definiert, was evangelikal ist, wer dazugehört und wer nicht? Sind auch die Angehörigen der Pfingstbewegung Evangelikale? Sind Evangelikale Fundamentalisten? Je länger man sich mit solchen Fragen beschäftigt, desto komplexer werden sie.

THE DANGER OF A SINGLE STORY

Die nigerianische Schriftstellerin Chimamanda Ngozi Adichie warnte in ihrem viel beachteten Ted-Talk *The Danger of a Single Story* vor der Gefahr, komplexe Sachverhalte mithilfe einer einzigen Erzählung abbilden zu wollen.[1] Mit »Story« meint sie nicht einfach tatsächliche oder typische Erzählungen von Begebenheiten, sondern Geschichten, die vermeintlich das Wesen einer Idee oder Gruppierung abbilden. Typisch sind Geschichten nach der Logik »Vom Tellerwäscher zum Millionär«, die auf den Punkt bringen sollen, was man mit dem »amerikanischen Traum« meint. Adichie bestreitet keineswegs, dass wir alle solche Geschichten brauchen, um uns in der Welt zurechtzufinden. Ja, mehr noch: Faktisch ist unsere Wahrnehmung immer schon von solchen Erzählungen geprägt. Sie helfen uns, die Wirklichkeit wahrzunehmen und das Gesehene einzuordnen. Gefährlich wird es, wenn eine einzige Geschichte das Ganze abbilden soll. Denn dann bestimmt eine solche Story, was wir überhaupt noch von einer Sache wahrnehmen können.

Welche Geschichten werden über Evangelikale erzählt?

- Die Gefährlichen: Evangelikale sind frauenfeindlich und homophob. Weil sie den Pluralismus der modernen Welt nicht ertragen können, ziehen sie sich in eine Parallelwelt zurück, in der sie ihre Kinder indoktrinieren. Sie fallen leicht auf Verführer und Demagogen herein und stellen daher eine Gefahr für die Demokratie dar.
- Die Intensivevangelischen: Evangelikale sind die wahren Jesusnachfolger. Sie lieben Jesus und vertrauen der Bibel; und darum werden sie in der Welt verachtet und verfolgt. Sie gehen den Weg konsequenter Nachfolge, ohne Kompromisse mit dem Zeitgeist.
- Die Ewiggestrigen: Evangelikale nehmen die Bibel wörtlich. Sie lehnen die Evolutionslehre und die modernen Bibelwissenschaften ab. Sie verweigern sich den modernen Wissenschaften und verachten die moderne Kultur. Böse sind sie nicht, eher herzensgut, aber naiv.
- Die Exoten: Evangelikalismus ist die Religion der sozialen Aufsteiger. Evangelikale erleben Zeichen und Wunder. Ihr Glaube ist radikal – und darum hat er die Kraft, das Leben von Menschen zu verändern. Der Evangelikalismus ist ein Laboratorium religiöser Entdeckungen und Erfahrungen.

Solche Erzählungen bzw. »Storys« sind heute weitverbreitet. Und sie sind einflussreich. Wenn man mit einem dieser Muster im Kopf auf die Suche geht, wird man fündig werden. Für einen Mann mit einem Hammer in der Hand sieht alles aus wie ein Nagel. Man entdeckt vermeintlich eindeutige Belege dafür, dass dieses Muster kein Klischee ist – diese Evangelikalen sind wirklich so. Wer sich vor Evangelikalen gruseln möchte, wird Belege finden. Ebenso wie diejenigen, die sie bewundern oder verachten wollen.

FAIR, ABER NICHT NEUTRAL

Es wäre eine Illusion, zeigen zu wollen, wie Evangelikale wirklich sind. Niemand sieht die Welt objektiv. Wir alle haben jeweils unsere Perspektive. Darum spreche ich von einer »Landkarte der evangelikalen Welt«. Eine Karte ist nicht das Gebiet. Sie ist nur eine zweidimensionale Abbildung davon. Wir alle machen uns Karten. Und jede Karte verrät auch etwas über diejenigen, die sie gezeichnet haben. Denn jede Karte lässt vieles weg und hebt nur hervor, was als wesentlich gilt.

**Evangelikalismus ist bunt.
Es geht mir in diesem Buch vor allem um eine Befreiung vom Tunnelblick für Verehrer und Verächter.**

Evangelikalismus ist bunt. Sehr bunt. Darum geht es mir in diesem Buch vor allem. Um eine Befreiung vom Tunnelblick für Verehrer und Verächter. »Die« Evangelikalen gibt es nicht. Dies ist kein Buch über die Evangelikalen, »wie sie wirklich sind«. Auch ich werde Geschichten erzählen. Mehr als eine. Denn die Evangelikalen existieren nur im Plural. Daher werde ich viele evangelikale Strömungen selbst zu Wort kommen lassen. Und ebenso werde ich viele Außenperspektiven auf die evangelikale Bewegung präsentieren. Beides gehört zusammen.

Ich versuche dabei fair zu sein, aber nicht neutral. Ich lebe seit Jahrzehnten in dieser Welt der Evangelikalen. Wie viele andere bin ich manchmal dankbar, manchmal frustriert, manchmal motiviert, manchmal deprimiert. All das wird so oder so in die Darstellungen einfließen. Zu einigen Punkten beziehe ich explizit Stellung. Jeweils am Ende der Hauptabschnitte blicke ich zurück aus der Perspektive meiner eigenen Lebenserfahrung. In meinen Beschreibungen sollte sich jede Strömung wenigstens einigermaßen wiedererkennen können, auch da, wo man meine Perspektiven oder Bewertungen nicht nachvollziehen oder gar anerkennen kann.

Dieses Buch ist als Einladung an die Skeptiker gemeint, das Positive, Wertvolle und Zukunftsfähige zu entdecken. Zugleich ist es eine Einladung an alle Insider, auch das Kritikwürdige und Erneuerungsbedürftige anzuschauen. Mein Ziel hätte ich erreicht, wenn nach der Lektüre die Gegner des Evangelikalismus milder, seine Anhänger kritischer – und alle differenzierter auf ihn blicken.

Natürlich ist mir klar, dass es jedem Lesenden freisteht, diesen frommen Wunsch zu ignorieren und nach dem zu suchen, was das eigene Bild von den Evangelikalen bekräftigt. Wer sich die Bestätigung des Bewusstseins eigener Grandiosität oder die Bekräftigung eigener Vorurteile erhofft, soll fündig werden können. Aber wie gesagt: Ich lade ein, neue Seiten dieser Bewegung und nicht nur die schon bekannten zu entdecken.

AUFBAU DIESES BUCHES

Warum interessieren sich gerade jetzt viele Menschen für ein tieferes Verständnis der evangelikalen Welt? Offensichtlich sind es zwei Dinge, die die Evangelikalen so bemerkenswert machen: ihre unübersehbare religiöse Ausbreitung in aller Welt und ihr von vielen als problematisch wahrgenommener politischer Einfluss in verschiedenen Weltregionen, vor allem aber in den USA.

In einem ersten Schritt (Teil 1: Orientieren) verschaffen wir uns einen Überblick über die evangelikale Bewegung. Wie ist die Bewegung entstanden? Welche Auslöser und beeinflussenden Faktoren können wir erkennen? Welche zentralen Strukturen der evangelikalen Bewegung sind in ihrer historischen Entwicklung bis heute entstanden? Wenn ich in diesem Buch eine Landkarte der evangelikalen Welt wiedergeben möchte, so hat diese – wie jede Landkarte – eine ganz bestimmte Perspektive. Es handelt sich hier um eine spezifisch deutsche Sicht auf die Evangelikalen und ihre Geschichte. Der geschichtliche Überblick soll zeigen: In erster Linie ist die evangelikale Bewegung ein Phänomen der englischsprachigen Welt, das im Zuge der Globalisierung weltweiten Einfluss entfaltet, unter anderem auch in Deutschland. Es ist kein Wunder, dass die große mediale Aufmerksamkeit auf die US-Evangelikalen natürlich auch die Wahrnehmung der deutschen Evangelikalen mitbestimmt.

Ein zentrales Ziel dieses Buches besteht darin, als Gegenpol zu den verbreiteten Verkürzungen gleichermaßen die Einheit und Vielfalt evangelikaler Bewegungen zu betonen; und in dieser Absicht vor allem immer wieder die amerikanische und die deutsche Entwicklung zu vergleichen. Wo beeinflussen amerikanische Tendenzen die deutschen Evangelikalen? Und wo gibt es in Deutschland ganz eigene und andere Entwicklungen?

In einem nächsten Schritt geht es mir dann vor allem um den Aspekt der Einheit, um das Verbindende, was ich als die »Hauptstraße« (Teil 2) der Bewegung bezeichne. Dabei konzentrieren wir uns besonders auf die Geschichte der letzten 50 Jahre, das heißt den Evangelikalismus im engeren Sinne. Bei einer globalen Strömung von 600 Millionen Menschen lässt sich immer sagen, dass alles noch viel komplexer ist. Darum nehme ich Maß beim entscheidenden historischen Moment der modernen Geschichte: dem Lausanner Kongress 1974. Dieses Ereignis hatte und hat definierende Bedeutung für die globale Bewegung insgesamt. Hier zeigen sich die zentralen Kernanliegen. Hier wird aber auch von Anfang an ein breites Spektrum der modernen Evangelikalen deutlich. Die Lausanner Bewegung und die *Weltweite Evangelische Allianz* sind die Netzwerke, an denen wir begründet festmachen können, ob und inwiefern Strömungen, Personen und Impulse als evangelikal bezeichnet werden können.[2]

Dann wird es in einem dritten Block (Teil 3: Krisengebiete) vor allem um die erheblichen Spannungen gehen, die sich gegenwärtig durch die Bewegung ziehen.[3] In vier Kapiteln möchte ich mich der Relevanz einer apokalyptischen Zeitdeutung, eines wiedererstarkenden Fundamentalismus, einer zunehmenden politischen Öffnung nach rechts und schließlich umgekehrt gegenläufigen Tendenzen zu einem Postevangelikalismus außerhalb wie innerhalb der klassisch evangelikalen Kirchen und Werke widmen.

In einem vierten Schritt (Teil 4: Baustellen) sollen schließlich Zukunftsfragen erörtert werden. Dabei möchte ich Querschnittsthemen ansprechen wie das Verhältnis zur modernen Kultur, die Bedeutung der evangelikalen Spiritualität, die Entwicklung einer evangelikalen Ethik und zuletzt die Bedeutung von Gemeindegründung und -entwicklung. Welche Trends zeichnen sich auf diesen Feldern ab? Wie stellt sich das Verhältnis zu den anderen Kirchen der Ökumene dar? Welche internen Debatten und Auseinandersetzungen lassen sich auf diesen praktischen Feldern wahrnehmen?

In diesem Sinne: Gute Reise!

TEIL 1

Orientieren

WAS IST EVANGELIKAL?

1. EVANGELIKALISMUS – EINE GLOBALE GLAUBENSBEWEGUNG DER NEUZEIT

Zunächst brauchen wir eine erste Verständigung über unser Thema: Was sind Evangelikale? Und schon wird es kompliziert. Was bekennende Evangelikale über sich selbst sagen, was kirchenhistorische Forschung zu ihnen schreibt und was Medien in sehr viel größerer Knappheit berichten, kann sehr unterschiedlich ausfallen. Ich möchte daher im Folgenden vier grundlegende Perspektiven vorstellen, die ich miteinander verbinden möchte: grundlegende Merkmale des Evangelikalismus, Epochen des Evangelikalismus, Institutionen des Evangelikalismus und gesellschaftspolitische Ausprägungen des Evangelikalismus.

DIE MERKMALE DES EVANGELIKALISMUS

Woran erkennt man Evangelikale? Der britische Historiker David Bebbington hat in seinem Standardwerk über die Geschichte der Evangelikalen in Großbritannien vier zentrale Aspekte vorgeschlagen.[4] Dieses Verständnis wurde nicht nur in der internationalen Forschung zu Evangelikalen vielfach aufgegriffen. Es wurde auch von vielen Evangelikalen akzeptiert und zum Teil ihrer Selbstbeschreibung. Evangelikale erkennt man an folgenden Merkmalen: der Betonung der Bekehrung, dem Ansporn zur Weltveränderung, der Höchstschätzung der Bibel und an der Konzentration auf Jesus Christus als Erlöser.

1. BEKEHRUNG – *CONVERSIONISM*

Das Stichwort Bekehrung steht nicht zufällig am Anfang. Mit diesem Konzept verbinden sich ein inhaltliches Anliegen, soziale Differenzierung und praktische Konsequenzen. Evangelikale zeichnen sich aus durch ihre starke Betonung der eigenen Entscheidung für Jesus Christus. Evangelikal ist man nicht durch Geburt, Familientradition oder Kindertaufe. Evangelikal ist man bewusst, durch eine persönliche Hinwendung zum christlichen Glauben.

Evangelikal ist man bewusst, durch eine persönliche Hinwendung zum christlichen Glauben.

Das Konzept »Bekehrung« hat soziale Konsequenzen: es unterscheidet Bekehrte und Unbekehrte, Gläubige und Nichtgläubige. Daher bedarf es einer gewissen Eindeutigkeit. Zu manchen Zeiten haben Evangelikale bestimmte Muster von Bekehrungserfahrungen betont. Aber es wäre eine Engführung, allen Evangelikalen solche Schematisierungen zu unterstellen. Wichtiger als die konkrete Gestalt einer Bekehrungserfahrung ist die deutliche Unterscheidung von gläubig und ungläubig, von bekehrt und unbekehrt. Niemand muss sich in einer ganz bestimmten Weise bekehrt haben. Aber als wesentlich gilt das Ergebnis einer solchen Bekehrung, ein persönliches Bekenntnis zu Jesus Christus als Erlöser und ein Leben in der Nachfolge.

Die Hochschätzung der Bekehrung hat praktische Folgen. Dass Menschen zum Glauben kommen, ist ein überragendes Ziel für das eigene Christsein, das alle Bereiche des persönlichen wie des gemeindlichen Lebens mindestens indirekt mitbestimmt. Evangelikale sind Menschen mit Mission.

2. AKTIVISMUS – *ACTIVISM*

Das zweite Merkmal von Evangelikalen ist ein ausgeprägter religiöser Aktivismus in kirchlicher, missionarischer und sozialer Hinsicht. In ihrem Gemeindeverständnis betonen Evangelikale, dass es am Leib Christi keine passiven Glieder gibt. Die reformatorische Idee vom Priestertum aller Gläubigen wird stark betont. Die klassisch kirchliche Tradition einer starken Priester- und Pfarrerzentrierung wird abgelehnt.

Evangelikale engagieren sich besonders stark für Evangelisation und (Welt-)Mission. Viele von ihnen unterstützen Missionarinnen und Missionare in aller Welt finanziell und im Gebet. Für den Großteil der evangelikalen Strömungen gehört dazu auch ein intensives Bemühen um Sozial- und Gesellschaftsreformen. Evangelikale verstehen sich als Licht und Salz ihres Umfelds und wollen auch als Mitglieder ihrer Gesellschaft Zeugen Jesu Christi sein.

3. BIBLIZISMUS – *BIBLICISM*

Die Bibel ist für Evangelikale nicht nur die Grundlage der kirchlichen Lehre wie in der Reformation, sondern zentraler Bezugspunkt für alle Gläubigen in ihrer Frömmigkeit, in ihrer missionarischen Aktivität, in ihrem Denken und ihrer Praxis.

In der Reformationszeit war eine Bibel für die meisten Menschen noch unbezahlbar teuer. Erst ab dem 18. Jahrhundert sorgen Pietisten und Evangelikale dafür, dass die Bibel für viele erschwinglich wird. Nun erst wird von allen Gläubigen regelmäßiges Bibellesen erwartet, und sei es in der Form der berühmten Herrnhuter Losungen. Die Bibel selbst wird zu einem zentralen Bezugspunkt der persönlichen Frömmigkeit.

Evangelikale streben nach einem möglichst biblisch fundierten Denken, in der Theologie wie, soweit es möglich ist, in der christlichen Lehre für alle Gläubigen. Die Betonung der autonomen Vernunft in der Aufklärungszeit wird entsprechend kritisch gesehen, vor allem da, wo dieses Denken Theologie und Kirche prägt.

Schließlich verschreiben sich Evangelikale in besonderer Weise der Bibelverbreitung. Sie engagieren sich sehr stark für Bibelübersetzungen in möglichst viele Sprachen der Welt und entwickeln viele Formate, mit deren Hilfe die Bibel für Menschen aller Stände zugänglich wird.

4. KREUZESZENTRIERUNG – *CRUCICENTRISM*[5]

Für alle evangelikalen Strömungen ist eine auf Jesus Christus zentrierte Frömmigkeit von zentraler Bedeutung. Das gilt so allerdings auch für die meisten Formen des Christentums insgesamt. Gerade auch im liberalen Christentum spielt Jesus eine zentrale Rolle. Was ist die Besonderheit der evangelikalen Beziehung zu Jesus Christus?

Evangelikale legen großen Wert darauf, dass Jesus Christus wahrer Mensch und wahrer Gott ist. Moderne Versuche, Jesus als rein menschliches Vorbild des Glaubens zu würdigen, werden entschieden abgelehnt.

In vielen evangelikalen Bekenntnissen wird Jesus Christus als Herr und Erlöser bezeichnet. Die Menschwerdung Gottes wird stark betont. Noch zentraler ist für die allermeisten das Kreuz Jesu, verstanden als stellvertretender Opfertod zur Erlösung von Sünde und Tod. Für die meisten Evangelikalen ist eine intensive Jesusfrömmigkeit typisch. Sie beten häufiger direkt zum Auferstandenen als die Angehörigen anderer Frömmigkeitstraditionen, und sie suchen in ihrem Lebensalltag Orientierung am Handeln Jesu.

Evangelikale teilen nicht nur bestimmte Merkmale, sie sind verbunden durch eine gemeinsame Geschichte.

Für die heutige Verständigung über Evangelikalismus sind diese vier Merkmale schon deshalb unverzichtbar, weil sie eine so breite Anerkennung gefunden haben, sowohl in der Forschung wie bei vielen Evangelikalen. Aber dieses Schema allein genügt nicht. Nicht wenige Katholiken finden sich in diesen Merkmalen wieder, ohne dass sie sich deshalb als evangelikal bezeichnen würden. Evangelikale teilen nicht nur bestimmte Merkmale, sie sind verbunden durch eine gemeinsame Geschichte. Ihre Überzeugungen, ihre Traditionen und ihre Identität sind durch eine Reihe von geschichtlichen Erfahrungen geprägt worden.

Es gibt Evangelikale, die denken, ihren Glauben direkt auf die Urchristenheit zurückführen zu können. Sie sind überzeugt, dass Evangelikale stets für die gleichen biblischen Anliegen gestanden haben. Faktisch haben sie jedoch sowohl in ihren theologischen Überzeugungen als auch in ihrer kulturellen und gesellschaftspolitischen Ausrichtung immer wieder dramatische Veränderungen durchlaufen.

In verschiedenen Epochen und nicht zuletzt auch auf unterschiedlichen Kontinenten ist im Laufe der Geschichte eine enorme Vielfalt von evangelikalen Ausprägungen entstanden. Wer die Bewegung besser verstehen will, muss die Grundzüge ihrer Geschichte kennen.

DIE GESCHICHTE DES EVANGELIKALISMUS

In den letzten Jahrzehnten wurde intensiv zur Geschichte der Evangelikalen geforscht. In diesem Buch werde ich mich vor allem auf den Evangelikalismus der letzten 50 Jahre konzentrieren. Aber natürlich kann dabei nicht ganz von seiner Geschichte insgesamt abgesehen werden.

Man muss an dieser Stelle unterscheiden zwischen Evangelikalismus im weiteren Sinne und Evangelikalismus im engeren Sinne.

Im weiteren Sinne bezieht sich der Begriff Evangelikalismus auf die geistlichen Aufbrüche im Protestantismus seit den 1730er-Jahren in Nordamerika und Großbritannien. Von dieser Zeit an lässt sich eine kontinuierliche Geschichte der Evangelikalen erzählen, auf beiden Seiten des Atlantiks und weit darüber hinaus, vor allem für die englischsprachige Welt.[6] Schon die globale Ausbreitung im britischen Empire bzw. später in den Staaten des Commonwealth und in den USA sowie die breite Missionstätigkeit in aller Welt sorgten dafür, dass diese Strömungen globale Prägekraft bekamen. Mit Evangelikalismus im engeren Sinne meine ich die Zeit nach dem Zweiten Weltkrieg. Denn erst in dieser Zeit bedeutet das Wort *evangelical* auch in den USA nicht mehr allgemein »evangelisch«, sondern eine bestimmte Frömmigkeitsform, die sich auf die Erweckungstradition seit dem 18. Jahrhundert beruft.

1. WURZELN UND AUFBRÜCHE (*GREAT AWAKENING* 1730–1790)

In den nordamerikanischen Kolonien kam es in den 1730er- und 1740er-Jahren zu einer Reihe von geistlichen Erweckungen, das heißt der zeitnahen und intensiven Zuwendung vieler Menschen zum christlichen Glauben. Im geschichtlichen Rückblick sprach man vom *Great Awakening*. Für die Identität und das geschichtliche Selbstbewusstsein der evangelikalen Bewegung haben diese Aufbrüche bis heute überragende Bedeutung. Prediger wie Jonathan Edwards (1703–1758) und der aus England stammende George Whitefield (1714–1770) sorgten mit ihrer Verkündigung vor allem in Nordamerika für massenhafte Zuwendung zum christlichen Glauben. Gleichzeitig breitete sich in Großbritannien vor allem durch John Wesley (1703–1791) die geistliche Erneuerungsbewegung des Methodismus aus, die mit den amerikanischen Aufbrüchen vielfältig verbunden war. Edwards, Whitefield und die Brüder John und Charles Wesley gelten als die zentralen Begründer des Evangelikalismus.[7]

In den nordamerikanischen Kolonien, vor allem in Neuengland, gab es das starke Erbe eines Erweckungspuritanismus. Viele Zuwanderer kamen aus religiösen Gründen nach Nordamerika. Für manche war die Reise über den Atlantik Teil einer göttlichen Mission: eine Stadt auf dem Berg zu sein, *a city upon a hill*, wie es John Winthrop in einer berühmt gewordenen Predigt von 1630 formulierte. Die puritanischen Pilgerväter hatten unterschiedliche Gemeindeformen entwickelt, teilweise mit staatskirchlichen Zügen. Die Kindertaufe war üblich, ebenso wie Bemühungen um Einheit der geistlichen und der örtlichen Gemeinschaft. Zugleich strebte man nach einem geheiligten Leben und entwickelte entsprechend hohe moralische Anforderungen für die Gemeindemitglieder.

Jonathan Edwards war wie schon sein Großvater Stoddard stark geprägt von diesem puritanischen Erbe. Dass Edwards in seiner Gemeinde in Northampton einen erwecklichen Aufbruch erlebte, war auch nichts Ungewöhnliches. Schon sein Großvater kannte solche Segenszeiten. Edwards verfasste über die Bekehrungen in seiner Gemeinde einen einflussreichen Bericht, der auch in Europa wahrgenommen wurde.

Von Anfang an war die Bewegung vielfältig. Edwards stand wie viele der erweckten Gemeinden in der Tradition des Kongregationalismus, einer reformierten Kirchenform, die die Eigenständigkeit der Ortsgemeinde betonte. Whitefield und Wesley entstammten hingegen dem britischen Anglikanismus. Vor allem zwischen den beiden Briten entstanden immer mehr Spannungen. Whitefield gehörte zum reformierten Strang des Anglikanismus und betonte sehr stark die Souveränität der göttlichen Gnade: Glaube ist demnach keine menschliche Entscheidung, sondern ein göttliches Geschenk. Wesley kritisierte zunehmend eine solche reformierte Position. Er verkündete die freie Gnade Gottes, die allen Menschen Erlösung anbietet, nicht nur denjenigen, die Gott dazu vorherbestimmt haben mag. Wesley stellte die menschliche Verantwortung stärker ins Zentrum, die Beteiligung des Menschen am Heilswirken Gottes, wie er sich überhaupt für eine gesellschaftsreformerische Tätigkeit aller Gläubigen einsetzte. Nachdem es sich zunächst beim Methodismus um eine Bewegung innerhalb der anglikanischen Kirche gehandelt hatte, wurde Ende des 18. Jahrhunderts daraus eine eigene Kirche.

Die großen erwecklichen Aufbrüche verebbten nach einigen Jahren. Und doch waren die religiösen und kulturellen Folgen nachhaltig. Religiös markierten sie einen Übergang von einem Christentum, in das man durch Geburt/Taufe eintritt, zu einem Christentum, das durch Entscheidung und bewusstes Engagement entsteht.

Der traditionelle Protestantismus war ähnlich wie das katholische Christentum darauf angelegt, möglichst die gesamte Gesellschaft zu umfassen und zu prägen. Die frühen Evangelikalen stärkten hingegen die religiöse Mündigkeit des Einzelnen gegenüber Kirche und Staat. Da der Glaube nicht mehr nur darin bestehen sollte, überlieferter Lehre zuzustimmen, wuchs die Bedeutung eigener Glaubenserfahrung. Glaube wurde persönlicher und individueller: Es ging nicht mehr nur um Richtigkeit der Überzeugungen, sondern um persönliche Heilsgewissheit.

»True religion, in great part, consists in holy affections.«
Jonathan Edwards

Ein großer Unterschied zum älteren Protestantismus war die veränderte Zukunftserwartung der Erweckten. Jonathan Edwards sah die geistlichen Aufbrüche in einem großen heilsgeschichtlichen Zusammenhang. Er glaubte fest daran, dass der Auftrag Jesu, alle Völker zu Jüngern zu machen, als Verheißung gelesen werden dürfe. Die globale Durchsetzung des Evangeliums sei der Wille Gottes; und alle Gläubigen seien berufen, an dieser Bewegung teilzuhaben. Zugleich kam es zu einer Lockerung der traditionellen Zugehörigkeit zu den Konfessionskirchen. Diejenigen, die sich als bekehrt und wiedergeboren verstanden, fühlten sich einander näher als den Angehörigen der eigenen Kirche. Zunehmend entstanden globale Netzwerke zur Missionstätigkeit und Bibelverbreitung, die nicht mehr an eine bestimmte Kirchenzugehörigkeit gebunden waren.

Die gesellschaftlichen Auswirkungen der Erweckung zeigten sich auch in der Stärkung eines demokratischen Bewusstseins. Man kann zwar nicht die Amerikanische Revolution bzw. den Weg zur Demokratie insgesamt aus Impulsen der evangelikalen Bewegung ableiten. Hier spielten viele Einflüsse der britischen und der französischen Aufklärung eine wichtige Rolle. Aber der nordamerikanische Evangelikalismus war sicherlich auch ein Faktor, der die politische Entwicklung hin zur Gründung der Vereinigten Staaten von Amerika begünstigte.

Der Evangelikalismus trug schließlich auch zu einem kulturellen Wandel bei.

Der Evangelikalismus trug schließlich auch zu einem kulturellen Wandel bei. Im älteren Protestantismus waren Tugenden wie Ordnung, Einordnung, vernünftige Selbstbeherrschung etc. Höchstwerte.

Gefühle und Leidenschaften schrieb man vornehmlich Frauen und Kindern wie auch nicht weißen Menschen zu. In der Erweckung entdeckten breite Kreise die Kraft religiöser Begeisterung.[8] Die positive Erfahrung frommer Leidenschaften wurde kulturprägend. »Passion« war zu Beginn des 18. Jahrhunderts noch ein negativ besetztes Wort. Am Ende des 18. Jahrhunderts ist es umgekehrt: Leidenschaften gelten als positiv, ja notwendig. In der deutschen Sprache ist es ähnlich: In den kulturellen Strömungen der Empfindsamkeit und der Romantik setzt sich diese neue Wertschätzung des Gefühls durch. Sowohl in Nordamerika als auch in Europa stehen religiöse, evangelikale bzw. pietistische Strömungen am Beginn eines neuen Menschenbildes.[9]

In Europa wie auch in den nordamerikanischen Kolonien ist das letzte Drittel des 18. Jahrhunderts deutlich weniger von evangelikalen Aufbrüchen geprägt. Die Führungspersonen der Amerikanischen Revolution sind stärker von der europäischen Aufklärung als von christlicher Frömmigkeit geprägt. Und doch ist die Erweckung nicht einfach verschwunden. Evangelikale Frömmigkeit blieb eine prägende Kraft in Nordamerika wie in Großbritannien inklusive seiner weltweiten Kolonien. Und dieses Erbe sollte im 19. Jahrhundert zu neuer Blüte kommen.

2. GESELLSCHAFTSREFORM UND DOMINANZ (1790–1880)

Beginnen wir für diesen Abschnitt mit Großbritannien:[10] Die britischen Evangelikalen des 18. Jahrhunderts sammelten sich vielfach in Sondergemeinschaften jenseits der anglikanischen Staatskirche. Sie standen in der Tradition freikirchlicher Bewegungen wie der Baptisten, unter anderem mit John Bunyan (1628–1688), dem Autor der berühmten *Pilgerreise* (1678), oder der Dissenter (zum Beispiel Isaac Watts), die sich den oft starren Reglements der anglikanischen Staatskirche widersetzten. Im 18. Jahrhundert erlebten sie großen Zuwachs durch die methodistische Bewegung der Brüder John und Charles Wesley, bis diese selbst zu einer eigenständigen Kirche wurde.

Ende des 18. Jahrhunderts wurde auch die anglikanische Kirche zunehmend geprägt von einem evangelikalen Flügel. Exemplarisch können wir uns das an der Wirkung von John Newton (1725–1807) veranschaulichen. Newtons Lied *Amazing Grace* ist bis heute eine klassische Hymne evangelikaler Frömmigkeit:

Amazing Grace

Amazing grace, How sweet the sound,
That saved a wretch like me.
I once was lost, but now I´m found,
Was blind, but now I see.

Unverkennbar drückt sich in diesem Lied die typisch evangelikale Bekehrungserfahrung aus. Das Bekenntnis eigener Blind- und Verlorenheit ist keine fromme Floskel. Zwanzig Jahre lang arbeitete Newton als Seemann und Kapitän auf einem Schiff, das Sklaven in die nordamerikanischen Kolonien verschleppte. Millionen von Afrikanern wurden entführt bzw. ihren Eltern geraubt. Sie wurden unter unmenschlichen Bedingungen zu lebenslanger Zwangsarbeit verpflichtet. Weiße, »christliche« Menschen beraubten sie aller Wurzeln, sie verboten ihnen ihre Religionsausübung, ihre Sprache und oft das Recht auf eine eigene Familie.

Nach seiner Tätigkeit auf einem solchen Schiff wurde Newton anglikanischer Priester. Erst allmählich wurde ihm bewusst, in was für ein Unrecht er verwickelt gewesen war. Am Ende seines Lebens litt er zunehmend unter seinen Erinnerungen. Als Priester gründete er die einflussreiche Gruppe der sogenannten *Clapham Saints*. In diesem Netzwerk prägte er viele einflussreiche Freunde sowohl mit seiner evangelikalen Frömmigkeit als auch mit seiner Sozialkritik am Sklavenhandel. Immer wieder betonte er, dass die Abschaffung der Sklaverei das einzige christlich verantwortbare Ziel sein könne.

Mit dieser Vision prägte Newton unter anderem den jungen William Wilberforce (1759–1833).[11] Der britische Politiker Wilberforce widmete dieser Sache sein ganzes Leben. In Großbritannien gab es zwar keine Sklavenhaltung wie in den USA, aber das Land war tief verstrickt in den Handel mit Sklaven. 1789 beantragte Wilberforce im Parlament erstmals das Verbot des Sklavenhandels. Der Widerstand war enorm, denn es ging um viel Geld, Macht und Einfluss. Auch theologisch war diese Forderung nicht unumstritten. Gegen Misshandlungen von Sklaven zu protestieren mochte ein überzeugendes christliches Anliegen sein. Aber Sklaverei rechtlich zu verbieten, wo sie doch im Alten wie im Neuen Testament als selbstverständlich erscheint und gesetzlich geordnet wird? Aus konservativer Sicht schien das revolutionärer, humanistischer Überschwang zu sein. Aber Wilberforce und viele weitere Evangelikale blieben beharrlich.

1807 wurde Sklavenhandel in Großbritannien untersagt. Aber Wilberforce sah seine Mission noch längst nicht als beendet an. Nun musste es darum gehen, Sklaverei weltweit zu ächten und gänzlich abzuschaffen. Bis zu seinem Tod arbeitete Wilberforce daran, dieses Ziel zumindest im britischen Empire mit seiner globalen Verzweigung über alle Kontinente zu erreichen. In seinem Einfluss spiegelt sich auch der gewachsene Einfluss der evangelikalen Frömmigkeitsbewegung insgesamt.

– – –

Auch in den USA kam es im frühen 19. Jahrhundert zu einem neuen Aufschwung der Erweckungsbewegungen. Für diese Zeit spricht man von einer zweiten großen Erweckung (*Second Great Awakening*), die nicht nur einige Jahre, sondern jahrzehntelang dauerte. Unter dem Einfluss dieser Erweckung veränderte sich die religiöse Landschaft der jungen USA sehr stark. Starken Zuwachs verzeichneten vor allem die Methodisten und Baptisten. Typisches Merkmal wurden *Camp Meetings*; große, oft mehrwöchige Veranstaltungen an einem Ort. Die Verkündigung zielte nun spezifischer darauf ab, eine Bekehrung zu Christus zu bewirken. In diesem Zusammenhang entstanden typische Merkmale des Formats, das wir bis heute als »Evangelisation« kennen. Nun entstand erstmals die Sitte, Menschen ausdrücklich zu einer Entscheidung für Christus aufzurufen und sie zu diesem Zweck nach vorne zu rufen, wo sie ihre Bekehrung in einem Übergabegebet zum Ausdruck bringen sollten.[12]

Im frühen 19. Jahrhundert entstand die Sitte, Menschen zu einer Entscheidung für Christus mit Übergabegebet aufzurufen.

Wie in Großbritannien gehörten auch in den USA Erweckung und Gesellschaftsreform zusammen. Viele US-Evangelikale wurden Vorreiter im Kampf für die Gleichheit aller Menschen, egal ob weiß oder schwarz, männlich oder weiblich. Es war das evangelikale *Oberlin College*, das erstmals ein Hochschulstudium nicht nur für Männer, sondern auch für Frauen, nicht nur für Weiße, sondern auch für Schwarze ermöglichte. Die politischen Folgen waren enorm.

Harriet Beecher Stowe war die Tochter von Lyman Beecher, einem der führenden Erweckungstheologen des 19. Jahrhunderts. Berühmt wurde sie durch ihren Roman *Onkel Toms Hütte* (1852). In einer emotionalen Geschichte verpackt, kritisiert die Erzählung massiv die grausame Behandlung der schwarzen Sklaven im amerikanischen Süden. Vor allem in den nördlichen Bundesstaaten setzte sich bei vielen Evangelikalen die Überzeugung durch, die schon Wilberforce antrieb: Sklaverei ist eine Beleidigung der Gottebenbildlichkeit aller Menschen. In einem Land der Freien und Gleichen kann es keine Sklaven geben. Der Amerikanische Bürgerkrieg (1861–1865) zwischen den Nord- und Südstaaten entzündete sich wesentlich an dieser Frage.

Das 19. Jahrhundert war insgesamt eine Blütezeit des Evangelikalismus.[13] George Williams gründete 1844 den ersten YMCA in London. Das Ziel war es, bekehrte junge Männer bei einem ganzheitlichen Leben im Glauben zu unterstützen, sowohl als Zeugen für Jesus Christus als auch im Einsatz für soziale Reformen in der Gesellschaft. 1846 wird in London die Evangelische Allianz gegründet, ein Zusammenschluss der Erweckten über die Grenzen ihrer Konfessionskirchen hinweg. Vor allem dem schottischen freikirchlichen Theologen Thomas Chalmers (1780–1847) war es ein großes Anliegen, Evangelikale aus verschiedenen Kirchen zu gemeinsamem Zeugnis des Glaubens zu verbinden. Es spricht für das Selbstbewusstsein der Gründer, dieses Projekt von Anfang an international angelegt zu haben. In einer Reihe von protestantischen Ländern bzw. Regionen wird diese Frömmigkeit prägend, teilweise dominant. Sie beeinflusst Gesellschaft, Ethos und Kultur. Die berühmt-berüchtigte Sexualmoral des Viktorianischen Zeitalters entspricht weitgehend den Werten der Evangelikalen dieser Zeit.

3. UMBRÜCHE UND NEUANSÄTZE (1880–1950)

Diese Epoche ist für die Geschichte des Evangelikalismus der wohl größte Einschnitt. Zunächst finden viele Traditionen des *Second Great Awakening* ihre Fortsetzung. In den USA wird Dwight L. Moody (1837–1899) zum bedeutendsten Evangelisten seiner Epoche. Er predigt in den größten Hallen vor Zehntausenden; in den USA, aber zum Beispiel auch in Großbritannien. In London wird der baptistische Prediger Charles Spurgeon (1834–1892) durch seine theologisch tiefgründige und rhetorisch leidenschaftliche Verkündigung national bekannt und einflussreich. Auch die methodistischen Impulse zur Intensivierung des christlichen Lebens setzen sich in unterschiedlichen Strömungen fort, von denen man als »Heiligungsbewegung«[14] spricht. Diese breitet sich weltweit aus, in den USA, in Großbritannien, aber auch in Deutschland und der Schweiz. Aus dieser Strömung erwachsen eine Reihe von Heiligungskirchen, wie die Kirche des Nazareners oder die Heilsarmee von William und Catherine Booth.

Die Heiligungsbewegung bringt auch eine neue Form von Missionsgesellschaften mit sich, sogenannte »Glaubensmissionen«.[15] Der wichtigste Vertreter ist der China-Missionar Hudson Taylor (1832–1905). In dieser Bewegung sieht man die stark kirchliche Verankerung vieler Missionsgesellschaften tendenziell kritisch. Für die Vertreter der Glaubensmission ist der missionarische Dienst eine Sache göttlicher Berufung und Führung. Diesen Weg könne man nur in völliger Abhängigkeit von Gott gehen. Als Ausdruck dieser Haltung gilt das Wagnis, sich nicht nur nicht auf das feste Gehalt einer Kirche zu verlassen, nicht einmal um Spenden zu bitten, sondern sich senden zu lassen in der Zuversicht, dass Gott einen mit allem Nötigen versorgen wird. Bald waren es Zehntausende solcher Missionarinnen und Missionare, die in ihrer radikalen Hingabe sehr viel Unterstützung und Spendengelder erhielten.

In dieser Zeit kommt es zu einer stärkeren apokalyptischen Endzeiterwartung.

Zugleich erlebt in dieser Zeit die evangelikale Mentalität starke Veränderungen. Einschneidend ist vor allem eine Abkehr vom früheren gesellschaftlichen Gestaltungsoptimismus und eine stärkere apokalyptische Endzeiterwartung.[16] Die Gründe dafür sind vielfältig. Sicherlich war der Amerikanische Bürgerkrieg ein Einschnitt. Denn sosehr er für den Norden ein Erfolg war, so sehr wirkte die Niederlage im Süden nach, wo es viele Evangelikale gab, die den Besitz von Sklaven bis zuletzt mit bibeltreuen Argumenten verteidigt hatten. Aber auch ansonsten erleben die USA eine Zeit rasanten Wandels.

Ununterbrochene Ströme der Zuwanderung lassen das Land immer vielfältiger werden. Die USA werden katholischer, jüdischer – und zunehmend auch säkularer. Industrialisierung, Technisierung und Urbanisierung führen zu völlig anderen Lebenswelten als im alten, weit überwiegend ländlich geprägten Amerika der Erweckungen. Die permanente Veränderung der Bevölkerung lässt den Anteil der Evangelikalen immer geringer werden. Sie verlieren nicht den Glauben an ihre Mission; wohl aber an ihren innerweltlichen Erfolg.

Parallel und in gewisser Spannung zu dieser Eintrübung der Zukunftserwartungen beginnt ein großer Aufbruch: die Entstehung der Pfingstbewegung im Jahr 1906. Der schwarze Prediger William Seymour (1870–1922) hielt in der Azuza Street in Los Angeles Veranstaltungen ab, die durch besonders extreme Manifestationen des Glaubens geprägt waren. Starke Emotionen waren für evangelikale Durchbruchserfahrungen seit dem 18. Jahrhundert typisch. Neu waren Erscheinungen wie das Reden in unverständlichen Lauten (Zungenrede) und die starke Betonung der Möglichkeit von körperlichen Heilungen. Aus dem lokalen Aufbruch wurde eine globale Bewegung, die zu vielen Kirchengründungen führte. Die später sogenannte Pfingstbewegung verbreitete sich in wenigen Jahren auf der ganzen Welt.[17]

Im ersten Drittel des 20. Jahrhunderts kommt es im amerikanischen Protestantismus zu tief greifenden Spaltungen von Fundamentalisten und Liberalen. Dieser Konflikt ist nicht völlig neu. Innerkirchliche Verwerfungen gab es schon im 18. Jahrhundert. Geistliche wie Edwards und Wesley, aber auch Francke und Zinzendorf grenzten sich deutlich von radikalen Strömungen der Aufklärung ab. Aber sie hatten auch viele Gemeinsamkeiten mit dem aufgeklärten Reformgeist ihrer Epoche. Im Vergleich mit dem Erbe der traditionellen Konfessionskirchen waren die Evangelikalen in vielen Fragen die Progressiven. Vom Ausscheiden der Methodisten aus der anglikanischen Kirche abgesehen, blieben die meisten traditionellen Kirchen bestehen und entwickelten mehr oder weniger liberale bzw. evangelikale Flügel.

Nun wurden die Gräben tiefer, aus vielfältigen Gründen. Das vom baptistischen Theologen Walter Rauschenbusch (1861–1918) entwickelte Konzept des *Social Gospel*, dem zufolge sich die Kirchen ausdrücklich um Gesellschaftsreformen zugunsten der Armen bemühen sollten, stieß unter den Evangelikalen auf starke Ablehnung. Noch stärker gilt das für eine moderne Theologie, die die Anerkennung der Naturwissenschaften einschließlich der Evolutionslehre und die Anwendung der Methodologie der modernen Geschichtswissenschaften auch für die Bibelauslegung verbindlich machen wollte. Die zunehmenden Gräben zwischen den Frömmigkeitsprägungen führen nun zu vielen Trennungen und Spaltungen in Gemeinden, Kirchen, Ausbildungsstätten und Missionswerken. In Anlehnung an eine berühmte Schriftenreihe über die Fundamente des Glaubens gelten Evangelikale dieser Generation als Fundamentalisten.[18]

Die zunehmenden Gräben zwischen den Frömmigkeitsprägungen führten zu Spaltungen in Gemeinden und Missionswerken.

Die Zeit nach dem Ersten Weltkrieg begann in den USA mit einem Triumph evangelikaler Gesellschaftspolitik: der Einführung der Prohibition.[19] Seit dem 19. Jahrhundert gab es viele evangelikale Vereinigungen, die ein Verbot des Alkoholausschanks forderten. In vielen Bundesstaaten wurde eine solche Prohibition per Volksabstimmung eingeführt. Nach dem Ersten Weltkrieg galt das Alkoholverbot in den USA bundesweit. Prägende Gestalten des US-Evangelikalismus wie Billy Sunday (1862–1935) jubelten. Allein: Das Gesetz zeigte keine Wirkung. Es wurde weitergetrunken. Große Teile der Bevölkerung ignorierten bzw. umgingen das Verbot. Das Prohibitionsgesetz förderte nicht die Enthaltsamkeit, sondern den Schwarzmarkt und die Mafia. 1933 wurde das Gesetz aufgehoben. Das spektakulärste sozialpolitische Reformprojekt der Evangelikalen in dieser Generation war auf ganzer Linie gescheitert.

Dieser Verlauf ist für die Geschichte der Evangelikalen in den USA dieser Zeit symptomatisch. Die Gesellschaft schien ihnen zunehmend zu entgleiten. Eine andere Schlüsselgeschichte ist der sogenannte »Affenprozess« in Dayton (1925). Ein Lehrer hatte es gewagt, in der Schule Darwins Evolutionslehre zu unterrichten, obwohl das durch die Landesgesetzgebung von Tennessee ausdrücklich untersagt war. Er wurde vor Gericht angeklagt und zu einer geringen Geldstrafe verurteilt. Dieser Sieg war ähnlich tragisch wie die Durchsetzung der Prohibition. Bundesweite Medien begleiteten den Gerichtsprozess intensiv. Sie sparten nicht mit Hohn und Spott für die religiösen Extremisten in der Provinz. Die religiös Konservativen gewannen vor Gericht – und verloren in der Öffentlichkeit.

Der öffentliche Einfluss der evangelikalen Bewegung in den USA wurde in allen kulturellen Gebieten geringer. Die Filmindustrie Hollywoods erlebte ihren großen Aufstieg. Die Unterhaltungsindustrie, das Aufkommen immer neuer musikalischer und künstlerischer Stile, veränderte das kulturelle Leben massiv. In der Weltwirtschaftskrise erlitt das Land große Erschütterungen, ohne dass es zu einem religiösen Neuaufbruch kam. Die meisten Evangelikalen standen dem *New Deal* von Roosevelt mit seiner Intensivierung staatlicher Steuerung in die Wirtschaft skeptisch bis ablehnend gegenüber.

Auch die Weltkriege waren nicht von geistlichen Aufbrüchen begleitet. Die wichtigsten Politiker der damaligen Zeit waren keine Evangelikalen. Die amerikanische Literatur erlebte eine weltweit wahrgenommene Blüte. Autoren wie John Steinbeck, Ernest Hemingway oder F. Scott Fitzgerald schrieben Klassiker der modernen Literatur. Christliche oder gar evangelikale Einflüsse sind in all diesen Strömungen kaum zu bemerken. Das einst so dominante Erweckungschristentum wurde zur Randerscheinung einer zunehmend säkularen Gesellschaft.

– – –

Die erste Hälfte des 20. Jahrhunderts gilt in der Geschichte des Evangelikalismus als Zeit des Niedergangs. Mit Recht. Aber erinnern wir uns an die Warnung: *The Danger of a Single Story.*

Man sollte sich durch die Beschreibung dieses Niedergangs nicht täuschen lassen. Es gab auch Evangelikale, die die Prohibition ablehnten. Ebenso gab es sehr konservative Evangelikale, die keine Probleme mit der Evolutionslehre hatten. Die Evangelikalen der fundamentalistischen Epoche verschwanden nicht. Sie zogen sich aus der Öffentlichkeit zurück bzw. wurden in dieser ignoriert und marginalisiert. Aber sie lebten weiter, bekamen Kinder, gestalteten Gemeinde und feierten Gottesdienste. Sie waren eine gesellschaftliche Minderheit, die aber stabiler war, als es ihr äußerer Einfluss verriet. Noch während des Zweiten Weltkriegs kam es zu einem neuen Aufbruch.

4. GLOBALISIERUNG UND PLURALISIERUNG (1945–GEGENWART)

Nach dem Zweiten Weltkrieg kam es zu einer sehr breiten Stärkung des Christentums in den USA – und das gilt für alle kirchlichen Lager. Auch die traditionellen und progressiven Kirchen wuchsen damals stark. Dieser allgemeine religiöse Aufschwung erfasste auch die erwecklichen Strömungen – und veränderte diese.

Nach dem Krieg sprach man bald von den »neuen Evangelikalen«. Männer wie Carl F. Henry (1913–2003), Harold John Ockenga (1905–1985) und Billy Graham (1918–2018) stammten aus evangelikalen Familien bzw. erlebten in ihrer Jugend entsprechende Bekehrungen und Prägungen. Diese Männer hielten den Rückzug der Evangelikalen aus der Gesellschaft für eine Sackgasse. Sie strebten nach einer Erneuerung des erwecklichen Christentums. Vor allem den kulturellen Rückzug des fundamentalistischen Christentums wollten sie beenden. Sie sahen es als Irrweg an, dass sich weite Teile der Evangelikalen vor dem Zweiten Weltkrieg pauschal der modernen Bildung und den modernen Technologien und Medien entziehen wollten. Wissenschaft und Kultur sollten für die Gläubigen wieder eine positive Bedeutung gewinnen.

Erst in dieser Phase bekommt auch in den USA das Wort *evangelical* den Klang, den es heute hat. Für die USA könnte man die Geschichte der »Evangelikalen« auch nach dem Zweiten Weltkrieg beginnen lassen. Denn im 18. und 19. Jahrhundert bedeutete *evangelical* in den USA einfach so viel wie »evangelisch« und wurde von allen möglichen protestantischen Strömungen verwandt. Erst als sich viele vom Label des Fundamentalismus abgrenzen wollten, bezeichneten diese sich mit besonderer Betonung als *Evangelicals*. Dabei stellte man sich in die Geschichte der Erweckten, wie wir sie uns gerade in Grundzügen vor Augen geführt haben. Noch in den 1930er-Jahren wurde dieser Terminus in den USA so kaum gebraucht.

Evangelisation wurde ein globales Phänomen religiöser Konzentration und kultureller Modernisierung.

Vielfach sprach man nun von den *New Evangelicals*. Vor allem im äußeren Auftreten war vieles neu. Sie betrieben religiöse Radioprogramme und gründeten eigene Sendeanstalten. Sie produzierten christliche Musik mit modernem Sound. Sie entwickelten Konzepte für Massenveranstaltungen, mit denen sie bald die größten Stadien des Landes füllten. Schließlich entdeckten sie das Fernsehen. Televangelisten produzierten christliche Fernsehshow. Sie gründeten eigene Fernsehanstalten und bauten ein religiöses Medienimperium auf, dem nicht evangelikale Kirchen nicht ansatzweise etwas entgegensetzen konnten. Evangelisation wurde ein globales Phänomen religiöser Konzentration und kultureller Modernisierung.

Vor allem Billy Graham (1918–2018) wurde mit seinen großen Evangelisationen zu einem der bekanntesten Amerikaner seiner Zeit. Mit seinen Predigten füllte er die größten Sportstadien; zunächst in den USA, dann in der ganzen Welt. Zugleich wurde er bekannt als Seelsorger aller amerikanischen Präsidenten seit Eisenhower. Graham verkörperte und förderte einen neuen evangelikalen Stil. Er predigte aggressiv und zugleich den Menschen zugewandt, modern und zugleich fokussiert auf das Evangelium von Jesus Christus.

Einige Trends des frühen 20. Jahrhunderts setzten sich fort. Die amerikanische Polarisierung von Evangelikalen und Liberalen wurde nun zu einem Phänomen in vielen Kirchen der Welt. Während sich die Kirchen im *Ökumenischen Rat* in den 1960er-Jahren zunehmend für die gesellschaftlichen Entwicklungen der damaligen Zeit öffnen, steht die Marke »Evangelikales Christentum« für eine Art Gegenprogramm. 1974 wird eine globale Tagung von Tausenden von Repräsentanten der evangelikalen Bewegung im Schweizer Lausanne durchgeführt. Die Lausanner Bewegung steht seither für das Selbstbewusstsein der Evangelikalen, die sich neben den orthodoxen, katholischen und protestantischen Kirchen als eine eigene globale Gestalt des Christentums verstehen. Das liegt nicht zuletzt an der Pfingstbewegung. In Südamerika und Afrika kam es zu geradezu explosionsartigen Wachstumsschüben eines pentekostalen Christentums. Zunehmend strahlte die Frömmigkeit der Pfingstkirchen in andere Konfessionen hinein, auch in die katholische Kirche, wo man von »charismatischen Bewegungen« spricht.

Die Lausanner Bewegung steht für das Selbstbewusstsein der Evangelikalen, sich als eine eigene Gestalt des Christentums zu verstehen.

In den 1970er-Jahren setzt wieder eine neue Phase ein. Der britische Historiker Brian Stanley spricht in seinem Standardwerk zur Geschichte des neuen Evangelikalismus von der »Diffusion« der Evangelikalen als dem bezeichnenden Merkmal der letzten Jahrzehnte.[20] Im letzten Drittel des 20. Jahrhunderts werden politische Fragen wichtiger als zuvor. Vor allem in den USA entsteht eine zunehmende politische Polarisierung. Evangelikale gelten als zentraler Bestandteil einer konservativen, wenn nicht rechten Form gesamtgesellschaftlicher Auseinandersetzungen.[21]

An seinen Rändern wird das Konzept des Evangelikalismus zunehmend unscharf. Immer mehr Gemeinden im Westen verlassen den Rahmen der bisherigen Konfessionen und Denominationen. Es gibt einen globalen Trend hin zu unabhängigen Gemeinden und Werken, die sich nicht mehr als organisatorische Bestandteile einer traditionellen Kirche mit ihren Ordnungen und Leitungsebenen verstehen.

Für diese Bewegungen ist das lose Netzwerk der weltweiten Evangelikalen ein Band der Zugehörigkeit, in dem sie gleichwohl ihre völlige Selbstständigkeit behalten. Allein diese Mischung von Unabhängigkeit aller Werke und Gemeinden und beanspruchter Eindeutigkeit des Labels »evangelikal« sorgt für permanente Spannungen. Vielen ist unklar, was heute noch evangelikaler Mainstream sein könnte. Daher ist das 21. Jahrhundert voller Diskussionen darüber, was wirklich evangelikal ist und was nicht.

– – –

Unbestreitbar blickt der Evangelikalismus auf eine beispiellose Wachstumsgeschichte zurück. In den USA waren um 1970 die sogenannten *Mainline Churches*, die historisch-protestantischen Kirchen in den USA (Anglikaner, Lutheraner, Reformierte etc.), doppelt so stark wie die Evangelikalen. Bis etwa 2005 hatten sich die Verhältnisse umgekehrt. Vergleichbares lässt sich aus vielen Ländern berichten, zum Beispiel aus unmittelbarer deutscher Nachbarschaft. Die Schweiz war lange Zeit bestimmt von der katholischen und der reformierten Kirche. Eine staatliche Untersuchung von 2011 zeigte, dass zu diesem Zeitpunkt die Schweizer Freikirchen doppelt so viele Besucher aufwiesen wie die reformierten Landeskirchen.[22] Hinzu kommt zumindest ein gewisser Anteil evangelikal geprägter Gläubiger auch in der reformierten Kirche der Schweiz.

Wer die heutige evangelikale Bewegung verstehen will, muss Grundzüge ihrer Geschichte kennen. Die von Bebbington beschriebenen Merkmale ziehen sich konstant durch alle Strömungen. Ansonsten aber gibt es erhebliche Unterschiede. Schon geschichtlich war die Vielfältigkeit der Wurzeln unübersehbar: Die evangelikale

Bewegung ist bis heute von höchst unterschiedlichen protestantischen Traditionen bestimmt:

- das reformatorische Erbe
- täuferische und freikirchliche Impulse
- Nachwirkungen des Pietismus und des Methodismus
- pfingstkirchliche und charismatische Aufbrüche

In manchen Epochen waren Evangelikale tendenziell progressiv, Vorreiter kultureller Entwicklungen und einflussreich für die Gesellschaft insgesamt. Zu anderen Zeiten dominierten hingegen der Rückzug aus der Gesellschaft, Kulturpessimismus und kritische Reserviertheit gegenüber dem Wandel der Zeit. Und nicht selten war in den unterschiedlichen kirchlichen und freikirchlichen Gemeinden beides gleichzeitig anzutreffen. Das Verhältnis von Einheit und Vielfalt war bei den Evangelikalen immer wieder höchst spannungsvoll.

INSTITUTIONEN DES EVANGELIKALISMUS

Lässt sich die evangelikale Bewegung also durch diese vier inhaltlichen Merkmale und die gemeinsame Geschichte bestimmen? Je tiefer man in diese Geschichte hineinschaut, desto komplexer wird es. Erst recht gilt dies, je mehr man den globalen Horizont berücksichtigt. Für jede mögliche progressive oder konservative, liberale oder traditionelle Ausprägung evangelikaler Frömmigkeit lässt sich auch ein Gegenbeispiel finden.

Je tiefer man in die Geschichte der Evangelikalen Bewegung hineinschaut, desto komplexer wird es.

Will man nicht ratlos vor einer Überfülle von Prägungen stehen bleiben, sollte man die globalen Netzwerke und Verbände betrachten. Zwei Institutionen haben für die Evangelikalen zentrale Bedeutung: die 1846 gegründete Evangelische Allianz und die 1974 gebildete Lausanner Bewegung. In den Positionierungen dieser Verbände kann man zumindest ansatzweise so etwas wie einen roten Faden durch das Labyrinth evangelikaler Strömungen finden.

1. DIE EVANGELISCHE ALLIANZ

Die Evangelische Allianz wurde 1846 in London als innerprotestantische Ökumene der Erweckten gegründet.[23] In ihrer Glaubensbasis formulierte man knapp und griffig evangelikale Überzeugungen.

Bemerkenswert sind die beiden ersten Grundsätze: Die Allianz bekennt sich erstens zur göttlichen Inspiration und Autorität der Heiligen Schrift und zweitens zum Recht und zur Pflicht eines persönlichen Urteils (*private judgement*) in der Auslegung der Heiligen Schrift.

Darin kommt die gesamte innere Spannung der evangelikalen Bewegung schön auf den Punkt: Entgegen der modernen Kritik an der Bibel will man an ihrer verbindlichen, autoritativen Bedeutung festhalten. Aber zugleich bekennt man sich zum höchst modernen Prinzip, dass keine kirchliche Instanz die wirkliche Bedeutung biblischer Texte fest- oder vorschreiben kann. Jeder Einzelne muss die Schriften für sich selbst studieren und nach eigener Erkenntnis streben.

Die weiteren sieben Punkte der Glaubensbasis formulieren sehr knappe und für die traditionelle Theologie weitgehend unstrittige Bekenntnisse zur Dreieinigkeit Gottes, zur Verlorenheit des Menschen in Sünde und zur Erlösung durch das Heilswerk Christi bzw. das Wirken des Heiligen Geistes. Predigtamt, Taufe und Abendmahl werden abschließend lediglich genannt, ohne dass die vielfachen Spaltungsgründe der protestantischen Christenheit auch nur angerührt werden. Die Allianz ist eine ökumenische Bewegung, die gerade darum das gemeinsame Bekenntnis so knapp wie möglich formuliert hat. Eindeutig sind die gemeinsamen Ziele:

- der Einsatz für die Gemeinschaft der Christen über alle Konfessionsgrenzen hinweg
- die Verbreitung und Verteidigung des christlichen Glaubens im In- und Ausland
- die Förderung der Religionsfreiheit – für Angehörige aller Religionen

Die Geschichte der Evangelischen Allianz ist insgesamt uneinheitlicher, als man denken mag. Eine kontinuierliche Geschichte seit 1846 hat vor allem die Britische Allianz. In Deutschland ist es schon sehr viel komplizierter.[24] Es dauerte zum Beispiel lange, bis sich eine deutsche Evangelische Allianz konstituierte. Zu Beginn wurden (angesichts der damaligen deutschen Kleinstaatlichkeit unvermeidlich) eine norddeutsche und eine süddeutsche Allianz gegründet. Später kam eine Berliner Allianz hinzu. Zunehmend wurde das thüringische Bad Blankenburg ein Zentrum der Allianzbewegung. Wenn man um 1900 von der *Blankenburger Allianz* sprach, meinte man diese besondere Ausprägung, die stark freikirchlich geprägt war und in ihrem Allianzblatt einen sehr kirchenkritischen Kurs fuhr. Erst im Laufe der 1970er-Jahre wird der Hauptvorstand der *Deutschen Evangelischen Allianz* ein für die Evangelikalen in Deutschland insgesamt bestimmendes Gremium.

Noch bemerkenswerter ist die amerikanische Entwicklung. Zwar waren schon bei der Gründung 1846 einige amerikanische Delegierte beteiligt. Faktisch aber stellte der amerikanische Zweig seine Arbeit bald ein. In entscheidenden Jahren der US-Geschichte (Bürgerkrieg, Entstehung der Pfingstbewegung, Erster Weltkrieg, Weltwirtschaftskrise, Beginn des Zweiten Weltkrieges etc.) gab es in den USA keine evangelische Allianz. Erst 1942 wurde mit der *National Association of Evangelicals* eine solche wieder neu gegründet.

Nach dem Zweiten Weltkrieg setzten vor allem die Amerikaner gemeinsam mit den Briten auf globale Vernetzung. Erst 1952 wurde die *Weltweite Evangelische Allianz* (WEA) begründet, die zunächst wesentlich durch eine amerikanisch-britische Achse getragen wurde. Die meisten europäischen Allianzen, unter anderem die *Deutsche Evangelische Allianz* (DEA), traten der weltweiten Vereinigung nicht bei, sondern gründeten die *Europäische Evangelische Allianz*. Der Grund war, dass die Europäer den Fundamentalismus der Amerikaner ablehnten. Erst 1970 traten Deutschland und viele andere Länder der WEA bei, als man sich verständigte, dass das Bekenntnis zur Vertrauenswürdigkeit der Bibel nicht im Sinne eines fundamentalistischen Bibelglaubens verstanden werden müsste.

Die Glaubensbasis der Evangelischen Allianz wurde in den letzten 50 Jahren zweimal überarbeitet. Die Britische Allianz hat sich 1970 eine modernisierte Fassung der Glaubensgrundlage gegeben, die für Deutschland in übersetzter Gestalt übernommen wurde. Im Jahr 2016 wurde die Glaubensbasis in Deutschland noch einmal neu formuliert. Wenn man von der Bekenntnisbindung klassischer Kirchen herkommt, ist dieser Umgang mit grundlegenden Texten befremdlich. Letztlich zeigt dieses Vorgehen, dass die Allianz keine bekenntnisgegründete Kirchenvereinigung ist, aber natürlich als Dachverband vieler freier Werke, die sich ausdrücklich auf die Glaubensbasis der Allianz als Richtschnur berufen, ein gewisses Maß an Eindeutigkeit vorhalten muss.

Die *Weltweite Evangelikale Allianz* ist eine wichtige Stimme für Religionsfreiheit als Menschenrecht.

In den letzten Jahrzehnten ist die WEA zunehmend zu einer international ernst genommenen globalen Organisation geworden. Seit 2010 unterhält sie drei internationale Standorte in New York, Genf und Bonn. Vor allem mit ihrem Einsatz für Religionsfreiheit als Menschenrecht wird sie weltweit als wichtige Stimme wahrgenommen, zumal sie dieses Thema mit einem zunehmenden Engagement im interreligiösen Dialog unterstreicht. Von Anfang hat hatte sich die Allianz für Religionsfreiheit aller Glaubensgemeinschaften ausgesprochen. Ein Höhepunkt war sicher die gemeinsame Unterzeichnung der Erklärung *MissionRespekt: Christliches Zeugnis in einer multireligiösen Welt* (2011). Dieser Text wurde von der *Weltweiten Evangelische Allianz*, dem *Ökumenischen Rat der Kirchen* und dem *Päpstlichen Rat für den interreligiösen Dialog* unterzeichnet. Vor allem das Verhältnis der Evangelikalen zur katholischen Kirche ist durch regelmäßigen Austausch und gewachsenen Respekt gekennzeichnet, was sich auch in gemeinsamen Dokumenten niederschlägt.[25]

2. DIE LAUSANNER BEWEGUNG

Mit der *Lausanner Bewegung für Weltmission* etablierte sich ein globales Netzwerk zur Stärkung von Evangelisation und Weltmission. Wesentlicher Anlass war die zunehmende Entfremdung vieler Evangelikaler vom Kurs des *Ökumenischen Rates der Kirchen* (ÖRK). Auf viel beachteten globalen Tagungen (Lausanne 1974, Manila 1989, Kapstadt 2010) wurden maßgebliche Orientierungstexte veröffentlicht, von denen vor allem die Lausanner Verpflichtung überragende Bedeutung für das Profil des Evangelikalismus hat.

> Wir, Glieder der Gemeinde Jesu Christi aus mehr als 150 Nationen, Teilnehmer am Internationalen Kongress für Weltevangelisation in Lausanne, loben Gott, weil Er Sein Heil geschenkt hat,

und freuen uns an der Gemeinschaft, die Er uns mit Ihm und untereinander schenkt. Gottes Wirken in unserer Zeit bewegt uns tief. Unser Versagen führt uns zur Buße. Die unvollendete Aufgabe der Evangelisation fordert uns heraus. Wir glauben, dass das Evangelium Gottes gute Nachricht für die ganze Welt ist. Durch Seine Gnade sind wir entschlossen, dem Auftrag Jesu Christi zu gehorchen, indem wir Sein Heil der ganzen Menschheit verkündigen, um alle Völker zu Jüngern zu machen. Darum wollen wir unseren Glauben und unseren Entschluss bekräftigen und unserer Verpflichtung öffentlich Ausdruck geben.[26]

Wie verhalten sich die WEA und die Lausanner Bewegung zueinander?

Zunehmend hat sich eine enge Kooperation beider Stränge entwickelt. So heißt es in der Einleitung der Kapstadt-Verpflichtung: »Die Leiter der WEA sind in voller Übereinstimmung mit dem Bekenntnis des Glaubens und dem Aufruf zum Handeln.«[27] Faktisch ist heute die WEA das deutlich wichtigere Netzwerk. Auf den Lausanner Kongressen und vielen weiteren Tagungen lässt sich aber besonders eindrucksvoll die Entstehung eines international abgestimmten Profils der evangelikalen Bewegung weltweit erkennen.

Beide Netzwerke profitierten davon, dass viele Evangelikale sich nicht mehr an den Kurs gebunden sahen, der in ihrer eigenen Denomination vorgesehen war. Das ist eine Entwicklung, die natürlich auch auf solche Netzwerke zurückschlagen kann. Man muss vorsichtig sein mit Formulierungen wie der, dass die Evangelische Allianz oder die Lausanner Bewegung etwa 600 Millionen Evangelikale vertreten oder repräsentieren.[28] Verbindliche Entscheidungen treffen beide nicht. Noch weniger sollte man allerdings versuchen, über »die« Evangelikalen grundsätzliche Aussagen zu machen, bei denen man diese globalen Netzwerke ignoriert. Aus den Verlautbarungen dieser Institutionen lässt sich hinreichend erkennen, in welchen Fragen es relativen Konsens oder auch offenen Streit gibt.

»Mission gehört zutiefst zum Wesen der Kirche.«
Thomas Schirrmacher

Daher werden die Lausanner Bewegung und die Evangelische Allianz in diesem Buch eine wesentliche Rolle spielen. In den Kapiteln 3 und 4 werde ich noch einmal ausführlicher vor allem auf den Lausanner Kongress von 1974 und seine Folgen zu sprechen kommen. Denn wenn überhaupt, so lässt sich hier von einer Art Mitte der weltweiten evangelikalen Bewegung der Gegenwart sprechen. Es wird deutlich, was im Titel dieses Buches Ausdruck findet: Evangelikale sind Menschen mit Mission.

DIE GESELLSCHAFTSPOLITISCHEN AUSPRÄGUNGEN DES EVANGELIKALISMUS

Bislang sind wir Darstellungen gefolgt, die kirchen- und frömmigkeitsgeschichtlich auf den Evangelikalismus blicken. In den letzten Jahrzehnten hat sich mehr und mehr eine andere Perspektive, eine andere »Story«, in den Vordergrund geschoben: Die Evangelikalen sind eine politische Macht. Dieser Trend zur zunehmend politischen Betrachtung der Evangelikalen ließ sich auch in Deutschland beobachten.

Als ich Anfang der 1990er-Jahre Christ wurde, merkte ich bald, dass es für solche Lebenswenden wie meine und die damit verbundene Jesus- und Bibelorientierung das Wort »evangelikal« gab. Ich war 20 Jahre alt und musste gestehen: Davon hatte ich noch nie gehört. In den nächsten Jahren und nach ausführlicher Beschäftigung fand ich es erstaunlich, dass eine so große globale Bewegung in der deutschen Öffentlichkeit kaum bekannt ist.

Das änderte sich.

Nach dem 11. September 2001 und Bushs Kriegen in Afghanistan und im Irak war religiöser Extremismus ein großes Thema. Neben Islamismus wurde auch ein vermeintlich christliches Pendant entdeckt. Am 8. November 2005 lief in der ARD die Dokumentation *Jesus' junge Garde – Die christliche Rechte und ihre Rekruten*. Das Thema war gesetzt. Und so ging es weiter. 2006 erschien in Österreich und Deutschland der Bericht *Mit Feuer und Schwert. Christlicher Fundamentalismus und Gewaltbereitschaft*[29]. Dieses Wahrnehmungsmuster wurde nun auch auf Deutschland übertragen. Am 11. Juli 2007 berichtete die ARD über *Die Hardliner des Herrn – Christliche Fundamentalisten in Deutschland*. Das ZDF-Magazin Frontal sandte 2009 einen Beitrag mit dem Titel *Sterben für Jesus – Missionieren als Abenteuer*.[30] Für viele Medienschaffende schien festzustehen: Die Evangelikalen sind unsere Taliban.

Für viele Medienschaffende schien festzustehen: Die Evangelikalen sind unsere Taliban.

Dieses ganze Framing fand ich skandalös. Es mag so etwas wie eine christliche Rechte geben. Aber wie kann man die große evangelikale Bewegung insgesamt mit einigen Extremisten identifizieren? Dann kam Trump. Die Wahl Donald Trumps ist nicht nur für die USA eine historische Zäsur. Sie ist es auch für die Geschichte der evangelikalen Bewegung. Dass George W. Bush von 75 Prozent der Evangelikalen gewählt wurde, ist das eine. Dass Trump aber über 80 Prozent ihrer Stimmen bekam und damit zum erfolgreichsten Politiker in ihren Reihen wurde, ist etwas anderes. Keine gesellschaftliche Gruppe in den USA stand so geschlossen auf seiner Seite wie die (weißen) Evangelikalen. Nun war das Thema wieder da.

War Trump ein Missverständnis? Nun ist es ein Wesensmerkmal der modernen Gesellschaft insgesamt, dass alles in ihr eine politische Seite hat. Seit Politik nicht mehr exklusiv von gekrönten Häuptern betrieben wird, gibt es nichts Unpolitisches mehr. Aber natürlich ist es ein Unterschied, ob etwas eine politische Komponente hat oder in erster Linie politisch verstanden wird. Sind die Evangelikalen tatsächlich eine wesentlich (auch) politische Bewegung geworden?

Vor allem in Deutschland würden viele Evangelikale eine solche Perspektive zunächst einmal ablehnen. Tatsächlich sind in dieser Frage die amerikanischen Entwicklungen zentral. Besonders für die Zeit nach dem Zweiten Weltkrieg wurde die politische Seite des US-Evangelikalismus vielfältig beschrieben.[31] Den ideologischen Spannungen des Kalten Krieges steht er nicht neutral gegenüber. Für Evangelikale sind der Kommunismus und jeder sozialistische Ansatz insgesamt Inbegriff von antichristlicher Tyrannei. Evangelikale identifizieren sich in dieser Zeit nicht nur stark mit dem politischen Projekt des Westens, sondern auch mit jeder Politik, die auf militärische Abschreckung und Eindämmung kommunistischer Ausbreitung setzt und nach innen für eine konsequente Abgrenzung gegenüber linksliberalen Strömungen steht.

Noch mehr herausgefordert werden die Evangelikalen durch die gesellschaftlichen Modernisierungsschübe in den 1960er-Jahren. Die kulturellen Aufbrüche sind bestimmt von einem neuen Streben nach Freiheit und Gleichheit aller Menschen. *Gender*, *race* und *class* sind die entscheidenden Stichworte: Gleichberechtigung von Mann und Frau, Überwindung der Rassendiskriminierung, Einsatz für stärkere soziale Absicherung für alle. In allen drei Fragen stehen die weißen Evangelikalen den Reformbewegungen skeptisch gegenüber. Seit Ende der 1970er-Jahre haben einflussreiche Netzwerke in den USA sehr intensiv daran gearbeitet, die evangelikale Bewegung als politische Macht zu etablieren. Diese Arbeit war sehr erfolgreich. Es gibt keine andere religiöse Gruppe, die in den USA so homogen wählt wie weiße Evangelikale.

Das evangelikale Jesusbild wurde in den letzten Jahrzehnten zu stark geprägt durch eine Faszination von starken Männern wie John Wayne.

nach Kirstin Kobes Du Mez

Die Politisierung der Evangelikalen wird inzwischen nicht nur von außen diskutiert. Auch innerhalb der Bewegung wird diese Debatte intensiver. Die Historikerin Kristin Kobes Du Mez hat in ihrem Buch *Jesus and John Wayne* die wohl überzeugendste Einordnung dieser Entwicklung vorgelegt. Du Mez unterrichtet an der Calvin-Universität, das heißt, sie lehrt selbst an einer christlichen Universität, die dem moderaten Evangelikalismus zuzurechnen ist.[32] Schon mit dem Untertitel ihres Werkes, *How White Evangelicals Corrupted a Faith and Fractured a Nation,* macht sie die zentrale Kritik ihrer Darstellung deutlich: Trump wurde nicht für seine politischen Inhalte gewählt, obwohl er als Person vielen Gläubigen ein Anstoß war; er wurde mehrheitlich gewählt, weil er als Person etwas verkörperte, was bei vielen Evangelikalen enorme Zustimmung fand. Aber was?

Du Mez wählt einen auf den ersten Blick ungewöhnlichen Zugang: die Geschlechterpolitik der Evangelikalen. Aber diese Themen waren in der US-Debatte noch nie rein kulturelle Fragen. Sie hatten von Anfang an eine sehr politische Komponente, die wir uns an drei Facetten vor Augen führen.

ANTIFEMINISMUS

1972 hatten Kongress und Senat einen Zusatz beschlossen, der die Gleichberechtigung von Mann und Frau zum Teil der Verfassung machen würde. Diese Bundesentscheidung musste nun die Zustimmung der Mehrheit der Bundesstaaten bekommen – innerhalb einer Frist von zehn Jahren. In einer breiten Graswurzelbewegung setzten sich in den kommenden Jahren viele konservative Christen dafür ein, diesen Ratifizierungsprozess zu Fall zu bringen. Ikone dieser Bewegung wurde Phyllis Schlafly (1924–2016). Viele Evangelikale engagierten sich in der Kampagne, der es tatsächlich gelang, die Ratifizierung der Bundesentscheidung in vielen Bundesstaaten zu verhindern.[33] Dies war einer der ersten großen politischen Erfolge, an dem die evangelikale Bewegung nach dem Zweiten Weltkrieg teilhatte. Bis heute gibt es keine Festschreibung der Gleichberechtigung von Mann und Frau in der US-Verfassung.

MASKULINISMUS

Mit dem Antifeminismus ist die Zustimmung zu einem Ideal aggressiver Männlichkeit verbunden. Männerbücher wurden ein Bestsellerfeld evangelikaler Publizistik. Viele dieser Bücher sahen die Krise des modernen Mannes darin, dass er verweichlicht wird. Schwache Männer könnten ihre zentrale Berufung nicht mehr erfüllen: die Führung der Familie. Dann aber können sich auch gläubige Frauen nicht mehr an sie anlehnen und sich ihnen vertrauensvoll unterordnen. In einer solchen Wahrnehmung ist auch die besondere Wertschätzung begründet, die das Militär bei einem sehr großen Teil der Evangelikalen genießt. Während des Vietnamkrieges kam es zu vielfältigen Protesten gegen die US-Army und einer Entfremdung von größeren Teilen der jungen Generation und des liberalen Bürgertums. Evangelikale stellten und stellen sich demonstrativ an die Seite der eigenen Soldaten. Keine andere religiöse Gruppe hat ein so uneingeschränkt positives Verhältnis zum Militär und auch zum Einsatz militärischer Gewalt in Konflikten wie Evangelikale.[34]

AUTORITARISMUS

Typisch evangelikal wurde schließlich die starke Zustimmung zu autoritärer Erziehung und die entschiedene Ablehnung von partnerschaftlicher Pädagogik. Kaum ein Evangelikaler besaß in den letzten Jahrzehnten so viel Einfluss wie der Pädagoge und Verfasser von Erziehungsratgebern James Dobson.[35] Dobson baute vor allem als Familienratgeber das einflussreiche Imperium von *Focus on the Family* auf. Autoritäre Führung wurde auch zum Vorbild für die Leitung von Gemeinden. Gemeinden blieben orientierungslos, wenn ihre Hirten ihnen klare Wegweisung vorenthielten, so der Denkansatz. Keine Gemeinde könne ohne starke und entschlossene Leitung gedeihen.

Du Mez macht deutlich, wie sich diese Werte immer stärker in der evangelikalen Bewegung durchsetzen. Aggressive Sprache galt als klar und erfrischend. Herabsetzende Warnungen vor anderen wurden als mutig und authentisch gefeiert. Zurückhaltung und Kompromissbereitschaft galten als schwach. Evangelikale sahen sich im konzilianten und gesprächsorientierten Auftreten des evangelikalen

US-Präsidenten Jimmy Carter nicht mehr repräsentiert. Auch wenn Ronald Reagan kein Evangelikaler war: Sein markiges Reden vom Kampf gegen das Reich des Bösen empfanden sie als wohltuend. Trump war kein Missverständnis der Geschichte. Die Begeisterung für ihn war die logische Konsequenz einer langen Entwicklung.

Trump war kein Missverständnis der Geschichte. Die Begeisterung für ihn war die logische Konsequenz einer langen Entwicklung.

Diese Entwicklung der evangelikalen Bewegung sorgte auch intern für große Auseinandersetzungen. Als in den USA über eine mögliche Amtsenthebung Trumps diskutiert wurde, veröffentlichte *Christianity Today*, die bedeutendste Zeitschrift der Bewegung, einen Leitartikel des langjährigen Herausgebers Mark Galli – mit dem Titel: *Trump should be removed from office*[36]. Zu sagen, der Artikel schlug ein wie eine Bombe, wäre untertrieben. Nie zuvor in der Geschichte dieses Blattes gab es eine vergleichbar aufgeheizte Debatte. Für Galli war klar, dass es längst nicht mehr um die Beurteilung eines Politikers ging. Es ging um das Selbstverständnis und die Zukunft der evangelikalen Bewegung. Galli schrieb es ihr ins Stammbuch:

> Erinnert euch daran, wer ihr seid und wem ihr dient. Bedenkt, welchen Einfluss eure Rechtfertigung von Trump hat für euer Zeugnis von eurem Herrn und Erlöser. Bedenkt, was eine ungläubige Welt sagen wird, wenn wir weiterhin die unmoralischen Worte und das unmoralische Verhalten von Herrn Trump aus Gründen der politischen Zweckmäßigkeit abtun. Wenn wir jetzt

> nicht umsteuern, wie soll dann irgendjemand in den kommenden Jahrzehnten irgendetwas ernst nehmen, was wir über Gerechtigkeit und Rechtschaffenheit sagen?[37]

Es gab und gibt eine Minderheit der weißen Evangelikalen, die für diesen Artikel dankbar waren. Die meisten waren es nicht. Bei der Wahl 2020 sank die evangelikale Unterstützung von über 80 Prozent auf 76 Prozent. Angesichts des knappen Ausgangs in vielen Bundesstaaten mag das eine möglicherweise wahlentscheidende Entwicklung gewesen sein. Am Gesamtbild ändert es nur wenig. Als Mark Galli in den Ruhestand ging, zog er seine persönlichen Konsequenzen: Er trat zur römisch-katholischen Kirche über.

Wir sind im geschichtlichen Abriss den Darstellungen der bekanntesten evangelikalen Historiker wie David Bebbington, George Marsden und Mark Noll gefolgt. Ebendiese drei haben es im Jahr 2020 mit einer gemeinsamen Veröffentlichung auf den Punkt gebracht.[38]

Die Ära Trump ist eine Zäsur. Denn durch die rückhaltlose Unterstützung seiner Präsidentschaft durch die überwältigende Mehrheit der Evangelikalen wurde die öffentliche Wahrnehmung des Evangelikalismus für die Gegenwart neu justiert. Evangelikale werden in der amerikanischen Öffentlichkeit weit überwiegend durch ihre politische Einstellung definiert. Für die besten Kenner ihrer Geschichte ist die Marke »evangelikal« dadurch mindestens beschädigt.

– – –

The Danger of a Single Story: Es wäre verfehlt, die US-Evangelikalen mit der weltweiten evangelikalen Bewegung gleichzusetzen.

Der inzwischen zum Generalsekretär der WEA gewählte Deutsche Thomas Schirrmacher formulierte es deutlich: »Von Äthiopien bis Südkorea fürchtet man sich vor dem Trump-Modell eines christlich lackierten Nationalismus, der Konflikte zwischen Glaubensgemeinschaften und Kulturen verschärft.«[39]

Bei vielen Gelegenheiten hat Schirrmacher sich nicht nur kritisch Trump gegenüber ausgesprochen, sondern zugleich deutlich gemacht: Die große Mehrheit der Evangelikalen sieht dies ebenso wie die WEA. Auch der nationale Dachverband der US-Evangelikalen (NAE) ist überwiegend Trump-kritisch aufgestellt. Natürlich bedeutet das auch: Auf die Mehrheit der US-Evangelikalen hat die *Weltweite Evangelische Allianz* nur sehr bedingt Einfluss. In diesem Zeitungsinterview nennt Schirrmacher das Ziel: »die WEA vom Einfluss der US-Evangelikalen befreien«. Die Formulierung zeigt zugleich, welche Bedeutung die US-Evangelikalen für die Bewegung insgesamt haben. Es gibt etwa 80 Millionen US-Evangelikale gegenüber 1 bis 2 Millionen Evangelikale in Deutschland und 2 bis 3 Millionen in Großbritannien. Aus diesem Grund spielen die amerikanischen Evangelikale auch in diesem Buch eine so wesentliche Rolle.

So viel kann man sagen: »Die« Evangelikalen gibt es nicht.

2. DIE EVANGELIKALE BEWEGUNG IN DEUTSCHLAND

Spätestens das Buch *Der Aufbruch der Evangelikalen* (1972) des späteren Vorsitzenden der *Deutschen Evangelischen Allianz* Fritz Laubach sorgte dafür, dass der Begriff »Evangelikalismus« in Deutschland zentrale Bedeutung gewann. Im Anschluss an die große Aufmerksamkeit, die Billy Grahams Evangelisationen auch in Deutschland fanden, wurde das Vorbild der US-Evangelikalen für die deutschen Frommen immer attraktiver. Deutsche Erweckte begannen, sich selbst als Teil einer weltweiten Bewegung zu sehen. Für ihr Selbstverständnis ist das bis heute wesentlich.

Aber was bedeutet das? Ist der Evangelikalismus in Deutschland erst knapp fünfzig Jahre alt? Oder ist nur dieser Begriff neu? Kann man so einfach ein Label für ein Land mit einer ziemlich anderen Glaubens- und Kirchengeschichte übertragen?

Wenigstens ansatzweise möchte ich in äußerster Kürze zeigen, dass diese Einzeichnung der deutschen Geschichte in die globale Klassifikation angloamerikanischer Entwicklungen nicht willkürlich oder verfehlt ist. Dabei folge ich den verbreitetsten Bezeichnungen der kirchengeschichtlichen Epochen: 1. Pietismus, 2. Erweckungsbewegungen, 3. Konfessionalismus, Freikirchen und Gemeinschaften und 4. Evangelikale Bewegung in Deutschland.[40]

PIETISMUS (1670–1780)

Deutschland ist ein interessantes Beispiel für die Globalität des Evangelikalismus. Denn historisch sind der klassische deutsche Pietismus (etwa 1675–1780) und der angloamerikanische Evangelikalismus vielfältig miteinander verbunden. Die mit Philipp Jakob Spener (1635–1705) beginnende Reformbewegung im deutschen Protestantismus gilt wie der Puritanismus als Vorläuferströmung, die den werdenden Evangelikalismus beeinflusst hat.

»Ich habe nur eine Leidenschaft, die ist Er, nur Er.«
Nikolaus Graf Zinzendorf

Schon die nordamerikanischen Puritaner unterhielten brieflichen Kontakt zu August Hermann Francke (1663–1727) in Halle. Sein verzweigtes Glaubenswerk galt auch in Neuengland als vorbildlich. Graf Zinzendorf (1700–1760) beeindruckte und beeinflusste John Wesley sehr direkt. Durch seine Vermittlung lernte Wesley Luthers Betonung des Glaubens als Vertrauen auf die unbedingte Gnade Gottes kennen. Umgekehrt sahen die deutschen Pietisten auch die angloamerikanischen Aufbrüche als Ermutigung. Jonathan Edwards' Beschreibung der Erweckung in Northampton wurde schon im 18. Jahrhundert ins Deutsche übersetzt.

Zwischen dem Pietismus und dem frühen Evangelikalismus gibt es viele Berührungspunkte. Gemeinsam ist beiden Strömungen die doppelte Abgrenzung gegen den Traditionalismus der Konfessionskirchen und gegen die Religionsskepsis einer zunehmend säkularen Aufklärung. Ebenso auch die Betonung des persönlichen Christusglaubens. Die Beziehung zu Jesus Christus verbindet so unterschiedliche deutsche Pietisten wie Gerhard Tersteegen und Nikolaus Ludwig Graf von Zinzendorf. Viele fördern den aktiven Einsatz für Mission und Diakonie, vor allem der Hallische Pietismus. Die Wertschätzung der Bekehrung wird vor allem durch das Vorbild August Hermann Franckes in Deutschland ein typisch pietistisches Anliegen. Schließlich ist die besondere Bibelfrömmigkeit vieler Pietisten folgenreich. Im württembergischen Pietismus setzt sich Johann Albrecht Bengel für ein gleichermaßen erbauliches wie gelehrtes Bibelstudium ein.

Legt man die Merkmale von David Bebbington zugrunde, lässt sich sagen: Pietisten sind in diesem Sinne Evangelikale. Von den Reformatoren würde man dies zum Beispiel nicht behaupten können. Zugleich würde man nicht auf die Idee kommen, Pietismus und Evangelikalismus als eine Bewegung zu bezeichnen. Die geschichtlichen Ausgangspunkte, die theologischen und kulturellen Voraussetzungen sind sehr verschieden. Aber es handelt sich um geschichtlich parallele und teilweise miteinander verbundene Strömungen.

ERWECKUNGSBEWEGUNGEN (1780–1850)

Die Kurven von Bedeutungszuwachs und Niedergang des erwecklichen Protestantismus verlaufen in Deutschland verblüffend ähnlich wie in den USA. Im Zeitalter der Aufklärung ist der Einfluss des Pietismus offensichtlich so gering, dass die Forschung in Deutschland mehrheitlich nicht über das 18. Jahrhundert hinaus von Pietismus reden möchte.[41] Nur in einzelnen Regionen wie in Württemberg oder im Siegerland lässt sich von einer weitgehenden Kontinuität frommer Bewegungen seit dem 18. Jahrhundert bis zur Gegenwart sprechen.

Ansonsten sind die gesellschaftlichen Entwicklungen in Deutschland und zum Beispiel in den USA sehr unterschiedlich. Die Amerikanische Revolution lässt die Erweckten der USA von Anfang an Teil einer demokratischen Gesellschaft sein. Nach den Napoleonischen Kriegen kommt es in Deutschland hingegen zu einer starken Renaissance antiliberaler, monarchistischer Staatsfrömmigkeit. Mit dieser politischen Reaktion ist vielfach ein konservatives Christentum verbunden, das in vielen Regionen Deutschlands einen starken Aufschwung erlebt. Die Forschung bezeichnet die Aufbrüche dieser Zeit als Erweckungsbewegungen. Ganze Landstriche wie Württemberg, Minden-Ravensburg oder das Bergische Land werden stark geprägt von einem konservativ-pietistischen Christentum. Und für die allermeisten dieser Frommen ist die Verteidigung der Monarchie gegen alle westlichen Liberalisierungsideen auch ein wesentliches christliches Anliegen.

Enger wird der Kontakt zwischen den deutschen und den englischen Erweckten. Die Christentumsgesellschaft und ihr Umfeld waren vielfältig mit englischen Missionsfreunden und Förderern der Bibelverbreitung verbunden. Das schlug sich zum Beispiel darin nieder, dass 1846 auch einige Deutsche an der Gründung der Evangelischen Allianz in London teilnahmen, wie der wichtigste Begründer des deutschen Baptismus, Johann Gerhard Oncken, der württembergische Pietist Christian Gottlob Barth und der hallische Theologieprofessor August Tholuck. In vielen sozialen Fragen stehen die Evangelikalen in den USA wie in Großbritannien eher auf der progressiven Seite. Für deutsche Fromme ist es vom Ende des

18. Jahrhunderts bis weit ins 20. Jahrhundert hinein selbstverständlich, den westlichen Ideen von Volkssouveränität, Demokratie und Menschenrechten skeptisch gegenüberzustehen.

KONFESSIONALISMUS, FREIKIRCHEN UND GEMEINSCHAFTSBEWEGUNG (1850–1950)

Der Versuch einer bürgerlichen Revolution in Deutschland im Jahr 1848 erscheint den allermeisten Konservativen in den Kirchen als Aufruhr des Volkes gegen Königtum und Ständeordnung; und darum als höchst bedrohlich. Als Johann Hinrich Wichern auf dem Wittenberger Kirchentag 1849 zur »Inneren Mission« aufrief, wollte er damit der Krise der revolutionären Unruhe begegnen. Die Erweckten gründeten in der Folgezeit viele missionarische und diakonische Werke und Einrichtungen. Das Ziel ist eindeutig: Wiedergewinnung der entkirchlichten Menschen in der Arbeiterschaft und im liberalen Bürgertum. Eine Stärkung des Glaubens und der Kirchen scheint vielen deutschen Frommen gar nicht vorstellbar ohne Unterstützung der überkommenen monarchischen Ordnung.

Im Laufe des 19. Jahrhunderts setzt sich in Deutschland ein weiterer Trend durch: Die Anlehnung an die traditionellen Bekenntnisse der Reformationskirchen wird vielen immer wichtiger. Galten diese in der Zeit der Aufklärung noch als völlig überholt, so entsteht nun eine immer stärkere Betonung des jeweiligen lutherischen bzw. reformierten Profils. Vor allem in bayerischen Erweckungsaufbrüchen ist eine starke Anlehnung an das Luthertum für viele Fromme wesentlich (Wilhelm Löhe). Erweckte Vertreter eines lutherischen Konfessionalismus wie Ernst Wilhelm Hengstenberg (1802–1869) und Friedrich Julius Stahl (1802–1861) standen der Evangelischen Allianz sehr skeptisch und ablehnend gegenüber.

Völlig anders sieht die Situation für die damals entstehenden, noch sehr kleinen Freikirchen aus.[42] Die deutschen Methodisten (ab 1831), Baptisten (ab 1834), Brüderbewegung (ab 1843) und auch der *Bund Freier evangelischer Gemeinden* (ab 1854) sind nicht vorstellbar ohne angloamerikanischen Einfluss. Vor der 1848er-Revolution wurden sie drangsaliert, verfolgt, unter massiven Druck gesetzt. Die liberale Gesetzgebung der Folgezeit ermöglichte überhaupt erst die Entfaltung eines freikirchlichen Gemeindelebens. Für die wachsenden Freikirchen in Deutschland ist die Evangelische Allianz von Anfang an ein bedeutendes Netzwerk, in dem sie zunehmend Kontakte zu Gläubigen in Kirche und Gesellschaft aufbauen können.

Für die Freikirchen in Deutschland ist die Evangelische Allianz von Anfang an ein bedeutendes Netzwerk.

Unter dem Einfluss der weltweiten Heiligungsbewegung und ihrer Konferenzen, vor allem in Oxford (1874) und Brighton (1875), entsteht auch in Deutschland eine neue geistliche Aufbruchsbewegung.[43] Wesentlich durch diese Einflüsse bedingt vereinen sich 1888 ältere und neuere Werke zur Gnadauer Gemeinschaftsbewegung, die in wenigen Jahren über hunderttausend Mitglieder gewinnen sollte. Von Anfang an stehen die Gemeinschaftsleute zwischen den Freikirchen, denen sie sich in Frömmigkeit, evangelistischer Leidenschaft und Gemeinschaftssuche verbunden fühlen, und dem konservativen Flügel der Kirche, mit dem sie eine gewisse Bekenntnisorientierung und kirchliche Gesinnung teilen.

Die freikirchlichen Gläubigen, die Gemeinschaftsleute und die Kirchlich-Konservativen bringen sehr verschiedene geschichtliche Erfahrungen mit. Konservative verfügten lange Zeit über erheblichen politischen Einfluss – in Staat und Kirche. Sie nutzten ihn, um den Kurs der Kirchenleitungen und die Stellenbesetzungen der Universitätstheologie zu bestimmen. Immer wieder übten sie Druck aus auf die Kirche und die Universitäten.

Das Ende der Monarchie nach dem verlorenen Weltkrieg traf die Erweckten wie ein Schock. Noch lange Zeit nach dem Zweiten Weltkrieg gab es eine starke Identifikation mit der Volkskirche, verbunden mit dem Ziel, die eigenen Werte und Normen so weit wie möglich auch in der Gesellschaft insgesamt zur Anerkennung zu bringen. Für die Freikirchen waren die Staats- bzw. später die Volkskirchen oft ein erdrückendes Gegenüber, von dem sie Abwertungen und Ausgrenzungen in vielfältiger Form erfahren haben.

Diese Unterschiede zeigen sich auch im Verhältnis zur angloamerikanischen Frömmigkeit. Wie gesehen haben Pietismus und Erweckung vielfältige Austauschs- und Anregungsbeziehungen zu englischen und amerikanischen Geschwistern. Aber schon die ganz anderen Kommunikationsbedingungen der damaligen Zeit führen dazu, dass sich die Religionskulturen überwiegend eigenständig entwickeln. Nur die Freikirchen und auch die Gemeinschaftsbewegung sind relativ stark geprägt von Personen und Schriften des englischamerikanischer Evangelikalismus.

Die größte Distanz zwischen den deutschen Erweckten und den Evangelikalen in Großbritannien und den USA gibt es im Zeitraum vom Ersten bis zum Zweiten Weltkrieg. Der Erste Weltkrieg verdüsterte das Verhältnis der Deutschen zu den einst bewunderten Engländern sehr stark. Überall standen die Zeichen nun auf Abgrenzung; auch auf religiösem Gebiet. Die deutschen Freikirchen und die Gemeinschaftsbewegung standen seit Kriegsbeginn unter dem ständigen Druck, zu ihren englischen und amerikanischen Glaubensgenossen auf maximalen Abstand zu gehen. Wenn die deutschen Pietisten und Freikirchlicher sich nach dem Zweiten Weltkrieg wieder intensiv auf die amerikanische Strömung einlassen, dann steht das in einer Kontinuität von über 200 Jahren.

DIE EVANGELIKALE BEWEGUNG IN DEUTSCHLAND (1950–HEUTE)

In der frühen Bundesrepublik Deutschland waren Freikirchen noch eine kleine Minderheit; und konservatives Christentum innerhalb der Volkskirchen ein ernsthafter Faktor. In der Folgezeit veränderte sich dies teilweise dramatisch. In der Nachkriegszeit gewannen die Freikirchen in Deutschland mehr und mehr Anerkennung. Schon der durch Spenden amerikanischer Gläubiger unterstützte Wiederaufbau der kirchlichen Diakonie sorgte dafür, dass die deutschen Landeskirchen sanften Druck erfuhren, auch freikirchliche Gläubige als Teil der kirchlichen Landschaft anzuerkennen. Die altdeutsche Neigung zu feindseliger Ausgrenzung von Minderheiten hielt sich noch eine Zeit lang als pauschaler Sektenverdacht gegenüber allen nicht kirchlichen Gläubigen. Aber mit der Zeit verloren die Freikirchen diesen Makel. Eine wichtige Rolle spielte dabei die 1948 gegründete *Arbeitsgemeinschaft christlicher Kirchen* (ACK). In diesem Verbund kam der ökumenische Geist der Nachkriegszeit immer mehr zum Tragen.

Umgekehrt erfuhren kirchlich-konservative Gruppierungen innerhalb der Gesellschaft – und, was für sie besonders schmerzhaft war, innerhalb ihrer eigenen Kirche – eine zunehmende Marginalisierung. In den 1960er- und 1970er-Jahren setzte sich in vielen Landeskirchen die Liberalisierung der Gesellschaft insgesamt durch. Die Konservativen verloren selbst in den Kirchen ihre einst führende Stellung. Sie, die sich selbst als Mitte der Kirchen und prägende Kräfte der Gesellschaft verstanden, wurden zur schrillen Minderheit. Daher herrschte in der Regel unter konservativen Kirchenangehörigen ein ausgeprägterer Kulturpessimismus als in freikirchlichen Kreisen.

Im eigentlichen Sinne kann man erst für die Zeit nach 1945 von einem allmählichen Entstehen einer evangelikalen Bewegung in Deutschland sprechen. Zunächst fanden die klassisch konservativen Lutheraner und Reformierten mit den Vertretern der Freikirchen und der (neu)pietistischen Gemeinschaftsbewegung zusammen. Die Evangelisationen Billy Grahams auch in Deutschland sowie die geteilte Ablehnung der liberalen Theologie an den Universitäten und der politischen Öffnung der Kirchen für die Reformbewegungen der Zeit führten zu einem gemeinsamen Abgrenzungsbedürfnis. Vor allem die Bekenntnisbewegung *Kein anderes Evangelium* wurde mit ihrer Gründung bzw. einer aufsehenerregenden Großkonferenz in Dortmund (1966) mit über 20 000 Besuchern zu einer dominanten Strömung.[44] Eine internationale Missionskonferenz in Berlin 1966 und die Teilnahme am Lausanner Kongress 1974 ließen zunehmend eine gemeinsame Gruppenidentität als Evangelikale entstehen.

In den 1970er-Jahren spricht man von drei evangelikalen Strömungen[45] in Deutschland: Allianz-Evangelikale, Bekenntnis-Evangelikale und pfingstlich-charismatische Evangelikale.

Allianz-Evangelikale
Sie identifizieren sich mit Lausanne und der Allianz und werden wesentliche Träger missionarischer Aktionen.

Bekenntnis-Evangelikale
Sie arbeiten sich in verschiedenen bekennenden Organisationen kritisch an der Entwicklung von Kirche und Gesellschaft ab und fordern eindeutige theologische Orientierung ein.

Pfingstlich-charismatische Evangelikale
Sie wachsen weltweit am stärksten und gehören global zu den Evangelikalen, aber in Deutschland sind sie noch weitgehend aus der Allianzarbeit ausgeschlossen.

Spätestens ab den 1980er-Jahren ist die Entwicklungsrichtung eindeutig: Die Bekenntnis-Evangelikalen radikalisieren sich zunehmend und verlieren ihre einst bestimmende Deutungsmacht an die Evangelische Allianz. Hingegen werden in den 1990er-Jahren charismatische und pfingstkirchliche Gläubige Teil der evangelikalen Netzwerke. In dieser Zeit werden Evangelikale auch in Deutschland zunehmend eine Bewegung, die kirchlich aufmerksam wahrgenommen wird. Weit entfernt von zum Beispiel amerikanischen Wachstumszahlen sind sie offensichtlich ein Segment, das, anders als die Landeskirchen, nicht permanent schrumpft, sondern zumindest zahlenmäßig stabil bleibt oder moderat wächst. Evangelikale Projekte wie ProChrist, die Willow-Creek-Leitungskongresse und Christival erweisen sich als sehr erfolgreich, ziehen Zehntausende Besucher an und erhalten teils namhafte finanzielle und persönliche Unterstützung durch die Kirchen.

Unser kleiner geschichtlicher Überblick zeigt: Die Übertragung des Wortes »evangelikal« auf deutsche Strömungen ist alles andere als willkürlich. Auch wenn es erst seit den 1960er-Jahren zu einer Evangelikalisierung deutscher Christinnen und Christen kommt, hat dieser Prozess zugleich Wurzeln, die bis ins 18. Jahrhundert zurückreichen.

UNTERSCHIEDE ZWISCHEN DEUTSCHEN UND AMERIKANISCHEN EVANGELIKALEN

Trotz aller geschichtlichen Verbindungen und dem Trend zu zunehmend internationaler Prägung sollte man nicht übersehen, dass es bis heute eine Reihe von Unterschieden zwischen der Situation der deutschen Evangelikalen und dem amerikanischen wie auch dem britischen Evangelikalismus gibt:

- Die deutschen Pietisten sind stark geprägt durch das Luthertum und die staatsnahe Gestalt der Kirche. Im globalen Maßstab ist das eher die Ausnahme. Reformierte, baptistische und methodische Einflüsse haben sehr viel stärker auf die evangelikale Bewegung eingewirkt als das Luthertum. Der Anglikanismus seinerseits ist stärker durch einen evangelikalen Flügel der Kirche beeinflusst worden als die lutherischen Kirchen; das gilt für Deutschland ebenso wie weltweit.
- Nirgendwo auf der Welt gibt es eine so hohe Dichte von staatsfinanzierter universitärer Theologie wie in Deutschland. Auch der schulische Religionsunterricht nach Maßgaben der Religionsgemeinschaften in Deutschland ist eine Ausnahme. Evangelikale haben es in Deutschland mit einer großen Anzahl studierter Theologen zu tun, die zum großen Teil Evangelikale kaum kennen oder explizit ablehnen. Daher war das Verhältnis zwischen Evangelikalen und universitärer Theologie vor allem in den 1970er- und 1980er-Jahren stark belastet.
- Deutsche Konservative hatten in der Regel eine sehr enge Bindung an die Obrigkeit und einen starken Abstand zu den Demokratisierungsbewegungen der Moderne. Überhaupt ist eine gewisse Staatsfrömmigkeit in lutherischen Ländern (Skandinavien!) sehr viel stärker als anderswo. Den Einsatz für progressive

Gesellschaftsreformen wie bei den Evangelikalen in den USA oder Großbritannien findet man am ehesten im deutschen Pietismus des 18. Jahrhunderts.
- Freikirchen in Deutschland sind etwas völlig anderes als die vielen Konfessionen und Denominationen in den USA. Lange Zeit galten sie hierzulande als fremd und ausländisch. Mit »Kirche« meinten viele Evangelikale wie selbstverständlich die Großkirchen.

Ab den 1970er-Jahren sind viele sogenannte Parallelstrukturen evangelikaler Werke entstanden. Angesichts der Marginalisierung evangelikaler Strömungen gab es das dringende Bedürfnis, eigene Gestaltungsräume zu schaffen, die nicht von den liberaler werdenden Kirchenleitungen bestimmt waren; nicht selten im Anschluss an amerikanische Anregungen. In der deutschen Öffentlichkeit ist es jedoch ziemlich schwer, neben den oder gegen die großen Kirchen nennenswerten Einfluss auf die Gesellschaft aufzubauen. Anders als in den USA sind Evangelikale in Deutschland in einer ausgesprochenen Minderheitensituation.

PERSÖNLICHES FAZIT – SCHUBLADENDENKEN

»Dann bist du wohl evangelikal.« Das erklärte mir eine Theologiestudentin, als ich im zweiten Semester meines Studiums war. Wir hatten uns darüber unterhalten, warum wir uns für das Theologiestudium entschieden hatten. Mein Weg war ungewöhnlich. Im Sommer 1990 hatte ich als Atheist beschlossen, in meinem Lehramtsstudium zu Deutsch und Philosophie auch Evangelische Religion als drittes Fach zu nehmen. Die Studienberatung der Universität Münster hatte mir das empfohlen, sodass ich wenigstens ein Mangelfach studiere. Neugierig begann ich die Bibel zu lesen – und hörte nicht mehr auf. Nach vielen Stunden Lektüre, aber auch nach dem Besuch unterschiedlicher Gottesdienste und nach vielen Gesprächen traf es mich eines Abends an meinem Schreibtisch. Je länger ich das Neue Testament las, desto mehr lief es für mich auf eine Frage hinaus, und zwar: »Ist dieser Jesus wirklich auferstanden? Lebt er?« Und in diesem Moment wurde ich über der aufgeschlagenen Bibel von dem Eindruck überwältigt: »Ich glaube das. Er lebt. Er ist jetzt da und ich kann zu ihm reden.«

Das hatte ich ihr erzählt – und zack, bekam ich von ihr ein Etikett. »Dann bist du wohl evangelikal.« Ich hatte nicht die geringste Ahnung, was sich hinter dieser Bezeichnung verbarg. In der Folgezeit machte ich die Erfahrung immer wieder, sowohl im Theologiestudium wie in der Kirche. »Evangelikal« ist eine Schublade, die gut schließt.

Je stärker ich merkte Evangelikale werden in eine Ecke gedrängt, werden mit Haltungen identifiziert, die vielen überhaupt nicht gerecht werden, desto mehr dachte ich: »Dann erst recht.« Wenn manche es nötig haben, vor Evangelikalen mithilfe vereinfachter Schreckensbilder zu warnen, anstatt sich mit den vitalsten und interessantesten Erscheinungen dieser Strömung auseinanderzusetzen, dann bitte! Wenn ein Label so abschreckend wirkt, finde ich es umso spannender. Vielleicht sind die Evangelikalen ja gar nicht die Sonderlinge, als die sie manchmal hingestellt werden. Sollte es die Kirchen nicht interessieren, wie langjährige Atheisten innerhalb kurzer Zeit zu begeisterten Gläubigen werden?

Evangelikale interessierten sich sehr für meinen sonderbaren Weg. Vielleicht sind die Evangelikalen längst die Kirche der Zukunft. Aber natürlich packte mich auch die Neugierde: Was hat es mit diesem Wort auf sich? Was verbirgt sich dahinter, dass es manche abschreckt und andere fasziniert? Insofern ist dieses Buch auch das Ergebnis eines Gesprächs vor über 30 Jahren. Wo genau bin ich eigentlich hineingeraten, wenn man mir das Label »evangelikal« zuschreibt?

TEIL 2

Hauptstraße

WAS EINT DIE EVANGELIKALE BEWEGUNG?

3. EVANGELISATION

LAUSANNE 1974 – EIN WENDEPUNKT UND WIE ES DAZU KAM

Der Lausanner Kongress (16.–25. Juli 1974) mit seinen 2500 Teilnehmern aus aller Welt hat überragende Bedeutung für die Geschichte der Evangelikalen.[46] Und mehr: Tatsächlich handelt es sich bei diesem Treffen um eine Weichenstellung für die neuere Kirchengeschichte insgesamt. Die hier sichtbar gewordenen Netzwerke hatten in den letzten Jahrzehnten erheblichen Einfluss auf die Verzweigung des modernen Christentums. Daher stehen die in Lausanne geführten Debatten und die dabei getroffenen Richtungsentscheidungen im Zentrum unserer Landkarte der evangelikalen Welt.

Um die Bedeutung dieses Kongresses einschätzen zu können, müssen wir uns seinen Kontext ansehen. Worauf reagierte der Kongress? Von welchen vermeintlichen Fehlentwicklungen in den christlichen Kirchen bzw. in der Gesellschaft insgesamt grenzte man sich ab? Welche Werte und Ziele wurden in diesen Tagen definiert?

Man kann die evangelikale Bewegung nicht verstehen, ohne den zeitgeschichtlichen Kontext wahrzunehmen: In den 1960er- und 70er-Jahren kam es in vielen Ländern der Welt zu dramatischen kulturellen Verschiebungen. Von Anfang an waren davon auch die christlichen Kirchen betroffen, sowohl die römisch-katholische Kirche als auch die protestantischen Kirchen im *Ökumenischen Rat der Kirchen*.

KULTURELLER WANDEL UND SÄKULARISIERUNG

Die 1960er- und 1970er-Jahre wurden allgemein als eine kulturelle Wendezeit empfunden, vor allem in der westlichen Welt. Besonders die jüngere Generation empfand diese Jahre mehrheitlich als eine Zeit des Aufbruchs und der Befreiung. Viele Ältere, aber auch Jüngere sahen in den Umbrüchen eine Phase der Krise und des Niedergangs. Was genau verschob sich in diesen Jahren?

- Liberalisierung: Viele Untersuchungen zeigen, dass sich in den 1960er-Jahren ein starker Wertewandel durchsetzt: Waren zuvor Ordnungswerte wie Gehorsam, Unterordnung, Fügsamkeit etc. zentral, so werden nun neue Werte wie Selbstbestimmung und Selbstverwirklichung wichtiger. Die Freiheit des Einzelnen wird zum Schlüsselwert der westlichen Gesellschaft.
- Individualisierung: Eine direkte Folge dieses Umschwungs ist die zunehmende Individualisierung. Mode und Haartracht werden vielfältiger und subjektiver. Menschen lehnen sich gegen Rollenvorgaben und traditionelle Tabus auf. Lebensentwürfe werden vielfältiger. Die allgemeine Individualisierung ist gleichbedeutend mit einer zunehmenden Pluralisierung der Gesellschaft.
- Authentizität: Die Individualisierung folgt einem neuen Schlüsselwert: Echtheit und Authentizität werden wichtiger als Anpassung. Menschen wollen ihr eigenes Leben gestalten. Empathie wird ein neuer Maßstab des Miteinanders. Menschen lernen, zu ihren eigenen Bedürfnissen zu stehen und ihre Gefühle auch öffentlich zu zeigen. Schwerwiegende Erfahrungen werden nicht mehr verdrängt. Die Vernachlässigung eigener Bedürfnisse gilt als schädlich.
- Soziale Gleichheit: Viele soziale Bewegungen setzen sich für die Rechte von Menschen ein, die in den Ordnungen der vormodernen Welt benachteiligt oder übersehen wurden. Die be-

deutendste soziale Bewegung wurde die Bürgerrechtsbewegung in den USA, die sich für die Gleichberechtigung der Schwarzen einsetzte. Entsprechende Ziele verfolgen die Frauenbewegung, die Friedens- und Umweltbewegung oder die Emanzipation der LGBTQ*-Community.

Diese Tendenzen beschäftigen die Christenheit auf der ganzen Welt, vor allem in der westlichen. In den protestantisch-historischen Kirchen werden viele dieser neuen Werte von Anfang an positiv aufgegriffen. Gerade diese Entwicklung trägt maßgeblich zur Entstehung der Lausanner Bewegung bei, in Anlehnung und Abgrenzung.

ÖFFNUNG UND SELBSTSÄKULARISIERUNG DER KIRCHEN

Mit der Einberufung des *Zweiten Vatikanischen Konzils* öffnete Papst Johannes XXIII. die Türen der Kirche zur Welt der Gegenwart. Für unseren Kontext sind vor allem diese beiden Entscheidungen relevant: die Ökumene der Kirchen und die endgültige Anerkennung von Demokratie und Religionsfreiheit.

Nachdem der Vatikan noch 1948 dem *Ökumenischen Rat der Kirchen* in dem Bewusstsein fernblieb, die wahre Kirche zu sein, setzte das Konzil ganz neue Akzente. Die katholische Kirche erkennt die protestantischen Kirchen nicht einfach als Kirchen an, aber sie ist bereit, sich auf den Weg des Dialogs zu begeben. Spätestens jetzt sind die meisten Kirchen in einem ökumenischen Zeitalter angekommen.

Vor allem für die Geschichte der Evangelikalen kann man die Bedeutung dieses Schrittes nicht überschätzen. Die katholische Kirche hatte nämlich bis zum Vatikanum eine klare Haltung: Religionsfreiheit fordern, wo man selbst in der Minderheit war; Religionsfreiheit einschränken, wo man als Mehrheit dazu in der Lage war. Die Anerkennung der Religionsfreiheit durch die katholische Kirche trug wesentlich dazu bei, dass sich evangelikale Bewegungen auch in einst weitgehend katholischen Ländern (wie in Mittel- und Südamerika) stark ausbreiten konnten.

Der *Ökumenische Rat der Kirchen* übernahm den optimistischen Geist der 1960er-Jahre. Die allgemeine Aufbruchstimmung vor allem der jüngeren Generation wurde als positive Entwicklung und gesellschaftlicher Wandel begriffen, dem die Kirchen sich nicht verschließen dürften. Konzentration auf Humanisierung der Welt und Kritik an der klassischen Mission wurden für die Evangelikalen folgenreich:

In der Ökumene setzte sich nach dem Zweiten Weltkrieg ein erweiterter Missionsbegriff durch. Zunehmend gilt auch der Einsatz für Frieden und Gerechtigkeit als Teil der Mission. Sozialpolitische Schwerpunkte treten zunehmend ins Zentrum kirchlicher Kommunikation.

Vor allem im globalen Süden verschwindet der Kolonialismus innerhalb weniger Jahrzehnte. In der Ökumene wächst die Einsicht, dass die klassische Missionstätigkeit stark mit der Kolonialpolitik früherer Zeiten verknüpft war. Gewichtige Stimmen fordern ein Ende jeder auf Bekehrungen ausgerichteten Mission. Die Integration des Internationalen Missionsrates in den ÖRK geschah so, dass vor allem die kirchlichen Missionen Berücksichtigung fanden, nicht die freien, überkonfessionellen Werke der Evangelikalen. Viele evangelikale Missionsgesellschaften fühlten sich in der Ökumene ausgegrenzt, sowohl institutionell als auch im Blick auf ihr traditionelles Missionsverständnis.

LAUSANNE UND DER GLOBALE EVANGELIKALISMUS

Ohne die weltweiten Evangelisationen und die damit verbundene Bekanntheit und ohne die Netzwerktätigkeit von Billy Graham gäbe es das heutige Netzwerk und die Marke »evangelikal« wohl nicht. Schon 1966 fand in Berlin ein internationaler Weltmissionskongress statt. Veranstalter war die von Billy Graham mitgegründete Zeitschrift *Christianity Today*. Dieser Kongress machte erstmals ein weltweites evangelikales Netzwerk sichtbar.

In den nächsten Jahren kam es zu immer neuen globalen Begegnungen. Angesichts der großen Sichtbarkeit der römisch-katholischen Weltkirche und der starken Wahrnehmung des Ökumenischen Rates der Kirchen in der Gesellschaft setzten die Evangelikalen darauf, sich ebenfalls im globalen Horizont vernehmbar zu machen. Dabei nutzten sie einerseits das Klima gewachsener ökumenischer Offenheit, stellten sich andererseits aber der in vielen Kirchen zu beobachtenden Abkehr von einer evangelistischen Verkündigung des Glaubens entgegen.

Ohne die weltweiten Evangelisationen und die Netzwerktätigkeit von Billy Graham gäbe es die Marke »evangelikal« wohl nicht.

1974 organisierte die *Billy Graham Evangelistic Association* den Lausanner Kongress. Stärker denn je wurde die weltweite Vielfalt der Evangelikalen deutlich. Die USA waren natürlich stark vertreten, aber nicht erdrückend. Neben vielen europäischen Delegationen kamen etliche auch aus Südamerika, Asien und Afrika, die Gehör fanden, auch wenn sie noch keinen bestimmenden Einfluss hatten. Die Schlüsselfiguren waren eindeutig der amerikanische Evangelist Billy Graham und der britische anglikanische Theologe John Stott. Die beiden Männer von Lausanne 1974 hatten schicksalhafte Erfahrungen und Entscheidungen hinter sich.

BILLY GRAHAM – DIE IDENTIFIKATIONSFIGUR DER EVANGELIKALEN

Nach dem Zweiten Weltkrieg war Graham eine der führenden Gestalten der neuen Evangelikalen. Er setzte die evangelistische Tradition von Menschen wie Charles Finney, Dwight L. Moody und Billy Sunday fort. Er predigte in großen Zelten und Hallen und schließlich in den größten Stadien, um Menschen mit einfachen Worten das Evangelium von Jesus Christus zu erklären. Und er gab ihnen Gelegenheit, eine Entscheidung für Jesus zu treffen und ein gemeinsames Gebet zu sprechen, in dem sie Christus als Herrn und Erlöser annahmen. Zunehmend hielt Graham solche Veranstaltungen weltweit. Schon 1954, 1955 und 1960 besuchte er Deutschland, wo ihn Hunderttausende hörten.

Als Billy Graham nach Lausanne kam, hatte er schwierige Zeiten hinter sich. Der Lausanner Kongress fiel im Sommer 1974 in eine politisch für Graham höchst belastende Zeit. Man wird kaum überschätzen, wie sehr ihn die Nixon-Affäre beschwert haben muss. Graham galt seit Langem als der Seelsorger der amerikanischen Präsidenten. Von Truman bis Obama hatte er zu allen Präsidenten den persönlichen Kontakt gesucht und weitgehend gefunden. Zu keinem Präsidenten war die Beziehung so eng und intensiv wie zu Richard Nixon.

»Es ist die Aufgabe des Heiligen Geistes, zu überführen, Gottes Aufgabe zu richten und meine Aufgabe ist es zu lieben.«
Billy Graham

Die Demokraten hatten sich in den 1960er-Jahren mit ihren Präsidenten John F. Kennedy und Lyndon Johnson für die Anliegen der Bürgerrechtsbewegung eingesetzt. Nixons Präsidentschaft steht am Beginn der modernen politischen Kulturkämpfe der USA. Nixon wandte sich nicht frontal gegen die Werte der Bürgerrechtsbewegung, aber er trat als entschiedener Verteidiger klassisch konservativer Werte auf. Er setzte sich für die sprichwörtlich gewordene Macht von *Law and Order* ein und stand für einen starken Staat, die Hochschätzung des Militärs, den Ausbau der Polizei und die beständige Verschärfung des Strafrechts wie auch für den *War on Drugs*. Mit dieser Politik sprach Nixon das Sicherheits- und Ordnungsbedürfnis des weißen und des christlichen Amerika an, und das sehr erfolgreich. Für keinen Präsidentschaftskandidaten hatte sich Graham so ausdrücklich starkgemacht wie für Nixon. Und mehr: Keiner hat sich der Nähe zu Graham so entschieden bedient wie Nixon.

Die Geschichte von Nixons Aufstieg und Fall ist legendär. Oscarprämierte Kinofilme wie *Die Unbestechlichen* (1976) verankerten die Watergate-Affäre bis heute tief im kulturellen Gedächtnis. Im Kampf gegen seine innenpolitischen Feinde missbrauchte Nixon Regierungsvollmachten, um die demokratische Partei im Wahlkampf ausspionieren und bekämpfen zu können. Die Watergate-Affäre erschütterte die Nation bis ins Mark. Solange es irgendwie ging, versuchte Nixon alles zu leugnen. Aber das Blatt wendete sich: Im Sommer 1974, zur Zeit des Lausanner Kongresses, war die Karriere des amtierenden Präsidenten faktisch am Ende. Wenige Wochen nach Lausanne zogen die Republikaner auch offiziell den Schlussstrich und verweigerten ihm das Vertrauen. Sein Stellvertreter Gerald Ford wurde Präsident. In einem einmaligen Akt wurde Nixon von seinem Nachfolger kurzerhand umfassend begnadigt. Für die Öffentlichkeit war er vollständig erledigt.

Graham hatte Nixon vertraut – und er war offensichtlich belogen und benutzt worden. Die veröffentlichten Dokumente zeigten, wie skrupellos Nixon alle ihm zugänglichen Machtmittel genutzt hatte, um politische Gegner zu bekämpfen.

Graham wurde als das »Maschinengewehr Gottes« bezeichnet. Später lernte er die leisen Töne, die nicht weniger deutlich waren: Es geht um Jesus.

Diese Episode wirkte grundlegend in Grahams Dienst nach. Er selbst ließ nie Zweifel daran aufkommen, dass die Enttäuschung mit Nixon einer der tiefsten Einschnitte seines Lebens war. In der Folgezeit ging Graham sehr ehrlich mit der Erfahrung um, mit der Unterstützung eines Politikers sein geistliches Amt gefährdet zu haben. Schon auf dem Lausanner Kongress bekannte sich Graham zu einer Gefährdung seines bisherigen Dienstes. Ausdrücklich sagte er, es sei ein Irrtum gewesen, »das Evangelium mit irgendeinem spezifischen politischen Programm oder einer Kultur zu identifizieren. Das ist auch meine eigene Gefahr gewesen.«[47]

Graham wurde einst als das »Maschinengewehr Gottes« bezeichnet. Nun lernte er die leisen Töne, die nicht weniger deutlich waren: Es geht um Jesus. Nicht soziale, politische oder kulturelle Fragen dürfen im Zentrum stehen. Die zentrale Aufgabe der Kirchen sei das Zeugnis für das Evangelium von Jesus Christus. Dafür setzte er sich in Lausanne ein.

JOHN STOTT – DER THEOLOGE DES EVANGELIKALISMUS

Der anglikanische Theologe John Stott (1921–2011) wurde nach dem Zweiten Weltkrieg zu einem führenden Repräsentanten der Evangelikalen in Großbritannien und zunehmend auch der ganzen Welt. Schon bei der Gründung der *Weltweiten Evangelischen Allianz* war er beteiligt. Beim Berliner Weltkongress für Evangelisation 1966 hielt er ein wegweisendes Referat: Es sei die zentrale Aufgabe der Evangelikalen in der heutigen Entwicklung der Kirchen, sich für die unaufgebbare Bedeutung von Mission und Evangelisation einzusetzen. Durch seine Verkündigung und den Aufbau des eigenen Lehrdienstes trug er sehr stark zur Profilierung der Evangelikalen insgesamt bei.

Im Oktober 1966 kam es zu einer Auseinandersetzung mit dem einflussreichen freikirchlichen Theologen Martyn Lloyd-Jones (1899–1981), in der man eine Weggabelung seines Dienstes erkennen kann: Wohin soll sich die evangelikale Bewegung entwickeln? Soll sie wie bisher eine Bewegung innerhalb der bestehenden Konfessionskirchen sein, als der Teil der Weltchristenheit, die sich in besonderer Weise einsetzt für eine biblisch orientierte Theologie und eine missionarische Praxis der Kirchen? Oder, und das war Lloyd-Jones' Vorschlag, sollten sich die Evangelikalen nicht endlich abwenden von den Kirchen der Ökumene und gemeinsam nach einer kirchlichen Ordnung streben, die kompromisslos vom biblischen Auftrag geprägt ist?

Bis heute sorgt die Frage, wohin sich die evangelikale Bewegung entwickeln soll, für Auseinandersetzungen.

Martin Lloyd-Jones war einer der bekanntesten Prediger Großbritanniens. Seine Vers-für-Vers-Auslegungspredigten zum Römerbrief waren legendär. Sein Wort hatte Gewicht – in Großbritannien und der Welt. Es war der deutlich jüngere Stott, der ihm entgegentrat. Dieser wollte keinen Bruch zwischen den Evangelikalen und den Kirchen der Ökumene. John Stott war nie nur evangelikal. Er war stets ein evangelikaler Anglikaner. Nicht zuletzt im Widerspruch zu diesem Vorstoß von Lloyd-Jones wurde Stott der maßgebliche Repräsentant eines integrativen Evangelikalismus.

Zu Beginn seines Hauptreferates über Evangelisation spricht er die Spannungen zwischen Evangelikalen und Ökumenikern an. Zugleich bekennt er:

> Es ist meine Hoffnung, dass auf diesem ganzen Kongress mehr evangelikale Buße als evangelikaler Triumphalismus sichtbar wird. Sowohl unser Bekenntnis als auch unser Auftreten sind bei Weitem nicht vollkommen. Wir haben uns von unseren ökumenischen Kritikern Wichtiges sagen zu lassen. In manchen Fällen lehnen sie mit unserer evangelikalen Position nicht zugleich eine biblische Wahrheit ab, sondern eher deren evangelikales Zerrbild.[48]

Stott war durch und durch anglikanischer Theologe. Von Anfang an setzte sich die anglikanische Kirche für einen Weg der Mitte ein. Sie wurde als eine reformatorische Kirche gegründet, die das Wort Gottes als Grundlage des Glaubens bekannte. Und zugleich hielt sie fest an Riten, traditionellen Ämtern, Liturgie, wie sie in der langjährigen katholischen Geschichte Großbritanniens entwickelt worden waren. Diese *via media* hat sich in der anglikanischen Geschichte immer wieder durchgesetzt. Stotts Letztverantwortung für die theologische Linie in Lausanne kann als Meisterstück anglikanischer Ausgleichskunst verstanden werden.

Gemeinsam prägten sie ein Lausanner Profil: Graham konnte zuspitzen, ohne zu spalten. Stott konnte integrieren, ohne zu verwässern.

Insgesamt war die Zusammenarbeit der beiden Männer ein Glücksfall für den Kongress. Graham konnte zuspitzen, ohne zu spalten. Stott konnte integrieren, ohne zu verwässern. Gemeinsam prägten sie ein Lausanner Profil, das zu Aufbrüchen motivierte und gleichzeitig Zusammenhalt ermöglichte.

DAS GANZE EVANGELIUM MIT DER GANZEN GEMEINDE FÜR DIE GANZE WELT

Auf dem Lausanner Kongress hat man nicht versucht, eine eindeutige Dogmatik zur Grundlage der Zusammenarbeit zu erheben. Die Teilnehmerinnen und Teilnehmer kamen aus einem sehr breiten kirchlichen Spektrum. Von Anfang an war es ausgeschlossen, die Schlüsselfragen kirchlicher Identität wie das Verständnis von Taufe und Abendmahl, von Amt und Ordnung der Kirche auch nur anzusprechen. Kein theologisches Bekenntnis in Lehrfragen, wohl aber eine gemeinsame Verpflichtung für die missionarische Praxis, das war das Ziel.

Während des Kongresses entstand in vielen Diskussionen und Absprachen die Lausanner Verpflichtung. Am Anfang stehen das Bekenntnis zum dreieinigen Gott und seiner Sendung (Artikel 1) und die Bekräftigung der Autorität der Bibel, des inspirierten Wortes Gottes, als Grundlage für Glaube und Leben (Artikel 2) sowie das Bekenntnis zur Einzigartigkeit und Universalität Jesu Christi (Artikel 3). Alle drei Artikel sind deutlich in ihrer Abgrenzung gegenüber einem liberalen Christentum; und zugleich so offen und inklusiv, dass ein breites Spektrum orthodoxer und traditioneller Gläubiger sich darin wiederfinden konnte. Zentrale Bedeutung hatte der Artikel 4, das Bekenntnis zum Auftrag der Evangelisation. An dieser Stelle ging es darum, die besondere Sendung dieses Kongresses zu formulieren.

EVANGELISATION

Der Grundlagenvortrag von John Stott entwickelte die Hauptlinien, die dann in die Lausanner Verpflichtung eingingen.[49] Stott nahm seinen Ausgangspunkt im ökumenischen Konsens nach dem Zweiten Weltkrieg: »Mission ist eine Tätigkeit Gottes, die unmittelbar aus dem Wesen Gottes hervorgeht.«[50] In der Ökumene sprach man seither von der *Missio Dei*: Mission ist nicht der Versuch der Kirche, ihr Verständnis von Christentum auszubreiten. Mission ist die große Sendung Gottes, die in der Menschwerdung Jesu Christi begonnen hat und die Gott bis ans Ende der Zeit betreibt. Kirche ist nicht das Subjekt der Mission, sondern ihr Ergebnis.

Mission ist die große Sendung Gottes. Kirche ist nicht das Subjekt der Mission, sondern ihr Ergebnis.

Diese Abkehr von einem auf die Kirche konzentrierten Missionsverständnis hatte in der Ökumene dazu geführt, sich mehr und mehr der Welt zuzuwenden. Zunehmend wurde unter Mission vieles verstanden, was einer Verbesserung und Humanisierung der weltlichen Verhältnisse dient. Stott hielt die Abkehr von der Selbstzentrierung der Kirchen grundsätzlich für richtig. Entscheidend sei jedoch, nun nicht statt der Kirche die Welt ins Zentrum zu stellen, sondern an Gottes Sendung in die Welt hinein festzuhalten. Er widersprach daher einer grenzenlosen Ausweitung des Missionsbegriffs. Zentrale Bedeutung für das Missionsverständnis behalte die Evangelisation. Und Evangelisation hat einen eindeutigen Inhalt: das Heilshandeln Gottes in Kreuz und Auferstehung Jesu. Jesus Christus selbst ist das »Herzstück des Evangeliums«.[51] Evangelisation hat ein eindeutiges Ziel: die Einladung an alle Menschen, ihr Vertrauen auf Christus zu setzen. Evangelisation ist nicht identisch mit irgendeiner Methodik oder einer besonderen geschichtlichen Gestalt. Gerade an dieser Stelle müsse immer neu gelernt werden.

Dann geht Stott auf eine Reihe von Schlüsselbegriffen ein, die unter Evangelikalen und Ökumenikern umstritten waren, wie »Dialog« oder das Verständnis von »Heil« und »Bekehrung«. Kritisch setzt sich Stott mit dem Vorwurf auseinander, Evangelikale verweigerten sich dem Dialog der Religionen und Weltanschauungen. Dialog sei in der modernen Welt in der Tat wesentlich. Evangelisation stehe auch nicht im Gegensatz zum Dialog mit Menschen anderen Glaubens. Stott kritisiert jedoch ein Dialogverständnis, das auf einen eigenen Glaubensstandpunkt verzichten zu können meint. Daher greife es auch zu kurz, wenn das Ziel der Mission als Humanisierung definiert wird, im Sinne eines Einsatzes für Frieden und Gerechtigkeit.

Sofort räumt Stott ein, »dass Christen bei der Verfolgung dieser Ziele beteiligt sein sollten und dass wir Evangelikalen uns oft schuldig gemacht haben, indem wir uns nicht für solche politischen und sozialen Verantwortungen erklärt haben«[52]. Aber man sollte sich nicht im Gegenzug zu früheren Einseitigkeiten auf Begriffsverwirrungen einlassen. Biblisches Heil gehe nicht in der Verbesserung der sozialen und politischen Verhältnisse auf. Die Bibel definiere das Heil als Erlösung von der Macht der Sünde durch Jesus Christus, als Befreiung zur Gemeinschaft mit Gott und Hoffnung auf das ewige Leben. Daher sei es auch unverzichtbar, von Bekehrung zu sprechen. Stott widerspricht allen Versuchen, das Heil in Christus so zu verstehen, als seien praktisch alle Menschen schon gerettet und mit Gott versöhnt. Mit Verweis auf 2. Korinther 5,18-20 betont er: Die Heilstat der Versöhnung der Welt mit Gott in Christus ist bei Paulus untrennbar mit dem Auftrag verbunden, das Evangelium in aller Welt zu verkünden. Wo darauf verzichtet wird, könne man auch nicht mehr von der Mission Gottes reden.

NEUE FORMEN DER EVANGELISATION

Der Lausanner Kongress hob die zentrale Bedeutung der Evangelisation hervor, ohne sich auf die bisherigen Formen und Gestalten evangelistischer Aktionen zu fixieren. Sehr deutlich wurde die Herausforderung der Zukunft beschrieben. Entscheidend waren nicht Formen und Traditionen, sondern der Inhalt: die öffentliche Bezeugung der Einzigartigkeit Jesu Christi. Dieses Zeugnis weiterzutragen ist der eigentliche Auftrag der Evangelikalen. In dieser Hinsicht sind Evangelikale Menschen mit Mission. An dieser Stelle schuf der Kongress ein Profil, das seit Jahrzehnten Menschen auf allen Kontinenten verbindet.

In Lausanne fand auch eine klassische Evangelisationsveranstaltung mit Billy Graham statt. Mit einer Reihe von Erzählungen aus seinen jüngsten Erfahrungen im Schweizer Lausanne baute Graham eine Brücke zu seinen Zuhörern. Er erzählte von den Krisen der modernen Welt und der Sehnsucht nach Halt, die immer wieder aufbrach. Er berichtete von Menschen, die zu Jesus Christus gefunden haben. Und er erklärte das Evangelium mit zeitgenössischen Bildern und Vergleichen. Wie immer kam er bei der entscheidenden Frage an: »Kennen Sie Jesus Christus? Sie können ihn heute kennenlernen.«[53] Graham rief seine Zuhörer dazu auf, nach vorne zu kommen und sich in einem persönlichen Gebet zu Christus zu bekennen. »Eine leise Stimme in deinem Inneren sagt: ›Du brauchst Christus.‹ Das ist die Stimme Gottes. Komm und nimm ihn heute an. Jetzt!«[54]

Alle Teilnehmer respektierten ihn für sein langjähriges Wirken, zugleich war auch allen bewusst, dass dieses Format zwar vielen geholfen hatte, zunehmend aber auch an seine Grenzen kam. Gerade an dieser Stelle zeigte sich, wie der Kongress neue Wege öffnete für ein Evangelisationsverständnis, das nicht auf den klassischen konfrontativen Aufruf zur Bekehrung begrenzt blieb.

Zentrale Bedeutung hatte dafür die Entdeckung der Gemeinde als maßgebliches Instrument der Evangelisation. Der englische Theologe Michael Green verwies auf die Vielfalt der urchristlichen Mission. Die frühe Christenheit war erfüllt von der Begegnung mit dem Auferstandenen und seinem Auftrag. Aber schon rein praktisch konnten sie nicht wie heute öffentliche Veranstaltungen abhalten. Sie bezeugten Christus durch Worte und Erzählungen und durch ihre Gemeinschaft. Sie machten seine Botschaft sichtbar durch die Art und Weise, wie sie offene Häuser lebten. Sie warben für ihren Glauben durch eine zunehmende Entwicklung von Apologetik und eine intellektuelle Auseinandersetzung mit der Weltanschauung ihrer Umgebung.

Und vor allem scheint es, dass sie Menschen nicht durch Veranstaltungen gewannen, sondern durch das persönliche Gespräch. Insofern gehört Jüngerschaft in Form der Befähigung von Gläubigen, über Jesus zu reden, zum Zentrum einer evangelistischen Haltung. Gerade weil Evangelisation der entscheidende Aufhänger war, fixierte man sich nicht auf bestimmte Formen. Ähnlich betont George Peters, dass »die Bibel keine unumstößlichen Muster und Methoden für die Evangelisation« festlegt.[55] Der methodistische Theologe Howard Snyder aus Brasilien verwandte den Ausdruck, dass die Gemeinde selbst als das maßgebliche Instrument der Evangelisation Gottes gesehen werden müsse.[56]

Jüngerschaft in Form der Befähigung von Gläubigen, über Jesus zu reden, gehört zum Zentrum einer evangelistischen Haltung.

Diese Einsicht setzte sich in einer dreigliedrigen Formel durch, dass das ganze Evangelium der ganzen Welt nur durch die ganze Gemeinde zu bezeugen sei; und nicht etwa allein oder hauptsächlich durch Evangelisten oder Theologen. Natürlich kamen und kommen auch Menschen zum Glauben, die mittels eines Traktates oder einer Radiosendung die entscheidenden Inhalte des Glaubens erfahren. Aber das ist die Ausnahme. Man müsse die Gemeinde weniger als Institution sehen denn als einen charismatischen Organismus. Das Neue Testament beschreibt die Gemeinde als die Gemeinschaft des Gottesvolkes. Als solches sei und bleibe sie zugleich auch der Mittelpunkt der Evangelisation. Das Zeugnis muss getragen sein von der Präsenz des Glaubens in einer Gemeinschaft, die in und mit Christus lebt. Die Verkündigung kann ohne eine solche ganzheitliche Verkörperung in lebendiger Verbundenheit, die Lerngemeinschaft einer Jüngerschaft, nicht wachsen. Das kann nur gelingen, wenn die Gemeinde eine innere Vielfalt entwickelt, von Klein- und Großgruppen, von Schulungen und Veranstaltungen, von geistlicher Erfahrung und offener Auseinandersetzung mit der jeweiligen Umgebungskultur in diakonischen und kulturellen Bereichen.

CHRISTUS ALS MITTE – LEBENDIGE ZEUGNISSE

Lausanne war ein Kongress für Weltevangelisation. Und zugleich ging es um sehr viel mehr: um soziale Aktion, um Theologie, um Auseinandersetzung mit der Kultur. Das Thema Evangelisation stand im Vordergrund, weil es zum Streitthema auf den großen Konferenzen der Ökumene wurde. Aber die Vorträge wie die Lausanner Verpflichtung sind nicht zuerst irgendeinem Konzept gewidmet. Der deutsche Theologe Michael Herbst bezeichnete die Ausrichtung auf Jesus Christus als den »Kern und Stern jeder Lausanner Theologie«[57].

»Es gibt keine denkbare Rechtfertigung für irgendeine Haltung, die nicht der Liebe entspricht.«
Festo Kivengere

Führen wir uns dieses religiöse bzw. geistliche Zentrum des Kongresses anhand zweier Menschen vor Augen, die die Vielfalt und Weite dieses Evangelikalismus noch einmal anders verkörperten als die angloamerikanische Mehrheit der Redner. Lausanne war nicht nur von weißen Männern englischer Sprache geprägt.[58] Zu Lausanne gehörte zum Beispiel auch die Botschaft von Festo Kivengere (1919–1988). Der anglikanische Bischof aus Uganda war zutiefst geprägt von der ostafrikanischen Erweckungsbewegung. Zugleich stand er in seinem Land vor ganz anderen Herausforderungen als die Vertreter des wohlhabenden Westens. Sein Vortrag über das Kreuz Christi ist eine Verdichtung dessen, worum es in Lausanne ging. Kivengere beließ es nicht nur bei der Verkündigung der Liebe Gottes in Christus und einer entsprechenden Mahnung zur Feindesliebe. Er wurde ganz konkret: Gerade auf diesem Kongress, der ja auf schwere Spannungen innerhalb der Ökumene zurückging, sei es nötig, an die vielen Geschwister in den westlichen Kirchen zu denken –mit Liebe: »Hier möchte ich gern innehalten und Sie alle, wie auch mich selbst, ernstlich dazu auffordern, unsere Haltung gegenüber unseren Brüdern und Schwestern, von welchen wir denken, dass sie außerhalb der Grenzen des evangelikalen Lagers stehen, neu zu überdenken.«[59]

Ja, das Kreuz Jesu müsse das eindeutige Zentrum des Zeugnisses sein. Aber diese Einsicht müsse praktische Konsequenzen haben. Jedes Lagerdenken sei damit unverträglich. Das Kreuz führe uns heraus auch aus dem Getto unserer geistlichen Selbstsicherheit. Je mehr wir das Kreuz ernst nehmen, desto stärker müsste unsere Haltung zu allen Menschen von Liebe bestimmt sein.

Ein anderes unvergessliches Ereignis war für viele das Zeugnis der Niederländerin Corrie ten Boom (1892–1983).[60] Mit ihrer kirchlich-frommen Familie lebte sie zur Zeit des Zweiten Weltkriegs im niederländischen Haarlem. Die Besatzung durch die Deutschen traf die Uhrmacher-Familie wie ein Schock. Aus seinem Verständnis der Bibel heraus sah sich der Vater mit seiner ganzen Familie an die Seite der bedrohten Juden gestellt. Sie richteten ein Versteck in ihrem Haus ein, das Juden Unterschlupf und Flucht ermöglichte. Oft spürten sie die Hilfe Gottes. Und dann geschah es: Die Familie wurde verraten. Corrie ten Boom kam mit ihrer Schwester in das Konzentrationslager Ravensbrück. Beide erfuhren schreckliche Demütigungen und Qualen. Die Schwester wurde immer schwächer und starb schließlich an den Folgen der Misshandlungen.

In Lausanne erzählt Corrie ten Boom von diesen Erfahrungen. Was war für sie das Schlimmste? Bevor die Deutschen ihre Gefangengen töteten, legten sie es darauf an, sie geistig und seelisch zu brechen. So zwangen sie die weiblichen Gefangenen, nackt Spalier zu stehen. Corrie empfand das als ungeheure Schmach und fürchterliche Erniedrigung. In dieser Situation habe sie verzweifelt gebetet. Im Gebet wurde ihr bewusst: Jesus war kein würdevoller Tod vergönnt. Auch er starb nackt am Kreuz. Für Corrie ten Boom war diese Erkenntnis ein Durchbruch zu großer Freude inmitten aller Qualen: Auch in furchtbarster Not ist Jesus da.

»Im KZ nahmen sie uns alles, was wir hatten, aber Jesus konnten sie uns nicht nehmen.«[61]

Corrie ten Boom

Corrie überlebte knapp und widmete sich nach dem Krieg dem Auftrag der Verkündigung. Sie wollte all diesen Erfahrungen des Hasses etwas entgegensetzen. So predigte sie gerade auch in Deutschland das Evangelium von der Versöhnung mit Gott. Eines Tages erkannte sie im Publikum in einer deutschen Kirche einen Mann wieder. Es war ein ehemaliger Wärter aus dem Konzentrationslager, unter dem sie ungeheuer gelitten hatte. Ausgerechnet dieser Mann kam nach der Veranstaltung auf sie zu. Ohne sie wiederzuerkennen, dankte er ihr für die Botschaft und bekannte, er habe als Wärter in einem KZ gearbeitet. Ob sie ihm vergeben könne? In diesem Moment seien in ihr alle Erinnerung an ihre Schwester und die furchtbaren Erniedrigungen wieder aufgebrochen, so Corrie ten Boom. Wie konnte sie ihm vergeben! Aber war nicht gerade das das Evangelium? War Jesus nicht das große Trotzdem? So überwand sie sich, diesem Mann die Hand zu geben und zu sagen: »Ja, ich vergebe von ganzem Herzen.«

Die Zeugnisse von Kivengere und ten Boom blieben vielen länger im Gedächtnis als so mancher theologische Vortrag.

DIE FOLGEN DES LAUSANNER KONGRESSES FÜR DEUTSCHLAND

In Lausanne war der Tübinger Missionswissenschaftler Peter Beyerhaus (1929–2020) eine wichtige Stimme. Der Ruf der deutschen Missionstheologie war damals legendär. Es war ein Deutscher gewesen, der die Missionswissenschaften überhaupt begründet hatte (Gustav Warneck). Es waren deutsche Theologen wie Walter Freytag oder Karl Hartenstein, die die Weltmissionskonferenzen dominiert hatten. Es war die Weltmissionskonferenz im sauerländischen Willingen 1952, auf der sich ein globaler Grundkonsens zu einem erneuerten Missionsverständnis der *Missio Dei* abzeichnete.

Niemand hatte im Vorfeld den Kurs des ÖRK so radikal verurteilt wie Peter Beyerhaus. 1970 war Beyerhaus Verfasser und Herausgeber der *Frankfurter Erklärung zur Grundlagenkrise der Mission*. Dieser kurze deutschsprachige Text wurde damals als gewichtiger Widerspruch gegen den Kurs des ÖRK aus dem Mutterland der Missionswissenschaften weltweit beachtet. Beyerhaus drängte darauf, dass sich der Lausanner Kongress möglichst radikal von der Ökumene abgrenzte. Nun fehlt es in Lausanne nicht an deutlichen Klarstellungen. Aber offensichtlich wollte die große Mehrheit des Kongresses keinen so radikalen Bruch, wie er Beyerhaus nötig erschien.

Innerhalb der deutschen Delegation in Lausanne wurde ein Riss sichtbar, der für die nächsten Jahrzehnte immer wichtiger wurde: der wachsende Graben zwischen den Allianz-Evangelikalen und den

Bekenntnis-Evangelikalen. Der Lausanne-Teilnehmer und spätere Generalsekretär der *Arbeitsgemeinschaft Missionarischer Dienste* (AMD), Hartmut Bärend, beurteilt den dialogwilligen, integrativen Kurs von Lausanne sehr positiv, verschweigt aber auch das Negative nicht: »Dass in der deutschen Gruppe Kräfte waren, die sehr wohl eine Antihaltung erzeugen wollten, lässt sich nicht bestreiten.«[62] Wo der eine Flügel der deutschen Gruppe in die bestehenden Kirchen und Werke missionarisch hineinwirken wollte, wurde auf der anderen Seite eine polarisierende Vision verfochten. »Sie wollten Abgrenzung und eigene Organisationsstrukturen. Das hat sich nicht durchgesetzt.«[63]

Erst zehn Jahre nach dem Lausanner Kongress kam es auch in Deutschland zur Gründung eines Zweiges *Lausanne Deutschland*. Der Vorstand wurde jeweils zur Hälfte besetzt von der *Deutschen Evangelischen Allianz* und der *Arbeitsgemeinschaft Missionarischer Dienste* (AMD) in der EKD. Inzwischen sind der deutsche Einfluss auf die Entwicklung der Theologie in Lausanne wie auch umgekehrt die Wirkung der Lausanner Bewegung in Deutschland stark zurückgegangen.[64] Gleichwohl sollte nicht übersehen werden, dass diese Impulse eine Fülle missionarischer Konzepte in Deutschland angeregt haben, nämlich:

- Das älteste Großformat ist das Christival. 1976 fand es erstmals in Essen statt. Es waren wesentlich die Lausanner Erfahrungen, die eine breite Zusammenarbeit der missionarischen und der bekennenden Kreise in den Landeskirchen, der Freikirchen und der landeskirchlichen Gemeinschaften anregten. Es folgten weitere Christivals in Nürnberg (1988), Dresden (1996), Kassel (2002), Bremen (2008), Karlsruhe (2016) und Erfurt (2022). Als missionarisches Format für die junge Generation gibt es im deutschsprachigen Raum nichts Vergleichbares.

- 1992 wurde das satellitenübertragene Evangelisationsformat ProChrist mit Billy Graham als Redner begonnen. Seit 30 Jahren wird dieses Format nun fortgeführt, erst mit Ulrich Parzany, dann mit Steffen Kern und Elke Werner sowie mit Mihamm Kim-Rauchholz und Yassir Eric (2022). Auch dieses Format hat sich fest etabliert und auch im europäischen Ausland Aufnahme gefunden.
- Wie in Lausanne angelegt, wurde Evangelisation nicht nur als Veranstaltungstyp, sondern als Grundhaltung der ganzen Gemeinde verstanden. Das einflussreichste Format, um Gemeinden insgesamt zu einer evangelistischen Praxis zu verhelfen, wurden seit 1996 die Willow-Creek-Leitungskongresse. Im Anschluss an die erfolgreiche Arbeit der Willow-Creek-Gemeinde im Großraum Chicago entwickelte sich eine breit aufgestellte Plattform der Ermutigung und des Lernens. Nicht zuletzt ist auch das Modell der Glaubenskurse für Erwachsene ein wichtiges Instrument geworden, den Glauben weniger frontal und eher in gemeinsamer Begegnung zur Sprache zu bringen.
- Stärker auf Familien zielt das Familienfestival Spring. Seit seinen Anfängen 1998 verband Spring unterschiedliche Frömmigkeitsströmungen. In den Hauptveranstaltungen wurde Wert darauf gelegt, dass sich Menschen über Grenzen hinweg begegnen: Menschen aus Frei- und Landeskirchen, Vertreter einer charismatischen oder bibelzentrierten Frömmigkeit. In gemeinsamen Bibelarbeiten lernten Vortragende wie ihre Zuhörerinnen und Zuhörer, dass es mehr Verbindendes als Trennendes gibt.

Die Lausanner Bewegung war der Anstoß zu einem stärkeren Miteinander aller Kreise, denen Mission und Evangelisation am Herzen lagen. Je länger, je mehr wurde die *Deutsche Evangelische Allianz* die zentrale Drehscheibe dieser Projekte. Zunehmend wurden evangelikale Gruppen zu Vorreitern im Einsatz moderner Kommunikationsmittel und diese Projekte fanden immer mehr Aufmerksamkeit in der evangelischen Kirche. Als auf der EKD-Synode in Leipzig 1999 die Evangelisation als ein wesentliches Anliegen aller kirchlichen Ebenen beschrieben wurde, verwies man auch auf das eindrückliche Wirken evangelikaler Kreise.[65] Im Anschluss an diese Entwicklung unterstützten die EKD und eine Reihe von Landeskirchen auch die Gründung des *Instituts zur Erforschung von Evangelisation und Gemeindeentwicklung* (IEEG) an der Universität Greifswald (2004) unter seinem Gründungsdirektor Michael Herbst. Mit einer Fülle von Studien, Doktorarbeiten und Kongressen wurde dieses Institut in der Folgezeit das bedeutendste Forschungszentrum für Evangelisation und missionarische Gemeindearbeit im deutschen Raum.

Die Lausanner Bewegung war der Anstoß zu einem stärkeren Miteinander aller Kreise, denen Mission und Evangelisation am Herzen lagen.

Zur Wahrheit gehört auch, dass unter den Evangelikalen all diese Formate keineswegs unumstritten waren. Ende der 1990er-Jahre forcierte die einst so einflussreiche Bekenntnisbewegung *Kein anderes Evangelium* ihre Angriffe auf die neuen Formate im Rahmen der Evangelischen Allianz. Die Bekenntnisbewegung trug nicht nur schwer daran, dass sie trotz aller theologischen Studien und Proteste die Annäherung von Evangelikalen und Charismatikern/Pfingstlern nicht verhindern konnte.[66] Sie lehnte auch die werbende, nicht primär auf Abgrenzung zielende Grundhaltung bei ProChrist ab. In diesem Sinne kritisierte sie auch Billy Grahams lebenslange Praxis, mit Vertretern aller christlichen Kirchen zusammenzuarbeiten – auch mit der katholischen Kirche und liberalen protestantischen Kirchen –, solange die Verkündigung davon nicht beeinträchtigt würde. Prägende und lange Zeit leitende Personen wie Paul Deitenbeck und Sven Findeisen wandten sich in dieser Zeit von diesen Bekenntnis-Evangelikalen ab.[67] Anfang der 2000er-Jahre hatte sich mindestens der radikale Strang der Bekenntnis-Evangelikalen ins Abseits gestellt. Längere Zeit spielten sie innerhalb der Allianz keine große Rolle mehr.

Ich selbst habe diese Entwicklung in den späten 1990er-Jahren aus nächster Nähe verfolgt, als Studienassistent der Bekenntnisbewegung *Kein anderes Evangelium*, die sich damals umbenannte in *Bodelschwingh-Studienstiftung*. Als jungbekehrter Christ hat mich der radikale Widerspruch zu kirchlichen und theologischen Entwicklungen fasziniert. Wie viele Konvertierte wollte ich radikal und kompromisslos gläubig sein. Angesichts der zunehmenden Streitigkeiten im konservativen Lager beschäftigte ich mich erstmals intensiv mit der evangelikalen Geschichte. Gerade in dem Maße, wie Billy Graham von konservativen Evangelikalen kritisiert wurde für seine integrative Haltung, lernte ich diese Weite sehr schätzen. Die Lausanner Bewegung, die Evangelische Allianz und überhaupt die weitherzigere Frömmigkeit der Allianz-Evangelikalen wurden für mich zunehmend orientierend.

DER ERFOLG DER EVANGELIKALEN

Ziehen wir eine erste Zwischenbilanz.[68] Warum handelt es sich bei den Evangelikalen heute um die weltweit zweitgrößte christliche Strömung nach dem Katholizismus? Niemand hätte sich das vor 50 oder 60 Jahren träumen lassen.

Der Lausanner Kongress wurde in der deutschen Öffentlichkeit nur am Rande registriert. Die meisten (gerade auch in den Kirchen) waren sich sicher: Zukunft kann nur eine Christenheit haben, die sich für die Moderne öffnet, die das aufgeklärte Wahrheitsbewusstsein der Wissenschaften respektiert und eine politisch-gesellschaftliche Kraft für eine bessere Welt wird. Welche Zukunft sollten da schon Grüppchen haben, denen Evangelisation und Mission über alles geht, die im Zweifelsfall lieber der Bibel glauben als der historischen Forschung? Wer wird schon Ewiggestrige ernst nehmen, die sich radikal der sexuellen Liberalisierung der 1960er-Jahre verweigern? Aber entgegen allen Erwartungen ist keine religiöse Gruppe im letzten halben Jahrhundert dynamischer gewachsen als diese. Warum?

1. GROSSE BEJAHUNG

Die Evangelikalen waren und sind bunt. Bei aller Vielfalt sollte man aber nicht übersehen, dass es so etwas wie ein Zentrum gibt. In aller Kürze formuliert mit dem Song des Lobpreissängers Matt Redman *The Heart of Worship*. Darin heißt es: *It's all about you, Jesus.*

Evangelikale Frömmigkeit ist eine Liebesgeschichte der besonderen Art. Jesus ist für Evangelikale nicht nur Religionsstifter, Lehrer oder Vorbild. Wenn sie »Jesus lebt« sagen, bekennen sie sich zu dem, von dem sie sich geliebt und angenommen wissen. Gerade die großen Hits der Worship-Szene wie *The Blessing* von Kari Jobe und Cody Carnes oder *You Say* von Lauren Daigle leben von dieser radikalen Zusage: *You say I am loved when I can't feel a thing / You say I am strong when I think I am weak.* Weltweit gibt es eine ungeheure Nachfrage nach der Botschaft, bedingungslos geliebt zu sein.

Bei aller Vielfalt der Evangelikalen sollte man nicht übersehen, dass es ein Zentrum gibt: ***It's all about you, Jesus.***

Nun könnte man sagen: Aber ist das nicht heute zentrales Ziel jeder halbwegs lebensfreundlichen Erziehung? Haben sich nicht schon Unzählige zu Gloria Gaynors *I am what I am* das lebensnotwendige Maß an Selbstakzeptanz ins Rückgrat eingetanzt? Oder es sich mit Christina Aguileras *I am beautiful* in die Seele gesungen?

Ja, gewiss, es fehlt nicht an guten Ratschlägen, sich selbst anzunehmen und zu lieben. Und doch sind es weltweit viele Menschen, die gleichermaßen zu viele Zweifel haben an ihrer Liebenswürdigkeit oder an ihrer Liebesfähigkeit – auch sich selbst gegenüber. Sie sehnen sich nach einer Liebe, die aus dem Unendlichen kommt und für alle Ewigkeit gilt. »Gott liebt dich« ist noch einmal etwas anderes als »Ich bin okay, du bist okay«. Diese Botschaft ist unabhängig von jeder Stimmung. So mancher mag dir sagen, dass du wertvoll bist; aber kennen sie dich wirklich? Du magst es dir selbst sagen; aber glaubst du dir? Vielleicht kannst du dir das selbst so wenig einreden, wie du dich selbst auch nicht kitzeln, in Ekstase oder sonst wie aus dem Häuschen bringen kannst.

Aber – ist das nicht die Botschaft, um die es im Christentum insgesamt geht? Geht es nicht in jedem Konfirmationsunterricht bzw. jeder Firmungsvorbereitung um die Einsicht, dass Gott Liebe ist?

Was ist denn das Besondere am evangelikalen Angebot? Seine Prägnanz. Evangelikale Frömmigkeit ist nicht dezent. Sie ist laut und grell mit ihrer Zuspitzung: »Jesus liebt dich!«

Kein allgemeines Grundbewusstsein, dass da einer mit mir geht oder jemand auf mich aufpasst oder dass da eine gute Macht hinter allem steht, wie man es hier und da einmal geflüstert bekommt. Evangelikale Frömmigkeit lebt von ihrer Deutlichkeit: Sie ist prägnant und klar, weil sie mit der Jesus-Geschichte arbeitet, von seinem Namen handelt, seinem Leiden, ja seinem Blut. Darum weckt sie große Gefühle. Diese Prägnanz stiftet Ergriffenheit, Begeisterung und Hingabe.

2. SINN

Nun könnte man sagen: Also ist es den Evangelikalen (ganz entgegen ihrem Selbstverständnis) gelungen, den christlichen Glauben in eine Gestalt zu übersetzen, die perfekt in ein emotional-therapeutisches Kulturklima passt. Das ist richtig und das ist nicht alles. Evangelikale Lieder, Predigten etc. schaffen es immer wieder, in wenigen Minuten von »Du bist Gott unendlich wichtig« umzuschalten auf »Gott allein ist wichtig«. Er tut nicht nur alles für dich. Er befreit dich auch davon, ständig um dich selbst zu kreisen. Nichts ist typischer für evangelikale Frömmigkeit der letzten Jahrzehnte als der Lobpreis Gottes: die Anbetung Gottes als König und Herr, Freund und Vater, als Heiliger und Ewiger, Schöpfer und Erlöser. Ja, das Licht seiner Liebe macht dein Leben hell; aber natürlich nur da, wo du dich auf eine kopernikanische Wende deines Lebens einlässt. Er ist die Sonne und dein Platz ist eine Umlaufbahn. Er ist der Mittelpunkt in deinem Leben und in deinem Herzen, in deiner Schwäche und in deiner Stärke.

Evangelikalismus ist eine Frömmigkeit der teuren Gnade. Sie will keine Provinz in deinem Gemüt sein, sondern die Mitte von allem. Es ist die Party mit dem teuersten Eintrittsgeld: Weil sie alles bietet, kostet sie dich alles. Und gerade das macht gewiss, dass sie es wert ist.

Nicht selten kommt die halbe Botschaft an, als selbstische Religion oder selbstlose Frömmigkeit. Aber bei gar nicht so wenigen gelingt es nun doch, diese Kombination: eine Frömmigkeit der radikalen Erfüllung und ein Lebensstil der Hingabe. Das Bewusstsein, dass es so viel Wichtigeres, Größeres, Heiligeres als mein Ich und seine Launen gibt. Es kostet sehr viel und es bringt sehr viel.

Wenn es gut läuft, trifft evangelikale Frömmigkeit diese Balance. Dann ist sie eine Religion der menschlichen Entscheidung für den Gott, der sich für den Menschen entschieden hat. Evangelikalismus ist die Strömung, in der du nicht nur der Liebe Gottes versichert wirst, sondern auch der Liebe zu Gott. Die große Affirmation weckt große Begeisterung. Lobpreismusik klingt wie auf Gott umgeleitete Liebeslieder. Evangelikale würden sagen: »Eigentlich ist es umgekehrt: Begeisterung, Liebe, Ergriffenheit werden in der Neuzeit auf dies und das und jenes umgeleitet – und wir lieben, ehren, feiern den Einzigen, der es in alle Ewigkeit wert ist.«

3. GEMEINSCHAFT

Diese große Reorientierung ist die Triebkraft hinter dem sogenannten »Aktivismus« der Evangelikalen. Der evangelikale Missionsgedanke geht nicht von der Organisation oder ihren Amtsträgern aus. Strukturen sind selbstverständlich sehr wichtig. Grundlegender ist aber eine Gemeinschaft der Gläubigen. Aktivierung der ganzen Gemeinde – dieser Impuls zieht sich durch die Erklärung.

Evangelikale Frömmigkeit ist nicht nur Daseinsvorsorge an wenigen Übergangsschwellen des Lebens wie Geburt, Hochzeit und Tod.

Sosehr Lausanne geprägt ist von der starken Sichtbarkeit großer Männer und einiger Frauen: Die Botschaft macht die Laien nie zu Adressaten kirchlicher Fürsorge. Evangelikale Frömmigkeit ist keine

Religion der Daseinsvorsorge an wenigen Übergangsschwellen des Lebens wie Geburt, Hochzeit und Tod. Evangelikalismus bietet nicht nur Begleitung an den Rändern des Lebens, sondern eine gemeinsame Mission. Evangelikalismus lebt nicht von den klassischen Gebäuden, rechtlichen Strukturen und spezialisierten Experten großer Kirchen. Evangelikalismus lebt von der Begeisterung und dem Zusammenhalt vieler Gemeinschaften. Weil er sehr viel weniger Strukturen vorhält und erhalten muss, kann er auch sehr viel flexibler auf Veränderungen der Zeit reagieren. Evangelikale sind Menschen mit Mission: Sie sind immer schon gemeinschaftlich unterwegs, zusammengehalten von einer Mission, die sie als Botschaft, als Auftrag, als Vision ergreift und die sie ihrerseits entfalten. Das Schicksal der Religion in der Moderne wird sich nicht verstehen lassen ohne Berücksichtigung der Evangelikalen.

4. DIE EVANGELIKALEN UND DIE SOZIALE FRAGE

Eine Schlüsselfrage beschäftigte den Lausanner Kongress von Anfang an: Wie verhält sich der Auftrag der Evangelisation zur sozialen Frage?

Zunächst scheint die Antwort naheliegend: Es gibt keine Religion ohne Ethos. Zum Aktivismus der Evangelikalen gehörte immer schon der Einsatz für soziale und politische Reformen in der Gesellschaft. Aber: Der Lausanner Kongress kam ja gerade zustande angesichts des Eindrucks vieler Evangelikaler, dass in immer mehr traditionellen Kirchen die evangelistische Verkündigung durch politisch-soziales Engagement verdrängt wurde. Daher hatten viele die Erwartung, dass es vor allem um die Betonung von Mission und Evangelisation als zentrale Aufgaben der Christenheit gehen würde. So war es für viele die große Überraschung von Lausanne 1974, dass auf diesem Weltmissionskongress die soziale Frage die am meisten diskutierte Herausforderung zu sein schien.

DIE SOZIALE FRAGE IN LAUSANNE

Die geplante Botschaft von Lausanne war eindeutig: Evangelisation und Mission bleiben der zentrale Auftrag der weltweiten Gemeinde Jesu Christi. Aber diese weltweite Gemeinde brachte sich zu Gehör. Und es waren gerade die Evangelikalen des Südens, die sich für die zentrale Bedeutung auch der sozialen Frage starkmachten. Neben

Billy Graham und John Stott ist vor allem ein dritter Name mit Lausanne verbunden: René Padilla (1932–2021).

RENÉ PADILLA

> **»Im Lichte der biblischen Lehre gibt es keinen Platz für ein ›Jenseits‹, das nicht auf die Verpflichtung hinausläuft, seinem Nachbarn zu dienen.«**
> *René Padilla*

René Padilla wurde 1932 in Quito (Ecuador) geboren. Seine in Armut lebende Familie wurde von der damaligen Weltwirtschaftskrise mit voller Wucht getroffen. Zwei Jahre nach seiner Geburt zogen sie nach Kolumbien, wo Padilla in bescheidenen Verhältnissen aufwuchs. Später studierte er in den USA und in Großbritannien, wo er einen theologischen Doktortitel erwarb. Anschließend arbeitete er für die internationale evangelikale Studentenbewegung in Lateinamerika. Als René Padilla im April 2021 in Buenos Aires starb, erinnerte die Webseite der Lausanner Bewegung noch einmal an seine aufrüttelnde Rede auf dem 1974er-Kongress.[69] Denn diese Rede war ein Ereignis – aus folgenden Gründen:

- Abgrenzung von der Befreiungstheologie: Padilla teilte den Konsens des Lausanner Kongresses. Auch er grenzte sich ab von jeder Auflösung des Evangeliums in ein allgemein politisches

Programm der Humanisierung. Auch die Hoffnungen der marxistisch inspirierten Befreiungstheologie Lateinamerikas, die sich »die Schaffung einer idealen Gesellschaft und eines neuen Menschen zum Ziel gesetzt hat«[70], wies er zurück. Es könne keine Identifikation des Evangeliums mit einem politischen Programm geben, und schon gar nicht dürfe die christliche Hoffnung mit der marxistischen Utopie verwechselt werden.[71] »Zu evangelisieren heißt vielmehr, Jesus Christus als Herrn und Heiland zu verkündigen, durch dessen Erlösungswerk die Menschheit von der Schuld als auch der Macht der Sünde erlöst wird.«[72]

- Betonung des Kontextes: Padilla war in der Welt herumgekommen. Er wusste, welche Bedeutung kulturelle Unterschiede haben. Wir können nicht einfach das Evangelium »dem Menschen« an sich verkündigen. Der christliche Glaube handelt nicht von einer zeitlos abstrakten Beziehung von Gott und der Seele des Einzelnen. Gott liebt diese Welt. Und das Evangelium wird nicht nur verkürzt, wenn es »weltlos« wird. Gott kann gar nicht angemessen wahrgenommen werden, wenn man von der jeweils konkreten Wirklichkeit der Menschen absieht. Daher betonte Padilla: »Im Lichte der biblischen Lehre gibt es keinen Platz für ein ›Jenseits‹, das nicht auf die Verpflichtung hinausläuft, seinem Nachbarn zu dienen.«[73] Wir können nicht von der sozialen Lage der Menschen absehen. Daher betrachtete Padilla die amerikanische Gemeindewachstumsbewegung kritisch. Wer die bittere Realität der Armut vieler Weltgegenden kennt, kann sich nur wundern über die einseitige Fixierung auf in Zahlen messbare Bekehrungen. Padilla spitzt zu: »Es gibt keinen Platz für Statistiken, die Auskunft darüber geben, ›wie viele Seelen pro Minute in Christus sterben‹, wenn sie nicht berücksichtigen, wie viele davon einen Hungertod sterben.«[74]

- Kritik am amerikanischen Kulturchristentum: Besonders viel Aufsehen erregte Padillas Kritik dessen, was er als »amerikanisches Kulturchristentum« bezeichnete. In der Missionsbewegung der letzten Jahrhunderte sei der angloamerikanische Einfluss immer stärker geworden. Viele wären darüber blind geworden für dessen kulturelle Voraussetzungen. Aus dem Evangelium wurde nicht selten eine Erlösungsbotschaft für das Individuum gemacht, ohne Rücksicht auf dessen gesellschaftliche und soziale Einbindung. Dieses Evangelium sei zutiefst geprägt von der individualistischen und marktförmigen Kultur vor allem der USA. Mit seiner vermeintlichen Konzentration auf die reine Lehre und seine Bemühungen um Bekehrungen blende dieser US-Evangelikalismus die tatsächliche Situation vieler Menschen aus. Und diese Ausblendung sei gerade nicht eine Konzentration auf das reine Evangelium, sondern Ausdruck eines typisch westlichen Individualismus, der sich so gar nicht auf die Bibel berufen kann. Nicht weniger als eine geistliche und methodische Umkehr hielt Padilla für nötig: »Die geforderte Sinnesänderung besteht im Verzicht auf Kulturegoismus und in der Förderung gegenseitiger theologischer Befruchtung zwischen verschiedenen Kulturkreisen.«[75]
- Plädoyer für ein integrales Missionsverständnis: Wenn Gott diese Welt liebt, kann das Evangelium keine weltlose Botschaft sein. »Die Kirche ist kein religiöser Club, der sich mit dem Jenseits befasst und mit Kampfslogans in die Welt eindringt, um mittels bewährter Überredungsmethoden die Anhängerschaft zu vergrößern.«[76] Daher warnt Padilla vor der Entwicklung einer »evangelikalen Subkultur …, die abgesondert ist von den wirklichen Fragen des Lebens in dieser Welt«[77]. Schon in der Bibel ist es der Auftrag der Propheten, die eigene Zeit von Gott her zu

deuten. »Infolgedessen versagt die Gemeinde überall da, wo sie als Prophet versagt, auch als Evangelist.«[78]

Mit all diesen Impulsen stellte sich Padilla nicht gegen die reformatorische Rechtfertigungslehre: Er beruft sich ausdrücklich auf das Lutherwort, dass der Glaube allein rechtfertigt, aber der Glaube nie allein ist. Die Liebe zu Gott und die Liebe zum Nächsten gehören zusammen. Gerade diese Verknüpfung von biblisch-theologischer Fundierung, interkultureller Erfahrung und sozialer Sensibilität machte den Beitrag Padillas in Lausanne so durchschlagend. An diesem Impuls konnte und wollte der Kongress nicht vorbeigehen.

EVANGELISATION UND SOZIALE AKTION

Padillas Ruf wurde gehört. Denn er stand mit seiner Wahrnehmung nicht allein.[79] Vertieft wurden diese Impulse von Padillas Freund, dem peruanischen Theologen Samuel Escobar.[80] Escobar berief sich auf die lange Tradition christlicher Gesellschaftsreformen. Es sei die Erfahrung vieler Missionare, dass sie in dem Moment, in dem sie sich ganz an die Seite ihrer Gemeinden stellen, gar nicht anders können, als die sozialen, kulturellen und politischen Herausforderungen ernst zu nehmen. »Es ist ein Zeichen von großer Naivität zu behaupten, dass wir heute nichts weiter brauchten als neue Menschen, um eine neue Gesellschaft zu schaffen.«[81] Religion als Jenseitsvertröstung sei eine Flucht aus der Geschichte, der biblischen wie der Kirchengeschichte. »Man könnte sie mit einer Droge vergleichen, die es ermöglicht, auf einem nur in der Vorstellung stattfindenden Flug der Realität zu entfliehen. Christus schafft jedoch einen neuen Menschen, der mit und in der Wirklichkeit lebt und durch ihn die Wirklichkeit verändert.«[82]

Die tatsächlichen Herausforderungen der Gläubigen unterscheiden sich je nach Kontext: Manche Kirchen haben in ihrer Gesellschaft großen Einfluss. Andere erfahren in ihrem Umfeld Ausgrenzung oder Verfolgung.

Vor allem konservative Gläubige betonen bisweilen, dass sie nicht am politischen Leben ihrer Gesellschaft teilnehmen wollen. Sie bemerken nicht einmal, dass es eine politische und privilegierte Situation ist, die eigene Religionsfreiheit als selbstverständlich zu empfinden. Alle können und müssen sich im Rahmen ihrer Möglichkeiten für das Wohl der Menschen einsetzen.

»Christus schafft einen neuen Menschen, der mit und in der Wirklichkeit lebt und durch ihn die Wirklichkeit verändert.«

Samuel Escobar

Escobar erinnerte an die vielfältigen Einsätze Evangelikaler wie Wesley, Wilberforce und anderer für soziale Veränderungen in ihrer Zeit. Er verwies auch auf das Vorbild von Billy Graham, der sich von Anfang an weigerte, die vor allem im Süden der USA verbreitete Rassentrennung bei seinen evangelistischen Vorträgen zu dulden, auch wenn ihm das manche Tür verschloss.

Im Nachhinein wurde die besondere Betonung der sozialen Dimension als ein wesentliches, ja überraschendes Ergebnis des Lausanner Kongresses empfunden. Aber die Bedeutung einer solchen ganzheitlichen Sicht des Evangeliums hatte sich im Vorfeld bereits abgezeichnet. Padilla hatte in den Jahren zuvor John Stott zu gemeinsamen Evangelisationen in Südamerika zu Gast gehabt. Die inhaltlichen Anfragen der südamerikanischen Evangelikalen waren den Führungsfiguren Graham und Stott daher bereits bekannt und sie waren von Anfang an bereit, auf diese Stimmen zu hören. In seinem Grundlagenreferat bezeichnete Billy Graham es als eines der Hauptanliegen des Kongresses, dass »unser Zeugnis aus beidem, dem Wort und der Tat, bestehen muss«[83].

Ausdrücklich wird von ihm jede Engführung auf eine nur persönliche Veränderung der Gläubigen zurückgewiesen. In ihrer Geschichte hätten vielfach »die Evangelikalen die Gesellschaft verändert, Menschen überall im Kampf gegen die Sklaverei und auf der Suche nach sozialer Gerechtigkeit beeinflusst. Wir sollten stolz sein auf diese Tradition.«[84] Graham betonte immer wieder die deutliche Unterscheidung zwischen Politik und Glaube. Aber deutlicher als in früheren Zeiten sagte er auch, dass diese Unterscheidung auf keinen Fall zu einer Vernachlässigung sozialer Tätigkeit führen dürfe. »Ich glaube an politische Freiheit, an die Veränderung politischer und sozialer Strukturen, wo das notwendig und möglich ist.«[85]

**»Ich glaube an politische Freiheit,
an die Veränderung politischer und sozialer Strukturen,
wo das notwendig und möglich ist.«**
Billy Graham

Vor allem John Stott machte sich dieses Anliegen ganz zu eigen. Auf dem Berliner Kongress von 1966 hatte Stott noch eindeutig von einem Vorrang der Evangelisation gesprochen. In den nächsten Jahren aber distanzierte er sich ausdrücklich von seiner früheren Überzeugung. Schon im Vorfeld von Lausanne hatte er im Zusammenhang seiner weltweiten Begegnungen seine Position verändert. In den Folgejahren bedachte Stott diese Frage umfassender. Bald nach dem Lausanner Kongress schrieb er: »Ich sehe nun klarer, dass wir nicht nur die Schlussfolgerungen aus dem Missionsbefehl, sondern diesen selbst so verstehen müssen, dass er sowohl soziale wie evangelistische Verantwortung in sich einschließt, wenn wir nicht daran schuldig werden wollen, die Worte Jesu zu verzerren.«[86]

Diese Sicht ging schließlich ein in das Abschlussdokument von Lausanne. Die Lausanner Verpflichtung bekennt vor allem in ihrem fünften Artikel die Zusammengehörigkeit von Wort und Tat:

> Wir bekräftigen, dass Gott zugleich Schöpfer und Richter aller Menschen ist. Wir müssen deshalb Seine Sorge um Gerechtigkeit und Versöhnung in der ganzen menschlichen Gesellschaft teilen. Sie zielt auf die Befreiung der Menschen von jeder Art von Unterdrückung. Da die Menschen nach dem Ebenbild Gottes geschaffen sind, besitzt jedermann, ungeachtet seiner Rasse, Religion, Farbe, Kultur, Klasse, seines Geschlechts oder Alters, eine angeborene Würde. Darum soll er nicht ausgebeutet, sondern anerkannt und gefördert werden. Wir tun Buße für dieses unser Versäumnis und dafür, dass wir manchmal Evangelisation und soziale Verantwortung als sich gegenseitig ausschließend angesehen haben.

Die Geschichte der nächsten Jahrzehnte drehte sich um die Konkretisierung dieser Verhältnisbestimmung. Die grundsätzliche Zusammengehörigkeit dieser beiden Aspekte wurde nicht mehr infrage gestellt. Aber wie sah das Verhältnis im Näheren aus?

AUF DEM WEG ZUM GANZHEITLICHEN EVANGELIUM

Die Betonung von Wort und Tat in Lausanne 1974 war kein Schlusspunkt, sondern ein Startschuss. Einigen Teilnehmerkreisen ging diese starke Betonung der sozialen Verantwortung zu weit. Manche nordamerikanischen Evangelikalen, aber auch einige Mitglieder der deutschen Gruppe fürchteten um den eindeutigen Akzent, gegenüber der Ökumene vor allem die evangelistische Herausforderung zu betonen. Bis zuletzt blieben die Lausanner Texte gezeichnet von der Spannbreite der Bewegung selbst. Manchmal wird die Evangelisation vorangestellt. Manchmal stehen beide Anliegen gleichrangig nebeneinander.

Die Betonung von Wort und Tat in Lausanne 1974 war kein Schlusspunkt, sondern ein Startschuss.

Warum wurde die Verhältnisbestimmung von Evangelisation und sozialer Verantwortung so intensiv diskutiert? War es nicht schon immer so, dass die Missionen sich um das Wohl der Menschen gekümmert haben?

THE GREAT REVERSAL

Wenige Jahre vor Lausanne beschrieb der Historiker David Moberg die Geschichte, die die Evangelikalen mit der sozialen Frage hatten.[87] Im 18. und 19. Jahrhundert war es in den evangelikalen Erweckungen selbstverständlich, dass die Verkündigung des Evangeliums und die Gestaltung der Welt eng miteinander verbunden waren. Viele Evangelikale waren auch Sozialreformer. In der ersten Hälfte des

20. Jahrhunderts kam es zu einer folgenschweren Veränderung: Das theologische Programm des *Social Gospel* des baptistischen Pastors Walter Rauschenbusch (1861–1918) sorgte für Polarisierung. Rauschenbusch entstammte eigentlich der evangelikalen Frömmigkeitstradition. Die Armut vieler Zuwanderer in der neuen Welt erschütterte ihn. Angesichts dieser Not, so Rauschenbusch, könne man nicht einfach Hoffnung auf das Jenseits verbreiten. Vielmehr müssten die Kirchen sich aktiv um die Notleidenden kümmern, um die Gerechtigkeit des Reiches Gottes bereits in dieser Welt sichtbar werden zu lassen.

Rauschenbusch überzeugte mit dieser Theologie des *Social Gospel* vor allem viele moderne Theologen. Die aktive Einmischung in politisch-soziale Fragen wurde zunehmend zum Merkmal liberal-moderner Kirchen. Viele Evangelikale empfanden hingegen das Programm des *Social Gospel* als zu einseitig. In den großen Entfremdungsschüben von Konservativen und Liberalen wurde es typisch für die Evangelikalen, sich auf Seelengewinnung und persönliche Heiligung zurückzuziehen. Nicht die Verbesserung dieses Lebens, sondern das Zeugnis vom ewigen Leben hielten sie für zentral.

Moberg zeigte, wie die Evangelikalen im Laufe des 20. Jahrhunderts einen immer größeren Abstand zu den sozialen Herausforderungen und kulturellen Wandlungen ihrer Zeit entwickelten. Eine pessimistische Endzeiterwartung verstärkte noch einmal mehr die Tendenz, sich ganz auf die Botschaft von der jenseitigen Erlösung zu konzentrieren. Auf einem untergehenden Schiff putze man nicht mehr die Reling auf Hochglanz, konnte es heißen. Mobergs kritische Beschreibung dieses Prozesses steht im Zusammenhang einer innerevangelikalen Gegenreaktion. Nicht wenige jüngere Evangelikale dieser Zeit sahen in dieser Polarisierung eine Fehlentwicklung. Sie wollten wieder an das soziale Bewusstsein früherer Generationen anknüpfen.

DIE SOZIALEN EVANGELIKALEN

Der freikirchliche Theologe Fritz Laubach beschrieb in seinem Buch *Der Aufbruch der Evangelikalen* von 1972 eindrücklich diesen Trend zu mehr sozialkritischem Bewusstsein, der ihm bei seiner Beschäftigung mit den Evangelikalen in den USA aufgefallen war. Er veröffentlichte die Übersetzung eines Grundlagentextes zur Ethik (*Biblical Morality in a New Age*) aus evangelikaler Sicht von F. Burton Nelson. Für Nelson ist es selbstverständlich, dass evangelikale Ethik von der Bibel her begründet werden muss. Genauer: Biblische Ethik ist im Kern die menschliche Antwort auf Gottes Heilshandeln in Jesus Christus. Gleichzeitig gehört es zum Wesen jeder Ethik, dass sie auf die besonderen Herausforderungen der jeweiligen Gegenwart reagieren muss. Wie sieht die evangelikale Antwort auf die heutige Welt aus?

Biblische Ethik ist im Kern die menschliche Antwort auf Gottes Heilshandeln in Jesus Christus.

Nelson hält drei Herausforderungen für zentral: den Ruf der Unterdrückten nach Freiheit, die Vergewaltigung der Erde und die Armen und die Hungrigen.

Die erste große Herausforderung dreht sich um die Unterdrückten. Biblische Ethik muss uns laut Nelson zu Wort und Tat befähigen »zugunsten der Schwarzen, die ihre Freiheit erstreben; zugunsten von Minderheiten, deren Würde und Ansehen als Menschen, die nach dem Bilde Gottes geschaffen wurden, bestritten wird; zugunsten all der Menschen, die der Ausbeutung, Unterdrückung und Ungerechtigkeit zum Opfer gefallen sind«.[88]

Als die zweite große Herausforderung beschrieb Nelson 1972 die ökologische Krise der Gegenwart. Angesichts der immer deutlicher sichtbaren Zerstörung der menschlichen Lebensgrundlagen sei klar, was wir brauchen:

> Entwickelt eine Theologie der Erde, ein Verwalteramt für die ganze Schöpfung. Übernehmt die Führung in der Errettung vor mutwilliger, verantwortungsloser Zerstörung – durch den Hinweis auf Gottes Gaben in der Schöpfung; durch verantwortungsvolle Handlungsweise, durch Zusammenarbeit mit zuständigen Behörden, durch Unterstützung der zuständigen Gesetzgebung in der Regierung.[89]

Schließlich sei die unfassbare Armut vieler Menschen angesichts des großen Wohlstandes in anderen Weltgegenden ein Skandal. »Die Verkündigung der frohen Botschaft soll nicht von der Speisung der Hungrigen getrennt werden. Sie gehören beide zusammen; sie sind ein Teil unserer Verantwortung, welche uns als Diener Gottes auferlegt worden ist, nämlich eine Gemeinde für andere zu sein.«[90]

Tatsächlich waren solche Impulse Anfang der 1970er-Jahre in den USA weit verbreitet. 1973 versammelten sich eine Reihe jüngerer evangelikaler Theologen und formulierten gemeinsam die *Chicago Declaration of Social Concern*[91]. Auf einer Seite fassten die Autoren die Konsequenzen zusammen, die der Glaube an die Liebe Gottes in Jesus Christus haben müsse:

- Absage an jede Form des Rassismus, sei es persönlich, sei es strukturell;
- kritische Auseinandersetzung mit einem materialistischen und hedonistischen Wirtschaftssystem, das soziale Ungleichheit verschärft, statt sie zu mildern;
- Absage an eine nationalistische Politik, die die Loyalität zum eigenen Land mit quasireligiösem Pathos versieht und politi-

sche Spannungen durch militärische Gewalt lösen zu können glaubt;
- Überwindung einer Verhältnisbestimmung der Geschlechter, die Frauen an der gleichberechtigten Teilhabe in Kirche und Gesellschaft hindert.

Nicht die US-Evangelikalen insgesamt dachten so, sondern eine Strömung von sogenannten *Radical Evangelicals* oder *Social Concern Evangelicals.* Im Deutschen hat sich für diese Namen bislang noch keine gute Übersetzung gefunden. Statt von Linksevangelikalen zu reden, möchte ich an dieser Stelle eine neue Bezeichnung vorschlagen: soziale Evangelikale.

Anfang der 1970er-Jahre war das keine kleine und isolierte Gruppe. Zu den Unterzeichnern gehörte auch Carl F. Henry, einer der einflussreichsten systematischen Theologen der evangelikalen Bewegung und Herausgeber von *Christianity Today*, der neben Billy Graham eine Schlüsselrolle für die theologischen Erneuerung der Evangelikalen nach dem Zweiten Weltkrieg spielte.

DER US-EVANGELIKALISMUS UND DER NEOLIBERALISMUS

Für die weitere Entwicklung der evangelikalen Beschäftigung mit diesem Thema muss man sehen, dass sich im Laufe der folgenden Jahrzehnte immer deutlicher ein Gegentrend abzeichnete. Ab Ende der 1970er-Jahre kam es zu einer starken Bewegung in der internationalen Wirtschaftspolitik. Weltweit sprach man von einem neuen Zeitalter des Neoliberalismus. Margaret Thatcher und Ronald Reagan verkörperten diese Sichtweise besonders markant. Die sogenannten *Reaganomics* standen für mehr Markt statt Staat, mehr Deregulation statt staatlicher Eingriffe. Mit der Förderung einer kapitalistischen und liberalen Wirtschaftspolitik setzten die USA auch weltpolitisch Impulse. Vor allem die Republikaner setzten sich für eine rein marktwirtschaftliche Wirtschaftsordnung ein. Die starke Nähe von Evangelikalen und Republikanern dieser Zeit wurde folgenreich. In den 2010er-Jahren war die *Tea Party* ein Sammelbecken für strikt marktorientierte Konservative, vor allem auch für konservative Gläubige. Für die US-Evangelikalen der letzten Jahrzehnte wurde eine solche neoliberale Wirtschaftslogik immer bestimmender. Inzwischen waren die sozialen Evangelikalen in den USA deutlich in der Minderheit – anders als in den 1970er-Jahren und auch anders als in vielen anderen Teilen der Welt.

INTEGRALE MISSION

Nach dem Lausanner Kongress zeigte sich, dass das Verhältnis von Wort und Tat für viele noch nicht befriedigend gelöst war. Einigen führte die Betonung der sozialen Frage zu weit. Der amerikanische Missionswissenschaftler Arthur Johnston warf Lausanne vor, das klassisch evangelikale Missionsverständnis aufzugeben.[92] Den sozialen Evangelikalen gingen die Folgen für die faktische Missionstätigkeit noch nicht weit genug. Andere forderten eine vertiefte Klärung der theologischen Position des 5. Artikels der Lausanner Verpflichtung.

Eine Reihe von Tagungen beschäftigte sich mit dem Thema.[93] In Pattaya (Thailand) prallten 1980 die Gegensätze aufeinander. Es wurde deutlich, dass das nähere Verhältnis von Evangelisation und sozialer Aktion als letztlich ungeklärt empfunden wurde. In Grand Rapids traf sich vom 20. bis zum 26. Juni 1982 eine hochrangig besetzte Kommission mit Vertretern aller Positionen, die vom Lausanner Komitee für Weltevangelisation und der *Weltweiten Evangelischen Allianz* eingeladen und um theologische Grundlagenklärung gebeten worden waren. Wie nie zuvor und nie wieder gelang es auf dieser Tagung, das ganze Spektrum der weltweit vertretenen Positionen zu gemeinsamen Beratungen zu vereinen. Unter dem Vorsitz von John Stott wurde ein Bericht erstellt, der zumindest einige Missverständnisse ausräumen konnte.[94]

Dabei wurde auch deutlich, dass man in der Verhältnisbestimmung von Evangelisation und sozialer Aktion keine Einigkeit fand. Daher wurde ein Spektrum von Positionen beschrieben, die man als evangelikal anzuerkennen bereit war. Für die Konservativen war soziales Handeln der Gläubigen eine Folge des evangelistischen Dienstes, der unbedingt Vorrang behalten müsse. Andere lehnten eine solche Priorität ab. Die Geschichte habe oft gezeigt, dass Diakonie eine Brücke sein könne, die die Menschen auf das Evangelium aufmerksam mache. John Stott repräsentierte eine Art Mittelpartei und wohl auch die größte Gruppe. Diese sprach von einer Partnerschaft von Wort und Tat, die beide gleichermaßen zur Sendung Christi gehören. Damit war klar: Der soziale Auftrag der Evangelikalen stand nicht mehr grundsätzlich infrage. Alle hielten ihn für wesentlich. Die genaue Verhältnisbestimmung blieb jedoch strittig.

Mit »Transformation« wurde ein Wort gefunden, das die ständige Gegensatzlogik von Wort und Tat, Zeugnis und Dienst im Ansatz überbrücken sollte.

In Wheaton wurde 1983 eine Konferenz abgehalten, die stärker von den sozialen Evangelikalen geprägt war. In diesem Zusammenhang wurde der Begriff der »Transformation« (Veränderung, Umformung) geprägt. Mit Transformation wurde ein Wort gefunden, das die ständige Gegensatzlogik von Wort und Tat, Zeugnis und Dienst im Ansatz überbrücken sollte. Wie schon im Begriff der *Missio Dei* geht es um die Erkenntnis: Gottes Handeln ist entscheidend. Unser Handeln ist nicht Gottes Handeln.

Gott handelt in Christus zu unserem Heil. Sein Geist bewirkt Glauben und Erneuerung – und somit eine Transformation unseres Lebens. Und Gott beteiligt uns an seiner Sendung und an seinem transformierenden Wirken in dieser Welt. Gottes erneuerndes Handeln erfasst Menschen, Gemeinden und perspektivisch die ganze Welt. Denn die Hoffnung auf das Kommen des Reiches Gottes zielt auf eine globale Transformation. Das ist nichts, was wir bewirken können. Aber schon jetzt verwirklicht sich zeichenhaft die Gerechtigkeit Gottes im Glauben und in der Liebe, in persönlicher und in sozialer Umkehr.

Selbstverständlich können und müssen verschiedene Aspekte des Handelns Gottes wie Verkündigung und Diakonie unterschieden werden, wie man es seit Lausanne 1974 immer getan hat. Aber diese Unterscheidungen dürfen nicht auseinanderreißen, was zusammengehört. Die Mission Gottes ist ganzheitlich und integrativ.

Lange Zeit drehte man sich um die Frage, was Vorrang hat bzw. was zentral ist. Nur: Das ist eine abstrakte, akademische Frage. In einer konkreten Situation des Hungers oder der Not darf es nur eine Antwort geben: Selbstverständlich hat die Lebensrettung Vorrang vor jeder lehrhaften Verkündigung des Evangeliums. Entscheidend ist: Sowohl die Wortverkündigung als auch der soziale Dienst gründen in der Mission Gottes bzw. im Evangelium von Jesus Christus. Die Frage kann nicht sein, ob Evangelisation oder Diakonie an sich vorrangig sind. Was manchmal konkret Vorrang haben mag, kann sich nur in der jeweiligen Situation entscheiden. Zentral ist Jesus Christus selbst. Auch unsere Verkündigung des Evangeliums ist diesem immer schon nach- und zugeordnet. Dabei handelt es sich um einen logischen Vorrang, nicht um eine Anweisung, was chronologisch stets am Anfang stehen müsse.

Auf der zweiten Vollversammlung der Lausanner Bewegung im philippinischen Manila 1989 wurden diese vielfältigen Debatten vorausgesetzt. Die Erklärung von Manila wurde wiederum von einem Team um John Stott formuliert. Ein ganzheitliches Verständnis von Mission hatte sich durchgesetzt. Man betonte das Zeugnis in Wort und Tat, ohne eine allzu große Trennschärfe der Formulierungen anzustreben. In seiner 1997 erschienenen Dissertation zu dieser Debatte stellt Erhard Berneburg fest, dass »sich in der Lausanner Bewegung innerhalb von nur fünfzehn Jahren das soziale Bewusstsein und die sozialpolitische Aktion einen legitimen Ort in der Mission erworben hat«[95].

DIE MICHA-INITIATIVE

Sichtbar wird dies auch organisatorisch. 1999 wurde innerhalb der *Weltweiten Evangelischen Allianz* die nach dem biblischen Propheten Micha benannte *Micah Challenge* bzw. die Micha-Initiative begründet. In den vorangegangenen Jahrzehnten war eine Fülle von evangelikalen Sozial- und Hilfswerken entstanden wie *World Vision, Compassion* oder die *International Justice Mission* (IJM). Evangelikale waren an vielen Stellen der Welt längst Teil sozialer Hilfsorganisationen. In der Micha-Initiative fanden diese Bemühungen eine gemeinsame Plattform, sowohl innerhalb der evangelikalen Bewegung als auch darüber hinaus für politische und gesellschaftliche Partner.

In die 2001 veröffentlichte und stark von René Padilla geprägte Micha-Erklärung[96] sind wesentliche Ergebnisse der Auseinandersetzungen der letzten Jahre eingeflossen. Die Micha-Initiative ist von ihrer Frömmigkeit und Theologie her evangelikal im Sinne der sozialen Evangelikalen geprägt. Das Leitbild integraler Mission steht im Zentrum. Ausdrücklich sucht sie die Zusammenarbeit mit Menschen und Organisationen, die sich für das Wohl aller Benachteiligten einsetzen. Daher ist es logisch, dass sich Micha ausdrücklich zu den Entwicklungszielen der UNO bekennt. Die UN-Millenniumsziele 2000 formulierten das Ziel umfassender Entwicklung, um bis 2015 die weltweite Armut zu halbieren. Inzwischen wurden diese Millenniumsziele ersetzt durch die Nachhaltigkeitsziele bis 2030, die ihrerseits von der weltweiten Micha-Initiative in das Leitbild für das eigene Handeln integriert worden sind.

Noch einmal aufgegriffen wurden diese Debatten auf einer zweiten Konferenz in Pattaya (Thailand) 2004. Deutlich wurde dabei, wie stark das Konzept der Transformation sich in der Lausanner Bewegung etabliert hatte. Stärker als in Manila wurde Transformation nun auch ein wichtiger Begriff der Bewegung insgesamt. Das wurde auch deutlich auf dem dritten Gesamtkongress in Kapstadt 2010. Auf dieser Tagung wurde der umfassendste Text der Lausanner Geschichte veröffentlicht. Diese vor allem vom englischen Theologen Christopher Wright geprägte Erklärung führt die Linien im Sinne eines ganzheitlichen Evangeliums noch einmal zusammen. Die ethischen und politischen Impulse von Kapstadt bleiben verbunden mit dem Vertrauen auf das Evangelium. »Unser Heil hängt letzten Endes nicht von uns selbst ab, sondern vom Werk Christi und der Verheißung Gottes.«[97]

Der bisherige Weg wurde mit folgenden Akzenten fortgeführt:

- Transformation als Horizont: An entscheidenden Stellen greift das Kapstadt-Bekenntnis den Transformationsbegriff auf. Es geht um eine »Veränderung (Transformation) bewirkende Mission in der Geschichte«[98].
- Integrale Mission: Von diesem Ansatz her könnte von einer integralen Mission gesprochen werden, die mehr ist als eine bloße Addition von Evangelisation und sozialem Handeln. Sorgfältig wird formuliert, wie diese beiden Aspekte einander wechselseitig durchdringen und befördern: »Vielmehr hat unsere Verkündigung bei integraler Mission soziale Konsequenzen, weil

wir Menschen zu Liebe und Umkehr in allen Lebensbereichen aufrufen. Ebenso hat unser soziales Engagement evangelistische Konsequenzen, da wir die umwandelnde Gnade Jesu Christi bezeugen. Die Welt zu ignorieren ist Verrat am Wort Gottes, das uns zum Dienst in der Welt beauftragt.«[99]

- Entwicklung und Nachhaltigkeit: Damit verbunden ist der ausdrückliche Aufruf, sich gemeinsam mit vielen anderen für die Entwicklungsziele der UNO einzusetzen: »Darum lasst uns … die großartige Gelegenheit erkennen, die die Millenniums-Entwicklungsziele der lokalen und globalen Gemeinde aufgezeigt haben. Wir rufen unsere Gemeinden dazu auf, sich bei den Regierungen dafür einzusetzen und sich am Erreichen der Ziele zu beteiligen, zum Beispiel bei der Micha-Initiative.«[100]
- Menschenrechte: Zu diesem Bewusstsein globaler Verantwortung gehört auch der Einsatz für den Schutz der Menschenrechte. Die Freiheitsrechte des Menschen dürfen nicht nur für sich selbst eingefordert werden. Religionsfreiheit gilt universal. »Wir können die Freiheit anderer verteidigen, ihren Glauben praktizieren zu dürfen, ohne dass wir ihre Religion als richtig und wahr betrachten.«[101]
- Ökologische Herausforderung: Wie gesehen, hatten die Evangelikalen bereits Anfang der 1970er-Jahre die ökologische Herausforderung vor Augen. In den Lausanner Texten ist diese Schlüsselbedeutung der Ökologie noch neu. »Wenn Jesus der Herr der ganzen Erde ist, können wir unsere Beziehung zu Christus nicht davon trennen, wie wir uns in Bezug auf die Erde verhalten.«[102] Angesichts dieses Umstands bedarf es der Buße »über unseren Anteil an der Zerstörung, Verschwendung und Verschmutzung der irdischen Ressourcen und über unsere stillschweigende Duldung des schädlichen Götzendienstes der Konsumorientierung«[103]. Der praktische Teil der Kapstadt-Verpflichtung, der *Call To Action*, wiederholt das: »Die wahrscheinlich ernsthafteste und

dringendste Herausforderung, der die physische Welt heute gegenübersteht, ist die Gefahr der Klimaveränderung.«[104]

Lausanne hatte es stets vermieden, eine einzige Linie für absolut verbindlich zu erklären. Es gab immer Raum für Stimmen, die sich in einen gewissen Widerspruch zum Mainstream setzten, wie Luis Palau in Manila 1989 oder John Piper in Kapstadt 2010, die ungeachtet der ausführlichen Debatten und längst erreichten Klärungen noch einmal festhalten wollten, dass es nichts Wichtigeres als die Rettung des Einzelnen vor der Hölle gibt und dass dies größere Bedeutung habe als das zeitliche Wohl.[105] Insgesamt aber haben sich die offiziellen Papiere nicht auf eine solche Logik der Über- und Unterordnung eingelassen. Der Trend zur immer stärkeren Betonung einer integralen Mission ist eindeutig der rote Faden der Lausanner Entwicklung.

Der Trend zur immer stärkeren Betonung einer integralen Mission ist eindeutig der rote Faden der Lausanner Entwicklung.

Kapstadt 2010 hat Impulse für ein neues Jahrzehnt gesetzt. Wie lässt sich die Wirkung einschätzen? Verglichen mit dem Einfluss von Lausanne und Manila war die Wirkungsgeschichte von Kapstadt eher gering. Lausanne schuf eine weltweite Marke. Manila brachte den endgültigen Durchbruch für die Gemeinschaft evangelikaler und charismatischer Gläubiger. Ein durchschlagender Einfluss von Kapstadt 2010 ist nicht so deutlich zu erkennen.

Das gilt vor allem für die evangelikale Christenheit in den USA. Natürlich haben sich auch viele US-Evangelikale an den Klärungen der Lausanner Bewegung beteiligt. Vor allem die Amerikanische

Allianz, die NAE, hat sich in den letzten 20 Jahren immer wieder so positioniert

Man kann jedoch auch nicht übersehen, dass diese Lausanner Linie von der Mehrheit der US-Evangelikalen kaum rezipiert wurde. Im größten Land Nordamerikas und dem einflussreichsten Land innerhalb der evangelikalen Bewegung denkt anscheinend nur eine Minderheit im Sinne der Erklärungen von Lausanne. Weite Teile der US-Evangelikalen sind viel stärker von einer neoliberalen Wirtschaftslogik bestimmt als von der Sozialethik der Lausanner Bewegung. Die Kapstadt-Verpflichtung profitierte nicht mehr vom Charisma allseits anerkannter Autoritäten wie Billy Graham und John Stott. Auch die Vorbereitung der Abschlussdokumente war weniger stark vernetzt und verzahnt mit der weltweiten Entwicklung der Evangelikalen.

- - -

Wie soll man diese Entwicklung einschätzen?

Im Blick auf die Entwicklung vor allem in den USA, aber auch in anderen Ländern, ist meine Einschätzung, dass die Impulse von Kapstadt 2010 einen geradezu prophetischen Charakter hatten. Sie haben genau die sozialen und politischen Herausforderungen angesprochen, die im letzten Jahrzehnt wichtig wurden. Sie haben vor Nationalismus und Rassismus gewarnt und die große Herausforderung sozialer bzw. ökologischer Gerechtigkeit betont. Sie sahen den Platz der Gläubigen an der Seite der Benachteiligten, nicht der Mächtigen.

Die Impulse von Kapstadt 2010 hatten einen geradezu prophetischen Charakter.

Diese Impulse wurden in vielen evangelikalen Milieus der westlichen Welt weitgehend ignoriert. Vor allem in der mit Abstand sichtbarsten evangelikalen Szene der Welt, der in den USA, haben sich geradezu gegenteilige Impulse durchgesetzt. Auch Brasilien ist inzwischen ein Land mit rund 30 Prozent Protestanten, die weitgehend evangelikal geprägt sind. Die große Mehrheit wählte Bolsonaro zum Präsidenten, obwohl dieser die Existenz des Klimawandels gegen alle wissenschaftliche Evidenz infrage stellte.

Niemand kann die Frage objektiv beantworten, wer denn nun die wahren Evangelikalen sind. Wenn ich die Lausanner Bewegung als »Hauptstraße« bezeichne, dann deshalb, weil ich hier die größte Kontinuität zur evangelikalen Geschichte im weiteren Sinne seit dem 18. Jahrhundert sehe. Wenn manche ultrakonservativen Gläubigen vor einem »Klimawahn« oder einer »Greta-Religion« warnen, hat das nichts mit der eindeutigen Erkenntnis und der globalen Praxis der Allianz-Evangelikalen zu tun. Solche Polemik ist Teil einer Kulturkampf-Ideologie der christlichen Rechten, die uns in späteren Kapiteln beschäftigen wird.

DIE DEUTSCHE DEBATTE UM EVANGELISATION UND TRANSFORMATION

Kaum irgendwo sonst rief die zunehmende Hinneigung Lausannes zu den sozialen und auch politischen Herausforderungen so viele skeptische Stimmen auf den Plan wie in Deutschland. Von Anfang an gab es vor allem im Bereich des kirchlichen Konservatismus um den Tübinger Missionswissenschaftler Peter Beyerhaus viele, die die Lausanner Betonung des sozialen Auftrags kritisch sahen. Die Berichte über den Lausanner Kongress machen deutlich, dass kaum eine nationale Gruppe in Lausanne innerlich so gespalten war wie die deutsche Fraktion. Darin zeigten sich ganz klar die inneren Spannungen der evangelikalen Bewegung in Deutschland, die wir bereits beim kurzen Überblick zur Geschichte der Evangelikalen im ersten Kapitel gesehen haben: zwischen den auf Abgrenzung setzenden Bekenntnis-Evangelikalen und den stärker um Vermittlung und Dialog bemühten Allianz-Evangelikalen.

Die bekennenden Evangelikalen definierten sich selbst in sehr starkem Gegensatz zur Entwicklung der evangelischen Landeskirchen. In ihrer Wahrnehmung wurde in den großen Kirchen das Zeugnis des Evangeliums zunehmend verdrängt von sozialer und diakonischer Tätigkeit. Natürlich stimmten die Bekenntnis-Evangelikalen grundsätzlich einem diakonischen Auftrag der Kirche zu. Diesen sehen sie aber in den deutschen Kirchen ohnehin schon stark genug betont. Verbunden mit einem ausgeprägten Endzeitbewusstsein legten sie einen sehr eindeutigen Schwerpunkt auf die Evangelisation als absolute Priorität. Teile der Bekenntnis-Evangelikalen haben die Lausanner Verpflichtung von 1974 niemals wirklich akzeptiert.

Auch die Allianz-Evangelikalen sahen manche Entwicklungen der Kirchen kritisch. Gleichzeitig schätzten sie die kirchliche Wahrnehmung sozialer Verantwortung und wollten sich nicht durch den Gegensatz zur Ökumene definieren. Für sie war die Ausgewogenheit von Lausanne eine Brücke, klassisch evangelikale Anliegen mit dem hohen Stellenwert zu verbinden, den die soziale Verantwortung in den Kirchen Deutschlands genoss. In den 1990er- und 2000er-Jahren war es diese Richtung, die in der *Deutschen Evangelischen Allianz* eindeutig von der Mehrheit getragen wurde.

In den letzten Jahren haben die Spannungen wieder deutlich zugenommen. Schon die Kapstadt-Verpflichtung von 2010 hatte in Deutschland keine besondere Nachwirkung. Das mag erstaunlich erscheinen. Ist es nicht gerade für die deutsche Tradition des Pietismus immer prägend gewesen, kirchliche und soziale Reformen zu verbinden? Die innerhalb der *Weltweiten Evangelischen Allianz* begründete Micha-Initiative wurde 2006 auch von der *Deutschen Evangelischen Allianz* als Arbeitszweig anerkannt.[106] Völlig unumstritten war dieses Netzwerk nicht. Peter Strauch, der damalige Allianz-Vorsitzende, beschreibt in seiner Autobiografie, dass er starken Widerstand von bekennenden Evangelikalen erlebte. Der vor allem im württembergischen Pietismus sehr einflussreiche Ulmer Prälat Rolf Scheffbuch schrieb ihm:

> Ich nehme nicht zu rasch … in Anspruch, im Namen des Herrn Brüdern ins Gewissen zu reden. Aber in dieser Sache bin ich so sehr davon überzeugt, Euch im Auftrag des Herrn sagen zu müssen, Ihr seid auf einem falschen Dampfer, dass ich sogar meine, ich könnte darum bis zum heutigen Tag am Leben sein, um dies Brüdern warnend sagen zu können.[107]

Aber der Hauptvorstand der DEA mit ihrem Vorsitzenden Peter Strauch und dem Generalsekretär Hartmut Steeb setzte sich ausdrücklich dafür ein, die Micha-Initiative als eine wichtige Säule der Evangelischen Allianz in Deutschland zu betrachten.

In den kommenden Jahren flammte eine solche Debatte wieder auf, als das holistische Anliegen der integralen Mission unter dem Stichwort der »Transformation« bzw. Gesellschaftstransformation in Deutschland Fuß fasste. Im Anschluss an die Entwicklung der Lausanner Bewegung und im Rückgriff auf das Erbe der sozialen Evangelikalen setzten sich eine Reihe von Initiativen, unter anderem das *Marburger Studienprogramm Gesellschaftstransformation*, für den holistischen Charakter des Evangeliums ein.[108]

Auf einer Jahrestagung des *Arbeitskreises für evangelikale Mission* (AeM) prallten die Positionen aufeinander. Der Evangelist Ulrich Parzany bekannte sich grundsätzlich zum Lausanner Konsens, dass

»Wort und Tat gleichermaßen zur Sendung Gottes«[109] gehören. In den Landeskirchen aber sei eine klare Tendenz zu beobachten: Im Namen eines umfassenden Missionsverständnisses wird die Diakonie immer weiter professionalisiert und ausgebaut, während missionarische und evangelistische Stellen abgebaut werden. Im Blick auf die neue evangelikale Betonung ganzheitlicher Mission habe er ein Déjà-vu-Erlebnis angesichts der kirchlichen Ersetzung der Mission durch Diakonie und den Wunsch, »dass die evangelikale Bewegung nicht 50 Jahre später das Gleiche macht«[110].

Tobias Faix stellte hingegen klar, dass es gar nicht um eine solche Konkurrenz gehe. Da gehöre »beides rein, sowohl die Evangelisation, die Wortverkündigung, als auch die soziale Tat«. Was wann in welcher konkreten Situation vorrangig sein müsse, sei keine prinzipielle Frage, »denn das kommt wieder auf den Kontext an«.[111]

»Transformation im Kontext der Theologie beschreibt das zielgerichtete Handeln Gottes *(Missio Dei)* in und mit dieser Welt.«

Tobias Faix

Kam es auf dieser Tagung zu einem Austausch unterschiedlicher Perspektiven ohne wirkliche theologische Annäherung, so gab es auch radikalere Stimmen. Im *Tübinger Pfingst-Aufruf zur Erneuerung eines biblisch-heilsgeschichtlichen Missionsverständnisses*, ebenfalls von 2013, deutet schon der Titel *Weltevangelisierung oder Weltveränderung?* die polarisierte Wahrnehmung der Debatte an. Auf einem nicht zufällig als »Rolf-Scheffbuch-Symposium« bezeichneten Treffen der *Internationalen Konferenz Bekennender Gemeinschaften* suchten Bekenntnis-Evangelikale eine kritische Auseinandersetzung mit Transformationskonzepten. Beyerhaus' grundsätzliche Kritik zielt auch auf die Lausanner Bewegung insgesamt, wie im Text freimütig eingeräumt wird:

> Eine wachsende Anzahl evangelikaler Missionstheologen vernachlässigt offensichtlich die originäre biblisch-heilsgeschichtliche Schau der Mission oder schiebt sie sogar unter dem Eindruck neuartiger Theorien zur Seite, indem sie sich einer sog. Transformationstheologie öffnet.[112]

Ausdrücklich kritisch bewertet wird auch die Tendenz einer gewissen Annäherung der WEA und des *Ökumenischen Rates der Kirchen*. Die Kritik gilt schließlich der Kapstadt-Verpflichtung von 2010, denn in ihr finden sich einige Akzente, »in welchen sich ein wesentlich sozial-politisch geprägtes Verständnis gegenüber dem bisherigen heilsbezogenen Evangelisationsverständnis nach vorne geschoben hat«[113]. Ohne Umschweife räumt der Tübinger Pfingst-Aufruf auch ein, dass »Transformation« bereits seit 1982 ein Leitbegriff der weltweiten evangelikalen Missionstheologie geworden ist. Der *Tübinger Pfingst-Aufruf* wiederholt noch einmal die kritischen Anfragen, die seit den 1970er- und 1980er-Jahren gegen die Lausanner Entwicklung insgesamt starkgemacht worden sind. Eine Auseinandersetzung mit den konkreten Schriften und Programmen zur Gesellschaftstransformation in Deutschland wird nicht geführt.

Diese Totalkritik des Transformationskonzepts setzte sich in der evangelikalen Debatte nicht durch. Thomas Schirrmacher weist im Vorwort darauf hin, dass die Evangelikalen immer schon eine ökumenische Bewegung waren, in der unterschiedliche theologische Prägungen – lutherische, reformierte, täuferische – und eben auch völlig unterschiedliche Lebenserfahrungen aufeinandertreffen. Vor allem jüngere und urbane Evangelikale teilen vielfach nicht mehr die starke Abgrenzung von den Landeskirchen. Deutlich wird das am erfolgreichen Studiengang zur Gesellschaftstransformation, der zunächst ab 2008 am Marburger Bibelseminar (in Kooperation mit der *Universität von Südafrika* UNISA, Pretoria) und ab 2018 als deutscher Master unter dem Titel *Transformationsstudien: Öffentliche Theologie und Soziale Arbeit* an der CVJM-Hochschule in Kassel verortet ist. Hunderte Studierende haben inzwischen ein Masterstudium abgeschlossen und dabei jeweils ein transformatorisches Projekt umgesetzt.[114]

– – –

Wie kommt es, dass sich in Deutschland die Linie der Lausanner Entwicklung nur teilweise durchsetzen konnte?

Hilfreich ist in diesem Zusammenhang die Beobachtung des praktischen Theologen Johannes Zimmermann.[115] In der deutschen Auseinandersetzung prallten nicht nur unterschiedliche theologische Positionen aufeinander. Diese Sichtweisen waren jeweils geprägt von ganz unterschiedlichen Erfahrungshintergründen.

Die Kritik des Transformationskonzeptes kam weitgehend von Evangelikalen mit einem landeskirchlichen Hintergrund. Diese machen seit Jahrzehnten die Erfahrung, dass in den Kirchen der sozialdiakonische Auftrag in den Vordergrund gestellt wird. Hingegen werden in den volksmissionarischen Ämtern kaum noch Stellen für Evangelisation eingerichtet. Für viele landeskirchliche Evangelikale war die Evangelische Allianz eine Heimat, weil sie sich hier noch gemeinsam mit anderen dem Auftrag der Evangelisation verpflichtet wussten. Für diese Evangelikalen klingt die Rede von Gesellschaftstransformation schon im Ansatz wie eine Wiederholung volkskirchlicher Einseitigkeit. Auf der anderen Seite stehen Menschen, die aus Freikirchen und freien Werken stammen, für die Evangelisation lange vertrauter Bestandteil ihres Gemeindelebens ist. Hier ist die Erfahrung sehr viel stärker, dass viele Gemeinden oft einen großen kulturellen Abstand zur Gesellschaft haben. Es ist nachvollziehbar, wenn man in einer solchen Situation eine Verstärkung des sozialen Engagements fordert, weil es dem ganzheitlichen Auftrag des Evangeliums entspricht und weil es die Gemeinde wieder näher in Kontakt mit ihrem Umfeld bringt.[116] Die Gegensätze in der Auseinandersetzung um das Transformationskonzept sind zu einem erheblichen Teil dem jeweiligen Kontext geschuldet.

Fair, aber nicht neutral: Aus meiner Sicht sind es die sozialen Evangelikalen, die sich mit größerem Recht auf die Geschichte von Pietismus und Erweckung in Deutschland berufen können. Für die klassischkonservativen Gläubigen in Deutschland war die soziale Wohlfahrt seit der Reformationszeit eine Aufgabe des Staates. Der Pietist August Hermann Francke konnte im 18. Jahrhundert wie selbstverständlich eine Generalreformation der ganzen Gesellschaft anstreben. Im 19. Jahrhundert vertiefte Johann Hinrich Wichern dieses Anliegen mit der Entwicklung der vielen freien Werke der sogenannten »Inneren Mission«. Ein solcher gemeinwohlorientierter Ansatz ist nicht nur typisch lutherisch. Er verbindet die evangelische Sozialethik auch mit der katholischen Soziallehre. Was für uns völlig selbstverständlich Teil einer christlichen Sozialtheologie ist, ist aus Sicht nicht weniger US-Evangelikaler Sozialismus.

Das viel liberalere Wirtschaftsdenken in der angloamerikanischen Tradition führte vor allem seit dem Aufkommen des Neoliberalismus in den 1970er-Jahren unter vielen US-Evangelikalen zu einer entschiedenen Bejahung von Kapitalismus und Marktwirtschaft, wie es für die deutschen Konservativen des 19. Jahrhunderts noch völlig unbegreiflich gewesen wäre. Die Frommen des 19. Jahrhunderts waren weitgehend skeptisch gegenüber einer kapitalistischen Wirtschaftsordnung. Der Einsatz für ein gerechtes Gemeinwesen und die diakonische Tätigkeit der Gemeinden prägten die erweckliche Christenheit in Deutschland seit Jahrhunderten. Die heutigen Auseinandersetzungen zeigen eindrücklich, wie stark auch alle evangelikalen Strömungen von ihrem jeweiligen kulturellen Hintergrund geprägt sind.

Was für uns völlig selbstverständlich Teil einer christlichen Sozialtheologie ist, ist aus Sicht nicht weniger US-Evangelikaler Sozialismus.

Die Orientierung an den Lausanner Debatten hat uns geholfen, das gesamte Spektrum der Evangelikalen in den Blick zu bekommen. Zugleich wird auch deutlich: Die am deutlichsten sichtbare evangelikale Bewegung weltweit, die US-amerikanische, ist dem Lausanner Weg mehrheitlich nicht gefolgt und wurde sehr viel stärker von den Kulturkriegen in den USA geprägt als vom globalen Konsens der evangelikalen Institutionen. Konservative Evangelikale des Westens sind zutiefst umgetrieben von der wachsenden Säkularisierung ihrer Länder. Sie sehen in der Hinwendung zu sozialen und politischen Fragestellungen eine Weichenstellung, die viele Kirchen zunehmend auf einen Weg der Selbstsäkularisierung gebracht hat. Sie kämpfen für den eindeutigen Vorrang der evangelistischen Verkündigung, weil sie sich darin einen Damm erhoffen gegen Verweltlichung in den eigenen Reihen.

Für viele Evangelikale des globalen Südens ist die soziale Frage nichts Theoretisches. Sie erleben die Herausforderung von Hunger und Not hautnah. Die Ganzheitlichkeit des Evangeliums ist für sie eine entscheidende Frage der Glaubwürdigkeit. Letztlich ist das auch für viele Evangelikale des Westens ein wesentlicher Gesichtspunkt gewesen, sich an die Anliegen der sozialen Evangelikalen des Südens stark anzunähern. Die Säkularisierung des Westens liegt nicht darin begründet, dass es nicht mehr genügend christliche Verkündigung gibt. Vielmehr ist das geschichtliche Lebenszeugnis der christlichen Kirchen für viele Zeitgenossen zutiefst abschreckend. Allzu oft standen die europäischen Kirchen auf der Seite der Mächtigen und Wohlhabenden. Sozialer Verelendung begegneten sie mit Vertröstung auf das Jenseits.

Verblasst der Glaube, wo die Liebe stärker wird? Das ist so unsinnig, wie es klingt. Die Selbstsäkularisierung der Kirchen ist keine Folge von zu viel Nächstenliebe. Soziales Handeln der Gläubigen geht auch nicht auf Kosten ihrer missionarischen Ausstrahlung.

Der Journalist Daniel Böcking erzählt von einem einschneidenden Erlebnis aus seiner Zeit als BILD-Reporter. Nach dem verheerenden Erdbeben in Haiti im Jahr 2010 bereiste er das Land, um von den dortigen Hilfsaktionen zu berichten:

> Ich traf Helfer, die völlig uneigennützig im Einsatz waren und viele Tage ihrer Freizeit opferten, um Leben zu retten. Hoffende Angehörige, die Kraft in Gebeten und Gottesdiensten fanden. Überlebende, die Gott auf Knien dankten. Ich wurde neugierig auf Jesus. Damals begann eine Reise mit dem Kopf und mit dem Herzen.[117]

Es sind solche Geschichten, die idealtypisch vor Augen führen, worum es den sozialen Evangelikalen ging: Glaube, der in der Liebe tätig ist. Liebe, die im Glauben wurzelt. Glaube, der in der Liebe sichtbar wird. Liebe, die den Glauben glaubwürdig macht.

5. ERFAHRUNG DES GEISTES – DIE PFINGSTBEWEGUNGEN

Evangelisation und soziales Handeln – diese beiden Impulse machen den Herzschlag von Lausanne aus. Das Zeugnis von Jesus Christus in Wort und Tat. Das ist die Mission, der sich die Evangelikalen verpflichtet wissen. Lausanne ist es gelungen, Christusgläubige mit einem starken evangelistischen Anliegen und solche mit eher diakonischem Schwerpunkt zusammenzubringen.

Aber nicht nur in dieser Hinsicht wirkte Lausanne integrativ. Deutlich wurde auch, dass klassisch evangelikale Gläubige in diesen Fragen Seite an Seite standen mit pfingstkirchlichen und charismatischen Gläubigen. Diese verschiedenen Stränge des erwecklichen Christentums waren damals noch längst nicht so selbstverständlich miteinander verbunden wie heute. In manchen Ländern wie zum Beispiel in Deutschland waren sie durch eine tiefe Kluft des Misstrauens getrennt. Aber schon damals war klar: In vielen Ländern des globalen Südens wuchsen Pfingstkirchen rasant. Das Anliegen von Lausanne sprach diese Gläubigen genauso an wie die klassischen Evangelikalen. Spätestens auf den Folgekongressen in Manila (1989) und Kapstadt (2010) war ihre Zugehörigkeit zum evangelikalen Spektrum völlig unübersehbar.

Die Pfingstbewegung ist eine der erstaunlichsten Erscheinungen des 20. Jahrhunderts. In der Einleitung seiner bahnbrechenden Studie *The Next Christendom*[118] stellt Philipp Jenkins fest, dass es sich zunehmend herumspricht: Die klassische Säkularisierungsgeschichte vom zunehmenden Schwund der Religion stimmt so nicht. Nicht nur das Erstarken des Islam ist ein weltbewegendes Ereignis. Die noch viel größere Revolution ist das Wachstum des Christentums im globalen Süden.

Wenn Menschen auf das 20. Jahrhundert zurückblicken und nicht wahrnehmen, was für ein ungeheures Ereignis das Anwachsen der Pfingstbewegung von null auf 400 Millionen Mitglieder darstellt, ist dies so, als würde man auf das 18. Jahrhundert blicken und die Französische Revolution übersehen.

Tatsächlich ist es aber vielen ganz gut gelungen, diese Entwicklung zu ignorieren. Im Sommer 2021 veröffentlichte die EKD eine Orientierungshilfe mit dem Titel *Pfingstbewegung und Charismatisierung*. In der Einleitung wird dieser Text bezeichnet als »eine Art Reiseführer für ein unbekanntes Terrain«[119]. Es ist höchste Zeit, dass diese Phase der Unkenntnis allmählich überall zu Ende geht.

Es ist höchste Zeit, dass die Phase der Unkenntnis über die Pfingstbewegungen zu Ende geht.

Gehören die pfingstchristlichen Strömungen zum Evangelikalismus? Meiner Ansicht nach muss man diese Frage aus zwei Gründen bejahen: Erstens haben die Pfingstkirchen ihre Quellen eindeutig in evangelikalen Entwicklungen des 18. und 19. Jahrhunderts. Und zweitens sind sie in ihrer Geschichte in einem permanenten Austauschprozess vor allem mit anderen evangelikalen Strömungen, von denen sie geprägt werden und die sie ihrerseits zunehmend stark beeinflussen.

WURZELN DER PFINGSTBEWEGUNG

In einer klassischen Studie zu den Wurzeln der Pfingstbewegung beschreibt der Kirchenhistoriker Donald Dayton[120], wie sie im 19. Jahrhundert in sämtlichen Aspekten in evangelikalen Entwicklungen vorbereitet worden ist:

1. Methodistischer Perfektionismus: Der Begründer des Methodismus John Wesley (1703–1791) stellte im 18. Jahrhundert die pessimistische Anthropologie der Reformatoren und der Puritaner infrage, die davon ausgingen, dass die Sünde jeden echten sittlichen Fortschritt des Gläubigen unmöglich mache. Aufgrund seiner Bibelerkenntnis sah Wesley das Streben nach vollkommener Liebe als notwendige Orientierung am Ideal der christlichen Vollkommenheit (Matthäus 5,48). Der frühe Methodismus hatte zwar noch keine Konzeption von besonderen Geistesgaben. Aber einige Vertreter wie beispielsweise John Fletcher (1729–1785) sprachen bereits von einer höheren, zweiten Stufe des christlichen Lebens, die auch mit einer vertieften Geisterfüllung der Gläubigen einhergehe.
2. Das Ziel einer höheren Stufe des Glaubens in der Heiligungsbewegung: Im 19. Jahrhundert entsteht aus methodischen und reformiert-erwecklichen Anregungen des *Second Great Awakening* die Heiligungsbewegung (Phoebe Palmer, William Boardman und andere). Diese Predigerinnen und Prediger betonten grundsätzlich das Ziel einer höheren Stufe des Glaubens (*Higher Christian Life*) für alle. Und mehr noch: Eine solche Stufe war für sie nicht nur Gegenstand ständigen Strebens. Ein höheres, siegreiches Glaubensleben könne durchbruchsförmig erreicht werden durch eine völlige Hingabe an Christus – analog zur Erfahrung der Bekehrung. Neben die Bekehrung tritt nun das Ideal

einer Heiligung mit größerer Kraftausrüstung für den Dienst durch Erfüllung mit dem Heiligen Geist.

3. Die Konzeption der Taufe mit dem Heiligen Geist: Durch die große Erweckung von 1857/58 verbreitete sich diese Heiligungstheologie stark. Die großen Prediger der Evangelisationsbewegung (Dwight L. Moody, Reuben A. Torrey) greifen die Heiligungsidee auf. Vor allem Torrey benennt nun die Taufe mit dem Heiligen Geist als Ziel des Glaubens. Weltweit verstärkt wird diese Sehnsucht durch die Keswick-Bewegung in Großbritannien. Seit 1875 trafen sich jedes Jahr viele Evangelikale im nordenglischen Keswick und verkündeten eine für sie zentrale Einsicht: Wie es eine Rechtfertigung durch den Glauben gebe, so auch eine Heiligung durch den Glauben. Zwar gebe es keine absolute Sündlosigkeit des Menschen, wohl aber ein Lebenswandel ohne Sünde in ständiger Gemeinschaft mit Christus in uns. Auch diese Bewegung schürte die Erwartung einer künftig noch stärkeren Geistausrüstung der Christenheit.
4. Die Erwartung einer großen Erweckung vor der Wiederkunft Jesu: Ende des 19. Jahrhunderts setzte sich in vielen evangelikalen Kreisen ein Umschwung in der geschichtlichen Zukunftserwartung durch. Statt optimistisch davon auszugehen, dass die christliche Mission die Welt immer stärker durchdringen würde (Postmillennialismus), erwartete man zunehmenden endzeitlichen Abfall und eine antichristliche Endzeit (Prämillennialismus). In der Hoffnung auf die Entrückung der letzten verbliebenen Gläubigen wurde die pessimistische Zukunftserwartung mit der Sehnsucht nach einer reinen Brautgemeinde verbunden. Dazu gesellte sich die Idee, dass die letzte Generation der Gemeinde noch einmal die Geistesgaben der ersten Generation (Zungenrede, Heilungen, Prophetie) empfangen werde. In diesem Zusammenhang deutete man Berichte von Heilungen durch den Glauben. Es kam zu einer regelrechten Heilungsbewegung auf beiden Seiten des Atlantiks.

Seit dem 17. Jahrhundert war auch das Phänomen der Zungenrede in unterschiedlichen pietistisch-erwecklichen Kreisen aufgetaucht und regte die Fantasie vieler Gläubiger an.

DIE VIER WELLEN DER PFINGSTBEWEGUNG

Schon von dieser Entstehungsgeschichte her ist klar: Die Pfingstbewegung ist aus lauter Motiven evangelikaler Strömungen heraus entstanden und nur in diesem Kontext angemessen zu begreifen. Aber zugleich muss man auch verstehen, warum sie eine solche Eigenständigkeit gewonnen hat.

Seit einiger Zeit unterscheidet man im Blick auf die Pfingstbewegung zwischen drei bzw. teilweise vier »Wellen«.

1. KLASSISCHE PFINGSTBEWEGUNG (AB 1906)

Die Anfänge der frühen Pfingstbewegung sind ungewöhnlich. Mit William Seymour (1870–1922) war ein afroamerikanischer Prediger die entscheidende Figur der ersten Jahre. Wesentliche Anstöße für seinen Dienst fand Seymour auf einer Bibelschule in Topeka (Kansas) beim erwecklichen Theologen Charles Parham (1873–1929). Dort erfuhr Seymour von der Gabe der Zungenrede, die zuerst eine Frau, Agnes Ozman (1870–1937), in der Silvesternacht 1900 praktizierte, indem sie nach Gebet um den Heiligen Geist in unverständlichen Lauten zu sprechen begann.

»The Pentecostal power, when you sum it all up, is just more of God's love. If it does not bring more love, it is simply a counterfeit.«
William Seymour

Von Parham lernte Seymour die Deutung, dass es sich bei diesem unverständlichen Beten um ein Zeichen der Geistestaufe handle. Zu einem Durchbruch kam es bei Seymours eigenständigem Wirken im Jahr 1906 in der Azusa Street in Los Angeles. Die klassisch erwecklichen Muster der Sündenerkenntnis und der Freude über die Erlösung wurden ergänzt durch starke körperliche Manifestationen. Menschen sprachen in unverständlichen Lauten, Frauen und Männer, Weiße und Schwarze. Vieles war in diesem Aufbruch neu und ungewohnt.

Dieser erweckliche Aufbruch gilt als eigentlicher Beginn einer weltweiten Bewegung. Wie gesehen, waren die meisten Ideen jahrzehntelang in den verschiedenen Strängen der Heiligungsbewegung vorbereitet worden. Neu war vor allem eine Praxis, die sich durch ekstatische Erfahrungen und soziale Konsequenzen auszeichnete.

Der Aufbruch in der Azusa Street 1906 gilt als eigentlicher Beginn einer weltweiten Bewegung.

Vor allem die Zungenrede sorgte für Aufmerksamkeit. Ähnliches gilt für die behaupteten Heilungen und Weissagungen. Die Zusammenkünfte waren von einer neuen Unmittelbarkeit der Gotteserfahrungen getragen. Teilweise war diese Erfahrungsorientierung im Evangelikalismus angelegt. Aber die intensive Leibhaftigkeit des Glaubens war neu.

Nicht übersehen sollte man die sozialen Folgen. Viele Evangelikale des 19. Jahrhunderts hatten sich für die Überwindung der Sklaverei eingesetzt. Die grundsätzliche »Rassentrennung« des amerikanischen Alltags stellten sie aber kaum infrage. Anders die Azuza-Street-Erfahrung. Die Grenze zwischen den »Rassen« verschwamm im Blut Christi, hieß es bald. Auch sonst kam es zu vielen Impulsen, die man kulturell als progressiv einordnen würde. Nach Seymours Tod 1922 übernahm beispielsweise seine Frau Jennie Seymour die Leitung der Gemeinde; viele Jahrzehnte bevor in deutschen Landeskirchen so etwas wie eine Frauenordination möglich wurde.

Vor allem der Theologe Walter Hollenweger, der selbst aus der Pfingstbewegung stammt, betonte, dass sie ein religiöser Aufbruch derjenigen war, die am Rande der bürgerlichen Gesellschaft standen. Dies war keine Religion, die weiße Männer kraft ihrer intellektuellen und kulturellen Bildung im Griff hatten. Zunehmend kommt es zu einer rasanten Verbreitung in Südamerika, Asien und Afrika. Diese

Ausbreitung wurde nicht von irgendeiner leitenden Instanz geplant oder gesteuert; sie geschah durch Besucherinnen und Besucher, die die empfangenen Impulse in ihrer Heimat weitergaben.

Der methodistische Pastor Thomas Ball Barratt (1862–1940) aus Norwegen war 1906 in den USA. Ohne selbst überhaupt in der Azuza Street gewesen zu sein, hörte er von den Ereignissen, betete um Geisterfüllung und begann in Zungen zu reden. Nach seiner Rückkehr nach Europa berichtete er, was er gehört und erlebt hatte, und wurde zum Begründer der norwegischen Pfingstbewegung. Erzählungen von diesem Aufbruch in Christiana, dem heutigen Oslo, verbreiteten sich in ganz Europa. Alexander Boddy aus Großbritannien, Lewi Pethrus aus Schweden und Jonathan Paul aus Deutschland sahen sich die Ereignisse in Norwegen an und waren buchstäblich begeistert. Zwei von Barratts Anhängerinnen (Dagmar Gregersen und Agnes Telle) wurden nach Deutschland eingeladen. Sie wirkten in Hamburg und in Kassel sowie anschließend in der Schweiz, was in diesen Ländern den Beginn der Pfingstbewegung auslöste. Fast gleichzeitig berichteten andere Zeuginnen und Zeugen des amerikanischen Aufbruchs davon in Indien und in Südamerika.

Die gemeinsamen Wurzeln in diesem auslösenden Ereignis konnten nicht verhindern, dass schon sehr bald unterschiedliche Stränge entstanden. Die bedeutendste Kirchengründung waren die *Assemblies of God*, die heute die größte pfingstkirchliche Vereinigung in den USA sind – mit weltweiter Ausstrahlung. Die spektakulärste Gestalt der zweiten Generation wurde mit Aimee Semple MacPherson (1890–1944) abermals eine Frau. Nach großen evangelistischen Erfolgen ließ sie in Los Angeles den *Angelus Temple* erbauen. Schließlich gründete sie ihre eigene Kirche – die *Foursquare Church*, so benannt nach den vier Grundsätzen ihrer Verkündigung: Christus als Erlöser, als Geisttäufer, Heiler und wiederkehrender König. Auch diese Kirche ist heute weltweit vertreten.

Jesus Christus ist derselbe gestern, heute und in Ewigkeit: unser Erlöser, der uns mit dem Geist tauft, unser Heiler und unser wiederkommender König.
nach Aimee Semple MacPherson

Innerhalb weniger Jahre wurde die Pfingstbewegung zu einem globalen Phänomen. Zugleich ist ihr Erfolg keine lineare Wachstumsgeschichte.

Eine Reihe von Innovationen – das Überschreiten der Rassengrenzen und die starke Bedeutung der Frauen – entwickelten sich in der zweiten Generation zurück. An vielen Orten wurden die Pfingstkirchen Teil der klassischen Gemeindelandschaft, ohne dass das spektakuläre Wachstum der Anfangszeit weiterging. Erst nach dem Zweiten Weltkrieg kam es zu einem neuen explosionsartigen Wachstum.

Einiges lässt sich an einer zentralen Figur der dritten Generation verdeutlichen: Oral Roberts (1918–2009). Roberts erlebte 1948 die Heilung von Tuberkulose. Fortan war er mit Zeltveranstaltungen unterwegs und versah Gebets- und Heilungsdienste. Was macht den Erfolg seiner Bewegung aus? Die Heilungen waren eingebettet in ein Zeugnis der unmittelbaren Gegenwart Gottes hier und jetzt. Heilung war möglich, wo dieser Glaube geteilt wird. Der Glaube an die Gläubigkeit war real. Und es spricht sehr viel dafür, dass Glaube an die eigene Gläubigkeit vielleicht nicht Berge bewegen kann, aber doch so manches.[121] Menschen wie Roberts konnten durch die Ausstrahlungskraft eigener Überzeugung in anderen Menschen ähnliche Gläubigkeit erwecken.

Die Zeiten änderten sich. In den 1960er-Jahren wirkten solche Zeltveranstaltungen allmählich aus der Zeit gefallen. Viele Erweckungsprediger hatten schwindenden Zulauf. Anders als in den Großkirchen gab es im pentekostalen Bereich nie Traditionen, die durch ihr ehrwürdiges Alter als unaufgebbar galten. Die Bereitschaft zu immer neuen Innovationen liegt in der DNA der Pfingstkirchen. So erfand sich Oral Roberts noch einmal völlig neu, in seiner Sprache ausgedrückt: Er sah sich von Gott mit einer neuen Vision beschenkt.

Roberts setzte mit ganzer Kraft auf die strukturellen Modernisierungstreiber seiner Zeit: Fernsehen und Bildung. Er gründete einen eigenen Fernsehsender und wurde einer der ersten Teleevangelisten. Von Anfang an nutzten Roberts und seine Nachfolger die neuen Möglichkeiten dieses Mediums. Sie begnügten sich nicht (wie traditionelle Kirchen teilweise bis heute) damit, qualitativ hochwertige Gottesdienste und Kurzpredigten abzufilmen, sondern nutzten das Fernsehen als Livemedium mit Echtzeitqualität. Roberts predigte, vor allem heilte er auch und trat in Interaktion mit Zuschauern, die live in der Sendung anrufen konnten, um für sich beten zu lassen oder von Gebetserhörungen zu berichten. Roberts nutzte das Fernsehen, als wäre es schon das Internet.

Die Bereitschaft zu immer neuen Innovationen liegt in der DNA der Pfingstkirchen.

Sodann gründete Roberts eine eigene Universität, die *Oral Roberts University*. Es dürfte schwer sein, sich von der Bildungsgeschichte her einen ungeeigneteren Kandidaten als Gründer und Namensgeber für eine Universität vorzustellen als Oral Roberts. Bei der Einweihung 1967 gewann er Billy Graham für eine Eröffnungsansprache. Aus unternehmerischer Sicht ging Roberts ungeheure Wagnisse ein. Aber manchmal scheint der Glaube an Wunder eben wirklich Berge versetzen zu können – und insofern selbst ein Wunder zu sein. Mit seinem expansiven Stil trug Roberts wesentlich zu einer Veränderung der religiösen Landschaft in den USA bei und wurde zum Vorbild einer ganzen Reihe von Fernsehpredigerinnen und -predigern.

2. CHARISMATISCHE BEWEGUNGEN (SEIT 1960)

In den 1960er-Jahren kam es in den USA zu einer neuen Entwicklung. Pfingstkirchen und andere Kirchen waren durch Zustimmung bzw. Ablehnung der Geistesgaben deutlich unterschieden. Auf einmal wurden eigentlich pentekostale Gaben von einigen Gläubigen entdeckt, die zur anglikanischen, lutherischen oder katholischen Kirche gehörten und auch in dieser bleiben wollten.

Auch diese Welle breitete sich ebenso schnell wie ungeplant aus. Alle Konfessionen bekamen einen Flügel, der die Geistesgaben ähnlich erlebte wie klassische Pfingstler, nur dass die Menschen dies als Bereicherung ihrer bisherigen Identität empfanden und nicht als Grundlage einer neuen kirchlichen Ausrichtung. Diese Phase wirkt bis heute nach. Sie führte zu einer Charismatisierung evangelikaler Strömungen und teilweise auch zu einer Evangelikalisierung von Charismatikern und Pentekostalen. Immer wieder kam es auch zum Durchbruch extremer Manifestationen. Aber auf lange Sicht entwickelte sich ein breites Spektrum gemäßigt charismatischer bzw. pentekostaler Frömmigkeit. Durch diese Entwicklung wirkten Pfingstler weniger exotisch und verstörend als zuvor.

3. NEOCHARISMATIKER BZW. NEOPENTEKOSTALE (SEIT 1980)

Kann man bei der charismatischen Bewegung von einer gewissen Mäßigung des Erscheinungsbildes sprechen, so kam es in der Folgezeit zu einer erneuten Verstärkung des ekstatischen Charakters. Zwei typische Bewegungen sind die starken Aufbrüche, die John Wimber (1934–1997) und seine *Vineyard Community* und Chuck Smith (1927–2013) mit seiner *Calvary Chapel* erfuhren. Beide Bewegungen profitierten enorm von der ungeheuren Durchschlagskraft der Verkündigung von Lonnie Frisbee (1949–1993). Frisbee war ein ehemaliger Hippie, der in der *Jesus People*-Bewegung zum Glauben gekommen war. Seine Verkündigung lud nicht nur leidenschaftlich zu einem neuen Leben mit Jesus Christus ein. Frisbee betonte auch sehr stark die freisetzende übernatürliche Kraft des Heiligen Geistes. Zeichen und Wunder seien nicht nur Bestandteil biblischer Geschichten. Sie können hier und heute erlebt werden.[122] Wenige Verkündiger wirkten in so kurzer Zeit so nachdrücklich wie Frisbee.

Diese dritte Welle hatte globale Auswirkungen. Spektakulär ist die Entwicklung in Südkorea. Noch 1945 gab es nur eine kleine Minderheit von reformierten Christen in einem konfuzianisch und buddhistisch geprägten Land. Die diakonische Hilfe amerikanischer Christen verbesserte den Ruf des Christentums enorm. Südkorea erlebte einen Aufschwung des christlichen Glaubens wie kein zweites Land in Asien. Vor allem pentekostale Gemeinden breiteten sich stark aus. David Yonggi Cho (1936–2021) gründete eine Gemeinde in Seoul, deren Wachstum alles bisher Dagewesene in den Schatten stellte. In der Hochzeit hatte diese Gemeinde über 800 000 Besucherinnen und Besucher an jedem Wochenende und galt in dieser Zeit als größte Gemeinde der Welt.

Unter konservativen Evangelikalen gab es massive Kritik an einzelnen Aspekten dieser dritten Welle, vor allem am Konzept der geistlichen Kampfführung, mit der dämonische Mächte durch öffentliches Gebet vertrieben werden sollten. Gebetsmärsche wurden ein globales Format, das in vielen westlichen Ländern überhaupt erst sichtbar machte, wie viele Menschen inzwischen von dieser Frömmigkeit geprägt waren. In den Folgejahren wurde es ruhiger um die Bewegung, auch weil zentrale Protagonisten starben oder von unterschiedlichen Krisen betroffen wurden.

4. SPIRIT EMPOWERED CHRISTIANITY

In der Vielfalt des heutigen globalen Christentums gibt es zwar viele Entsprechungen zum Erscheinungsbild westlicher Pfingstbewegungen. Letztlich aber kommt der afrikanische oder chinesische Kontext so deutlich zur Geltung, dass manche von einer vierten Phase reden. Denn die bisherige Unterscheidung verschiedener Wellen ordnet den Verlauf letztlich aus einer westlichen Sicht, die Maß nimmt an den amerikanischen Entwicklungen und ihrer weltweiten Wirkungsgeschichte. Sicher ist es unbestreitbar, dass die Pfingstbewegung wesentliche Anfänge in den USA hatte, aber es wäre völlig verfehlt, von einer amerikanischen Steuerung ihrer Ausbreitung zu sprechen. Vielmehr gibt es von Anfang an eigenständige Aneignungen der ekstatischen Geisterfahrungen, von Südamerika über Europa bis Indien.

Die globalen Entwicklungen sind inzwischen so vielfältig, dass sie sich nicht mehr sinnvoll in ein einheitliches Schema von sukzessiven Wellen einfügen lassen. Insofern ist dieses überholte Schema in diesem Buch nur als Brücke zu betrachten, die Entwicklung der Pfingstbewegung wenigstens etwas differenzierter wahrzunehmen. Neue Studien schlagen den Begriff *Spirit Empowered Christianity* für diese Entwicklung vor, die man nur bedingt als »vierte Welle« bezeichnen kann. Denn vieles ist im Fluss, und klar ist nur: Wir befinden uns global längst in einer postwestlichen Phase.

TYPISCHE WESENSMERKMALE DER PFINGSTBEWEGUNG

Die vier Merkmale der Evangelikalen

Gerade weil die Pfingstbewegung so groß ist, wird immer wieder gefragt: Sind Pfingstler Evangelikale oder eine eigenständige Bewegung? Die Frage ist berechtigt, denn zu Beginn des 20. Jahrhunderts begannen die meisten Strömungen mit einer Trennung von den Evangelikalen. Aber wenn wir an Bebbingtons Merkmalen Maß nehmen, sind Pfingstler bibel- und christusorientiert, sie betonen Bekehrung und aktiven Einsatz für Mission und soziale Aktion. Und vor allem: Institutionell haben sie sich fast überall an die Evangelische Allianz angelehnt. Pfingstler unterscheiden sich von Evangelikalen, aber letztlich gehören sie zu diesem Frömmigkeitsspektrum.

Zeichen und Wunder

Für viele christliche Strömungen spielt das Wirken Gottes in dieser Welt eine wichtige Rolle. Für charismatische und pentekostale Gruppen gilt dies in besonderem Maße. Gott handelt: durch Heilungen von Krankheiten; durch Visionen und Prophetie; in der Gabe der Zungenrede; in körperlichen Manifestationen. Dieser Strang der Christenheit ist dafür nicht nur offen, er rechnet regelmäßig mit dieser Realität. Die erfahrbare Kraft leibhaftiger Gotteserfahrung ist das wichtigste Merkmal dieser Frömmigkeit.

Unmittelbare Erfahrung Gottes

Es wäre falsch, das Erleben des Außergewöhnlichen für jedes Individuum ins Zentrum zu stellen. Im Glaubensalltag geht es um etwas anderes: um die unmittelbare Erfahrung der Nähe und Zuwendung Gottes; im Gebet nicht nur mit Gott zu reden, sondern ihn auch zu hören bzw. Bilder zu empfangen; im Lobpreis seine Nähe zu empfinden; durch Segen und Handauflegung anderer getröstet zu sein; in vielen kleinen Begebenheiten des Alltags Gebetserhörungen und Gottes Fügungen zu ahnen.

Innovative Grenzüberschreitungen

Anders als Mitglieder vieler traditioneller Kirchen tun Pfingstler Dinge nicht einfach auf eine bestimmte Art, „weil man es schon immer so gemacht hat". Jede Generation kennt Wandel. Bis heute war jede pentekostale Generation zu innovativem Handeln bereit: mehr Inklusion über die Grenzen von Hautfarbe und Herkunft hinweg, stärkere Einbeziehung der Frauen, Offenheit für neue Medien und Technologien, Streben nach zeitgenössischem Ausdruck in Musik, Bühnentechnik und Gottesdienstgestalt.

DIE SACHE MIT DEM WOHLSTANDS-EVANGELIUM

Die unterschiedlichen Strömungen der bis zu 500 Millionen Mitglieder zählenden Pfingstbewegung können hier nicht ansatzweise zur Darstellung kommen.[123] Ich möchte an dieser Stelle zwei Tendenzen besprechen, die in den letzten Jahren Aufmerksamkeit gefunden haben: auf der einen Seite das vielfach diskutierte Phänomen des Wohlstandsevangeliums mit seiner Radikalisierung pfingstlicher Glaubenserfahrung; und auf der anderen Seite Tendenzen pentekostaler Theologie, die zu einer zunehmenden kulturellen und ökumenischen Öffnung der Pfingstbewegung beitragen.

»Die weitverbreitete Verkündigung und Lehre des ›Wohlstandsevangeliums‹ löst große Besorgnis aus«[124], so hieß es 2010 auf dem Lausanner Kongress in Kapstadt. Worauf bezieht sich diese Abgrenzung innerhalb der Lausanner Bewegung? Was ist gemeint mit diesem *Prosperity Gospel*? In Kapstadt erläuterte man das Profil dieser Strömung so:

> Wir definieren das Wohlstandsevangelium als eine Lehre, die den Gläubigen sagt, sie hätten ein Recht auf die Segnungen von Gesundheit und Reichtum und sie erhielten diese Segnungen durch positive Glaubensbekenntnisse und das »Säen von Samen« finanzieller und materieller Art.[125]

GESCHICHTLICHE WURZELN DES WOHLSTANDS-EVANGELIUMS

Der Begriff »Wohlstandsevangelium«[126] ist eine Fremdzuschreibung. Keine Gemeinde nimmt eine solche Ausrichtung für sich selbst in Anspruch. Kein Verkündiger und keine Verkündigerin bezeichnet sich selbst als Wohlstandsprediger oder Wohlstandspredigerin.

Schauen wir uns die Geschichte dieser Strömung näher an. Offenkundig sind auch hier die amerikanischen Wurzeln. Im 19. Jahrhundert gab es in den USA ein breites Interesse an der Idee, dass der Geist bzw. unser Denken massive Bedeutung für unsere Wirklichkeit hat. Eine wesentliche Anregung ging von der Idee des positiven Denkens aus, wie sie der reformierte Pfarrer Norman Vincent Peale (1898–1993) in New York City verkündigte. Vergleichbare Überzeugungen vertrat Dale Canergie (1888–1955) in vielen internationalen Bestsellern.

Besondere Bedeutung für die Bewegung hat der baptistische Pastor Essek William Kenyon (1867–1948). Kenyon formulierte den einprägsamen Grundsatz: »What I confess, I possess.« Diese Logik, dass ich besitze, was ich bekenne, hat unterschiedliche Wurzeln. Zum einen ist die Haltung typisch für die Heiligungsbewegung des 19. Jahrhunderts insgesamt. Schon im Bekehrungsideal der Erweckungsbewegungen sah man in der persönlich formulierten Lebensübergabe, dem Bekenntnis, das Heilswerk Christi für sich persönlich anzunehmen, den Inbegriff der Wiedergeburt. Die Heiligungsbewegung führte diesen Ansatz fort: Durch das Bekenntnis des Glaubens erfahre ich nicht nur die Rechtfertigung vor Gott. Durch mein Bekenntnis zur Macht Christi erlange ich auch die Heiligung. Neben dieser klassisch evangelikalen Wurzel ist Kenyon auch beeinflusst von den oben genannten amerikanischen Bewegungen, die die Macht des Geistes im Individuum stärker betonten als jedes vermeintliche Schicksal.

Kenyon wurde zeit seines Lebens nur begrenzt bekannt. In der nächsten Generation wurden seine in den USA sehr anschlussfähigen Überzeugungen mit der besonderen pfingstlichen Erfahrung des unmittelbaren Wirkens des Geistes verknüpft. Zentrale Bedeutung für eine eigenständige Entwicklung innerhalb der Pfingstbewegung bekamen die Impulse von Kenneth Hagin (1917–2003). Zunächst geht Hagin theologisch davon aus, dass Glaube nicht allein als Erlangen jenseitigen Heils verstanden werden dürfe. Im Glauben gehe es um Gesundheit, Entfaltung und Gelingen. Zum Christentum gehöre das Versprechen Gottes, dass Heilung möglich ist.

Besondere Wirkung entfaltete sein Glaubensverständnis: Allgemein protestantisch ist die Überzeugung von der engen Zusammengehörigkeit von Wort und Glaube. Das Wort Gottes bewirkt Glaube; der Glaube gründet im Wort. Kenneth Hagin entwickelte diese enge Beziehung signifikant weiter. Wie zeigt sich Glaube? Im Bekenntnis.

Aber dieser Gedanke dürfe nicht reduziert werden auf die Rezitation des Apostolischen Glaubensbekenntnisses oder das Bekenntnis zu Jesus als Erlöser. Wenn Jesus der Herr ist, gehört ihm unser ganzes Leben, nicht nur unsere Seele. Wenn Jesus uns in Kreuz und Auferstehung erlöst hat, dann gilt es, dieses umfassende Heil in Anspruch zu nehmen. Wie? Durch persönliches Bekenntnis des Glaubens, das heißt durch ein bewusstes Aussprechen des Glaubens an die umfassende Macht der Erlösung Christi. Worte haben Macht. Die biblischen Texte handeln vielfältig von dieser Erfahrung. Wenn wir im Glauben bekennen, dass wir Christus annehmen, sind wir erlöst. Und weiter: Wenn wir im Glauben bekennen, dass Jesus unser Herr ist, sind wir befreit von allen anderen Mächten. Und weiter: Wenn wir bekennen, dass der Herr uns in dieser Welt segnet, mit Schutz, Gesundheit und Erfolg, so wird dieser Segen in unserem Leben erfahrbar. Das ist die Grundidee.

Hagins neue Sicht des Glaubens gewann viele Anhänger. Der wirkmächtigste Schüler wurde Kenneth Copeland, der gleichzeitig der Nachfolger von Oral Roberts in dessen weitverzweigtem Netzwerk in Tulsa (Oklahoma) wurde. Copelands Fernsehkanal und seine zunehmenden Internetaktivitäten erschlossen ihm ein globales Wirkungsfeld. Stark geprägt von dieser Sicht ist auch der Weltbestseller *Das Gebet des Jabez* (2000) von Bruce Wilkinson. Im ersten Buch der Chroniken heißt es:

> Aber Jabez hatte den Gott Israels angerufen und gesagt: Dass du mich doch segnen und mein Gebiet erweitern mögest und deine Hand mit mir sei und du das Übel von mir fernhieltest, dass kein Schmerz mich treffe! Und Gott ließ kommen, was er erbeten hatte.
> *1. Chronik 4,10*

Das Buch schildert, wie Menschen dieses Gebet zu ihrer täglichen Übung machen. Grundlegend ist die Überzeugung: Gott will nicht nur ewiges Heil schenken, sondern auch irdisches Wohl, Erfolg und Gelingen. Viele Geschichten sollen bezeugen, dass das tägliche und wiederholte Beten mit Jabez Wunder wirkt.

Grundlegend ist die Überzeugung: Gott will nicht nur ewiges Heil schenken, sondern auch irdisches Wohl, Erfolg und Gelingen.

Kaum ein Thema wurde in der evangelikalen Welt so kontrovers diskutiert wie dieses. Die Abgrenzung vom Wohlstandsevangelium spielte in Kapstadt 2010 eine große Rolle. Der Grund war klar: Weltweit gab es sehr viele Erscheinungen der neopentekostalen Kirchen, die mit klaren Erfolgsverheißungen des Glaubens werben – und bisweilen durch handfeste Skandale Kirchen in Misskredit brachten.

Noch häufiger waren Geschichten von Predigern, die den Erfolg ihrer Botschaft vor allem an sich selbst erlebten. Während die meisten Gläubigen in Armut blieben, brachten es die Verkündiger des Wohlstands zu erheblichem Reichtum. Die neue Generation stellte den eigenen Reichtum nicht mehr so stark ins Zentrum.

Es wurde zunehmend zu einer Herausforderung für investigative Journalisten, obszöne Luxusexzesse der großen »Stars« zu brandmarken. Allerdings wird Reichtum in den USA sehr viel weniger kritisch betrachtet als in anderen Teilen der Welt. In den Vereinigten Staaten empfinden nach wie vor viele Christen Reichtum, der für die Welt sichtbar präsentiert wird, verbunden mit Gesundheit, einer glücklichen Familie und gepflegtem Aussehen, als Beweis dafür, dass ein solcher Glaube »funktioniert«.

JOYCE MEYER

Schauen wir uns an dieser Stelle nicht eine extreme, sondern eine gemäßigte und zugleich sehr erfolgreiche Vertreterin dieser Richtung an. Joyce Meyer hat in den letzten Jahrzehnten einen höchst einflussreichen Verkündigungsdienst aufgebaut, mit vielen Online-Videos, Büchern und einer besonderen Bibelausgabe mit Impulsen von Joyce Meyer, die in Deutschland sehr erfolgreich ist. Was zeichnet ihren Ansatz aus?

Eine ganz neue Welt eröffnet sich uns,
sobald wir lernen,
positive Gedanken zu wählen.

Joyce Mayer

Joyce Meyer geht ganz im Sinne des bislang Beschriebenen von der Grundüberzeugung aus: Gedanken bestimmen unsere Wirklichkeit. Verschaffen wir uns einen kleinen Überblick anhand ihres

Buches *Das Schlachtfeld der Gedanken*[127]. Bei Joyce Meyer finden Menschen:

- Praktische Lebenshilfe: Das Buch beginnt mit der eindringlichen Beschreibung einer Ehekrise. In Meyers Büchern geht es nicht um Reichtum, es geht um Alltagskrisen, in denen sich viele Menschen wiederfinden. Für viele Probleme gibt sie eine einfache und eindeutige Diagnose: »Ihr Denken gleicht einem Computer, dem ein Leben lang Schund einprogrammiert worden ist.«[128] Diese Diagnose ist stets verbunden mit der Therapie: Diese Gedankenverstrickungen lassen sich verändern: »Vergessen Sie nicht: Sie werden zu dem, was Sie denken. Denken Sie ermutigende Gedanken und Sie werden ermutigt.«[129]
- Realistische Einsicht in den Kampf der Gedanken: Meyer beschreibt nachvollziehbar die Grundgedanken der Bewegung, unterfüttert mit psychologischen Erkenntnissen der Gegenwart und illustriert durch geschickt ausgewählte biblische Geschichten. Im Unterschied zu radikalen Vertretern geht es ihr nicht mehr um durchbruchsartige Erfolge einer Glaubenstechnik. Der Kampf der Gedanken ist eine lebenslange Herausforderung. Über ihren eigenen Mann schreibt sie: »Ich will ehrlich sein und Sie wissen lassen, dass es kein leichter Weg für ihn war. Keineswegs war er nach ein paar Tagen oder auch Wochen schon frei.«[130]
- Keine utopischen Versprechungen: Entsprechend macht dieses Buch keine Verheißungen eines sorgenfreien Lebens. Es geht um die Ermächtigung, kein Opfer der Verhältnisse bleiben zu müssen. Ja, Gott hilft, und sein Eingreifen darf von uns erwartet werden. Aber Gott hilft, indem er uns verändert. »Das heißt nicht, Sie und ich könnten absolut alles bekommen, was wir wollen, indem wir einfach nur daran denken. Gott hat einen vollkom-

menen Plan für jeden von uns, und keineswegs können wir ihn mit unseren Gedanken und Worten manipulieren.«[131] Das Leben im Sieg ist eine Verheißung Gottes. Selbstverständlich werden Gläubige gerettet, auch wenn sie es kaum oder gar nicht schaffen, sich für die Verheißungen Gottes zu öffnen. Meyer lässt am Heil aller Gläubigen keinen Zweifel. Sie betont nur: Es gibt mehr.

- Realistische Würdigung von Leid und Spannungen: Joyce Meyer ist eine Überlebende. Als Kind erfuhr sie vielfachen Missbrauch durch ihren eigenen Vater. »Ich erlebte eine Kindheit voller Angst und Quälerei.«[132] Lange Zeit dachte sie, dass aus ihrem Leben nach dieser Jugend nichts mehr werden könne. Inzwischen ist sie eine weltweit höchst einflussreiche Frau geworden. Und mehr: Dies hat sie in einem religiösen Umfeld geschafft, in dem Frauen ihrer Generation nicht selten jede Berechtigung zu öffentlicher Verkündigung abgesprochen wurde und dennoch predigende Frauen mit großer Feindseligkeit behandelt worden sind. Immer wieder lässt Meyer ihre Leser an Erfahrungen aus ihrem Leben teilhaben. Für ihre Leserinnen und Leser hat es ein erhebliches Maß an Glaubwürdigkeit, wenn sie sagt: »Vielleicht haben Sie eine elendige Vergangenheit hinter sich, vielleicht leben Sie sogar jetzt in Umständen, die durch und durch bedrückend sind. … Aber ich sage Ihnen, ohne mit der Wimper zu zucken: Ihre Zukunft hängt nicht von Ihrer Vergangenheit oder Ihrer Gegenwart ab.«[133]

DIFFERENZIERTE KRITIK

In manchen evangelikalen Kreisen macht man es sich mit der Kritik an dieser Strömung sehr einfach. Vielleicht sollte man zuerst auch diese Perspektive einmal bedenken: Das Wohlstandsevangelium ist ein grelles Spiegelbild einer Konsumorientierung der westlichen Christenheit insgesamt.

Das Wohlstandsevangelium ist ein grelles Spiegelbild von Konsumorientierung der westlichen Christenheit.

Ausgerechnet in einigen der reichsten Gegenden der Welt wie Kalifornien, der Schweiz oder Baden-Württemberg gibt es bis heute evangelikale Strömungen, die den christlichen Einsatz für soziale Gerechtigkeit oder einen robusten Sozialstaat kritisieren und eine möglichst rein marktwirtschaftliche Orientierung der Gesellschaft für optimal halten. In den USA halten Evangelikale einen so marktwirtschaftlich orientierten Politiker wie Biden für einen Sozialisten. Vielleicht sind solche Erscheinungen eines antisozialen Evangelikalismus die extremste Form eines zeitgenössischen Wohlstandsevangeliums.

Aber natürlich gibt es auch an den Ausprägungen des vorhin beschriebenen Spektrums gewichtige Kritikpunkte:

- Magisches Denken: Der Wort-und-Glaube-Ansatz geht offensichtlich von einer richtigen Beobachtung aus: Worte und Gedanken haben Macht. Ja, wir alle programmieren uns durch innere Botschaften. Wenn Menschen sich selbst abwerten, hat das keine beflügelnde Wirkung. Zugleich sollte klar sein, dass dies nur ein Faktor in einem unglaublich komplizierten Geflecht von inneren und äußeren Einflüssen ist. Gedanken haben Einfluss auf unser Leben. Aber sie sind weit davon entfernt, es bestimmen zu können. Der Versuch, das eigene Leben durch die Verinnerlichung von Gedanken manipulieren zu können, hat magische Züge. Auf Dauer ist eine solche Erwartungshaltung illusionär und gefährlich.
- Mangel an Kreuzestheologie: Bei nicht wenigen Evangelikalen und teils auch bei den Vertretern der Wohlstandstheologie

gibt es einen ausgeprägten Mangel an Kreuzestheologie. Gemeint ist nicht die dogmatische Lehre zur Heilsbedeutung des Kreuzes Jesu. Zumindest formelhaft wird das oft betont. Wenn Paulus vom Kreuz Jesu spricht (1. Korinther 1,18), geht es ihm um mehr. Neben der Betonung der positiven Verwandlung des Lebens kommt häufig die Einsicht zu kurz, dass Glaube nicht nur zu Erfolgen führt. Nachfolge Jesu führt auch in Leiden, Loslassen und Widerstand. Es ist gemäß der Spiritualität aller christlichen Traditionen eine wesentliche Herausforderung des geistlichen Wachstums, Nachfolge nicht mit einer permanenten Bewegung von »Höher, Schneller, Weiter« zu verwechseln. Sosehr Wachstum des Glaubens überall als erstrebenswert gilt, darf man Wachstum nicht mit einer menschlichen Steigerungslogik verwechseln.

- Anleitung zu permanenter Verdrängung: Auch bei Joyce Meyer kann man deutlich die Tendenz sehen, Zweifel und intellektuelle Fragen möglichst nicht aufkommen zu lassen. Grundsätzlich sagt sie: »Unser Denken sollte nicht angefüllt sein von menschlicher Logik, Sorgen, Unruhe, Angst und dergleichen.«[134] Ja, noch deutlicher kann es heißen: »Logisches Denken ist aus vielen Gründen gefährlich.«[135] Nun gehört die Warnung vor einer vom Glauben losgelösten Vernunft zur Substanz des Christentums: nicht aber die Absage an die Rationalität. Wenn Meyer sagt, wir dürfen »der Vernunft nicht gestatten, uns von etwas abzubringen, von dem wir wissen, dass es richtig ist«[136], fragt man sich: Woher wissen wir, was richtig ist? Weil andere es sagen? Oder weil Gott es uns persönlich mitgeteilt hat? Mit solchen Zuspitzungen wird kritische Rationalität insgesamt unter Verdacht gestellt. Vernünftiges Denken findet so im Glauben keinen legitimen Ort mehr, sondern wird zu einer ungeistlichen Versuchung. Die Neigung zur Verdrängung kann psychisch sehr gefährlich sein. Negative

Gefühle gehören zum Leben, genauso wie Zweifel und kritische Fragen.

- Fehlende Gemeinwohlorientierung: Der Glaube an die Liebe Gottes hat im Christentum eine zentrale Konsequenz: Liebe zum Nächsten, ja selbst zum Feind. Die Hinwendung zu den Armen und Benachteiligten ist daher seit den Zeiten der alttestamentlichen Propheten wesentlich. Das Wohlstandsevangelium führt im schlechtesten Falle dazu, dass Menschen sich stärker darauf fokussieren, wie Gott ihre Krankheiten heilt und ihnen aus den Schulden hilft, als dass sie beispielsweise dafür Verantwortung übernehmen, dass alle Menschen Zugang zur öffentlichen Gesundheitsvorsorge finden und eine grundlegende soziale Absicherung erhalten.

Man wird daher die Abgrenzung der Kapstadt-Verpflichtung sehr gut nachvollziehen können. Aber sie sollte weder pauschal noch maßlos sein. Der lutherische Religionssoziologie Peter L. Berger hat die Pfingstbewegung immer wieder gegen westliche Überheblichkeit in Schutz genommen.[137] Berger sah in der Pfingstbewegung die größte religiöse Erweckung des Jahrhunderts. Sie tut, was gute Religion tun muss: Sie hilft Menschen. Menschliche Bedürfnisse werden ernst genommen, und zwar die Alltagsbedürfnisse der Allermeisten: Sorgen um die Gesundheit, um Geld und um den Bestand der Familie. In jedem Gottesdienst sind viel Zeit und Raum dafür vorgesehen, dass Menschen mit ganz konkreten Sorgen und Leiden öffentlich für sich beten lassen und sich segnen lassen können.

Als Lutheraner ist Berger sehr skeptisch gegenüber der leichtfertigen Rede von ständigen Zeichen und Wundern. Und doch ist ihm die Einsicht wichtig: Die Pfingstbewegung war und ist für viele Menschen eine große Unterstützung. Pfingstkirchen stiften moralische Orientierung. Ihre oft sehr konservativen Familienwerte sorgen dafür, dass viele Menschen in Krisen Eheseelsorge in Anspruch nehmen, sich auch Väter um die Kinder kümmern und fleißig einer Arbeit nachgehen, um die Familie zu ernähren. Solche Disziplinierungen haben vielen Millionen Menschen geholfen auf dem Weg von prekären sozialen Notlagen zu so viel Mittelschichtsleben, wie es im globalen Süden zunehmend möglich wurde. Pfingstbewegungen waren in vielen Ländern, vor allem in Südamerika, offensichtlich Teil eines positiven gesellschaftlichen Wandels. Gerade im Wohlstandsevangelium geht es um eine solche konkrete Verbesserung des Lebens.

Die pauschale Kritik am Wohlstandsevangelium ist tatsächlich oft billig. Denn viele Protagonisten dieser Richtung zeichnen sich zumindest dadurch aus, dass sie die elementaren Daseinsbedürfnisse von Armen und Leidenden nicht ignorieren. Es wäre besser, von einer Gefahr des »Erfolgschristentums« zu sprechen. Problematisch ist jedes Christentum, das das Kreuz Jesu nur noch als Theorie einer jenseitigen Erlösung kennt, aber nicht mehr als Maß für einen Weg der Liebe ins Leiden und mit den Leidenden. Von einem solchen Erfolgschristentum sind gegenwärtig sehr viel mehr Strömungen bedroht als diejenigen, denen man das Etikett des Wohlstandsevangeliums angehängt hat.

GEISTERFAHRUNG UND NEUE THEOLOGISCHE TENDENZEN

Was ist das Besondere an der Pfingstbewegung?

Am Anfang stehen nicht neue Theorien. Am Anfang stehen neue, einzigartige Erfahrungsdurchbrüche. Die charismatischen und pentekostalen Bewegungen sind ein erfahrungsbasiertes Christentum. Ihr Glaube beruht nicht auf rationalen Begründungen oder Erklärungen. Er ist auch nicht mehr getragen durch Sitte und Tradition. Er beruht auf einer unmittelbaren Gottesbegegnung. Darin greifen diese Bewegungen urevangelikale Anliegen auf und steigern diese noch einmal. Die Charismatisierung der evangelikalen Bewegung ist seit Jahrzehnten ein offensichtliches Faktum. Dabei findet auch eine Evangelikalisierung der Charismatiker statt. Anders als teilweise befürchtet werden pfingstkirchliche Gläubige nicht insgesamt mit jeder Welle immer radikaler. Neben mancher Radikalisierung gibt es weltweit auch einen Trend zu einer stärkeren Öffnung für Bildung, Kultur und insgesamt einer stärkeren Teilnahme am gesellschaftlichen Leben. Beides ist gewissermaßen eine Folge des Erfolgs. Pentekostale Frömmigkeit war gerade für Menschen am Rande der modernen Gesellschaft ein Weg der persönlichen Stabilisierung und des sozialen Aufstiegs. Was werden diejenigen tun, die aufgrund ihrer verbesserten Bildungschancen nun die Möglichkeit haben, ihre geistliche Prägung mit der Teilhabe am kulturellen und wissenschaftlichen Bewusstsein der Gegenwart zu verbinden? Sehen wir uns einige Tendenzen im Spiegel globaler pentekostaler Theologie an, wie sie im Kontext der 1970 gegründeten *Society for Pentecostal Studies* entwickelt werden.[138]

ENTWICKLUNG EINER EIGENSTÄNDIGEN THEOLOGIE

Pentekostale Theologie ist längst ein globales Phänomen. Interessanterweise gibt es dort viele Ansätze, die sich inzwischen stärker auf den allgemeinen Diskurs einlassen, als es in vielen Formen evangelikaler Theologie bislang üblich war. Eine Reihe von pentekostalen Theologen betont die Notwendigkeit, die typisch pfingstkirchlichen Erfahrungen nicht einfach als Anhang an klassisch protestantische Theologie einzutragen. Bisweilen ist der Eindruck entstanden, die Pfingstbewegung habe mit der Geisttaufe eine Lehre entwickelt, die gewissermaßen die reformatorische Logik von Rechtfertigung und Heiligung noch einmal überbieten wolle. Das wäre in der Tat hochproblematisch. Nur: Dabei handelt es sich um einen falschen Eindruck. Das Problem besteht schlicht darin, dass die frühen Pfingstler ein Schema übernahmen, das auf solche Abfolgen eingestellt war.

Heutige Theologinnen und Theologen der Pfingstbewegung fragen, wie sie von der Bibel und von ihren Erfahrungen her eine Theologie entwickeln können, die nicht zu einer solchen Überbietung der Rechtfertigung führt. Biblisch-theologisch ist es für sie eine wichtige Entdeckung, dass das Wirken des Heiligen Geistes immer schon zentrale Bedeutung hat: Der Geist ist präsent in der Schöpfung. Er ist der Geist Jesu Christi. Er wirkt im Heilshandeln des Vaters und Sohnes, in der Verkündigung des Wortes, in Bekehrung und Wiedergeburt.

Neuere Theologien der pfingstlich-charismatischen Bewegungen legen Wert darauf, dass der Geist kein Anhang und keine Zugabe der christlichen Existenz ist. Für Frank Macchia ist die Erfahrung der Taufe mit dem Heiligen Geist die zentrale Innovation der Pfingstbewegung.[139] Erst mit der Zeit lernte man die theologische Reflexion dieser Erfahrungen, über die bloße Behauptung hinaus, dass die Zungenrede als Beweis der Geistestaufe gelten müsse. Die Geisterfüllung ist ein übergreifender Horizont der göttlichen Story insgesamt. Alle christlichen Kirchen rechnen damit, dass sich Gott immer vermittelt erfahren lässt. Für viele Konfessionen sind die Sakramente (Taufe, Abendmahl etc.) der Ort, an dem Gott sein Handeln sinnlich spürbar macht. In gewisser Weise sind Zungenrede und analoge Geisterfahrungen der Pfingstkirchen ähnlich zu deuten. Gott wird nicht unmittelbar erlebt, aber vermittelt über ekstatische Ergriffenheit des eigenen Körpers erfahren. Alte und neue Kirchen könnten an dieser Stelle neu über die Weite und Vielfalt sakramentaler Erfahrung ins Gespräch kommen.

> **»Gott ist durch den Geist universal gegenwärtig und handelnd wirksam.«**
> *Amos Yong*

Auch der pfingstkirchliche Theologe Wolfgang Vondey sucht nach einer neuen theologischen Reflexion pfingstkirchlicher Erfahrung im Gespräch mit der klassischen Lehrbildung. Für ihn ist die Idee des *Full Gospel* der Schlüssel zu einer neuen Gestalt pfingstkirchlicher Theologie.[140] In der pfingstkirchlichen Geisterfahrung gehe es nicht um eine Überbietung der Erlösung durch Christus, sondern um ihre ganzheitliche Wirkung in allen Aspekten des Lebens. Denn schon in der Schöpfung der Welt und des Menschen ist das Wirken des Geistes beteiligt. Wenn die pfingstkirchliche Verkündigung Christus in fünffacher Hinsicht als den bekennt, der Menschen errettet, heiligt, mit dem Geist begabt, heilt und als wiederkommender König vollenden wird, drückt sich darin die trinitarisch verstandene ganzheitliche Weite des Heilshandelns Gottes aus. Durch diese Neukonzipierung der theologischen Gesamtsicht machen pfingstkirchliche Theologien deutlich, dass frühere Vorwürfe des Perfektionismus oder der Abkehr von der Rechtfertigungslehre durch ein Stufendenken ins Leere laufen. Produktiv fordern diese neuen Theologien des Heiligen Geistes vielmehr die traditionellen Theologien heraus, ihre eigene Lehrgeschichte kritisch an der Bibel zu überprüfen.

VERMITTLUNG VON SCHRIFT UND GEISTERFAHRUNG

Die Geistestaufe bzw. die Erfahrung des unmittelbaren Geistwirkens hat in der Pfingstbewegung eine grundlegende Bedeutung. Aus konservativ-evangelikaler Perspektive entstand an dieser Stelle die größte Anfrage: Verlässt die Pfingstbewegung den Boden der Heiligen Schrift, wenn in ihrem Kontext Erfahrungen mit dem Heiligen Geist grundlegende Bedeutung gewinnen?

Die australische pentekostale Theologin Jacqueline Grey[141] hat gezeigt, wie die besondere Erfahrung der Pfingstbewegung auch das Schriftverständnis aus mancher fundamentalistischen Sackgasse befreien kann. Dass die Bibel die entscheidende Autorität ist, darauf können sich die meisten Gläubigen einigen. Aber wie finden wir zu einem richtigen Verständnis der Schrift? Hier gehen die Positionen auseinander. In der katholischen Kirche hieß es und heißt es bis heute: Das Lehramt der Kirche und der Papst entscheiden im Zweifelsfall, wie die Bibel auszulegen ist. Die Reformatoren stellten diesem Anspruch die These entgegen: Kein Mensch hat solche Autorität. Die Bibel legt sich selbst aus. Daraus wurde allzu oft der Vorrang der Theologen bzw. der Vorrang der theologischen Wissenschaft abgeleitet.

Grey zeigt, dass für das Verständnis der Bibel immer schon das Leben in einer Auslegungsgemeinschaft und die persönliche geistliche Erfahrung wesentlich waren. Dabei sind weder die Erfahrung noch die Gemeinschaft als Instanzen zu verstehen, die in Konkurrenz zur Schriftautorität treten. Christinnen und Christen vertrauen darauf, dass Gottes Geist ihnen beim gemeinsamen Hören und Auslegen der Heiligen Schrift Verständnis schenkt. Das war die Erfahrung der frühen Pfingstbewegung, in der es noch gar keine kirchlichen Ämter oder wissenschaftliche Theologie gab. Daher hat pentekostale Theologie an dieser Stelle auch eine größere Chance, ein ausgewogenes Verhältnis zu den modernen Bibelwissenschaften herzustellen. Richtig verstanden ersetzt diese nämlich nicht das gemeinsame Hören, sondern bereichert es durch die Erinnerung an den ursprünglichen Erfahrungshorizont der biblischen Schriften.

REFLEXION DER EIGENEN KONTEXTUALISIERUNGEN

Pfingstlerinnen und Pfingstler haben keine Geschichte der politisch-kulturellen Dominanz. Sie wissen vielmehr, wie es ist, von der Gesellschaft wie auch von etablierten Kirchen als häretisch, gefährlich oder verrückt abgestempelt zu werden. Sie wissen, wie leicht Menschen blind werden können für ihre eigenen Privilegien. Immer wieder haben manche auf solche Erfahrungen mit Gegenradikalisierungen reagiert und die eigene Erfahrung für absolut erklärt. Aber es wächst auch die Bereitschaft, die jeweilige kontextuelle Bedingtheit zu reflektieren, die uns alle immer schon prägt.

Amos Yong[142] ist der produktivste Autor und Denker der gegenwärtigen pfingstlichen Theologie. In seinen vielfältigen Studien zeichnet Yong nach, wie der Heilige Geist von Anfang an die Universalität Gottes so zur Geltung bringt, dass er Vielfalt hervorbringt und in Beziehung setzt. Pfingsten ist für Yong ein in der Theologiegeschichte weitgehend unterbestimmtes Schlüsselereignis. In dieser Durchbruchserfahrung verknüpfen sich prophetische Erwartungen (Joel 3) mit der Erfahrung der Gegenwart des auferstandenen Christus. Die Geisterfahrung ermöglicht das Wunder wechselseitigen Verstehens über alle Unterschiede hinweg, ohne dass sie eingeebnet werden müssen.

Yong hat von dieser Einsicht her auch Grundlinien eines pentekostalen Zugangs zum Dialog der Religionen entwickelt. Vor allem in der evangelikalen Tradition war die interreligiöse Begegnung teilweise regelrecht angstbesetzt. Ohne von Anfang an auf eine Relativierung aller Wahrheitsansprüche zu setzen, hält Yong die offene Begegnung der Weltreligionen für unverzichtbar. Im Vertrauen auf die Universalität des dreieinigen Gottes können Pfingstlerinnen und

Pfingstler darauf vertrauen, dass der Heilige Geist immer schon bei allen Menschen wirksam ist. Auch die Religionen der Welt müssen auf ihre mögliche Bedeutung in Gottes Welterhaltung befragt werden. Gerade diejenigen, die selbst Erfahrungen des Ausschlusses von der christlichen Gemeinschaft gemacht haben, sollten diese Begegnungen suchen.

> **Und danach wird es geschehen, dass ich meinen Geist ausgießen werde über alles Fleisch. Und eure Söhne und eure Töchter werden weissagen, eure Greise werden Träume haben, eure jungen Männer werden Visionen sehen. Und selbst über die Knechte und über die Mägde werde ich in jenen Tagen meinen Geist ausgießen.**
> *Joel 3,1-2*

WAHRNEHMUNG GESELLSCHAFTLICHER VERANTWORTUNG

Die frühe Pfingstbewegung verkörperte in ihrer Praxis eine soziale Revolution. In den Aufbrüchen zeigte sich von Anfang an eine demokratische Bevollmächtigung der ganzen Gemeinde. Und mehr noch: Dabei kam es auf unterschiedlichen Ebenen zu einer Stärkung der Marginalisierten (Fremde, Frauen, Jugendliche etc.) im Sinne der Verheißung in Joel 3,1-2, dass Gott seinen Geist auf Frauen und Männer, Alte und Junge sowie Knechte und Mägde ausgießen wird. Auf der anderen Seite blieben pfingstkirchliche Gemeinden oft geprägt vom damaligen Fundamentalismus mit seiner Abwendung von der modernen Welt und ihren Herausforderungen. Doch diese Weltdistanz wird zunehmend überwunden.

Das ursprünglich pentekostale Engagement für soziale Gerechtigkeit und Versöhnung zeigt sich je länger, je mehr in der neueren akademischen Theologie, zum Beispiel bei Joel Shuman.[143] Die frühen Pfingstlerinnen und Pfingstler hatten eine pazifistische Grundhaltung und favorisierten Kriegsdienstverweigerung. Als die Evangelikalen spätestens während des Vietnamkrieges angesichts öffentlicher Proteste gegen den Militarismus in besonderer Weise die eigene Verbundenheit mit dem US-Militär zu einem Markenzeichen machten, veränderten die *Assemblies of God* sogar ihre bisherige theologische Grundordnung und ließen die pazifistischen Impulse der Anfangszeit fallen. Inzwischen werden solche Prozesse wieder kritisch hinterfragt. Die Erfahrung des Pfingstwunders habe den frühen Pfingstlern eine Haltung der Friedensliebe und der Überbrückung von Gegensätzen erschlossen, die auch ihre Sozialethik wieder stärker prägen müsse.

PFINGSTKIRCHEN, CHARISMATIKER UND EVANGELIKALE IN DEUTSCHLAND

Kaum irgendwo auf der Welt war die Entstehung der Pfingstkirchen so spannungsvoll wie in Deutschland.[144] Zunächst entwickelten sie sich sehr weitgehend aus der Heiligungsbewegung im Deutschen Kaiserreich. Internationale Heiligungskonferenzen in Oxford (1874) und Brighton (1875) bedeuteten für viele Stränge der deutschen Erweckten eine große Stärkung und Ermutigung.[145] Vor allem in der Gemeinschaftsbewegung, aber auch bei den Methodisten und in anderen freikirchlichen Kontexten entwickelte sich ein vielfältiges Streben nach einem höheren christlichen Leben, das durch Sieg über die Sünde, die Erfahrung von Heilungen und vor allem auch von missionarischer Ausstrahlungskraft geprägt sein sollte. Auf den Konferenzen der Blankenburger Allianz und auf vielen Tagungen der Gemeinschaftsbewegung war man eng verbunden mit solchen internationalen Aufbrüchen.

Daher ist es kein Wunder, dass die Nachrichten aus Los Angeles sehr aufmerksam verfolgt wurden. Kurz zuvor hatte es schon in Wales (1904/05) eine intensive Erweckung gegeben, die mit ekstatischen Erfahrungen und der Hoffnung auf vermehrte Geistausgießung verbunden war.[146] Als schließlich die Erfahrungen von Los Angeles in Norwegen greifbar wurden und führende Vertreter der Heiligungsbewegung dort neue Erfahrungen mit der Zungenrede machten, lud man Dagmar Gregersen und Agnes Telle aus Norwegen ein, die Geistesgaben im Sinne des pfingstlichen Aufbruchs auch in Deutschland zu praktizieren. Erst in Hamburg und dann in Kassel führten Vertreter der Heiligungsbewegung Veranstaltungen durch. Vor allem in den Kreisen der innerkirchlichen Gemeinschaftsbewegung gewann die neue Frömmigkeit Tausende von Anhängerinnen und Anhängern.

Mit dem erfolgreichen Aufbruch begann auch die Krise. Die Veranstaltungsreihe in Kassel entglitt den Veranstaltern. Manche Phänomene waren auch wohlwollenden Besuchern zu extrem. Menschen schrien und sanken zu Boden. Im Namen Gottes verkündeten die beiden Frauen Botschaften in Erster-Person-Rede. Wochenlang fanden täglich überfüllte Treffen statt. Doch in Nordhessen gab es andere kulturelle Maßstäbe als in Los Angeles. Auf Beschwerden der Anwohner wurden die Treffen schließlich von der Polizei aufgelöst.

In der Folgezeit kam es zu höchst erregten Diskussionen: Kann so etwas die ersehnte Geisterfüllung gewesen sein? Gab es einige Übertreibungen inmitten eines ansonsten gesunden Aufbruchs? Oder waren diese Exzesse Ausdruck dafür, dass hier von Anfang an etwas Grundsätzliches nicht gestimmt haben kann?

BERLINER ERKLÄRUNG VON 1909 UND IHRE FOLGEN

Nach einer kurzen Zeit der Verwirrung kam es zu deutlichen Verwerfungen. In dieser Zeit gab es verschiedene Flügel der Evangelischen Allianz. Diese war noch weit davon entfernt, ein zentrales oder leitendes Gremium der Erweckten in Deutschland zu sein. So traf sich 1909 in Berlin ein Ad-hoc-Gremium, das stark geprägt war von der Gemeinschaftsbewegung und einigen Vertretern der Freikirchen, vor allem des *Bundes Freier evangelischer Gemeinden*. Die extremen Ereignisse in Deutschland wurden als Ausdruck der Bewegung insgesamt verstanden, die in Los Angeles begonnen hatte. Und die Bewertung konnte eindeutiger nicht sein:

> Die sog. Pfingstbewegung ist nicht von oben, sondern von unten; sie hat viele Erscheinungen mit dem Spiritismus gemein. Es wirken in ihr Dämonen, welche, vom Satan mit List geleitet, Lüge und Wahrheit vermengen, um die Kinder Gottes zu verführen. In vielen Fällen haben sich die sogenannten »Geistbegabten« nachträglich als besessen erwiesen.
> *Aus der Berliner Erklärung, 1909*[147]

Wie wird diese umfassende Verurteilung begründet? Folgende Kritikpunkte wurden benannt:

- Die Exzesse der Kasseler Ereignisse, die Berliner Erklärung spricht von »häßlichen Erscheinungen wie Hinstürzen, Gesichtzuckungen, Zittern, Schreien, widerliches, lautes Lachen etc.«[148], könne man nicht als geistgewirkte Erfahrungen beurteilen. Diese skandalösen Geschichten sorgten selbst in der Stadtöffentlichkeit für Entrüstung – und verstärkten die Ablehnung des erwecklichen Christentums in bürgerlichen Schichten.
- Die vermeintlichen Weissagungen und das unmittelbare Reden Gottes durch geistgesalbte Menschen wurden als schlimme Grenzverletzung empfunden. Die angeblich direkt von Gott stammenden Anweisungen führten in falsche Abhängigkeit und glichen

eher den »Botschaften spiritistischer Medien«[149] als verantwortlicher christlicher Lehre. Dass es in Deutschland Frauen waren, die eine zentrale Rolle spielten, machte es noch schlimmer.

- Vor allem eine Lehre vom reinen Herzen wird verurteilt. Jonathan Paul und andere hatten eine Weiterentwicklung der Lehren der Heiligungsbewegung betrieben, sodass sie in der Zungenrede ein Siegel erkannten, durch das man ein Leben frei von Tatsünden führen könne. Demgegenüber wird betont: »Die Irrlehre, dass das Herz in sich einen Zustand der Sündlosigkeit erreichen könne, hat schon viele Kinder Gottes unter den Fluch der Unaufrichtigkeit gegenüber der Sünde gebracht.«[150]

In der Mühlheimer Erklärung von 1909 bemühten sich die angegriffenen Kreise um eine Entkräftung der Vorwürfe. Auswüchse und Exzesse in der Anfangszeit werden freimütig eingeräumt. Ein sorgfältiger Umgang mit geistlichen Gaben wird angemahnt und für die Zukunft versprochen. Dem Vorwurf der vermeintlichen Irrlehre vom reinen Herzen tritt man entschieden entgegen; niemals hätten Paul oder gar die Bewegung insgesamt eine reale Sündlosigkeit der Gläubigen behauptet. Aber gründliche Gespräche kommen nicht mehr zustande. Zu deutlich hat die Berliner Erklärung zum völligen Kontaktabbruch aufgerufen. Nicht alle Pietisten und Allianz-Gläubigen trugen diese Verdammung am Anfang mit. Eine Reihe von wichtigen Gruppen hielten sich neutral, darunter der größte Einzelverband innerhalb der Gemeinschaftsbewegung, der DGD (Marburg), oder auch die Liebenzeller Mission. Gleichwohl lief es je länger, je mehr auf eine Spaltung zu. Vor pfingstkirchlichen Einflüssen wurde in Deutschland forthin gewarnt wie vor einer ansteckenden Krankheit.

Vor pfingstkirchlichen Einflüssen wurde in Deutschland seit 1909 gewarnt wie vor einer ansteckenden Krankheit.

Nach dem Zweiten Weltkrieg durchliefen die Erben des pfingstkirchlichen Aufbruchs unterschiedliche Entwicklungen. Zu Beginn ab dem Jahr 1907 spielte eine Gemeinschaft in Mühlheim mit Jonathan Paul und anderen eine Schlüsselrolle in der Vermittlung der neuen Frömmigkeit. Der Mühlheimer Verband wurde eine deutschlandweite pfingstkirchliche Vereinigung. Zu Beginn erlebte dieser Verband ein starkes Wachstum. Nach dem Zweiten Weltkrieg folgte jedoch eine lange Phase der Stagnation und schließlich des massiven Rückgangs. Hatte der Mühlheimer Verband nach dem Zweiten Weltkrieg noch rund 25 000 Mitglieder, so waren es im Jahr 1995 nur noch 2700.[151]

Im Zeitraum von 1906–1907 kam es zu einer Reihe von unabhängigen pfingstgemeindlichen Aufbrüchen. Diese freien Pfingstgemeinden waren teilweise in einzelnen Verbänden miteinander im Kontakt, wie die Elim-Gemeinden (ab 1926) oder die *Volksmission für entschiedenes Christentum* (ab 1934) und andere. Nach dem Zweiten Weltkrieg wurde 1948 die *Arbeitsgemeinschaft der Christengemeinden in Deutschland* (ACD) gegründet, ein Bund pfingstkirchlicher Gemeinden. Der Mühlheimer Verband schloss sich erst 1970 an. 1974 wurde dieser Bund als Körperschaft des öffentlichen Rechts anerkannt und trat fortan unter dem Namen *Bund freikirchlicher Pfingstgemeinden KdöR* (BFP) auf. Seither wächst dieser Bund beständig, nicht zuletzt durch den Beitritt von Gemeinden, deren Mitglieder überwiegend einen Migrationshintergrund haben.

KRITISCHE HALTUNG VON ALLIANZ-EVANGELIKALEN

In der *Deutschen Evangelischen Allianz* wurden die pfingstkirchlichen Gemeinden entgegen dem internationalen Trend noch lange Zeit ausgegrenzt. In der Allianz bestand ein faktischer Nichtvereinbarungsgrundsatz. Vor allem im Bereich der Gemeinschaftsbewegung, aber auch bei vielen Freikirchen bestand erhebliche Ablehnung pfingstkirchlicher Frömmigkeit. In den 1970er-Jahren kam ganz langsam Bewegung in das Verhältnis.[152] Ein wesentlicher Anstoß war die Erfahrung, dass pfingstkirchliche Gläubige schon am Lausanner Kongress 1974 teilnahmen. Überall standen die Zeichen auf Annäherung. Über Jahre gab es vertrauliche Gespräche zwischen der DEA und Vertretern der Pfingstbewegung. Dabei kam es zu theologischen Annäherungen, die 1979 in einer gemeinsamen Erklärung festgehalten werden konnten. Die Pfingstler erklärten, allen Lehrgrundlagen der Allianz zustimmen zu können. Es gäbe Unterschiede im Verständnis vom Wirken des Heiligen Geistes. Aber sind die Gegensätze im Tauf- und Kirchenverständnis zwischen vielen landes- und freikirchlichen Gläubigen nicht auch erheblich, ohne dass sie spalten?

Durch das Wachstum charismatischer Gruppierungen in Deutschland wurde diese Entwicklung gleichermaßen beschwert und beflügelt. Auf der einen Seite wurde immer deutlicher, dass kein Weg an dieser Gruppe vorbeiführte. In der katholischen Kirche breitete sich mit kirchlicher Anerkennung die charismatische Erneuerung aus, und auch die evangelischen Landeskirchen nahmen die Charismatiker als Gesprächspartner wahr. In der EKD gründete sich die Geistliche Gemeindeerneuerung (GGE). Unter dem Vorsitz von Wolfram Kopfermann, Pastor in Hamburg, zog die GGE viel Aufmerksamkeit auf sich. Kopfermann gelangte in den 1980er-Jahren zu der Erkenntnis, dass die charismatische Bewegung in den Landeskirchen nicht den Freiraum zur Entfaltung finde, den sie brauchte. Mit der Anskar-Kirche betrieb Kopfermann eine der spektakulärsten Kirchengründungen der letzten Jahrzehnte. Inzwischen ist die Anskar-Kirche eine charismatische Freikirche und Mitglied in der *Vereinigung evangelischer Freikirchen* (VEF).

Viele weitere Jahre lang verliefen alle Bemühungen um eine Annäherung von Pfingstkirchen und Evangelischer Allianz im Sande. Der internationale Aufschwung und auch das Wachstum der Pfingstkirchen in Deutschland machten vielen regelrecht Angst. Die Furcht vor dem »Schwarmgeist« bekam noch einmal Auftrieb durch die Welle extremer Manifestationen im Zuge der dritten Welle, vor allem den Toronto-Segen Anfang der 1990er-Jahre.

Die Bekenntnisbewegung *Kein anderes Evangelium* stellte sich an die Spitze des Widerstandes. In den 1980er-Jahren wurde in vielfachen Erklärungen und öffentlichen Beiträgen vor jeder Annäherung an die Pfingstbewegung gewarnt. 1983 veröffentlichte die Bekenntnisbewegung eine *Stellungnahme zur charismatischen Bewegung*. Eindeutig hält man fest, dass die heutigen Erscheinungen der Pfingstbewegung und der charismatischen Bewegung »demselben Quellgebiet entspringen, das die Väter der ›Berliner Erklärung‹ als Schwarmgeist entlarvten«[153]. Die Zungenrede wird als bloße Nachahmung der urchristlichen Phänomene bezeichnet. Dahinter stecke nichts anderes als ein dämonischer Geist der Verführung. Durch das vermeintliche Wirken des Geistes werde in Wahrheit das Wort Gottes der Bibel in den Hintergrund gedrängt. Gerade angesichts dieser Zurückdrängung der Schrift könne »die Einwirkung dämonischer Kräfte nicht mehr geleugnet«[154] werden. Darum müsse die *Deutsche Evangelische Allianz* jeder Annäherung eine Absage erteilen. »Die Gemeinde Jesu ist heute einer endzeitlichen Unterwanderung seitens verführerischer Mächte ausgesetzt wie nie zuvor.«[155] Es könne nur eine Antwort geben: »Völlige Aufgabe geistlicher Gemeinschaft mit den ›Gabenträgern‹ und Distanz zu den charismatischen Kontaktstellen ist erforderlich.«[156]

Durch die ständigen Warnungen vor charismatischen Bewegungen isolierte sich die Bekenntnisbewegung immer mehr selbst.

In den folgenden Jahren bezog die Bekenntnisbewegung immer wieder Stellung gegen jede wechselseitige Annäherung. Doch durch ihre ständigen Warnungen isolierte sie sich immer mehr selbst. Tatsächlich setzte sich die wachsende Gemeinschaft der evangelikalen Strömungen in Deutschland zunehmend durch. Bei den Hauptträgergruppen der früheren Abgrenzung schwanden die Berührungsängste. Das gilt sowohl für den *Bund Freier evangelischer Gemeinden* als auch für die Gnadauer Gemeinschaftsbewegung.

DURCHBRUCH ZUR ANNÄHERUNG

Die zweite Lausanner Konferenz in Manila 1989 wurde von vielen als endgültige Verbrüderung der verschiedenen Stränge empfunden. Für viele Verantwortliche war klar, dass man nun auch in Deutschland Charismatiker und Pfingstler nicht mehr wie bisher aus der Gemeinschaft der Evangelischen Allianz ausschließen könne. Die Begegnungen auf internationalen Kongressen, das offensichtliche missionarische Wachstum dieser Bewegungen und die zunehmende säkulare Herausforderung[157] stellten die Zeichen auf Annäherung. In den 1990er-Jahren kam es dann zu einem endgültigen Durchbruch.

In der Kasseler Erklärung von 1996 wurde die internationale Zusammenarbeit der verschiedenen Strömungen auch für Deutschland verwirklicht. Wie war das möglich? Ich sehe dafür vor allem diese Aspekte:

- Am Anfang stehen Beziehungen: Die Kasseler Erklärung verweist eingangs selbst darauf, dass dieser inhaltlichen Erklärung viele Begegnungen, regionale Zusammenarbeit und gewachsenes Vertrauen vorausgegangen sind. Nicht die Lösung theologischer Probleme, sondern persönliche Begegnungen sorgten für wachsende Annäherung über frühere Gräben hinweg.
- Besinnung auf die Mitte: Statt alle theologischen Gegensätze überwinden zu wollen, konzentrierte man sich auf die Frage: Was können wir gemeinsam bekennen? Angesichts des Bekenntnisses der BFP zu den Grundsätzen der Allianz erklärte man nun offiziell, »auf dieser biblisch-theologischen Grundlage in der DEA mitzuarbeiten und die Gemeinsamkeit des Glaubens in den Mittelpunkt zu stellen«[158].
- Verzicht auf völlige Klärung aller Streitfragen: Es wurde nicht angestrebt, in den strittigen Fragen völlige Einheit zu gewinnen. Gemeinsam bekennt man, dass man ein mehrstufiges Heilsverständnis ablehnt, was sowieso stets mehr ein antipentekostales Missverständnis war als wirkliche Lehre pfingstkirchlicher Gruppen. Statt weiterer Klärungen[159] heißt es: »Sie werden unterschiedliche Lehrmeinungen und spezifische Formen der Frömmigkeit innerhalb der DEA respektieren und eigene Unterschiede zu anderen Kirchen und Gemeinschaften um des gemeinsamen Zeugnisses und Dienstes willen in der Allianzarbeit zurückstellen.«[160] So war es in der Evangelischen Allianz von Anfang an üblich, dass man Fragen ausklammerte, die über Jahrhunderte hinweg für Spaltungen gesorgt haben, wie das Verständnis von Taufe und Abendmahl oder das Kirchen- und Amtsverständnis.
- Gemeinsame Projekte: Nichts verbindet so stark wie gemeinsame Projekte, in denen man sich gegenseitig stehen lassen kann und zugleich positive Ergänzung erfährt. Dabei ist dann eben auch

> Rücksicht zu nehmen, sodass »im Zusammenhang von Veranstaltungen, Projekten usw., die im Rahmen und in der Verantwortung der Evangelischen Allianz durchgeführt werden, solche umstrittenen Inhalte keinen Raum finden«.

Bis heute gibt es in Deutschland einzelne evangelikale Kreise, die an einer Totalkritik aller pfingstkirchlichen Ansätze festhalten. Aber diese Gruppen grenzen sich inzwischen längst auch von der Evangelischen Allianz entschieden ab. International kann man schon lange eine Charismatisierung der evangelikalen Bewegung beobachten. In Deutschland zeigt sich das vor allem auf dem Gebiet der Musik. Worship bzw. Lobpreismusik galt einst als typisch charismatisch. Heute ist dieser Musikstil der weitgehend unumstrittene Standard aller Gruppierungen, die irgendwie evangelikal geprägt sind.

Noch immer lässt sich in Deutschland eine klare Dynamik beobachten: Die Gemeinden mit im weiteren Sinne charismatischer Frömmigkeit haben tendenziell den stärksten Zuwachs, in der Regel auf Kosten der traditionellen Gemeinschaften und Freikirchen.[161] Dabei ist eine ständige Ausdifferenzierung des Spektrums erkennbar. Der Mühlheimer Verband ist 2002 aus dem zwischenzeitlich bestehenden Forum freikirchlicher Pfingstgemeinden ausgetreten und versteht sich inzwischen als charismatische Freikirche, die seit dem Tiefpunkt der 1990er zahlenmäßig wieder deutlich gewachsen ist. Auch andere Kirchen und Verbünde (wie die Anskar-Kirche, die *Foursquare*-Kirche, die Gemeinde Gottes, die *Vineyard*-Bewegung, die *Calvary Chapel* oder Hillsong) sind einem charismatischen Spektrum zuzurechnen, das mit einem jesuszentrierten und erlebnisorientierten Frömmigkeitsstil für viele junge Gläubige und religiös Suchende attraktiv ist. In der jüngeren Generation ist es weitgehend kein Thema mehr, dass sich Menschen wie selbstverständlich eine

Gemeinde aus den Freikirchen bzw. dem Verband aussuchen sollten, in dem sie groß geworden sind.

Trotz aller Erfolge muss man nach wie vor sagen: Deutschland ist kulturell ein besonders schwieriges Pflaster für pentekostale Frömmigkeit. Schon im Kaiserreich gab es nicht nur Vorbehalte der anderen Evangelikalen. Auch gesamtgesellschaftlich wurden in einer kulturellen Umgebung, die sehr auf Kontrolle, Ordnung und Klarheit setzte, Phänomene wie Kontrollverlust, Ekstase und gefühlsbetonte Frömmigkeit mit äußerster Skepsis betrachtet.[162] Pfingstkirchliche und charismatische Frömmigkeit profitiert weltweit davon, dass sie ein erfahrungsintensives und gemeinschaftsbetontes Glaubensleben anbietet und damit im Medium der Religion zwei Grundsehnsüchte vieler Menschen in der Moderne anspricht: Erlebnis und Gemeinschaft.

Charismatische Frömmigkeit spricht zwei Grundsehnsüchte vieler Menschen in der Moderne an: Erlebnis und Gemeinschaft.

Im globalen Maßstab ist Deutschland für eine gewisse kühle Reserviertheit bekannt. Die unterdurchschnittlichen Erfolge der Pfingstbewegung dürften auch in diesem Faktor begründet sein. Deutlich wird dabei: Eine erfahrungsorientierte Frömmigkeit ist weltweit ein sehr erfolgreiches Phänomen, an dem im Moment keine Konfession vorbeikommt. Zugleich werfen starke Erfahrungen immer auch Fragen der Deutung und der theologischen Bewertung auf.

6. BEKENNTNIS ZUR WAHRHEIT – EVANGELIKALE UND THEOLOGIE

Schon im 18. Jahrhundert sprach man im Blick auf die Erweckungsbewegungen von *Experimental Religion*.[163] Für die frühen Evangelikalen (wie auch für den Pietismus in Deutschland) war die große Bedeutung der persönlichen Gotteserfahrung selbstverständlich, und das ist bis heute so geblieben. Darum sind die pfingstkirchlichen Bewegungen mit ihrer Erfahrungsfrömmigkeit auch nicht zu trennen von der evangelikalen Geschichte insgesamt.

Zugleich war stets klar, dass der erweckte Glaube nicht nur in der eigenen Erfahrung begründet ist. Damit ist eine notwendige Spannung formuliert. Denn Erfahrung gilt vielfach als etwas Subjektives. Wahrheit hingegen soll unabhängig von subjektiven Gefühlen sein. Vor allem, wenn es um Gottes Wahrheit geht. Dann geht es um absolute Wahrheit.

Nun berufen sich Menschen, die etwas erfahren haben, nicht auf ihr subjektives Empfinden. Sie sagen: »Gott hat mich angerührt.« – »Jesus hat mir etwas gezeigt.« – »Ich bin mir absolut sicher, dass ich diese Erfahrung nicht einfach aus mir selbst heraus produziert habe.« Die These, dass Erfahrungen subjektiv sind und Wahrheit objektiv ist, setzt voraus, dass die Erfahrungen nur unsere Gefühle berühren, wir hingegen mit dem Verstand Wahrheit erkennen, wie sie ist. Nur: Offensichtlich ist jede Wahrheitserkenntnis abhängig vom Gebrauch des je eigenen Denkens.

Woher wissen wir, dass unsere Erkenntnisse objektiver sind als unsere Erfahrungen und nicht nur unsere eigenen subjektiven Überzeugungen widerspiegeln?

Das Verhältnis von Erfahrung und Erkenntnis ist kompliziert; vor allem für Evangelikale. Andere christliche Strömungen sind sehr stark geprägt von ihrer eigenen verbindlichen Lehrtradition, der Ordnung ihrer liturgischen Feier oder der Autorität des leitenden Amtes. Die Objektivität der christlichen Wahrheit ist immer schon real verkörpert in Texten und Institutionen. Der Vorrang von Lehre, Liturgie und Amt gibt den klassischen Kirchenfamilien eine große Stabilität.

Anders ist es bei den Evangelikalen. Sie haben kein gemeinsames Lehramt. Sie haben keine liturgischen Traditionen, die sie verbinden. Und sie haben auch keine traditionellen Bekenntnisse, an die sie gebunden sind; zumindest keine gemeinsamen. Tatsächlich teilen sie einen Anspruch: die Bibel als Maßstab aller Wahrheitserkenntnis und aller Lehre – und die Erfahrung der Realität Gottes, im Herzen, aber auch in der Geschichte und der Natur.

Das Verhältnis von Erfahrung und Erkenntnis ist kompliziert; vor allem für Evangelikale.

Aber wie setzt man beides zueinander ins Verhältnis? Die evangelikale Antwort lautet: dadurch, dass wir die christliche Erfahrung eindeutig einem klaren Kriterium unterwerfen – einer christlichen Lehre auf der Grundlage der Bibel. Dafür reicht es jedoch nicht, sich auf die Bibel zu berufen. Man muss sie auslegen, auf ihr als Grundlage Lehre entwickeln. Das ist der Grund, warum Theologie für den modernen Evangelikalismus ein Schlüsselthema ist.

EVANGELIKALE UND THEOLOGIE

Neben Billy Graham war der Theologe Carl F. Henry der bedeutendste Architekt des evangelikalen Neuaufbruchs nach dem Zweiten Weltkrieg. 1947 veröffentlichte er eine programmatische Schrift: *The Uneasy Conscience of the Fundamentalist Mind.*[164] Dieses Buch war eine eindringliche Krisendiagnose der fundamentalistischen Jahrzehnte der Zwischenkriegszeit. Die Evangelikalen waren in der ersten Hälfte des 20. Jahrhunderts immer weniger in der Lage, ernst zu nehmende Beiträge zu produzieren, von denen sich die Zeitgenossen hätten herausgefordert fühlen können. Im fundamentalistischen Zeitalter galten sie in der Öffentlichkeit als rückwärtsgewandte Hinterwäldler. Die jüngere Generation stimmte diesem Vorwurf nach dem Zweiten Weltkrieg im Grundsatz zu. Jahrzehntelang zogen sich Evangelikale aus der intellektuellen Auseinandersetzung zurück. Ende des 19. Jahrhunderts gab es in Princeton noch Theologen von Rang wie Charles Hodge und Benjamin Warfield. Sie lehrten an den anerkanntesten Einrichtungen des Landes und standen in einem Netzwerk des wissenschaftlichen Austauschs mit unterschiedlichen Positionen. Fünfzig Jahre später gab es solche Denker nicht mehr.

Für die Abgrenzung vom Liberalismus ist J. Gresham Machen (1881–1937) die Schlüsselfigur des Evangelikalismus dieser Jahre. Als er sah, dass die Ausbildungsstätten der Kirchen immer liberaler wurden, verließ er die Fakultät von Princeton und beteiligte sich am Neuaufbau einer konservativen Ausbildungsstätte: dem *Westminster Theological Seminary*. Auf breiter Front kam es zu einer Verselbstständigung der evangelikalen Ausbildungsstätten. Man mag die Abgrenzung von der liberalen Theologie nachvollziehen können. Die Verselbstständigung ging aber auch einher mit einem Rückzug aus den allgemeinen Debatten.

Carl F. Henry steht inhaltlich ganz auf der Seite dieser evangelikalen Theologen und ihrer Abkehr vom Liberalismus. Die Abgrenzung von einer Verweltlichung der Theologie sei nötig gewesen; aber nicht um den Preis eines weitgehenden Rückzugs aus der Welt. Auch die Theologie müsse die Sendung Christi ernst nehmen. Die Abgrenzung vom Liberalismus dürfe nicht zu einem intellektuellen und kulturellen Eskapismus führen. So steht am Anfang der (neo-) evangelikalen Bewegung auch die Einsicht in die Unverzichtbarkeit einer seriösen Theologie.

Der Schulterschluss von Billy Graham und John Stott kann in dieser Hinsicht nicht als wichtig genug erkannt werden. Die evangelikale Bewegung wollte auch eine ernst zu nehmende Theologie vertreten – und benötigte dementsprechend eigene theologische Ausbildungsstätten. Nach dem Zweiten Weltkrieg kommt es zu einem Boom des evangelikalen Ausbildungsmarktes. Ältere und neuere Institutionen wie das *Fuller Theological Seminary*, das *Gordon-Conwell Theological Seminary*, das *Wheaton College* oder die *Trinity Evangelical Divinity School* zogen bald Tausende von Studierenden an.

Führte die massive Stärkung des Ausbildungsbereichs dazu, dass sich die Verhältnisse grundsätzlich änderten? War dieser Aufbruch erfolgreich?

Auf der einen Seite zweifellos. Das Netz an evangelikalen Bibelschulen und Hochschulen in den USA ist unüberschaubar. Zumindest in der internationalen Forschung finden eine Reihe von evangelikalen Forschern Anerkennung auch außerhalb ihrer eigenen Institutionen bzw. werden sie auch an klassische Forschungseinrichtungen berufen.

Mark Noll, zog eine skeptische Zwischenbilanz, ein im Evangelikalismus groß gewordener Theologe, der als Musterbeispiel wachsender theologischer Kompetenz gelten könnte. Doch in seinem Buch *The Scandal of the Evangelical Mind* (1994) kommt Noll schnell auf den Punkt: Der Skandal des evangelikalen Geistes besteht darin, dass es so etwas wie einen geistig auf der Höhe der Zeit befindlichen Evangelikalismus immer noch so gut wie gar nicht gibt. Manches mag sich verbessert haben. Aber das Grundproblem ist nach wie vor virulent. Auf der einen Seite gibt es eine langjährige evangelikale Tradition der Erfahrungsfrömmigkeit, die jedem Intellektualismus grundsätzlich sehr skeptisch gegenübersteht.[165] Auf der anderen Seite steht das starke Verlangen, mit seinem Glauben wirklich objektive Wahrheit beanspruchen zu können.

Der Skandal des evangelikalen Geistes ist: Evangelikalismus auf der Höhe der Zeit gibt es lange so gut wie gar nicht.

Daher gilt beides: Evangelikale wollten Theologie und Wissenschaft betreiben. Vielfach haben sie jedoch die Strukturen einer eigenen Wissenschaftswelt errichtet, die sich bis heute von den Standards allgemeiner Wissenschaftlichkeit abschottet. Das aber ist nicht Sinn und Wesen wissenschaftlicher Forschung. Daher gibt es bis heute so gut wie keine evangelikalen Intellektuellen, die in der öffentlichen Debatte neben jüdischen, katholischen, agnostischen, protestantischen und zunehmend auch muslimischen Intellektuellen als ernst zu nehmen wahrgenommen werden. Immerhin ist diese Beobachtung seit Mark Noll selbst Teil eines evangelikalen Diskurses. Verschaffen wir uns einen Überblick über die Bemühungen um eine evangelikale Theologie!

APOLOGETIK

Zentrale Bedeutung für die evangelikale Theologie hat die Verteidigung des Glaubens; das, was man Apologetik nennt. Apologetik heißt: Antworten. Antworten finden auf Fragen, auf Zweifel und immer wieder auf Erfahrungen aller Art. Persönliche Erfahrungen, aber auch die wissenschaftliche Welterfahrung. Welt- und Lebenserfahrungen können zur Stütze des Glaubens werden – oder sie können ihn massiv infrage stellen. Dieser Konflikt hat sich vor allem in der Neuzeit noch einmal drastisch verschärft. Wie passt die persönliche Glaubenserfahrung zum Leid- und Schmerzerleben vieler Menschen oder zu dem, was die Wissenschaften über unsere Welt und ihre Geschichte sagen? Vor allem die Auseinandersetzung mit der Moderne ist ein Schlüsselthema evangelikaler Apologetik. Dabei können wir schematisch folgende Stränge unterscheiden: die biblische, die rationale und die missionarische Apologetik.

BIBLISCHE APOLOGETIK

Die Zuverlässigkeit der Bibel hat für Evangelikale schlechthin überragende Bedeutung. Gemeint ist vor allem der realhistorische Charakter der biblischen Erzählungen. Im Einsatz für diese Überzeugung finden sich unterschiedliche Strategien. Bis heute gibt es apologetische Verteidigungen der Bibel, die vor robusten Behauptungen über die Zuverlässigkeit biblischer Tatsachenberichte nur so strotzen.[166]

Im Unterschied zur geschichtlichen Skepsis der historisch-kritischen Exegese in der Universitätstheologie ist für sie der Tatsachencharakter der biblischen Erzählungen von zentraler Bedeutung. Dazu gehört für viele auch das Festhalten an der traditionell angenommenen Verfasserschaft der Bibelbücher und die Überzeugung, dass es zwischen den Aussagen aller biblischen Bücher keine Widersprüche geben kann.

Warum ist die evangelikale Theologie in der Frage der Tatsächlichkeit geschichtlicher Ereignisse so engagiert?

Es ist für sie eine Frage dessen, was man in der Reformation das *extra nos* (lat.: außerhalb von uns) nannte: Wahrheit können wir nicht selbst herstellen. Entscheidend ist das, was wir nicht machen; was von außen auf uns zukommt. Darum sind sie davon überzeugt, dass biblische Erzählungen nur dann auch für uns heute Bedeutung haben können, wenn diese Ereignisse auch wirklich passiert sind.

Der weltanschauliche Hintergrund dieser Sicht ist modern. Im 18. Jahrhundert geriet der klassische christliche Glaube bzw. die Metaphysik unter Druck. Anfang des 18. Jahrhunderts galten die philosophischen Gottesbeweise noch als vernünftig und überzeugend. Ende des Jahrhunderts hatte sich das deutlich verschoben. Nun galt eher die Einsicht: Gott ist weder zu beweisen – noch zu widerlegen. Die klassische Theologie konnte seit der frühen Christenheit stets so etwas wie ein allgemein anerkanntes Weltbild voraussetzen, in dem die Realität des Göttlichen als gegeben galt. Im 18. Jahrhundert galt eine solche Weltsicht als Metaphysik, die nicht mehr zu überzeugen vermochte. Durch den Wegfall einer allgemeingültigen Metaphysik veränderte sich das Ansehen der Religion. Im allgemeinen Bewusstsein galt sie nun als subjektiv und persönlich. Die moderne Theologie bemühte sich um eine Erneuerung ihres Denkens in Anerkennung dieses Endes der Metaphysik.

Die Evangelikalen (vor allem in den USA) wollten einen solchen Wegfall der vermeintlich objektiven Grundlagen des Glaubens nicht anerkennen. Aber sie blieben auch nicht mehr bei der klassischen Metaphysik stehen. Vielfach schlossen sie sich ab dem 18. Jahrhundert einer neuen Denkweise an. Am stärksten ließen sie sich von der *Common-Sense*-Philosophie von Thomas Reid beeinflussen.

Reid war davon überzeugt, dass wir die Welt so sehen können, wie sie ist. Er behauptete einen weitgehenden erkenntnistheoretischen Realismus: Menschliche Welterkenntnis basiert auf vernünftiger Wahrnehmung ihrer Tatsachen. Im 19. Jahrhundert wurde diese Sicht die Grundlage für evangelikales Verständnis der Bibel.

Charles Hodge formulierte es so:

> Wie die Naturwissenschaften die Tatsachen der Realität und die Gesetze des Seins erforschen, so geht auch die Theologie ganz genauso vor. Sie hält sich an die offensichtlichen Tatsachen und die Gesetzmäßigkeiten, die sich zeigen. Für den Glauben finden wir diese Grundlage im Wort Gottes, der Bibel. Die Bibel ist ein *storehouse of facts* – ein Warenhaus voller Tatsachen.[167]

Glaube ist objektive Anerkenntnis und Zustimmung zu dem, was Gott offenbart. Bis heute leben viele evangelikale Theologen noch von den erkenntnistheoretischen Voraussetzungen der *Common-Sense*-Philosophie des 18. Jahrhunderts, nur dass sie dies, anders als Hodge, nicht mehr wissen. Diese Sicht wurde verstärkt durch den Empirismus und Positivismus des 19. Jahrhunderts: Entscheidend sind eindeutige Fakten und Tatsachen. Bloße Deutungen und Interpretationen bleiben stets subjektiv. In einem Glauben, der objektive Wahrheit beansprucht, muss auf der inhaltlichen Ebene jedes subjektive Moment, soweit es geht, ausgeschlossen sein. Nur wenn es objektive Wahrheit in Form von Fakten und Tatsachen gibt, kann sie auch subjektiv erlebt werden.

Die evangelikale Sehnsucht nach absoluter Wahrheit steht in starker Spannung zur modernen Einsicht der Relativität aller Erkenntnisse.

Von diesen Ansätzen her steht ein großer Teil der evangelikalen Theologie in massiver Spannung zur modernen Einsicht, dass alle unsere Erkenntnisse, ja dass unsere Wahrnehmung und unser Denken immer schon abhängen von unseren Wahrnehmungsmustern (Transzendentalphilosophie und Idealismus), dass alles im geschichtlichen Wandel steht (Hermeneutik) und dass schließlich alles abhängig ist von der Sprache, die wir sprechen (linguistische Wende). Es gibt eine evangelikale Sehnsucht nach absoluter Wahrheit, nach festen Gewissheiten und eindeutigen Erkenntnissen, die in starker Spannung steht zur modernen Einsicht in die Relativität aller unserer Erkenntnisse. Vor allem in der biblischen Theologie wird daher von evangelikalen Exegeten eine Sache erwartet: der Einsatz für die Glaubwürdigkeit der Bibel.

RATIONALE APOLOGETIK

Evangelikale Theologie ist nicht ausschließlich biblisch orientiert. In den letzten Jahrzehnten hat es einen starken Aufschwung apologetischer, nicht selten auch philosophischer Theologie gegeben. Zunehmend bemerkte man, dass der Wahrheitsanspruch des Glaubens nicht nur an der Zuverlässigkeit seiner grundlegenden Berichte hängt. Er wird auch an der inneren Rationalität seines Inhaltes festgemacht.

Ist es vernünftig möglich, von Gott zu reden? Ist es möglich, begründet zu glauben?[168]

Bei den apologetischen Antworten auf diese Fragen lässt sich eine breite Verästelung von Ansätzen beobachten. Idealtypisch möchte ich für die evangelikale Apologetik ein Evidenzparadigma unterscheiden von einem Weltbildparadigma.[169]

Vertreter eines Evidenzparadigmas sind überzeugt davon, dass eine gewissenhafte, vorurteilsfreie Prüfung des christlichen Glaubens zu überzeugenden Gründen für seine Wahrheit führen wird. Vor allem die Wahrheit der Auferstehung hat für diese Frage eine

Schlüsselbedeutung. Viele Evangelikale sind davon überzeugt, dass die Auferweckung Jesu von den Toten nicht nur eine Glaubenssache ist. Die Auferstehung könne intellektuell redlich als Tatsache anerkannt werden, weil es für sie eindeutige Zeugnisse und Belege gibt, mehr als bei den meisten anderen Fakten der Antike.[170]

Einen vergleichbaren Anspruch vertritt man auf vielen Feldern. Moderne Verteidiger des Glaubens wie John Lennox, Timothy Keller oder Ravi Zacharias vertreten klassische Argumente der Apologetik,[171] wie zum Beispiel den Hinweis auf das anthropische Prinzip: Die naturwissenschaftlichen Konstanten dieser Welt sind so beschaffen, dass schon kleine Veränderungen jedes Leben im Universum unmöglich machen würden. Leben ist extrem unwahrscheinlich. Dass wir auf dieser Welt leben können, ist ein letztlich unwahrscheinlicher Zufall. Daher sei es vernunftmäßig sehr viel naheliegender, dass dieses Universum einen rationalen Ursprung (Gott) hat, als dass es das Ergebnis von bloßem Zufall sei. Apologetische Literatur mit solchen Ansätzen erreichte weltweit hohe Auflagen und für viele sind die Argumentationen bis heute einleuchtend.

Zugleich gibt es auch Evangelikale, die die Grenzen solcher Ansätze sehen. Die Argumentationen bauen letztlich immer schon darauf auf, einen plausiblen Gottesbegriff voraussetzen zu können. Vor allem Cornelius Van Til (1895–1987) kritisierte dieses Denken als naiv und entwickelte einen Ansatz, den ich hier als ein Weltbildparadigma bezeichnen möchte.[172] Für Van Til gab es außerhalb des christlichen Glaubens keine begründete Wahrheit. Allein die Offenbarung Gottes sei eine tragfähige weltanschauliche Basis für die Erkenntnis von Gott, Welt und Mensch. Denn man kann die menschliche Selbst- und Welterkenntnis nicht einfach von der Gottesoffenbarung abtrennen. Ohne Einsicht in die Geschöpflichkeit alles Irdischen, ohne Erkenntnis Gottes, ist jede andere Erkenntnis verkürzt. Darum gibt es im strengen Sinne keine wahren Einzelerkenntnisse unabhängig vom richtigen weltanschaulichen Rahmen, in den sie eingebettet sind. Allein das christliche Weltbild gewährleistet, dass auch Einzelerkenntnisse richtig sind.

Francis Schaeffer war einer seiner bedeutendsten Schüler. Auch Schaeffer betonte: Innerhalb eines strikt säkularen Denkens gibt es keine Gründe für Gott. Wenn Gott in einem bestimmten Denkhorizont a priori ausgeschlossen ist, lassen sich in diesem Horizont keine Gründe für Gott formulieren. Christen, die so etwas versuchen, werden immer tiefer verstrickt in die Selbstverständlichkeiten des modernen Denkens. Dem ist gerade im Ansatz zu widerstehen. Alle Wahrheiten des christlichen Glaubens machen nur Sinn im Rahmen eines biblisch-christlichen Weltbildes. Darum müssten Gläubige sich dem modernen Denken insgesamt kritisch gegenüberstellen und aus der Bibel ein christliches Weltbild entwickeln.

Die evangelikale Apologetik vergewissert vielmehr die, die bereits glauben, als die durch Argumente herauszufordern, denen der Glaube fremd ist.

Schaeffer ist ein gutes Beispiel dafür, dass die Gegenüberstellung dieser beiden Ansätze idealtypisch zu verstehen ist. Denn Schaeffer selbst war kein lupenreiner Vertreter einer Weltbild-Apologetik. Er verband diese Sicht mit vielfachen Anknüpfungen an ein evidenzialistisches Schema. Eine wesentliche Aufgabe christlicher Apologetik sah Schaeffer darin, das Scheitern der modernen Gesellschaft plausibel zu machen. Darum kommt es darauf an, die Irrtümer des säkularen Weltbildes insgesamt zu verdeutlichen. Der Materialismus scheitert, weil er außerstande ist, Moral, Gewissen und Freiheit zu denken. Dass der schrankenlose Individualismus der Gegenwart scheitern werde, könne man vor allem an der sexuellen Revolution und ihren schädlichen Auswirkungen erkennen.[173]

Die Bücher der genannten Autoren haben oft eine hohe Millionenauflage. Aber außerhalb der evangelikalen Welt sind sie in der Regel völlig unbekannt. Und das liegt nicht an einem generellen Desinteresse an religiösen Fragen. An diesen gibt es vielmehr seit Jahrzehnten ein sehr hohes gesellschaftliches wie akademisches Interesse. Offensichtlich gelingt es der evangelikalen Apologetik bislang nur höchst eingeschränkt, Teil der allgemeinen Debatte zu werden. Sie ist viel besser darin, diejenigen zu vergewissern, die im Glauben stehen, als diejenigen durch Argumente herauszufordern, denen der Glaube fremd ist.

MISSIONARISCHE APOLOGETIK

Bis heute hat kein Apologet eine solche Reichweite gefunden wie der in Belfast geborene und vor allem in Oxford berühmt gewordene Literaturwissenschaftler C. S. Lewis (1898–1963). Lewis selbst war kein Theologe. Als Universitätsprofessor für englische Literatur und als spät zum Glauben gekommener Mensch hatte er seinen höchst eigenen Zugang zum Christentum. In seiner Autobiografie *Überrascht von Freude* (*Surprised by Joy*, 1955) erzählt Lewis die Geschichte seiner Bekehrung.[174]

»Alle Freude erinnert an etwas.«
C. S. Lewis

Auf seinem Weg zum christlichen Glauben sei es vor allem die Erfahrung tiefer Freude gewesen, die ihn neugierig gemacht habe: Was macht Menschen wirklich glücklich? Warum lässt sich dieses Gefühl so schwer festhalten? Woher kommt es? Lewis erzählt von der Freude, wenn die drückende Schulzeit in die Ferien mündete. Er berichtet auch von der Erleichterung, als er seinen Kinderglauben aufgab, ebenso wie von der Entwicklung genießerischer Freude an weltlichen Vergnügungen. Bei seiner frühen Beschäftigung mit Glaubensfragen macht er anschaulich, dass es immer wieder Momente freudiger Erregung gab, seien es Erlebnisse in der Natur, seien es Erfahrungen mit Märchen und Sagen.[175] Seine Entdeckung der nordischen Mythologie ist ein neuer Abschnitt auf seinem Lebensweg. Lewis schildert sie als eine so intensive Erfahrung, »dass es mir fast das Herz brach, die Erinnerung an die Freude selbst, das Wissen, dass ich einmal etwas besessen hatte, das mir nun schon seit Jahren fehlte, dass ich nun endlich aus meinem Wüstenexil in mein eigenes Land zurückkehrte«[176].

Zunehmend erkennt Lewis die Gefühlswelt als eine besonders interessante Sphäre der menschlichen Seele. Gefühle sind mehr als eine subjektive Reaktion auf etwas Angenehmes. Gefühle sind persönlich, aber sie verweisen auf mehr. »Alle Freude erinnert an etwas.«[177] Das gilt natürlich nicht für jedes emotionale Erlebnis. Lewis unterscheidet zwischen Vergnügungen, die im Rückblick hohl und schal erscheinen, und solchen, die nachhaltig bedeutsam sind, denen er eine gewisse Vorbedeutung zuspricht. Es handelt sich um eine Reihe aus »aufblitzenden Momenten« bzw. »goldenen Sekunden, die sich über Monate der Öde verteilten«.[178]

Mehr und mehr macht Lewis die Beobachtung, dass die Stoffe, die ihn besonders fesseln, eine religiöse, ja vielfach christliche Komponente haben. Die Romane von George MacDonald, die Gespräche mit J. R. R. Tolkien, das essayistische Werk von Keith Chesterton – immer wieder ist es eine christliche Grundlage, aus der heraus sich die Autoren und Denker verstehen, die Lewis auf seinem Weg besonders ansprechen.

Sodann macht Lewis eine bemerkenswerte Entdeckung: Die Erfahrung der Freude lässt sich nicht nur nicht festhalten. Sie lässt sich auch nicht verlässlich reproduzieren, auch dann nicht, wenn er die Beschäftigung mit solchen Themen intensiviert, die vermeintlich Entdeckungsort der Freude sind. Schon im Umgang mit ästhetischen Erregungsquellen entdeckt Lewis: Die Freude »ist ein Nebenprodukt. Allein ihr Vorhandensein setzt voraus, dass man sie nicht selbst begehrt, sondern etwas anderes, Äußeres.«[179] Freude lässt sich nicht einfach haben, sie ist eher ein Begehren als ein Besitzen, eine Sehnsucht, die durch jeden Moment der Erfüllung eher verstärkt denn gestillt wird. Nicht die Freude ist das Wesentliche, sondern das unverfügbare Objekt, das ihr immer neue Nahrung gibt. Die Freude ist der »Hinweis auf etwas anderes«.[180] Das Gefühl ist nicht die Sache selbst, um die es geht. Es verweist auf etwas anderes, mit dem es nicht verwechselt werden darf.

Auf seinem weiteren Weg zum Christentum sind es zunehmend intellektuelle Anregungen, die ihn weitertreiben und ihn schließlich zu einer idealistischen Weltbetrachtung führen. Erst öffnet sich Lewis für einen philosophischen Gottesglauben, bis ihm schließlich die Wahrheit des Christentums gewiss wird. Was er im Umgang mit der Freude gelernt hat, lässt ihn die Struktur des christlichen Gottesbewusstseins plausibel finden. Auch hier geht es um die eine unstillbare Sehnsucht, deren Gegenstand sich nur in selbstloser Hingabe erschließt. Christentum ist nicht einfach die Erfüllung der Sehnsucht nach Freude. Es ist eine umfassende Sichtweise, in der die durch immer neue Erfahrungen der Freude ausgelöste Sehnsucht nach umfassender Erfüllung Sinn macht.

Sein eigener Weg zum Glauben prägt Lewis sein Leben lang. Er ist ein rationaler Mensch, der Gründe und Argumente für die Erkenntnis von Wahrheit sucht. Aber er hat auch erlebt: Der Mensch lebt nicht allein aus rationalen Gründen. Das Tiefste im Leben erschließt sich nur in ahnungsvollen Gefühlen. Auch die Wahrheitserkenntnis des Christentums ist ohne diese Gefühlsseite unvollkommen. Als Apologet ist Lewis ohne diese Seite seines Lebensweges nicht zu verstehen. Es gibt eine Reihe von Büchern, in denen Lewis vernünftige Argumente für die Wahrheit des Christentums vorträgt oder entwickelt. Sein Gesamtwerk ist zugleich geprägt von einer immer stärkeren imaginativen, erfahrungsgesättigten Plausibilisierung des christlichen Glaubens im Medium von Romanen und Geschichten. Vor allem in seinen sieben Narnia-Romanen, in einer dreibändigen Science-Fiction-Romanserie und schließlich in seinem Roman *Till we have Faces* (*Du selbst bist die Antwort*, 1956) entwickelt er seine wirkmächtigste Werbung für den christlichen Glauben.

**Vernünftiges Denken allein bleibt leer,
religiöse Gefühlswelten unscharf.
Eine Weltsicht, die beides gleichermaßen
durchdringt, ist sehr wirkungsvoll.**

Vernünftige Gründe und einleuchtende Imagination gehören zusammen. Vernünftiges Denken allein bleibt leer, religiöse Gefühlswelten unscharf. Bei Lewis lässt sich an dieser Stelle etwas Wesentliches lernen, das weit über die evangelikale Bewegung hinaus von Interesse sein könnte: Die klassische Gegensatzbildung von objektiver Erkenntnis und subjektivem Gefühl ist verkürzt. Die Wechselwirkungen rationaler und emotionaler Weltzugänge sind zu komplex für einfache Über- und Unterordnungen. Nichts ist so wirkungsvoll wie eine Weltsicht, die Denken und Fühlen gleichermaßen durchdringt.

KAMPF UM DEN WAHREN GLAUBEN

Evangelikale Theologie ist nicht nur Apologetik; sie begegnet uns auch als Schultheologie, als Rüstzeug, das weltweit in Bibelschulen, theologischen Seminaren und evangelikalen Hochschulen vermittelt wird. Theologische Auseinandersetzungen gehören zum Evangelikalismus dazu. Im 18. Jahrhundert stritt man sich um den Gegensatz in der Gnadenlehre, um die Bedeutung der Kirche oder das Verständnis der Bibel. Lehre, Bekenntnis etc. sind seit altkirchlicher Zeit Ausdruck eines kirchlichen Selbstverständnisses. Die evangelikale Bewegung hat keinerlei kirchliche Struktur. Sie setzt letztlich voraus, dass Lehre und Kirchenverfassung immer schon (beispielsweise in den altkirchlichen und reformatorischen Bekenntnissen) gegeben sind.

Aber wie geht sie mit heutigen Herausforderungen um? Als breite Bewegung kann sie theologische Fragen letztlich nicht verbindlich klären. Dafür hat sie weder die Strukturen noch die Durchsetzungsmöglichkeit. Gerade weil Evangelikale keine organisatorische Struktur besitzen, die verbindliche Entscheidungen treffen kann, ist das Ringen um die richtige Theologie bisweilen so verbissen. Und dieser Umstand sorgt auch dafür, dass Theologie nicht zu einer Angelegenheit von Experten wird.

NEOCALVINISMUS

Die dominante Strömung evangelikaler Theologie wird heute vielfach als »neocalvinistisch« bezeichnet. Vor allem in den letzten 30 Jahren kann man an dieser Stelle von einem breiten Trend sprechen. Colin Hansen sprach Anfang des 21. Jahrhunderts von einer Bewegung »young, restless reformed«. Diese Bewegung hat eine lange Vorgeschichte.[181]

In der Reformationsgeschichte werden verschiedene Strömungen unterschieden. In Deutschland und in Skandinavien setzte sich überwiegend eine lutherische Konfessionsbildung durch. Andere Protestanten in der Schweiz, Frankreich, den Niederlanden und Schottland sammeln sich zu reformierten Kirchen. Durch Auswanderung und Missionstätigkeit fand auch das Luthertum weltweite Verbreitung. Langfristig aber hat sich der reformierte Strang weltweit stärker ausgebreitet.

Die amerikanische Entwicklung muss man von der europäischen unterscheiden. Reformierte Kirchen Europas haben eine große theologische Vielfalt entwickelt, geprägt von so unterschiedlichen Theologen wie Friedrich Schleiermacher und Karl Barth, Emil Brunner und Jürgen Moltmann. Die US-Reformierten gingen einen eigenen Weg. Die Puritaner waren reformiert. Zu Beginn des *Great Awakening* erlebte reformierte Theologie einen einsamen Höhepunkt bei Jonathan Edwards. Im *Second Great Awakening* spielte reformatorische Theologie keine so große Rolle. Wesleyanische Ansätze und pragmatische Strömungen wie bei Charles Finney dominierten. Ende des 19. Jahrhunderts gab es an unterschiedlichen Orten neocalvinistische Lehrbildung (Hodge und Warfield). Bedeutsam für die USA wurden auch konservative Sonderentwicklungen in den Niederlanden. Abraham Kuyper und Herman Bavinck sind unter US-Evangelikalen sehr viel bekannter als beim Mainstream der europäischen Reformierten. Im letzten Drittel des 20. Jahrhunderts erleben diese Ansätze eine abermalige Renaissance.

Der Evangelikalismus nach dem Zweiten Weltkrieg hat wenig intellektuelle Tradition vorzuweisen. Waren die Evangelikalen viele Jahrzehnte geprägt von erfahrungsintensiven und pragmatischen Strömungen mit geringem Interesse an lehrmäßiger Vertiefung, so ändert sich dies Ende des 20. Jahrhunderts. Auf breiter Front kam es zu einer Wiederentdeckung reformierter Theologie. In Anknüpfung an das reformierte Erbe und in strikter Distanz zu Kultur und Wissenschaft der Moderne entsteht eine neue bekenntnisgeprägte

Form der Theologie. Vor allem die *Southern Baptists Convention* und ihr *Conservative Resurgence* ist stark davon beeinflusst, ebenso die *Evangelical Theological Society*.

Parallel zur Emotionalisierung der evangelikalen Bewegung zeigt sich eine Sehnsucht nach kognitiver Klarheit und Eindeutigkeit.

In gewisser Hinsicht ist dies eine Gegenbewegung zur breiten Charismatisierung der evangelikalen Szene. Es gibt eine solche Emotionalisierung der evangelikalen Bewegung, doch zugleich zeigt sich eine stark gewachsene Sehnsucht nach kognitiver Klarheit und Eindeutigkeit. Man geht von einer rein deduktiven Logik aus: Weil Gott die Wahrheit ist, kann er nur Wahrheit reden. Wenn Gott in der Bibel redet, muss jede Aussage absolut wahr sein. Da Gott Ursprung aller Wahrheit ist, kann es keinen Widerspruch zwischen Welterfahrung und Gottesoffenbarung geben. Wenn es Widersprüche gibt, kann dies nur an der unvollkommenen Erkenntnis von Menschen liegen.

Die digitale Revolution der letzten Jahrzehnte hat zu einer Homogenisierung evangelikaler Theologie beigetragen. Denn niemand nutzte die neuen Vernetzungsmöglichkeiten so intensiv wie die Neocalvinisten. Das bedeutendste Format war die Internet-Plattform *The Gospel Coalition*. Die drei Gründer John Carson, John Piper und Timothy Keller repräsentieren bis heute die maßgeblichen Stränge dieser Bewegung: konservative Bibeltheologie, kämpferisch-reformierte Theologie und apologetisch-gemeindeorientierte Verantwortung der christlichen Lehre mit rationalem wie biblischem Anspruch.

EVANGELIKALE PLURALITÄT UND POLARISIERUNG

Für die evangelikale theologische Szene hatte dieser Aufschwung des Neocalvinismus stark polarisierende Konsequenzen. Im US-Evangelikalismus kam es zu einem starken Trend, konservativen Calvinismus mit der biblischen Wahrheit und dem Evangelikalismus insgesamt gleichzusetzen.

Zum traditionellen Evangelikalismus gehört auch klassisch täuferische bzw. mennonitische Theologie. Diese Theologien teilen in der Regel eine starke Selbstdistanzierung von der Mehrheitskultur einer Gesellschaft und eine starke ethische Orientierung. Einer der bedeutendsten Theologen war John Howard Yoder. Sein klassisch gewordenes Werk *The Politics of Jesus* (1972) entfaltete eine Vision von Nachfolge Jesu, die ganz einem christlichen Pazifismus verbunden ist. Anders als die calvinistische Theologie identifiziert sich Yoder nicht in erster Linie mit dem Ordnungsauftrag der Staatsmacht. Vielmehr schließt er sich an die staats- und militärkritischen Ansätze an, die es seit frühchristlicher Zeit gibt.

Zum Evangelikalismus gehört auch pentekostale Theologie, ebenso wie lutherische und anglikanische Theologien mit evangelikaler Prägung. Eine Reihe von Evangelikalen hat sich an europäischen Ansätzen von Barth und Bonhoeffer orientiert. Zum Evangelikalismus in den USA gehören schließlich auch Strömungen, die sich auf die pietistischen Wurzeln der Bewegung berufen. In Auseinandersetzung mit dem neuen Calvinismus betonten Theologen wie Roger Olson, dass die evangelikale Theologie nicht eng geführt werden dürfe auf die calvinistische Doktrin der absoluten Allmacht Gottes. Seit den Anfängen der evangelikalen Bewegung gibt es nicht nur das klassisch reformatorische Erbe mit seiner wuchtigen Betonung der Allwirksamkeit Gottes. Im Anschluss an Wesley und den Methodismus wurden auch die Verantwortung des Menschen, seine Freiheit vor und gegenüber Gott betont. Vor allem der Reformansatz des offenen Theismus ist von einer solchen Denkweise stark geprägt.

Um das Jahr 2000 herum gab es innerhalb der evangelikalen Theologie der USA zu diesem Ansatz heftige Auseinandersetzungen. Einige Theologen hatten gefragt, ob man die klassischen Eigenschaften Gottes wie seine Allmacht und sein Allwissen zwar nicht aufheben, aber doch neu interpretieren müsse, sodass das freie Handeln des Menschen unabhängig von jeder göttlichen Vorherbestimmung stärker denkmöglich würde; und auch so, dass die biblische Rede beispielsweise von der Reue Gottes stärker berücksichtigt werde. Dieser aus dem methodistischen Flügel des Evangelikalismus erwachsene Ansatz des offenen Theismus wurde von den führenden Neocalvinisten erbittert bekämpft. Seine Hauptvertreter werden von ihren Hochschulen, Kirchen und aus evangelikalen Verbänden ausgeschlossen.[182]

Für die evangelikale Theologie der Gegenwart ist das eine Schlüsselfrage: Werden die Evangelikalen lernen, ihre geschichtlich gewachsene Vielfalt in theologischen Ansätzen zu akzeptieren? Oder wird sich die neuere Sehnsucht nach Eindeutigkeit und Klarheit des gemeinsamen Bekennens in möglichst vielen Fragen durchsetzen?

INTEGRATION

Anlässlich des 100. Geburtstages von John Stott betonte der deutsche Generalsekretär der *Weltweiten Evangelischen Allianz* Thomas Schirrmacher, dass dieser britische Theologe nach wie vor als bedeutendstes Vorbild der evangelikalen Theologie insgesamt gelten muss.[183] Stott schrieb so gut wie keine wissenschaftlichen Abhandlungen im engeren Sinne. Aber man merkt seinen Texten an, dass er sich ständig mit der wissenschaftlichen Theologie seiner Zeit beschäftigte.

Stott praktizierte eine evangelikale Form dessen, was man heute oft als »öffentliche Theologie« bezeichnet. Seine Kommentare, seine dogmatischen und ethischen Abhandlungen sind stets gründliche Ausarbeitungen, die das Maß des Gelegenheitsinteresses weit übersteigen, aber für Pastoren und hoch engagierte Laien verständlich sind. Mit seinem Buch *Basic Christianity* von 1958 hat er eine klassische Einführung in den christlichen Glauben verfasst, die weltweit Millionen Male verkauft wurde.[184]

»*Double Listening*, das Hören auf Gottes Wort und auf unsere Zeit, bedeutet: Wir verkünden ein Evangelium, das sowohl wahr ist als auch neu.«

John Stott

In seinem Buch *The Temporary Christian*[185] hat er seinen Anspruch an gute Theologie formuliert. Theologie besteht in der Kunst eines zweifachen Hörens, des *Double Listening*. Theologie lebt davon, dass sie auf die historischen Grundlagen des christlichen Glaubens hört. In den biblischen Texten begegnet uns die Offenbarung Gottes. Den Grund ihres Glaubens können Gläubige nicht selbst herstellen. Glaube ist immer auf ein solches erstes Wort verwiesen, hinter das es kein Zurück gibt. Aber das Hören auf die Schrift und die Tradition ist nicht genug. Die Theologie muss auch auf ihre eigene Zeit hören. Sie kann nicht einfach wiederholen, was gesagt worden ist; das ist die Aufgabe der Lesungen im Gottesdienst. Vielmehr ist es von Beginn an die Herausforderung, den Glauben mit eigenen Worten und Gedanken zu formulieren, angesichts der Herausforderungen seiner eigenen Zeit. Nur im jeweils eigenen Kontext gibt es echten Glauben.

Der eigene Standpunkt darf nicht zu einer unhinterfragbaren Ideologie verkommen.

Für John Stott wurde diese Bereitschaft zu hören immer wichtiger. Hören heißt dabei: die Herausforderung der eigenen Zeit verstehen. Neue gesellschaftliche Entwicklungen müssen erst einmal verstanden werden, bevor man an eine theologische Einordnung denken kann. Und weiter: Das Hören auf die eigene Zeit kann nur glaubhaft sein, wenn es im permanenten Dialog geschieht mit anderen, die ebenfalls hinsehen und hinhören wollen. Sosehr Stott einer Verabsolutierung eines weltanschaulichen Dialogs im Sinne eines Verzichts auf einen eigenen Standpunkt widersprach, so sehr sah er im Dialog mit unterschiedlichen Positionen die Bedingung dafür, dass der eigene Standpunkt nicht zu einer unhinterfragbaren Ideologie verkommt. Nur wenn beide Aufgaben gleichermaßen ernst genommen werden, ist es wirklich Theologie.

Die dialogfähige Theologie John Stotts hat ein wirksames Vorbild hinterlassen. Von ihrer ganzen Geschichte her kann evangelikale Theologie nicht anders eingestellt sein, als das biblische Gottes- und Christuszeugnis und zugleich die gegenwärtige Gottes- und Welterfahrung aufeinander zu beziehen. Dabei ist es die große Kunst, in beide Richtungen immer wieder neu zu hören; und sich dabei weder die biblischen Texte nach den Maßstäben vermeintlich eindeutiger traditioneller Glaubensauffassungen zurechtzulegen; noch im Blick auf die gegenwärtige Erfahrungswelt sich dieser nur selektiv zuzuwenden.

Es gibt heute in allen Fachbereichen evangelikale Theologen, die auch außerhalb der eigenen Szene Anerkennung finden, wie die britischen Neutestamentler Anthony Thiselton und N. T. Wright, die

Kirchenhistoriker George M. Marsden und Mark Noll, der systematische Theologe Kevin Vanhoozer, der Religionsphilosoph Alvin Plantinga[186] oder der Alttestamentler John H. Walton. Diese und einige andere stehen im offenen Austausch mit der wissenschaftlichen Theologie der Gegenwart weit über die Grenzen der evangelikalen Welt hinaus. Dass sie damit die Mehrheit der evangelikalen Theologietreibenden repräsentieren, kann man leider nicht behaupten.

EVANGELIKALE THEOLOGIE IN DEUTSCHLAND

Gibt es so etwas wie eine evangelikale Theologie in Deutschland? Die Unterschiede zur amerikanischen Situation sind enorm. Die kirchliche Landschaft in Deutschland wird geprägt von den »beiden großen Kirchen«. Fast einzigartig in der Welt ist die Konstruktion, dass die Ausbildung der Pfarrerschaft so gut wie vollständig von staatlichen Universitäten finanziert und betrieben wird. Bis heute gibt es theologische Fakultäten an den größten und wichtigsten Universitäten des Landes. Hinzu kommt: Religionsunterricht ist in Deutschland ein ordentliches Lehrfach in allen Schulstufen. Es gibt Tausende promovierte Theologinnen und Theologen und Zehntausende, die Theologie studiert haben. Diese weltweit einzigartige Konstellation prägt natürlich die deutsche Situation.

Interessanterweise sind die Zahlen an der Basis gar nicht so weit voneinander entfernt. An Bibelschulen und freien Hochschulen studieren inzwischen deutlich mehr Menschen Theologie als im klassischen Pfarramtsstudium an den Universitäten. Es gibt mittlerweile auch tausende von Evangelikalen, die einen theologischen Abschluss in irgendeiner Form erworben haben. Wer sich jedoch in den Veröffentlichungen universitärer Theologie auf die Suche nach einer Auseinandersetzung mit evangelikaler Theologie macht, wird so gut wie nichts finden. Gibt es nichts? Zumindest nichts, was dem wissenschaftlichen Selbstverständnis deutschsprachiger Universitätstheologie als beachtenswert erscheint. In globaler Perspektive ist diese Ignoranz schon längst nicht mehr angemessen.

In Deutschland ist evangelikale Theologie kein monolithischer Block. Drei gut erkennbare Strömungen möchte ich an dieser Stelle unterscheiden: konservativ-reformatorische Theologie, pietistische Theologie und freikirchliche Theologie.[187]

KONSERVATIV-REFORMATORISCHE THEOLOGIE

In der Frühzeit der evangelikalen Bewegung hatten Evangelikale in Deutschland keine eigene Theologie. In den großen Auseinandersetzungen mit den Fragen der Zeit waren es sehr weitgehend Theologen mit einer konservativ-reformatorischen Prägung, die zur Stimme des Evangelikalismus wurden. Das galt in erster Linie für den Theologischen Konvent Bekennender Gemeinschaften. Hier versammelten sich eine Reihe von konservativen Universitätstheologen und verantwortlich Leitenden in evangelikalen Werken.

Peter Beyerhaus (1929–2020) war einer der führenden Missionswissenschaftler seiner Zeit. Die von ihm verfasste *Frankfurter Erklärung zur Grundlagenkrise der Mission* (1970) wurde weltweit wahrgenommen. Jahrzehntelang galt Beyerhaus als einer der wichtigsten konservativen Theologen in der weltweiten evangelikalen Bewegung.

Walter Künneth (1901–1997) war einer der Mitbegründer des jungreformatorischen Aufbruchs im Dritten Reich. Nach dem Zweiten Weltkrieg wurde sein konservativer Ansatz im Raum der Universitätstheologie zunehmend randständig. Aber an der Gemeindebasis und in erwecklichen Werken und Konferenzen fand er viel Aufmerksamkeit. Mit seiner neulutherischen Betonung einer Zwei-Reiche-Lehre und einer bekenntnisstarken Theologie der Tatsachen vertrat er den lutherisch-konfessionalistischen Flügel der Evangelikalen der 1960er- und 1970er-Jahre.

Beyerhaus stand schon immer für eine ökumenisch gesprächsfähige Theologie. Kein Geringerer als der spätere Papst Joseph Ratzinger (Benedikt XVI.) war seit gemeinsamer Zeit in Tübingen mit ihm im freundschaftlichen Kontakt. Diese Verbindung wurde auch in der nächsten Generation weiter gepflegt. Zunehmend wurde der Schulterschluss gesucht mit katholischen und orthodoxen Theologen. Die Salzburger Erklärung von 2013 darf als bedeutendster Text der jüngeren Zeit gelten.[188] Verfasst wurde sie maßgeblich von Peter Beyerhaus' Schüler Werner Neuer, einem ausgewiesenen Forscher zu Adolf Schlatter. Der Text wurde von namhaften Vertretern einer konservativen Ökumene unterzeichnet, unter anderem vom Kölner Kardinal Meisner, von den immer noch amtierenden katholischen Bischöfen Rudolf Voderholzer (Regensburg) und Gregor Maria Hanke (Eichstätt), aber auch von einer Reihe von protestantischen Altbischöfen wie Gerhard Maier (Württemberg) und Ulrich Wilckens (Nordelbien).

Nach Walther Künneth wurde vonseiten lutherisch konfessioneller Theologie vor allem der Erlanger Dogmatiker Reinhard Slenczka unter evangelikalen Theologen sehr einflussreich. Mit seiner dezidiert lutherischen Theologie prägte er viele junge konservative Theologen, von denen etliche bei ihm promovierten und inzwischen an evangelikalen Ausbildungsstätten lehren bzw. in bekenntnis-evangelikalen Netzwerken mitwirken.

Schon in den 1970er-Jahren zeigte sich immer deutlicher, dass das Orientierungsangebot des Theologischen Konvents Bekennender Gemeinschaften innerhalb der sich formierenden evangelikalen Bewegung zunehmend an Akzeptanz verlor. Auf dem Lausanner Kongress selbst ging von John Stott der Impuls aus, in Deutschland einen eigenen *Arbeitskreis für evangelikale Theologie* (AfeT) zu gründen, was 1977 geschah. Seit 1987 erscheint ein Jahrbuch evangelikale Theologie, das seit 2017 den Titel *Biblische erneuerte Theologie – Jahrbuch für theologische Studien* trägt. Inzwischen sind viele wissenschaftliche Monografien mit dezidiert evangelikalem Anspruch erschienen. Das Spektrum ist seither aber deutlich breiter geworden; neben die konservativ-reformatorische Theologie treten pietistische und freikirchliche Ansätze.

PIETISTISCHE THEOLOGIE

Der landeskirchliche Pietismus existiert heute in der Gemeinschaftsbewegung des Gnadauer Verbandes, aber auch in vielen Gemeinden der Landeskirchen, mit starken Schwerpunkten in Württemberg und Sachsen.

Auch der Pietismus orientiert sich an der Reformation. Er legt größeren Wert auf die Glaubenserfahrung des Einzelnen, die missionarische Praxis, eine Haltung der liebenden Toleranz und das Leben in Gemeinschaft. Das zeigt sich auch in seiner Theologie: Im Vergleich mit dem konservativ-reformatorischen Denken ist sie weniger abgrenzend und dogmatisch, sondern stärker praktisch und verbindend orientiert. Die Ausbildungsstätten der Gemeinschaftsbewegung wie die Evangelistenschule Johanneum, das Brüderhaus Tabor, das Missionsseminar Unterweissach oder das Seminar der Liebenzeller Mission boten eine sehr praktisch orientierte theologische Ausbildung an, ohne damit einen wissenschaftlichen Anspruch für das Studium oder die eigene Lehre zu verbinden. Je länger, je mehr wurde der Mangel an theologischer Kompetenz als unzureichend empfunden; zumal gerade die Missionsgesellschaften vor der Herausforderung standen, dass viele Missionsländer akademische Abschlüsse für die Erteilung von Arbeitserlaubnissen verlangten.

Zunehmend kam es in den 1970er- und 1980er-Jahren zu einer Akademisierung einiger Ausbildungsstätten. Eine Zeit lang war das Konsortium der drei Ausbildungsstätten Chrischona, Liebenzell und

Tabor in Marburg (CTL) ein einflussreicher Verbund pietistischer Hochschultheologie, bis die unterschiedlichen Anerkennungsmöglichkeiten in den jeweiligen Bundesländern bzw. in der Schweiz zu einer Beendigung der Kooperation und einer eigenständigen Fortsetzung der Ausbildung auf Hochschulniveau führten. Bis heute ist an diesen Ausbildungsstätten die Orientierung an klassisch pietistischer Theologie maßgeblich, wie sie im 20. Jahrhundert vor allem von Adolf Schlatter und auch Karl Heim repräsentiert wurde.

Bis heute werden pietistische Theologen studiert und mit ihren Impulsen ins Gespräch gebracht.

Ein weiterer wesentlicher Repräsentant einer solchen theologischen Ausrichtung ist die vom Pfarrerinnen- und Pfarrergebetsbund (ehemals Pfarrer Gebetsbruderschaft) herausgegebene Zeitschrift *Theologische Beiträge*. Der Titel der Zeitschrift ist dabei programmatisch. Es ging der Gründungsgeneration nicht um einen Bruch mit der theologischen Wissenschaft insgesamt, sondern um den Selbstanspruch, auf dem Niveau der heutigen theologischen Herausforderungen aus der pietistischen Perspektive Beiträge zum Gespräch zu formulieren. Zu einem solchen Programm gehört die Pflege der eigenen Tradition: Bis heute werden pietistische Theologen wie Johann Georg Hamann und Johann Tobias Beck, Adolf Schlatter und Karl Heim studiert und mit ihren Impulsen ins Gespräch gebracht. Will man dem Anspruch dieser Klassiker gerecht werden, so ist ihr Weg natürlich im Kontext heutiger Debatten fortzuführen. Das gilt für eine wissenschaftlich-historische Exegese genauso wie für eine praktische Theologie, die sich der Entwicklung missionarischer Gemeinden verpflichtet weiß.

Sowohl die Ausbildungsstätten pietistischer Werke wie der innerkirchliche Pietismus und die Zeitschrift *Theologische Beiträge* haben vielfältige Berührungspunkte mit dem 2006 in Greifswald gegründeten Institut zur Erforschung von Evangelisation und Gemeindeentwicklung. Unter Leitung von Prof. Dr. Michael Herbst wurden in Greifswald eine Fülle wissenschaftlicher Veröffentlichungen, empirischer Forschung und öffentlicher Vermittlung missionarischer Impulse erarbeitet. Seit vielen Jahren ist Herbst auch einer der Hauptreferenten der seit 1996 durchgeführten Willow-Creek-Leitungskongresse, auf denen regelmäßig mehr als zehntausend Multiplikatoren aktuelle Impulse zur missionarischen Gemeindeentwicklung in der Gegenwart erhalten.

FREIKIRCHLICHE THEOLOGIE

Auch die großen Freikirchen in Deutschland – die Baptisten, die Methodisten und der *Bund Freier evangelischer Gemeinden* – haben ihre Ausbildungsstätten in Elstal, Ewersbach und Reutlingen zu Hochschulen entwickelt. Eine Sonderrolle spielt die *Freie Theologische Hochschule Gießen*, die keiner Kirche und entsprechend keiner historisch gewachsenen und verbindlichen Bekenntnistradition verpflichtet ist, sondern für einen breiten Markt weitgehend freikirchliche Arbeitsfelder ausbildet. In Deutschland gibt es bislang kaum vergleichbare Entwicklungen zu einer wissenschaftlichen Theologie aus pentekostaler Perspektive. Bislang hat der BFP darauf verzichtet, für seine Ausbildungsstätte *Theologisches Seminar Erzhausen* (früher: *Theologisches Seminar Beröa*) die Anerkennung als Hochschule anzustreben.

Freikirchliche Theologie ist heute durch immer größere Vielfalt gekennzeichnet. Vor allem bei den Freikirchen innerhalb der *Vereinigung evangelischer Freikirchen* (VeF) lässt sich ein produktiver Austausch mit der Universitätstheologie und den Kirchen der Ökumene insgesamt beobachten.

Freikirchliche Theologie verbindet nicht selten eine Rückbesinnung auf die reformatorischen Wurzeln der eigenen Theologie mit den besonderen Merkmalen der Traditionsbildung und der heutigen Sozialform moderner Freikirchen. Insbesondere die Methodisten und die Baptisten stehen deutlich im internationalen Kontext ihrer jeweiligen Kirchenfamilien, die ihrerseits stark (wie die Methodisten) bzw. zunehmend (wie die Baptisten) durch den innerökumenischen Austausch mit anderen Kirchen geprägt sind. Insofern wäre es falsch, Freikirchen in Deutschland pauschal als evangelikal zu bezeichnen. Vor allem von den fundamentalistischen Anteilen der evangelikalen Bewegung distanziert man sich in diesen Freikirchen inzwischen mit großer Mehrheit sehr grundsätzlich.

Der in den USA starke Aufschwung eines theologischen Neocalvinismus macht sich inzwischen auch in Deutschland bemerkbar. Schon im Jahr 2000 wurde die *Akademie für Reformatorische Theologie* (ART) gegründet. Diese Neugründung richtete sich nicht nur ausdrücklich gegen den inklusiven Kurs der Evangelischen Allianz in Deutschland. Auch die *Freie Theologische Akademie in Gießen* galt den Gründern nicht mehr als bibeltreu genug, sodass sich gleich zwei langjährige FTA-Dozenten (Bernhard Kaiser und Jürgen-Burkhard Klautke) in den Dienst der neuen Ausbildungsstätte stellten (bald ergänzt durch Wolfgang Nestvogel). Als solche war die Akademie nur sehr begrenzt erfolgreich und wies eine hohe Fluktuation von Dozenten und Studierenden auf. Bald wurde deutlich, dass die Vielfalt und Andersartigkeit deutscher theologischer Strömungen (Luthertum, Brüderbewegung und Neocalvinismus) sich nicht so leicht unter dem Label »reformatorisch« vereinheitlichen lassen. Vor allem im Bereich ganz unabhängiger Gemeinden und teilweise am konservativen Rand der etablierten Freikirchen sind aber solche radikalen Absetzungen von der vermittelnden Linie der Evangelischen Allianz einflussreich.

Inzwischen ist das Netzwerk *Evangelium21* die sichtbarste Gestalt eines neocalvinistischen Aufbruchs, das viele Parallelen zur amerikanischen Plattform *The Gospel Coalition* aufweist. Jedes Jahr finden in Deutschland theologische Tagungen mit einflussreichen Theologen calvinistisch-evangelikaler Prägung statt. Auch die im Kontext des *Bundes Freier evangelischer Gemeinden* gegründete *Initiative Bibel und Evangelium* lässt sich diesem Spektrum zuordnen.[189] Die Berufung auf die Reformation hat in der evangelikalen Theologie einen mehrdeutigen Charakter. Teilweise setzen solche Theologen die konfessionalistische Tradition des 19. Jahrhunderts fort und stehen mit ihrem Streben nach Bekenntniseindeutigkeit in Spannung zum ökumenischen Ansatz der Evangelischen Allianz. Teilweise gelingt es reformatorisch orientierten Theologen im evangelikalen Kontext aber auch, sich stärker an der ökumenischen Entwicklung der Theologie zu orientieren, sei es in lutherischer Tradition wie zum Beispiel Michael Herbst oder Peter Zimmerling, sei es in reformierter Tradition wie Thomas Schirrmacher.

WIE SIEHT DIE ZUKUNFT DER EVANGELIKALEN THEOLOGIE IN DEUTSCHLAND AUS?

Insgesamt sehe ich drei Herausforderungen: ein Anerkennungsproblem, zunehmenden Pluralitätsstress und ein Verbindlichkeitsparadox.

Bei einem Vortrag zum vierzigsten Jubiläum des *Arbeitskreises für evangelikale Theologie* stellte der aktuelle Vorsitzende Christoph Raedel nüchtern fest, dass es trotz aller Anstrengungen bislang noch nicht dazu gekommen ist, dass evangelikale Theologie in Deutschland angemessene Wahrnehmung oder Anerkennung gefunden hat.[190] Vor allem die universitäre Theologie scheint das Phänomen komplett ignorieren zu wollen. Raedel spricht von einer regelrechten

»Ekelschranke«[191], die jedes Ernstnehmen evangelikaler Ansätze zu verbieten scheint. Er beobachtet zu Recht eine zunehmende Binnenpluralisierung auch der evangelikalen Theologie. Landeskirchliche und freikirchliche Traditionen, baptistische und pietistische Theologien hätten immer schon für ein solches Binnenspektrum gestanden. Hinzu kommen nun aber unterschiedliche Reaktionen auf den Wandel der Zeit, der Herausforderung einer Welt, die teils moderner, teils postmoderner Logik folgt.

»Es gibt offensichtlich so etwas wie eine Ekelschranke zwischen universitärer und evangelikaler Theologie. Auf beiden Seiten gibt es Entfremdungsprozesse und Berührungsängste.«
Christoph Raedel

Innerhalb der evangelikalen Bewegung spricht Raedel von einem »Bedeutungsverlust der Theologie«[192]. Im deutschen Sprachraum gibt es lagerübergreifend einbrechende Verkaufszahlen theologischer Bücher. Dieser Trend betrifft auch evangelikale Theologie. Auch hier gibt es immer weniger Menschen aus der Gemeindeleitung oder Laien, die sich für die Erkenntnisse der eigenen Theologie interessieren.

Letzteres ist besonders bedenkenswert. Es gehört zum Wesen evangelikaler Frömmigkeit, den persönlichen Glauben und das eigene Bekenntnis zu Gott zu betonen. Darum sind Bekenntnis und Theologie keine Angelegenheiten, die man Experten überlassen kann. Evangelikale Theologie war geschichtlich gesehen stets Lehre für die

Gemeinde, geistige Orientierung potenziell für alle Gläubigen. In den historisch-protestantischen Kirchen kann man von einer fast abgeschlossenen Entwicklung sprechen, dass die wissenschaftliche Theologie und der Glaube der normalen Christen so gut wie keine Berührungspunkte mehr haben. Persönliche Frömmigkeit und universitäre Reflexion des Glaubens gehören zu völlig unterschiedlichen Sphären.

Eine solche Entwicklung wollen Evangelikale nach Möglichkeit verhindern. Bis heute gibt es weltweit evangelikale Theologen, die ein breites Publikum weit über die eigene Profession hinaus ansprechen wollen und das auch schaffen. Der britische Theologe N. T. Wright ist dafür das beste Beispiel. Aber der Anspruch, eine Theologie für alle zu betreiben, steht auch in der evangelikalen Bewegung auf der Kippe. Auch hier gibt es zunehmend wissenschaftliche Theologie, die auf sehr geringe Nachfrage außerhalb des akademischen Umfeldes trifft. Und es gibt vollmundig vorgetragene vermeintlich »wirklich bibeltreue« Theologie mit starker Resonanz in Gemeinden, die aber nicht als theologisch seriöser Umgang mit gegenwärtigen Herausforderungen anerkannt werden kann.

Wie gesehen gibt es auch in Deutschland evangelikale Theologie nicht im Singular. Und das bereitet ihr zunehmend Pluralitätsstress. Diese Vielfalt ließ sich da ertragen, wo allen eine gemeinsame Abgrenzung gegenüber der liberalen Universitätstheologie einleuchtete. In den Anfängen wurde der Arbeitskreis evangelikale Theologie stark zusammengehalten von der gemeinsamen Ausgrenzungserfahrung im Raum universitärer Theologie. Bis heute kann man diese Erfahrung machen. Faktisch aber gibt es inzwischen zunehmend Spannungen zwischen Ansätzen, die für einen produktiven Austausch mit der wissenschaftlichen Theologie offen sind, und solchen Positionen, die sich als radikaler Gegenentwurf zu allen Erscheinungen der Universitätstheologie verstehen. Mit dieser inneren Vielfalt hat evangelikale Theologie in Deutschland noch nicht wirklich leben gelernt.

In Deutschland lässt sich (wie zuvor im großen Stil in den USA) ein paradoxer Umgang beobachten. Auf der einen Seite lehnen viele evangelikale Theologen es grundsätzlich ab, Positionen der eigenen Kirche zu akzeptieren, die vermeintlich nicht bibeltreu sind. Gleichzeitig setzt man sich, wo immer dies möglich ist, für die Durchsetzung absolut verbindlicher Lehrpositionen in der evangelikalen Bewegung ein.

Faktisch aber sind die evangelikalen Netzwerke so konzipiert, dass sie so etwas wie ein verbindliches Lehramt überhaupt nicht kennen. Es ist schwer nachvollziehbar, dass sich Menschen in ihren eigenen Kirchen und Verbänden jeder konstruktiven Einordnung in die bestehende Verbindlichkeitsstruktur verweigern, gleichzeitig aber in einer unverbindlichen Netzwerkstruktur wie der evangelikalen Bewegung eine stärkere Verbindlichkeitskultur einfordern. Dieses Verbindlichkeitsparadox führt dazu, dass man sich bei theologischen Fragen immer wieder im Kreis dreht, weil eine Lösung durch die Verweigerung wirklich verbindlicher Strukturen gar nicht möglich ist.

– – –

Alles in allem lässt sich gegenwärtig eine ambivalente Entwicklung beobachten: Auf der einen Seite wird die theologische Ausbildung in der evangelikalen Welt immer akademischer. Auf der anderen Seite zeigt sich nach wie vor starkes internes Unbehagen gegenüber dieser Entwicklung, bis hin zur radikalen Ablehnung jeder Theologie, die man als wissenschaftlich bezeichnen könnte. Für die Entwicklung der Evangelikalen in Deutschland ist es eine Schlüsselfrage, ob und wie sich der Umgang mit der Theologie weiterentwickeln wird.

PERSÖNLICHES FAZIT – GOTTESERFAHRUNG

In den 1990er-Jahren wurde ich, je länger, je mehr, bekennend evangelikal. Wenn evangelikal für Jesusfrömmigkeit und Liebe zur Bibel steht, wenn man evangelikal genannt wird, weil man bei Paul-Gerhardt-Liedern und im modernen Lobpreis die Texte von Herzen mitsingen kann und auch die christliche Theologie vor der Aufklärung ernst nimmt, dann bin ich gerne evangelikal. Und es war mir auch wichtig, mir die Geschichte näher anzuschauen, in der ich dann wohl stehe.

In diesem Sinne habe ich in Teil 2 eine Art »Hauptstraße« der evangelikalen Welt beschrieben. Diese evangelikale Bewegung umfasst die »*Jesus first*-Gesinnten« (Jürgen Mette)[193]. Positiv formuliert: Menschen voller Liebe zur Bibel, missionarisch und sozial den Menschen zugewandt, gemeinschaftsorientiert und offen für immer neue Erfahrungen mit Gott.

Mit der Zeit merkte ich: So einfach ist es doch nicht. Denn es gibt so vieles, das »evangelikal« genannt wird; und manches davon verstört mich. Längere Zeit hatte ich Schwierigkeiten mit der Pfingstbewegung. Wie kann das sein, dass sich weltweit eine Frömmigkeit ausbreitet, die in Deutschland mit so viel Spaltung begonnen hat? Ich gehörte zunächst zu denen, denen der Gefühlsüberschwang zutiefst unheimlich war. Viele charismatische Phänomene schienen mir durch die Bibel keineswegs gedeckt. Warum betreiben die »hörendes Gebet«, statt einfach die Bibel zu lesen? Wie kommen die auf die Idee, dass Gott durch Zuckungen und Umfallen segnen könne?

Zunehmend lernte ich aber, auch meine eigenen Vorbehalte infrage zu stellen. Ging es mir als Evangelikalen nicht auch oft so, dass ich vielerorts mit Vorurteilen betrachtet wurde? Gab es nicht auch vieles, was mich mit charismatischen Gläubigen verband?

Ich erlebte: Gottes Gegenwart ist nicht nur auf einer Frequenz zu erfahren.

Mich selbst hat es nie gezogen, mich charismatischen Gruppierungen anzuschließen. Aber ich entdeckte zunehmend Berührungspunkte. Im Zusammenhang einer familiären gesundheitlichen Krise erlebte ich, dass ich in großer Sorge gar nicht mehr die Bibel lesen oder beten konnte. Ich entdeckte die mystische Tradition ganz neu: das schweigende Gebet der Kontemplation oder die Stille vor Gott in der Natur. Und ich erlebte: Gottes Gegenwart ist nicht nur auf einer Frequenz zu erfahren. Ich entdeckte ihn im Schweigen, in der Klage, inmitten der Schöpfung. Er handelt auf vielfältige Weise an uns, nicht nur in unseren biblisch-theologischen Gedanken. Ich fragte mich: »Und wenn Charismatiker so etwas wie extrovertierte Mystiker sind – und diese introvertierte Charismatiker?« Konnte es sein, dass die Pfingstbewegung Gottes kräftiger Protest gegen eine Christenheit war, die immer intellektueller und moralistischer wurde?

Genau das glaube ich inzwischen, dass Gott seine Finger im Spiel hatte. Ich kenne selbst ekstatische Glaubenserfahrungen, wie sie im Hank-William-Song *I saw the Light* zum Ausdruck kommen. Schon als Schüler hatte ich vielfach den Film *Blues Brothers* gesehen. Während eines begeisterten Gottesdienstes erfahren die Hauptfiguren ihre göttliche Berufung, ihre Blues-Band wieder zusammenzubringen, um die christliche Schule ihrer Kindheit zu retten. Als Zeichen der Berufung gilt einem von ihnen das Ereignis, dass der Strahl der Sonne direkt auf ihn fällt. »Siehst du dieses Licht?«, ruft der Prediger. Es gibt so viele Erfahrungen, in denen einem das Wirken Gottes überwältigend gewiss werden kann. Man kann so etwas niemandem beweisen. Aber ja, auch ich habe dieses Licht gesehen. Ich glaube an die Notwendigkeit biblischer Theologie. Aber ich weiß auch um die überwältigende Macht persönlicher Gotteserfahrung.

Die im Kapitel über die Pfingstbewegung beschriebene Aussöhnung unterschiedlicher evangelikaler Strömungen halte ich im Rückblick für eine der wichtigsten und positivsten Ereignisse der letzten Jahrzehnte. Vertrauen ist einfach und schnell zerstört. Vertrauen aufzubauen ist langwierig und schwer. Ich kann diejenigen verstehen, die im Bedürfnis nach eigener Gewissheit auf Eindeutigkeit und Abgrenzung pochen. Aber mein Herz schlägt für diejenigen, die lieber versöhnen, statt zu spalten.

TEIL 3

Krisengebiete

WELCHE SPANNUNGEN DURCHZIEHEN DIE EVANGELIKALE BEWEGUNG?

7. APOKALYPTIK

Nun werfen wir einen genaueren Blick auf die Krisengebiete. Mit den beiden Bildern der »Hauptstraße« und der »Krisengebiete« meine ich nicht automatisch die Mehrheit und die Ränder. Tatsächlich gehe ich davon aus, dass das, was ich als »Hauptstraße« bezeichne, in manchen Ländern nicht mehr die Mehrheit der Evangelikalen umfasst, vor allem nicht in den USA. Schon in der Darstellung der Lausanner Bewegung wurde deutlich, dass die großen Richtungsentscheidungen keineswegs unumstritten waren oder sind. Was ich folgend hinter ein kritisches Vorzeichen stelle, gehört für andere zum Wesen der evangelikalen Bewegung. Wieder werde ich so vorgehen, dass ich jeweils die geschichtliche Entwicklung beschreibe und daran deutlich mache, dass die Tendenzen auch in der innerevangelikalen Diskussion Widerspruch finden.

AMERIKANISCHE APOKALYPTIK

Wir haben es in der Einleitung gesehen: Die Evangelikalen sind heute mehr als eine Glaubensbewegung. In vielen Ländern dieser Welt sind sie auch eine politische Kraft geworden. Das gilt nicht nur für die USA. Auch in Mittelamerika (Honduras, Nicaragua) und Südamerika (Brasilien) oder Afrika (Äthiopien) spielten bzw. spielen Evangelikale in jüngster Zeit eine wichtige politische Rolle. In ihrer Geschichte haben die Evangelikalen höchst unterschiedliche politische Haltungen entwickelt, wie wir auch bereits gesehen haben.

Wie kommt es, dass das 21. Jahrhundert überwiegend geprägt war von Evangelikalen, die durch (rechts)populistische, nationalistische Politik von sich reden machten? Woher rührt diese starke Spannung zwischen vielen Evangelikalen und dem liberalen Gesellschaftsmodell des Westens?

ENTWICKLUNG EVANGELIKALER ESCHATOLOGIE

In unserem geschichtlichen Überblick hatten wir gesehen, wie sich die Zukunftserwartung der Evangelikalen Ende des 19. Jahrhunderts mehrheitlich von einer optimistischen zu einer pessimistischen wandelte. Betrachten wir diese Entwicklung detaillierter.[194]

Die Grundhaltung der Erweckten[195] des 18. und teilweise des 19. Jahrhunderts war vielfach optimistisch, sowohl bei den angloamerikanischen Evangelikalen als auch im deutschen Pietismus. Die deutschen Pietisten teilten die meisten dogmatischen Überzeugungen der lutherischen Kirche. Bis auf eine Ausnahme: die Lehre von den letzten Dingen, die sogenannte Eschatologie. Das Gründungsdokument des Pietismus, Speners *Pia desideria* (1675), ist bestimmt von der Hoffnung auf bessere Zeiten. Für Spener war die Bibel eindeutig: Nach Paulus sei eine große Bekehrung der Juden zu erwarten (Römer 11), nach der Offenbarung des Johannes aber auch ein Fall Babylons (Offenbarung 17), was Spener auf die katholische Kirche bezog. Diese bislang unerfüllten Verheißungen der Bibel konnten nur eins bedeuten: In der Zukunft würde die Christenheit viel überzeugender und eindrücklicher die christliche Wahrheit zum Ausdruck bringen. Alle inneren Reformen der Kirche zielten zuletzt auf die in der Bibel verheißenen weltweiten Verbesserungen in der Zukunft. Diese Linie zieht sich durch den Pietismus des 18. Jahrhunderts ebenso wie durch den angloamerikanischen Evangelikalismus des 18. und 19. Jahrhunderts.

Mitten im 19. Jahrhundert beginnt eine andere theologische Linie.[196] John Nelson Darby (1800–1882) und andere stellten den bislang überwiegenden Optimismus der Evangelikalen radikal infrage.

Darby war ursprünglich Priester der anglikanischen Kirche. Nach seiner Bekehrung wurde seine Kritik an der bestehenden Kirche immer stärker, bis er sie schließlich verließ. Seine Grundeinsicht war, dass die Kirche seines Zeitalters so sehr von der göttlichen Bestimmung für den Leib Christi abgefallen sei, dass es für sie keine Erneuerung mehr geben kann. Nicht die Gründung neuer und besserer Kirchen könne das Ziel sein, sondern die schlichte Versammlung gläubiger Menschen bis zur baldigen Wiederkunft Christi, ohne prunkvolle Kirchen, ohne Hierarchie, ohne feste Ämter. Solche Brüderversammlungen entstanden an vielen Orten Großbritanniens, Europas und schließlich auch der USA.

Darbys Ziel war die schlichte Versammlung gläubiger Menschen bis zur Wiederkunft Christi – die Brüderversammlungen.

Die Mitglieder der Brüderbewegung bestritten, dass die christliche Mission zu einer Christianisierung der Welt, zu einem tausendjährigen Reich der Herrschaft Christi (Millennium), vor seiner zweiten Wiederkunft führen könne. Die wahrhaft biblische Zukunftserwartung stünde ganz im Gegensatz zu einem solchen Optimismus. Es werde mit dieser Welt nicht besser und besser, sondern immer schlimmer. Nur für die Gemeinde Jesu gebe es eine Hoffnung auf baldige Erlösung. Vor den eigentlichen Endzeitereignissen werde Gott die wahren Gläubigen in die himmlische Wirklichkeit entrücken. Man berief sich vor allem auf die Ankündigung einer Entrückung der Gläubigen bei Paulus (1. Thessalonicher 4,17). Dann werde es auf der Erde nach den Weissagungen des Danielbuches und der Johannesoffenbarung eine Endzeit geben, voller Drangsal, Verfolgung Israels und antichristlicher

Auflehnung gegen alle göttlichen Ordnungen. Denn in seiner Lektüre der Bibel hielt es Darby für ausgemacht, dass Gott eindeutig einen Ablauf der Heils- und auch der Kirchengeschichte in festen Abschnitten, sogenannten Dispensationen, festgelegt hatte. Der daher sogenannte Dispensationalismus ist ein heilsgeschichtliches System der Schriftauslegung, das für sich eine vollständige Orientierung allein an der biblischen Offenbarung beansprucht.

Nun ist es schon eine herausfordernde These, dass die Bibel klar und eindeutig die Entrückung der Gemeinde Jesu vor Beginn der Endzeit im engeren Sinne bezeugen soll, nur aber in einer 1800-jährigen Geschichte des Christentums so gut wie niemand diese Botschaft entdeckt habe. Ende des 19. Jahrhunderts wurde diese Sicht jedoch gleichwohl in manchen Kreisen immer populärer.

Immer mehr Evangelikale dieser Zeit sahen angesichts der zunehmenden Modernisierung und Säkularisierung vieler westlicher Staaten düstere Zeiten auf sich zukommen. Und sie fanden Trost in der These, dass dies alles von der Bibel vorhergesagt sei und als Zeichen der baldigen Wiederkunft Jesu verstanden werden dürfe.

Besondere Ausbreitung fand diese Lehre durch eine neue Bibelausgabe. Der amerikanische Theologe Cyrus I. Scofield (1843–1921) wurde ein überzeugter Anhänger von Darbys Schriftauslegung. Im Jahr 1909 gab er eine höchst innovative Studienbibel heraus. Neben dem biblischen Text waren dieser Ausgabe viele Fußnoten beigegeben, die biblische Aussagen so miteinander ins Verhältnis setzten, dass Darbys Schriftdeutung als vermeintlich eindeutige Lehre der Bibel selbst erschien.

Diese Entwicklung hängt eng zusammen mit der amerikanischen Geschichte. Der Bürgerkrieg war ein tiefer Einschnitt. In den Kämpfen sind 600 000 Menschen gestorben. Um sich die Dimensionen deutlich zu machen: Das sind mehr Tote, als die USA im Ersten Weltkrieg (116 516) und im Zweiten Weltkrieg (405 399) zu beklagen hatten; und das bei einer deutlich geringeren Bevölkerungszahl als im 20. Jahrhundert. Auch hielten die Erweckungen gegen Ende des 19. Jahrhunderts nicht mehr Schritt mit dem Bevölkerungswachstum des Landes. Anfang des 20. Jahrhunderts galt: Die meisten Evangelikalen sind eindeutig Prämillennialisten. »Jesus kommt bald!« – diese Basisüberzeugung prägte Denken und Handeln der Gläubigen insgesamt.

- »Jesus kommt bald« wurde zum Maßstab für Bibeltreue. Die Weissagungen der Bibel wurden wörtlich genommen. Die übernatürlichen Seiten der Bibel, die prophetische Vorhersage der Zukunft und der Glaube, dass viele Prophezeiungen wörtlich erfüllt wurden und andere noch erfüllt werden, bestimmten das Bibelverständnis.
- »Jesus kommt bald« galt als Kriterium für den Umgang mit politisch-sozialen Fragen. Auch wenn die Ideen des *Social Gospel* tiefe evangelikale Wurzeln haben, wurde diese Zuwendung zur Sozialreform der Gesellschaft als gefährlicher Irrweg verworfen. Es könne nicht richtig sein, sich mit Gesellschaftsreformen und allen ihren schwierigen Details zu beschäftigen, wenn die Geschichte der Welt sich ohnehin ihrem Ende zuneigt.
- »Jesus kommt bald« war ein Maßstab im Umgang mit der Gegenwartskultur. Die Zeichen der Zeit wahrzunehmen bedeutete, nach Mustern zu suchen, die sich aus den apokalyptischen Texten der Bibel auf die Gegenwart übertragen ließen. Die moderne Gesellschaft und ihre zunehmend gottlose Kultur erschien als eine Welt im Abfall. Ihren kulturellen Erscheinungen wie dem modernen Film, der modernen Musik, Kunst, Wissenschaft etc. müsse man sich entziehen.
- »Jesus kommt bald« setzte den zentralen Schwerpunkt für die Gemeindearbeit. Wesentlich war ein einziges Ziel, Menschen

zum Glauben an Jesus Christus zu führen. Alle Gemeindeaktivitäten mussten auf die Evangelisation der Ungläubigen ausgerichtet werden.

Die Weltkriege befeuerten für viele die Erwartung, sich inmitten von endzeitlichen Prozessen zu befinden. Zugleich waren die zeitgeschichtlichen Ereignisse nicht leicht zu deuten. Sowohl das Dritte Reich Hitlers als auch der Kommunismus Stalins passten ins Bild einer antichristlichen Bedrohung. Welchen Sinn aber sollte man aus der Entwicklung ziehen, dass Hitler gegen das kommunistische Reich des Bösen zu Felde zog – und nun das eigene Land in einer Art Bündnis mit Stalins Sowjetunion gegen die USA und Japan kämpfte?

Wasser auf die Mühlen apokalyptischer Erwartungen hingegen war die Gründung des Staates Israel.[197] Seit dem 19. Jahrhundert gab es eine Strömung evangelikaler Bibelforscher, die aus der Bibel die Überzeugung gewannen, dass das Volk Gottes noch einmal in seinem eigenen Land leben müsse, sodass es eine buchstäbliche Erfüllung biblischer Weissagungen geben könne. Im 19. Jahrhundert erschien diese Idee vielen absurd. Als auf dem ersten Zionistenkongress (1897) von Theodor Herzl die Vision eines Judenstaates vorgestellt wurde, verfolgten die Evangelikalen diesen Prozess mit größtem Interesse. Über viele Jahrzehnte lang wuchsen jüdische Siedlungen im Nahen Osten nur sehr langsam, aber die rasante Entwicklung der Nachkriegszeit mit der Gründung des Staates Israel 1948 erschien vielen Gläubigen als der ultimative Beweis, dass die Bibel wortwörtlich zuverlässig die Weltgeschichte beschreibt.

Einen nochmaligen ungeheuren Aufschwung nahmen die apokalyptischen Vorstellungen in den 1960er-Jahren. Zwei Dinge spielten dabei eine Rolle: der Sechs-Tage-Krieg Israels und der rasante kulturelle Wandel im Westen. Führen wir uns diese neue apokalyptische Hochstimmung an Schlüsselwerken des 20. Jahrhunderts vor Augen.

ALTER PLANET ERDE, WOHIN?

Aus der Vielzahl der Endzeitschriften der damaligen Zeit ragt vor allem ein Werk heraus: Kaum ein einzelnes Buch hat das evangelikale Weltgefühl so stark geprägt wie *Alter Planet Erde, wohin?* (1970) von Hal Lindsey und Carole C. Carlson. Dieses Werk verkaufte sich über 30 Millionen Mal und wurde damit nicht nur das populärste evangelikale Werk dieser Generation, sondern eines der meistverkauften Sachbücher der letzten 50 Jahre überhaupt.

»Wir befinden uns sehr nah an den letzten, sich zuspitzenden Ereignissen, die mit dem zweiten Kommen von Christus enden werden.«
Hal Lindsey

Die Zukunftsbeschreibung ist klassisch prämillennialistisch: Die Zeichen antichristlichen Niedergangs der Welt seien allgegenwärtig. Bald werde Gott die wirklich gläubigen Christinnen und Christen aus dieser Welt entrücken. Dann werde die eigentliche Endzeit beginnen. Angesichts des furchtbaren Schocks über das plötzliche Verschwinden von Millionen Gläubigen werden sich viele Menschen nach einer starken autoritären Führung sehen. Dann werde es sich auszahlen, dass eine Reihe von Welteinheitsorganisationen längst bereitstehen. Diese werden die Basis einer antichristlichen Welteinheitsherrschaft bilden. Schon jetzt könne man erkennen, dass die Entwicklungen für diese Zukunft im vollen Gange sind. Wer das prophetische Wort der Bibel kenne, sehe überall Zeichen der drohenden Zukunft:

- Die Ausbreitung des Kommunismus scheint unaufhaltsam, in Osteuropa, im globalen Süden und im Zuge der Ausbreitung neomarxistischer Literatur (Frankfurter Schule, Sartre, Bloch etc.) zunehmend auch im Westen.
- Besonders wirkmächtig sei die damit im Zusammenhang gesehene Kulturrevolution der 1960er-Jahre, vor allem mit ihrer Zerstörung aller bisherigen Moral und Ordnung. Besonders die sexuelle Revolution und der Konsum von Drogen seien die deutlichen Zeichen moralischer Verwahrlosung. Der zunehmende antichristliche Einfluss der säkularen Medien, des Bildungssektors und der Künste insgesamt trage dazu bei, dass die Gesellschaft zunehmend orientierungslos wird. »Überall greift die Anarchie um sich.«[198]
- Die Ereignisse in Israel zeigen, dass die letzte Zeit unmittelbar bevorstehen müsse. Die Wiedergeburt Israels an biblischer Stätte sei ein eindeutiges Zeichen für das Geschichtshandeln Gottes. Nun ist der Schauplatz für die großen Endzeitereignisse bei Armageddon (Offenbarung 16,14; 19,11ff) bereitet.
- Das christliche Erbe der USA werde zunehmend geschwächt. Der Einfluss der Gläubigen auf wichtige Bereiche der Gesellschaft schwinde. Dadurch kommt es zunehmend zu Chaos und inneren Spannungen, die die USA auf weltpolitischer Bühne zunehmend handlungsunfähig machen.
- In Europa werden die wirtschaftliche und bald wohl auch politische Einheit zunehmend vorangetrieben. Darin zeichnet sich der Aufstieg Europas als bestimmende antichristliche Weltmacht der Zukunft ab, wie es die Offenbarung des Johannes vorhersage. Die sich auf das antike Rom beziehenden Aussagen dieses biblischen Buches werden auf die Europäische Union beschrieben, die in Rom und auf den römischen Verträgen gegründet wurde.
- Immer stärker werde die Errichtung globaler Organisationen (UNO, UNESCO, Weltbank etc.) vorangetrieben. Es sei davon

auszugehen, dass diese globalen Organisationen die Weltherrschaft des Antichristen vorbereiten.

- Der nach dem Zweiten Weltkrieg gegründete *Ökumenische Rat der Kirchen* strebe eine weltweite Vereinigung der vom wahren Glauben abgefallenen Kirchen an. Immer stärker wird die Tendenz sichtbar, schließlich alle großen Religionen zu einer »Welteinheitsreligion der Endzeit«[199] zu verbinden. Dabei wird es sich um die spirituelle Basis der antichristlichen Herrschaft handeln.

Diese Gesamtsicht prägte die Evangelikalen seiner Generation ungemein. In den 1970er-Jahren erschienen eine Reihe von Kinofilmen, die das Motiv der plötzlichen Entrückung der Gläubigen und der Häufung endzeitlicher Katastrophen für viele anschaulich machte. Allein der Film *A Thief in the Night* wurde laut Wikipedia von 300 Millionen Menschen gesehen. Hal Lindseys Buch und solche Filme prägten die amerikanische Popkultur. In seinen Jesus-Jahren predigte der schon damals weltberühmte Musiker Bob Dylan regelmäßig auf der Bühne – mit Hal Lindseys Buch in der Hand. Die Rede vom nahen Armageddon erreichte selbst die hohe Politik. Auch Ronald Reagan nahm diese Anschauungen ernst. Er unterhielt sich im Weißen Haus regelmäßig mit geistlichen Beratern über diese Frage, ob die Welt wirklich auf dem Weg nach Armageddon sei.[200] Die Beschäftigung mit diesen Fragen zeigte sich auch in Reagans Sprache, etwa wenn er die Sowjetunion als das »Reich des Bösen« bezeichnete.

In seinen Jesus-Jahren predigte Bob Dylan regelmäßig – mit dem Buch *Alter Planet Erde, wohin?* in der Hand.

Inzwischen sind wir alle klüger. Die tatsächlichen Entwicklungen der Weltgeschichte widersprachen fast allen Erwartungen dieses Buches. Der gravierendste Widerspruch zu den Endzeiterwartungen ist der Zusammenbruch des Kommunismus zwischen 1989 und 1991. Auch die Zukunft der USA war eine völlig andere. Statt den vermeintlichen, von vielen empfundenen Niedergang der 1970er-Jahre fortzusetzen, wurden die USA zur einzig verbliebenen Supermacht. Europa hingegen entwickelte sich durch seine Vereinigung nicht zur globalen Supermacht, sondern wurde allenfalls wirtschaftlich bedeutsam, aber kein ideologisch oder militärisch ernst zu nehmender Weltakteur. Viele Ereignisse der Folgezeit waren offensichtlich nicht auf dem Schirm der Endzeitautoren. Dazu gehörten die wachsende Bedeutung des Islam und der Aufstieg Chinas, aber auch die Wiederkehr eines Russlands, in dem die russisch-orthodoxe Kirche eine wichtige Rolle spielt. All das widersprach diametral den Zukunftserwartungen des Buches. Haben diese Entwicklungen den Endzeitspekulationen das Vertrauen abgegraben? Nicht wirklich.

LEFT BEHIND – DAS FINALE

Das Buch *When Prophecy Fails*[201] ist eine klassische Untersuchung der modernen Psychologie.[202] Was passiert, wenn prophetische Weissagungen durch die Wirklichkeit widerlegt werden? Schwindet dann das Zutrauen der Gläubigen? Nein, keineswegs. Wenn diese religiöse Gemeinschaft über einen dichten Zusammenhalt verfügt und viel Herzblut in die bisherige Glaubenswelt investiert hat, vermögen Fakten nichts zu ändern. Der missionarische Aufwand wird eher noch gesteigert.

Genau das kann man auch in den 1990er-Jahren beobachten. Die faktische Widerlegung der apokalyptischen Fahrpläne führte nicht zu einem Nachlassen, sondern zu einer Steigerung ihrer Verbreitung. Hal Lindsey war ohne Frage sehr erfolgreich. Aber noch größer wurde der Boom apokalyptischer Literatur in den 1990er- und 2000er-Jahren. Tim LaHaye war schon ein Veteran der Endzeitspekulation. In den 1990er-Jahren tat er sich mit dem Romanautor Jerry B. Jenkins zusammen, der zum großen Teil die *Finale*-Reihe (*Left Behind*) verfasste. Schon der Titel knüpfte an die erfolgreichen Filme der 1970er-Jahre an. Der Titelsong des Films *A Thief in the Night* stammt von Larry Norman, einem der bedeutendsten christlichen Rockmusiker seiner Zeit. »The son has come and you've been left behind«, heißt es am Ende, und das wird immer wieder wiederholt: »You've been left behind.«

»Man muss biblische Prophetie wörtlich nehmen, genau wie den Rest der Bibel auch.«
Tim LaHaye

Der Erfolg dieser Reihe übertraf alles bisher Gewesene. LaHaye und Jenkins verkauften über 70 Millionen Exemplare von *Left Behind*. Auch diese Reihe erlebte einige Verfilmungen, zuletzt 2014 mit dem Oscarpreisträger Nicolas Cage in der Hauptrolle. Auch wenn die Filme keine vergleichbaren Erfolge feierten wie die Romane, ist der popkulturelle Einfluss dieser Gedankenwelt enorm.

Die Romanreihe zeigt, wie kreativ das klassische Schema sich auf neue Weltentwicklungen einlassen kann. Dass die zuvor noch als selbstverständlich angenommene Bedeutung des Kommunismus als Trägergruppe des Antichristen wegfiel, sorgte für Erneuerungsbedarf des bisherigen Schemas. Auch die politische Schwäche Europas musste berücksichtigt werden. In der *Finale*-Reihe finden die Autoren eine neue Lösung. Ein rumänischer Politiker, Nicolae Carpathia, wird der neue Generalsekretär der UNO in New York. Die Vereinten Nationen werden die entscheidende Plattform des Antichristen. Als es zur Entrückung der wahrhaft Gläubigen kommt, brechen weltweit die Wirtschaft und die Infrastruktur zusammen. In dieser Situation ruft man überall nach einer neuen Weltordnung, die schnell und entschlossen die Menschheit aus diesem unbegreiflichen Chaos herausführe. Das Zeitalter einer antichristlichen Diktatur beginnt.

Was sich in den Romanen gegenüber älteren Entwürfen ändert, ist die Rolle der Gläubigen. Sie sind nicht mehr passive Opfer der endzeitlichen Verfolgung, die im Gebet und in gläubiger Geduld ausharren. Sie werden zu aktiven Kämpfern gegen das Böse. Am Ende des ersten Bandes von *Finale* ist der Antichrist an die Macht gekommen. Eine Gruppe von Gläubigen bildet eine sogenannte *Tribulation Force*. Der letzte Satz lautet:

> Die Aufgabe der *Tribulation Force* war klar und ihr Ziel kein Geringeres, als sich während der sieben schlimmsten Jahre, die dieser Planet jemals erleben würde, gegen die Feinde Gottes zu stellen und gegen sie zu kämpfen.[203]

Jerry B. Jenkins versteht es, die Romanhandlung ebenso anschaulich wie spannend zu entfalten. Über viele Bände schildert er die Krisen und Katastrophen der antichristlichen Zeit. Am Ende erscheint Jesus Christus persönlich wieder auf der Erde – und vernichtet seine Feinde. Der Antichrist wird nicht nur besiegt, er wird erniedrigt und gedemütigt. Er muss auf den Knien vor Jesus liegen und wieder und wieder bekennen, dass Jesus der Herr ist. Dann wird er in Feuer getaucht. Unter schrecklichen Schmerzen ist er gezwungen, den Sieg

Jesu immer wieder zu bekennen, tausend Jahre lang. Nach einem letzten verzweifelten Versuch des Aufruhrs wird seine Folter unter dem Jubel der Jesusgläubigen nun verewigt.

Was macht diese Bücher so erfolgreich?

Sicher ist ein wesentlicher Grund ihr doppeltes Versprechen, auf der einen Seite biblische Prophezeiungen anschaulich und im Zusammenhang verständlich zu machen, auf der anderen Seite Orientierung in der gegenwärtigen politisch-weltgeschichtlichen Situation zu stiften. Endzeitliteratur macht scheinbar im Horizont gegenwärtig sich erfüllender Weissagungen die Bibel verständlich und im Licht der biblischen Prophetie die Weltgeschichte begreiflich. Im Jahr 2014 wählte das Evangelikalismus-Forschungszentrum der evangelikalen Universität Wheaton die einflussreichsten Evangelikalen der letzten Jahrzehnte. Auf Platz 1 landete mit Recht: Tim LaHaye. Niemand hatte in den letzten Jahrzehnten höhere Veröffentlichungszahlen als er.

ISRAEL – DER ZEIGER AUF DER WELTENUHR GOTTES?

Wie beim ersten Überblick schon gesehen, ist Israel ein Schlüsselthema dieser Vorstellungswelt. Allen christlichen Strömungen ist heute bewusst, dass die Geschichte von Christen und Juden weitgehend einer Tragödie gleicht. Jesus und seine Apostel waren Juden. Die frühe Jesus-Gemeinschaft lebte und glaubte noch als eine jüdische Sondergemeinschaft. Erst allmählich vertieft sich die Spaltung zwischen jüdischen und christlichen Gläubigen. Die endgültige Trennung kommt erst nach Abschluss der wichtigsten neutestamentlichen Schriften. In der Kirchengeschichte dominierte fast durchgehend eine antijudaistische Grundhaltung der Christenheit. In der Neuzeit führt dieser latente und immer wieder brutale Antijudaismus der

Christenheit zum modernen Antisemitismus; und in Deutschland zu den Verbrechen des Holocaust.

Nur selten gab es im Christentum auch andere Strömungen. Die frühen Pietisten gingen davon aus, dass Israel von Gott nicht verlassen sei, sondern eine Erweckung Israels zu erwarten stand. Die Judenmission dieser erweckten Kreise war geschichtlich Ausdruck einer neuen Wertschätzung des jüdischen Volkes. Im 19. Jahrhundert entwickelte sich eine besondere Spielart christlicher Israelhoffnung: In Großbritannien breitete sich bei einigen Erweckten die Idee aus, dass das verstreute Israel noch einmal Heimat in seinem ursprünglichen Land finden werde. Anfangs erschien dieser Gedanke noch abwegig. Es gab noch nicht einmal eine zionistische Bewegung, das heißt Juden, die in nennenswerter Anzahl von einem eigenen Staat an historischer Stätte träumten. Als schließlich der Zionistische Weltkongress gegründet wurde, sahen Erweckte darin eine erste Erfüllung ihrer Hoffnung. Die weitere verschlungene Geschichte wurde höchst interessiert verfolgt und die Gründung des Staates Israel 1948 galt als Wunder Gottes. Dass Christen an der Seite Israels zu stehen hatten, galt für immer mehr von ihnen nun als ausgemacht; gerade angesichts der insgesamt desaströsen Rolle westlicher Christen, die den Holocaust in Deutschland ermöglicht und in anderen Ländern nie wirklich energisch bekämpft hatten.

Die Gründung des Staates Israel 1948 galt als Wunder Gottes. Dass Christen an der Seite Israels zu stehen hatten, galt als ausgemacht.

Spätestens durch den Sechs-Tage-Krieg im Jahr 1966 stieg die positive Anspannung der Evangelikalen auf neue Höhepunkte. Dass Israel sich in einem Krieg gegen seine arabischen Nachbarn, die sehr viel zahlreicher waren, nicht nur behaupten konnte, sondern ihn binnen sechs Tagen gewann und Jerusalem und große Teile des historischen Landes einnehmen konnte, war in der Geschichte der modernen Kriege schlechthin einzigartig. Wann, wenn nicht hier, sollte man von einem Wunder reden? Für immer mehr Evangelikale wurde die moderne Geschichte Israels zu einer Art Gottesbeweis. Die einst völlig irrational anmutende Erwartung einer Rückkehr der Juden in das gelobte Land schien durch Gottes Eingreifen binnen kurzer Zeit verwirklicht.

Für konservative Gläubige ist die Treue zum Staat Israel Teil ihrer DNA. Sie halten nichts von politischen Kompromissen. Vor allem die Idee, Land gegen Frieden zu tauschen, erscheint ihnen Ausdruck des Unglaubens zu sein. Einst sahen fromme Evangelikale der Heimkehr der Juden tatenlos zu und erkannten darin die Erfüllung göttlicher Weissagung. Inzwischen sind sie selbst längst Teil der Weltpolitik. Die bedingungslose Solidarität der US-Präsidenten mit Israel ist ihnen eine der höchsten Verpflichtungen und ein zentrales Kriterium, um Politik zu beurteilen. Damit haben sie erheblichen Einfluss auf die Weltpolitik gewonnen.

– – –

The Danger of a Single Story – schauen wir noch einmal aus einer anderen Perspektive auf das Verhältnis der Evangelikalen zu den Juden.

Sind die Evangelikalen also Israels weltpolitischer Sicherheitsgurt – die besten Freunde Israels? Tatsächlich ist das Verhältnis kompliziert. Die neue Zuwendung zu den Juden brach mit dem klassischen Antijudaismus, der Vorstellung, Israel sei von Gott verstoßen. Eine solche Enterbungstheologie lehnten die Evangelikalen ab. Gott hält fest an seinem Volk. Aber damit ist für sie nicht das geschichtlich gewachsene Judentum gemeint.

Die Treue Gottes wird sich darin zeigen, dass die Juden sich einmal zu Jesus als ihrem Messias bekehren werden. Judenmission war von Anfang an Teil der neuen Aufmerksamkeit für die Juden. Insofern galt die Liebe zu Israel stärker jüdischen Menschen der Zukunft, die ebenfalls an Jesus glauben würden, und nicht der zeitgenössischen jüdischen Religion.

In der römisch-katholischen Kirche sowie in den historisch-protestantischen Kirchen ist es im 20. Jahrhundert zu einem einschneidenden Wandel gekommen. Nach gründlicher Auseinandersetzung mit Römer 9–11 sind die meisten katholischen und evangelischen Theologinnen und Theologen zu der Erkenntnis gekommen, dass die Kirchen die bleibende Erwählung Israels auf das geschichtlich gewachsene Judentum (und nicht nur auf das Volk bzw. den Staat Israel) beziehen müssen. Dieser Konsens wird bislang nur von wenigen Evangelikalen geteilt. Die Mehrheit liebt den Staat Israel – und findet keinen Zugang zum Judentum.

Die Mehrheit der Evangelikalen liebt den Staat Israel – und findet keinen Zugang zum Judentum.

Besonders tragisch zeigt sich dies an der Rezeption eines der wirkmächtigsten Bücher des 20. Jahrhunderts, der sogenannten *Protokolle der Weisen von Zion* (1903).[204] Diese perfide Fälschung gibt sich als Mitschrift der internen Beratungen einer Verschwörungsgruppe aus. Folgendes Bild wird sichtbar: Die Geschicke der Welt werden von einer kleinen Macht- und Geldelite gesteuert. Diese Geheimgesellschaft besitzt das große Geld und übt längst die Kontrolle über die wichtigsten Zentren der Politik, der Finanzen und der Bildung aus. Und diese Macht nutzt sie schamlos aus.

Alle traditionellen moralischen Werte werden durch die Förderung schrankenloser Freiheit destabilisiert. Mithilfe der wichtigsten Bildungsinstitutionen und der modernen Massenmedien wird der christliche Glaube lächerlich gemacht. Zwischen den Völkern wird Zwietracht gesät. Dahinter steckt ein finsterer Plan: Letztlich arbeitet diese Elite daran, weltweit Verunsicherung und Chaos zu schüren, bis sich die Völker nach einer neuen Ordnung der Welt sehnen, einem Welteinheitsstaat, der für Sicherheit und Frieden sorgen kann. Dann wird die verschworene Elite einen der Ihren zum Weltherrscher machen, dem sich alle unterwerfen müssen.

Zweierlei ist zutiefst tragisch: die positive Rezeption dieses Buches durch Evangelikale und die geistige Nähe ihrer Endzeitbücher zu diesem Werk.

Viele Evangelikale haben das Buch positiv bewertet.[205] Sie hielten diese perfide Fälschung entweder für authentisch oder glaubten zumindest, dass die Juden darin angemessen beschrieben wurden. Nur eine Minderheit der Evangelikalen widersprach dieser Verleumdung der Juden. Die Hoffnung auf eine endzeitliche Errettung vieler Juden änderte nichts daran, dass man vom gegenwärtigen Judentum ein negatives Bild hatte, das viele antisemitische Klischees der Kirchengeschichte beibehielt.

Die Endzeitbücher der Evangelikalen sind den *Protokollen der Weisen von Zion* teilweise furchtbar ähnlich. Hier wie dort geht es um eine Entwicklung hin zu einem antichristlichen Welteinheitsstaat. Hier wie dort werden in den modernen Medien, in den globalen Netzwerken der Politik und der Wirtschaft die geheimen Drahtzieher einer neuen Weltordnung gesehen. Auch in den Endzeitvorstellungen der Evangelikalen sind es der internationale

Kommunismus bzw. die linksliberalen Eliten aus den westlichen Bildungszentren, die nach der Weltmacht streben. Der kulturelle Wandel der 1960er-Jahre wird ähnlich stark abgelehnt, wie man es zuvor mit der Französischen Revolution tat. In der späteren Verdammung des sogenannten »Kulturmarxismus« findet sich eine unmittelbare Kontinuität zum klassischen Antisemitismus, der den Marxismus als ideologische Spitze der Weltzerstörung betrachtete.

Verschwörungserzählungen wie QAnon arbeiten bis heute mit den gleichen Mustern; manchmal mit expliziter antisemitischer Botschaft, manchmal wie eben QAnon mit allen klassischen Bestandteilen antisemitischer Narrative, nur ohne ausdrückliche Nennung von Juden. Umso tragischer ist es, dass es in den USA keine andere religiöse Gruppe gibt, in der QAnon so viel Zustimmung hat wie unter weißen Evangelikalen.[206]

Keine christliche Gruppe hat ein so ambivalentes Verhältnis zu Israel wie die Evangelikalen.

Auch wenn der Erfolg dieser Bücher inzwischen einige Jahre zurückliegt: Das hintergründige Muster dieser Weltdeutung ist nach wie vor wirksam. Die Warnung vor der Errichtung einer »neuen Weltordnung«, vor dem hintergründigen Strippenziehen der Globalisten, der Kulturbolschewisten bzw. -marxisten – solche Verschwörungserzählungen finden in evangelikalen Kreisen immer wieder Anklang, wie die Corona-Pandemie wieder einmal deutlich gemacht hat. Die Logik dieser Erzählungen hat viele Parallelen zu den Mustern des klassischen Antisemitismus. An dieser Stelle fehlt es offensichtlich grundlegend an Problembewusstsein.

So gibt es leider auch eine evangelikale Israelliebe, in der das heutige Judentum keinen Platz findet. Als ihre »jüdischen Geschwister« identifizieren sie vor allem die messianischen Juden, eine höchst vielfältige Gruppe von Menschen, die meistens einen jüdischen Hintergrund haben und Jesus von Nazareth als ihren Messias und als Sohn Gottes anerkennen. Keine christliche Gruppe hat ein so ambivalentes Verhältnis zu Israel wie die Evangelikalen: eine starke Identifikation mit dem Staat Israel auf der einen Seite, große Distanz bzw. Ignoranz gegenüber dem Judentum vor Ort.

ENDZEITDENKEN IN DEUTSCHLAND

KLASSISCHE ANSÄTZE

Die Endzeitbücher von Hal Lindsey und Tim LaHaye/Jerry B. Jenkins wurden selbstverständlich auch in Deutschland verkauft. Vor allem in den 1970er- und 1980er-Jahren war das Genre in Deutschland beliebt. Anders als in den USA spielten Evangelikale in Deutschland keine einflussreiche Rolle für die politische Entwicklung der Gesellschaft. Aber auch hier schuf die starke Veränderung der Gesellschaft offensichtlich großen Orientierungsbedarf. Ein ziemlich großer Anteil konservativer Gläubiger fand in der Endzeitliteratur Ansätze, um die neuen Bewegungen der eigenen Zeit im apokalyptischen Licht der Bibel deuten zu können.

In den 1970er-Jahren wurde die Übernahme apokalyptischer Vorstellungen für einen Teil der Bekenntnis-Evangelikalen in Westdeutschland immer bestimmender. Vor allem beim Konvent Bekennender Gemeinschaften lässt sich dieser Trend spätestens ab 1973 und der Weltmissionskonferenz in Bangkok nachzeichnen. Schon in der Berliner Ökumene-Erklärung von 1974 haben diese pietistischen/evangelikalen Gruppen in Deutschland die politische Entwicklung des *Ökumenischen Rates der Kirchen* im Horizont einer starken Endzeiterwartung kritisiert.

> Die ökumenische Leitidee gipfelt heute in der »utopischen Vision« einer mit vereinten menschlichen Kräften zu schaffenden Weltfriedensgemeinschaft aller Rassen, Religionen und Ideologien. Sie verkennt damit die heilsgeschichtlichen Aussagen über das Kommen des Reiches Gottes. Eine weltverhaftete Kirche, die diese Gabe der Wiederkunft Christi eigenmächtig vorwegnehmen will, wird dem Antichrist den Weg bahnen.[207]

Je länger, je mehr setzte sich im *Theologischen Konvent Bekennender Gemeinschaften* eine apokalyptische Deutung der eigenen Zeitgeschichte durch. Peter Beyerhaus bekannte sich dabei ausdrücklich zur grundsätzlichen Stimmigkeit von sogenannten Verschwörungstheorien:

> In letzter Zeit begegnet mir in verschiedenen Schriften eine erregende Verschwörungstheorie. Sie verbindet sich mit Begriffen und Namen wie Illuminaten, Freimaurer, Bilderberg Club, *Council of Foreign Relations* u. ä. Nach dieser Theorie waren und sind alle revolutionären Ideologien linker und rechter Observanz stets nur strategische Waffen einer machthungrigen Geheimbewegung gewesen. Sie benutzt diese Waffe, um durch die Auslösung von Aufruhr und Kriegen die Menschheit schließlich willig zu machen, sich als letzter Ausflucht aus dem Chaos einer totalitären Weltregierung zu unterstellen. Es gibt frappierende Informationen, die diese Theorie zu bestätigen scheinen.[208]

Nur in konkreten Zeitangaben oder direkten Identifikationen von Zeitgeschichte mit finalen Endereignissen wahrte Beyerhaus Zurückhaltung. Durchgängig zu finden ist jedoch eine dualistisch-satanische Matrix, in die alle möglichen Erscheinungen eingezeichnet werden können, die als antichristlich empfunden werden. Beyerhaus betonte für seinen theologischen Ansatz eine heilsgeschichtliche Gesamtschau des Christentums und eine geistliche wie kritisch-unterscheidende Beurteilung der Zeit. Heilsgeschichtliche Zukunftserwartung und Deutung der eigenen Gegenwart müssten verknüpft werden.[209]

Der Sache nach mögen diese beiden Kriterien angemessen sein: Christliche Theologie muss sowohl ihren eigenen Glauben im Sinne einer großen Geschichte entfalten als auch ein Verhältnis zu ihrer jeweiligen Zeit finden.

Die bekenntnis-evangelikale Sicht auf die Weltgeschichte wird ab Anfang der 1970er-Jahre jedoch zunehmend von einer Sicht des totalen Abfalls der westlichen Welt dominiert. Man hält es für gewiss, dass die Kirche sich in unmittelbarer Nähe zum Weltende befindet. Neue Zeiterscheinungen stehen alle im Bedrohungshorizont einer Demnächst-Erwartung antichristlicher Herrschaft. Die Zeichen für antichristliche Bestrebungen sind eindeutig: Bemühungen um weltweite Einigung, politischer Einsatz für Frieden und soziale Gerechtigkeit, Streben nach Einheit der christlichen Kirchen, Dialog mit anderen Religionen, schließlich auch die Stärkung der Rechte von Frauen, Kindern und verschiedenen Minderheiten.

Kurzum: Die linkssozialen und kulturliberalen Impulse der politischen Wende seit den 1960er-Jahren werden als antichristlicher Angriff auf die bestehende Ordnung gewertet. Eine solche Sicht ist der Filter für die Wahrnehmung der Welt, in der man sich wirkliche Fortschritte gar nicht mehr vorstellen kann. Frauen- und Kinderrechte können nicht positiv beurteilt werden. Sie müssen als Teil einer antichristlichen Zerstörung der bisherigen Familienordnung gesehen werden. Das betrifft auch den Einsatz des Weltkirchenrates gegen Rassismus. Es galt als sicher, dass die Proteste gegen das Apartheitssystem in Südafrika von marxistischen Gruppen gesteuert werden. Natürlich lehnte man Rassismus ab; aber seine Überwindung wird vor allem von der Verbreitung des christlichen Glaubens erwartet. Der apokalyptische Horizont der Weltwahrnehmung erlaubt keine differenzierten Beurteilungen mehr.

Es galt als sicher, dass sich die Gemeinde Jesu und die Gesellschaft immer weiter auseinanderentwickeln würden.

Daher verfolgten die Bekenntnis-Evangelikalen in Deutschland auch keine grundsätzlich dialogoffene Linie wie die Lausanner Bewegung. Stattdessen setzten sie auf eine starke Verselbstständigung der eigenen Arbeitsbereiche in sogenannten Parallelstrukturen zu den etablierten kirchlichen Arbeitsbereichen. Die Entwicklung von Kirche und Gesellschaft erschien ihnen als unumkehrbar im Horizont eines endzeitlichen Gefälles. Daher verschwand auch jedes Interesse an Kooperation, Ausgleich oder Kompromiss mit den kirchlichen Gegnern. Nun war es ein fester Bestandteil eines Endzeitbewusstseins, dass die Großkirchen längst ein abgefallenes und weltförmiges Christentum verkörpern, das in einem globalen Weltstaat aufgehen werde. Es galt als sicher, dass sich die Gemeinde Jesu und die Gesellschaft immer weiter auseinanderentwickeln und dass es zu Verfolgung und Verführung der Gemeinde Jesu auch im Westen kommen werde.

QUERDENKER UNTER DEUTSCHEN EVANGELIKALEN

Bei den Demonstrationen gegen die deutsche Corona-Politik fand sich ein buntes Spektrum von Menschen zusammen, von neurechten Nationalisten bis zu altlinken Esoterikern. Vielen Beobachtern fiel auf, dass auch viele christlich-religiöse Töne zu vernehmen waren, und auch dies in einem breiten Spektrum vom ehemaligen Fernsehpfarrer Jürgen Fliege bis zur neocharismatischen Splittergruppe *Christen im Widerstand*. Besonders stark wurden in der Öffentlichkeit scheinbar konservativ-evangelikale Gruppierungen als Teil des Protestes wahrgenommen.[210] Tatsächlich trat auf den großen Corona-Demonstrationen wie auch im Internet ein breites Spektrum von konservativen Protestanten auf, das von klassischen Bekenntnis-Evangelikalen bis zu unabhängigen pentekostalen Gruppierungen reichte.

In vielen überregionalen Medien wurde die Frage aufgeworfen, ob Evangelikale eine zentrale Trägergruppe der Antiregierungsdemonstrationen seien. Nun ist völlig unstrittig, dass die Corona-Politik immer wieder Angriffsflächen für berechtige Kritik bot. Und tatsächlich gab es auch von Anfang an sowohl kritische Diskussionen unter den demokratischen Parteien als auch ein breites Spektrum medialer Begleitung. Es war nicht zuletzt die immer noch mit Abstand größte Tageszeitung des Landes, BILD, die durchweg eine sehr regierungskritische Berichterstattung pflegte.

Auf den Querdenkerdemonstrationen kam weniger politische Kritik an einzelnen Maßnahmen zum Ausdruck, sondern ein generelles Misstrauen gegenüber dem politischen System, verbunden mit diversen Verschwörungserzählungen einer global gesteuerten Umformung der Weltverhältnisse. Offensichtlich ist ein Teil der evangelikalen Bewegung auch in Deutschland für so etwas sehr empfänglich.

Das ist insofern erstaunlich, als die Pietisten doch einst als die Stillen im Lande galten, als die Fleißigen und Unauffälligen, die sich durch ganz besondere Loyalität gegenüber dem Staat auszeichnen. Wie kam es in Teilen der Bewegung zu einem solchen einschneidenden Wandel?

Es gibt also bei einigen konservativen Gläubigen in Deutschland eine bekenntnis-evangelikale Logik des generellen Misstrauens gegen die moderne Gesellschaft. Man ist überzeugt davon, dass die Kulturrevolution der 1968er-Generation den Staat insgesamt aus seinen christlichen Verankerungen gerissen hat und zunehmend antichristlich wird. In ihrer Geschichtsschau ist der deutsche Staat der Gegenwart keine Obrigkeit mehr, der man vertrauen dürfe.

Es gibt jedoch auch neupfingstliche Gruppierungen, für die prophetische Deutungen der Zeitgeschichte eine zentrale Rolle spielen. Hier schließt man sich stark an die amerikanische Entwicklung an und sieht sich als Teil eines endzeitlichen Kampfes, in dem jetzt Entscheidungszeit ist: Wird es Satan gelingen, diesen Staat zunehmend antichristlich zu prägen? Oder werden Gläubige sich zu einer Gebetsarmee erheben und die Führung der Nation erringen können?[211]

Während der Corona-Pandemie schafften es mehrere christlich-evangelikale Videos auf YouTube, sechsstellige Aufrufzahlen zu erlangen. Einige davon wurden schließlich von YouTube gelöscht. Daher ist es kein Wunder, dass die *Deutsche Evangelische Allianz* folgende Mahnung für angebracht hielt:

> In den vergangenen Monaten seit Beginn der Pandemie wurden eine Reihe von Verschwörungstheorien verbreitet, die alte und weitverbreitete Stereotype einer jüdischen Weltverschwörung aufgegriffen haben. Diese aberwitzigen Mythen stellen nicht selten die geistige Grundlage für Antisemitismus dar. Wir fordern Christen auf, der Verbreitung solcher Inhalte entschieden entgegenzutreten.[212]

Mit solchen Stellungnahmen dürften die evangelikalen Führungsgremien die Mehrheit ihrer Bewegung repräsentieren. Aber in vielen evangelikalen Gemeinschaften gab es in dieser Frage erhebliche innere Spannungen.

MERKMALE DES APOKALYPTISCHEN VERSCHWÖRUNGSDENKENS

Wer der Hochphase der evangelikalen Apokalyptik gerecht werden will, muss sie in ihrem geschichtlichen Zusammenhang sehen. Natürlich ist es überhaupt nicht verkehrt, zeitgenössische Erscheinungen nach ihrem problematischen Gehalt zu befragen. Das ist keineswegs eine evangelikale Spezialität. Es gab immer auch vergleichbare linke Zeitdeutungen. Die 1970er- und 1980er-Jahre legten insgesamt eine gesteigerte Neigung zu apokalyptischen Ängsten an den Tag. Nicht wenigen Linken schien der atomare Holocaust bevorzustehen, ebenso die Vernichtung der natürlichen Lebensgrundlagen durch den Klimawandel. Aus heutiger Sicht war es berechtigt, die frühen Warnungen des *Club of Rome* ernst zu nehmen. Diese Sorge wurde bisweilen aber auch zu einem umfassenden Katastrophengefühl gesteigert, das um Stichworte wie »Waldsterben« oder »saurer Regen« auch völlig unrealistische Weltuntergangsängste entwickelte.

Dieses apokalyptische Bewusstsein führte bei manchen zu einer umfassenden Systemkritik. Für die einen war der Kapitalismus die universale Ursache alles Bösen. Andere, und manchmal auch die Gleichen, sahen überall Anzeichen eines drohenden Faschismus. Die evangelikale Endzeitstimmung ist im historischen Rückblick auch Teil einer apokalyptischen Gesamtstimmung der Bundesrepublik Deutschland dieser Zeit.

Die evangelikale Endzeitstimmung war immer auch Teil einer apokalyptischen Gesamtstimmung dieser Zeit.

Zugleich ist nicht zu verkennen, dass diese apokalyptische Anspannung ein Gegenschlag war zum Optimismus, ja Utopismus der Nachkriegszeit. Vielerorts sprach man von einem neuen Menschen und einer neuen Gesellschaft. Utopisches Denken hatte Hochkonjunktur. Selbst die Versammlung der römisch-katholischen Kardinäle ließ sich auf dem Zweiten Vatikanischen Konzil zu einer sehr optimistischen Zukunftserwartung hinreißen. 1961 versprach John F. Kennedy, noch im selben Jahrzehnt Menschen auf den Mond landen zu lassen, ohne dass technisch absehbar war, wie so etwas gelingen sollte. 1969 sprach Neil Armstrong seine berühmten Worte über den großen Schritt der Menschheit. Utopisten hatten Gründe, sich als Realisten zu fühlen. Und umgekehrt: Utopische Hoffnungen auf einen neuen Menschen, der die bisherigen Probleme der Weltgeschichte ein für alle Mal in den Griff kriegen würde, konnten ihrerseits berechtigte Angst auslösen.

Grundsätzlich ist zu dieser Frage theologisch zu sagen: Apokalyptische Texte gehören zur Heiligen Schrift. Texte wie das Buch Daniel oder die Offenbarung des Johannes sind unverzichtbarer Bestandteil des christlichen Glaubens. Hier wird die Realität des Bösen in der Welt ernst genommen, ebenso wie Gottes endzeitlicher Sieg über alle Mächte des Bösen und der Hölle. Apokalyptische Denkmuster sind nicht einfach falsch. Ihre Grundzüge sind schlicht und einfach biblisch:

- die massenhafte Verführbarkeit der Menschen zum Bösen
- die Menschenverachtung imperialer Herrschaftsansprüche

- die Gefahr grenzenlosen Machtstrebens von Weltmächten und ihr Absolutheitsanspruch, wie er im Kaiserkult in der römischen Antike zum Ausdruck kam
- die Erfahrung von Ausgrenzung und Verfolgung

All das wurde in der Geschichte des Judentums und des Christentums immer wieder erlebt. Nicht zuletzt das Dritte Reich ließ sich sehr treffend mit apokalyptischen Sprachmitteln als antichristliche Verführung und Entfaltung eines teuflischen Totalitarismus beschreiben. Es wäre völlig unsinnig, so etwas für die Zukunft einfach auszuschließen.

Nicht die apokalyptischen Muster als solche sind das Problem, sondern ihre ausschließliche Anwendung in der tiefen Überzeugung, dass es nur noch abwärtsgehen kann. Einseitige apokalyptische Zukunftsdeutungen verfehlen die Dialektik biblischer Verheißungen. Die biblischen Texte sind voller Unheilsankündigungen – und voller Verheißungen. Die Zukunftserwartung der Bibel kennt apokalyptische Warnungen und messianische Hoffnungen. Die großen Kirchen-Familien wie die katholische, die lutherische, klassisch-reformierte, anglikanische, methodistische und baptistische haben aus guten Gründen darauf verzichtet, sich vom Ende der Welt irgendeine fahrplanförmige Vorstellung zu machen.

– – –

Fair, aber nicht neutral: In meinen Augen sind diese Wellen apokalyptischer Vereinseitigung eine höchst problematische Fehlentwicklung der jüngeren evangelikalen Bewegung. Diese Weltanschauung ist alles Mögliche, aber ganz sicher kein Bestandteil eines historischen oder orthodoxen Christentums. Aber faktisch ist ein solches Denken in nicht wenigen evangelikalen Strömungen mehrheitsfähig geworden. Franz Stuhlhofers Buch *Die Irrtümer der Endzeitspezialisten* (1992)[213] hat schon vor dreißig Jahren die problematischen Aspekte herausgearbeitet, die ich hier zusammenfassen und ergänzen möchte.

Eine solche apokalyptische Weltwahrnehmung bringt eine permanente ideologische Verzerrung mit sich – mit folgenden Merkmalen:

- Biblische Spekulationen: Die biblischen Texte werden einer harmonisierenden Systematisierung unterworfen, die biblisch nicht haltbar ist. Diese Geschichtsschemata täuschen eine Eindeutigkeit und Einheitlichkeit aller biblischen Einzelaussagen vor, die die Texte nicht hergeben. Die apokalyptische Bibelauslegung beruht auf willkürlicher Kombination biblischer Aussagen, ohne Berücksichtigung des jeweiligen Kontextes und der ursprünglichen Aussageabsicht der biblischen Autoren. Das vermeintlich reformatorische Prinzip, die Bibel mit der Bibel zu erklären, wird in diesem Bereich von einer höchst spekulativen Fantasie missbraucht, die auch in der seriösen konservativ-evangelikalen Exegese eindeutig abgelehnt wird.[214] Die Folge einer solchen Bibelauslegung ist ein ideologisch verzerrter Blick auf die Weltgeschichte.
- Historische Irrtümer: Die Endzeitbücher waren voller kühner Behauptungen, in welche Richtung sich die Dinge entwickeln werden. Sie haben sich geschichtlich nicht bestätigt.[215] Viele Zukunftsprognosen sind durch die tatsächlichen Entwicklungen längst widerlegt worden. Die Geschichte des apokalyptischen Denkens ist aufschlussreich. Evangelikale sahen schon vor 60 Jahren, vor 90 oder 120 Jahren überall Anzeichen massiven moralischen Niedergangs, d. h. in Zeiten, die heutigen Frommen

noch als »gute alte Zeit« gelten. Eine selbstkritische Aufarbeitung früherer Fehlurteile findet kaum statt.

- Feinddenken: Evangelikale reden vom Bösen, und das aus guten Gründen, denn es ist eine Realität. Auch Jesus von Nazareth redete von Feinden. Und er gibt sogleich ein klares Gebot, mit welcher Haltung man dem Feind gegenüberzutreten habe. Im apokalyptischen Denken ist die Haltung gegenüber den Feinden nicht erbarmende Liebe, sondern eine Mischung aus Angst und Wut. Mit Gegnern und Kontrahenten kann man sich streiten. Man kann in der Auseinandersetzung mit ihnen lernen, bei Bedarf zu Kompromissen zu finden, die nur dann gut sind, wenn sie allen wehtun. Im Feinddenken gibt es nichts dergleichen. Die apokalyptische Sprache schafft beständige Feindseligkeit. Gesamtgesellschaftliche Entwicklungen gelten als gesteuert von mächtigen Lobby-Gruppen (LGBTQ*-Lobby, Genderisten, Kulturmarxisten etc.). Zusammenhänge zu verstehen scheint dann identisch zu sein mit: den Schuldigen zu kennen.
- Populistische Politik: Komplexe politische Fragen werden nach Möglichkeit heruntergebrochen auf einfache Alternativen. Auch da, wo man nicht mehr an die konkreten Inhalte apokalyptischer Weltdeutung glaubt, beispielsweise nicht ernsthaft mit der bevorstehenden Errichtung einer neuen Weltordnung im antichristlichen Geist rechnet, bleibt man von einem Gegendenken bestimmt.
- Gegensatz-Denken: Zur Gesellschaft, dem Zeitgeist und dem Mainstream sieht man sich grundsätzlich im Gegensatz. Bei vielen Fragen gilt: Schwarz oder Weiß, wir oder die, Zeitgeist oder Gottesgeist. Eine solche Weltsicht macht zu realistischer und kritischer Wirklichkeitswahrnehmung unfähig. Wo dieses Denken bestimmend ist, ist alles Fremde und Neue prinzipiell erst

einmal verdächtig. Es gibt keine grundsätzliche Bereitschaft, auf die Wahrheitsfähigkeit und das Wohlwollen der Mitmenschen zu setzen. Wer für Dialog und Überwindung von Feindbildern eintritt, macht sich verdächtig, nicht mehr wirklich bibeltreu zu sein. Die eigene Gruppe ist stark von einer Unterscheidung von Drinnen und Draußen bestimmt. Die prinzipielle Abgrenzung vom jeweiligen Zeitgeist gilt als grundsätzlich richtig. So wird die Warnung vor den Ideologien dieser Welt selbst ideologisch. Denn das negative Urteil über Zeitentwicklungen steht vielfach schon vor jeder näheren Prüfung fest.

- Zukunftspessimismus: Der Staat und noch stärker internationale Organisationen werden mit grundsätzlichem Misstrauen und Skepsis betrachtet. Man hält zwar an grundsätzlicher Unterordnung unter staatliche Anordnungen fest, rechnet aber gleichzeitig immer mehr mit totalitärem Machtmissbrauch der Führungselite. Ein von einer solchen Weltsicht geprägtes politisches Engagement verfolgt keine Ziele einer positiven Gesellschaftsentwicklung mehr.

Apokalyptischer Politik geht es nicht um sozialen Zusammenhalt, Integration und Interessenausgleich. Apokalyptische Politik denkt von der Verhinderung vermeintlicher Gefahren her. Sie will Gefahren abwenden (beispielsweise den Sumpf des tiefen Staates trockenlegen) und Bedrohungen ausschließen (zum Beispiel mit Mauern). Endzeitdenken erlaubt keine theologisch durchdachte und realistische Sozialethik. Schon die Wahrnehmung der globalisierten Moderne wird stärker als Gefahr erlebt, als dass sie erst einmal realistisch analysiert wird.

Von dieser Weltsicht gibt es keinen Zugang mehr zur evangelikalen Sozialethik, wie sie in den Lausanner Kongressen entwickelt worden ist. Im apokalyptischen Denken zeigt sich eine ungeheure kulturelle Desintegration. Wer so denkt, fühlt sich in dieser Welt grundsätzlich fremd. Solche Gläubigen sehen sich nicht mehr in einer grundsätzlichen Solidargemeinschaft mit ihren nicht gläubigen Nachbarn und Nächsten.

Die Folgen einer derartigen Desintegration sind schwerwiegend. Die beiden nächsten Kapitel werden das zeigen.

8. FUNDAMENTALISMUS

DEFINITIONSSCHWIERIGKEITEN

Eine klassische Frage zum Thema Evangelikalismus ist natürlich: Sind Evangelikale Fundamentalisten?

Alles hängt daran, was man mit Fundamentalismus meint. Es gibt völlig unterschiedliche Definitionsansätze:[216]

- Bibelhermeneutik: Für manche ist Fundamentalismus durch ein bestimmtes Verständnis der Bibel gekennzeichnet, indem diese als das irrtumslose Wort Gottes definiert wird.
- Abgrenzung von der Welt: Für andere ist im Fundamentalismus eher eine soziale Haltung der strengen Abgrenzung von der Welt entscheidend.
- Kulturkrieg: Wieder andere sehen den Fundamentalismus vor allem durch eine kämpferische Einstellung gegen die moderne Welt, gegen andere Religionen und Weltanschauungen oder auch die liberalen Kirchen bestimmt.
- Politische Gewaltbereitschaft: Und zuletzt gibt es auch Stimmen, die von Fundamentalismus erst da reden wollen, wo er eine politische Haltung verkörpert, die zu Gewalt gegenüber Andersgläubigen aufruft.

Woher kommen diese Gegensätze? »Fundamentalismus« war eine Zeit lang eine Selbstbezeichnung bestimmter streng konservativer Protestanten. In den letzten Jahrzehnten begegnet uns dieses Wort nur noch als Fremdbezeichnung. Wie kam es dazu?

Ein erster entscheidender Einschnitt liegt im Jahr 1979. Die revolutionäre Veränderung des Iran zu einem schiitischen Gottesstaat markierte eine weltgeschichtliche Zäsur. Bald wurden diese Muslime als islamische Fundamentalisten bezeichnet. Nach dem 11. September 2001 war Fundamentalismus endgültig keine Selbstbezeichnung bestimmter christlicher Gruppen mehr. Fundamentalismus wurde zum Dachbegriff radikaler Religiosität.[217] Die Folgen für die christliche Welt waren einschneidend: Diejenigen Gruppen, die sich selbst als Fundamentalisten bezeichnet hatten, gingen geschlossen dazu über, den Begriff entschieden abzulehnen. Sie nannten sich in Deutschland beispielsweise vielfach Bibeltreue. Oder auch einfach: Evangelikale. Fundamentalisten sind fortan immer die anderen.

Für Fundamentalismus gibt es keine neutrale Definition.

Für Fundamentalismus gibt es keine neutrale Definition.[218] Jede Verwendung des Begriffs ist immer schon verwickelt in Deutungskämpfe. Das Wort Fundamentalismus hat in der öffentlichen Wahrnehmung eine fast ähnlich schneidende Kraft wie Rassismus oder Antisemitismus. Aus der früheren Selbstbeschreibung wurde eine Diagnose. Und als Diagnose ist es von Anfang an eine Ausgrenzung.

Wenn du jemanden als Fundamentalisten bezeichnest, brandmarkst du ihn. »Die sind nicht zurechnungsfähig. Die sind nicht integrierbar. Jedes Gespräch ist sinnlos. Denn die sind gefährlich.« Darum kann am Anfang keine Definition stehen. Einmal mehr ist es nötig, die Geschichte des Konzepts und der damit verbundenen Bewegungen zu erzählen.

GLAUBENSFUNDAMENTE UND SOZIALER RÜCKZUG

Wann ist der Begriff des Fundamentalismus in der Geschichte aufgetaucht?

Wie im geschichtlichen Überblick im zweiten Kapitel gesehen, handelt es sich um eine Bewegung des frühen 20. Jahrhunderts.[219] In den Jahren 1910–1915 wurde eine Reihe von insgesamt 12 Broschüren veröffentlicht, die insgesamt beinahe drei Millionen Mal verbreitet wurde. Der Titel dieser Reihe lautete *The Fundamentals: A Testimony of Truth*[220]. Aus diesem Titel leitete sich der Name für die Bewegung insgesamt ab. Auf breiter Front betrieben die Autoren eine kritische Auseinandersetzung mit der Moderne. Sie definierten zugleich einige zentrale Wahrheiten, an denen die Christenheit unbedingt festhalten müsse: die absolute Autorität der Bibel, die Jungfrauengeburt, das stellvertretende Sühneopfer und die leibliche Auferstehung Jesu sowie die bevorstehende leibliche Wiederkunft des Herrn.

Der Geist dieser Texte hat eine längere Vorgeschichte. Dieser Fundamentalismus ist nicht zu verstehen ohne den apokalyptischen Kulturpessimismus, den wir in Kapitel 7 kennengelernt haben. Er fokussiert sich nicht nur auf einige rein theologische Haltungen. An diesen Themen verdichtet sich eine antimoderne, kulturpessimistische Weltsicht insgesamt. Dabei setzte man sich sowohl mit kritischen Erscheinungen der Gegenwart auseinander als auch mit dem als verheerend empfundenen Versuch des modernen Christentums, sich auf die geistigen Voraussetzungen der Moderne einzulassen.

Die rasante Entwicklung der Welt und das zunehmende Auseinanderdriften kirchlicher und gesellschaftlicher Realität spürten alle. Die Entwicklung wurde nur unterschiedlich gedeutet. Die Liberalen beklagten die zunehmende Entfremdung der Gesellschaft und der Religion. Sie hielten es für nötig, den christlichen Glauben für ihre Zeit neu zu formulieren. Dafür müsse die Theologie die Entwicklung der Wissenschaften ernst nehmen. Die naturwissenschaftlichen Entdeckungen der Neuzeit bis hin zur Evolutionslehre sollten anerkannt werden. Auch müsste die Bibel mit den Mitteln der modernen Geschichtswissenschaften interpretiert werden. Schließlich sollte Kirche aus der Beschäftigung mit sich selbst heraustreten und sich an der Gestaltung der modernen Gesellschaft beteiligen. Für die Konservativen war die Kirche auf diesem Weg längst viel zu weit gegangen. Vielmehr habe die Kirche mit jeder Form eines modernistischen Evangeliums zu brechen.

Die Auseinandersetzungen der Fundamentalisten und der Modernisten zogen sich durch die 1920er-Jahre. Evangelikale sammelten sich mehr und mehr in eigenständigen Kirchenbünden, Gemeinden und parakirchlichen Werken, weil sie merkten, dass sie als lose verbundene Strömung innerhalb der zunehmend liberalen *Mainline Churches* keine Entfaltungsmöglichkeit mehr hatten.

Wie gesehen kam es nach dem Zweiten Weltkrieg zu einer neuen Entwicklung unter den bibelfrommen und missionarischen Protestanten. Die oft sogenannten »neuen Evangelikalen« grenzten sich ab vom Fundamentalismus. Sie öffneten sich entschieden für die Evangelisation mithilfe moderner Technologie und zeitgemäßer Medien. Sie nutzten die Musik und Mode ihrer Zeit. Sie gründeten wissenschaftliche Einrichtungen, die nach akademischer Exzellenz strebten. Und nicht zuletzt suchten sie die Zusammenarbeit mit möglichst vielen Gläubigen, die sich für Evangelisation einsetzten. Pragmatismus trat an die Stelle prinzipieller Abgrenzung. Als Fundamentalismus galt nun vor allem die soziale Haltung einer radikalen Abgrenzung von der modernen Kultur. In der zweiten Hälfte des zwanzigsten Jahrhunderts wurde es üblich, in diesem Sinne zwischen evangelikal und fundamentalistisch zu unterscheiden.[221] Komplizierter ist es in der Frage des Bibelverständnisses. Wir machen uns das an einer zentralen Schlüsselfrage klar.

SCHRIFTVERSTÄNDNIS UND KREATIONISMUS

Das bedeutsamste Kriterium für Fundamentalismus ist für viele das Bibelverständnis. Schon in der ersten Hälfte des 20. Jahrhunderts wurde die Irrtumslosigkeit der Bibel deutlich betont. Nun hat dieser Anspruch mehrere Dimensionen. Am wichtigsten dürften die Überzeugungen sein, dass

- alle in der Bibel erzählten Ereignisse als tatsächliches Geschehen anerkannt werden.
- alle in der Bibel benannten Weissagungen wirklich Erfüllung gefunden haben bzw. noch finden werden.
- alle biblischen Gebote, so sie nicht ausdrücklich innerhalb der Schrift aufgehoben werden, auch heute noch verbindlich sind.
- alle biblischen Äußerungen miteinander in Harmonie stehen und keine grundlegenden Spannungen oder gar Widersprüche zwischen Textaussagen angenommen werden.
- alle biblischen Beschreibungen der Wirklichkeit Gottes, der Welt und des Menschen als Wahrheit akzeptiert werden, ohne Unterscheidung von wörtlicher, metaphorischer oder symbolischer Ebene.

Vor allem der letzte Punkt gewann im Laufe des letzten Jahrhunderts an exemplarischer Relevanz. Denn wenn man einen solchen Anspruch der Irrtumslosigkeit aufstellt, ist klar, dass er sich nicht mit Ausnahmen verträgt. Daher muss dieses Schriftverständnis gerade auch bei vermeintlich schwierigen Fällen durchgehalten werden. Von Anfang an spielte der Umgang mit der Evolutionstheorie Charles Darwins eine gewichtige Rolle.[222] In diesem Konflikt lassen sich mehrere Phasen unterscheiden.

1. PHASE: WISSENSCHAFTLICHE DISKUSSION

Die Evolutionslehre Darwins fand seit ihrer Veröffentlichung 1859 sehr viel Aufmerksamkeit. Faktisch dauerte es aber noch Jahrzehnte, bis sie sich international durchsetzen konnte. Erst mit der synthetischen Evolutionstheorie, die durch die Integration der modernen Genetik in den 1930er- und 1940er-Jahren entwickelt wurde, war ihr wissenschaftlicher Siegeszug abgeschlossen. Bis dahin gab es noch lange Zeit auch innerhalb der Wissenschaftswelt kritische Einwände im Einzelnen und teilweise auch grundsätzlich.

In der Zeit dieser wissenschaftlichen Diskussion der Evolutionslehre gab es unter den konservativsten Protestanten unterschiedliche Meinungen. Manche lehnten die Evolutionslehre grundsätzlich ab. Sie konnten sich dabei auf Einwände berufen, die auch wissenschaftlich noch ernsthaft diskutiert wurden. Andere hingegen deuteten frühzeitig an, dass die Wahrheit einer langen Entwicklungsgeschichte nicht als Widerspruch zum Schöpfungsglauben gedeutet werden müsse (zum Beispiel Charles Hodge). Interessanterweise gab es auch unter den Verfassern der sogenannten *Fundamentals* in dieser Frage unterschiedliche Positionen. Die klassischen Fundamentalisten vertraten keine einhellige Ablehnung der Evolutionslehre.

2. PHASE: VARIANTEN DES KREATIONISMUS

In der Folgezeit entstanden unterschiedliche Varianten, wie die Schöpfung angesichts der neueren Biologie gedacht werden könne. Verkürzt lassen sich drei unterscheiden:

- Alte-Erde-Kreationismus: Eine solche Sicht akzeptiert faktisch die modernen Nachweise einer langen Entwicklungsgeschichte. Entscheidend ist hier die These, dass die Entstehung des Lebens als solches wie auch der Durchbruch des menschlichen Geistes nicht ohne Eingriff Gottes von außen möglich gewesen wären. Die biblischen sechs Tage werden als symbolische Abschnitte gedeutet, die viel länger gedauert haben mögen.
- Vorzeit-Kreationismus: Eine Variante dieses Ansatzes sieht zu Beginn der Schöpfungsgeschichte einen gewichtigen Einschnitt. Zwischen dem Anfang der Schöpfungserzählung von Genesis 1 mit Vers 1 und der Beschreibung der Erde als »wüst und leer« in Vers 2 wird ein langes Intermezzo angenommen, das durch den Fall des Teufels und eine Zerstörung der ursprünglichen Schöpfung bestimmt sei. Die Erde mag daher sehr viel älter sein als eine Woche. Die Schöpfungsgeschichte beschreibe eher Gottes Neuordnung der Welt für den Menschen.
- Kurze-Erde-Kreationismus: Am konsequentesten erschien wieder anderen die Auffassung, dass es sich in Genesis 1 tatsächlich um sechs 24-Stunden-Tage gehandelt habe – und dies vor circa 6000 Jahren.

3. PHASE: DER SIEGESZUG DES JUNGE-ERDE-KREATIONISMUS

Erst nach dem Zweiten Weltkrieg setzte sich unter den konservativen Evangelikalen die Auffassung einer jungen Erde durch. Die anderen Formen des Kreationismus schienen einen Kompromiss mit der modernen Wissenschaft finden zu wollen und den biblischen Text symbolisch auszulegen.

Diese Entwicklung mag verwundern. Denn die heutige Datierung des Erdalters auf 4,55 Milliarden Jahre wurde erstmals 1953 mithilfe der Uran-Blei-Datierung bestimmt. Das Alter des Universums wird seit 1958 auf 13,7 Milliarden Jahre berechnet. Noch zwei Generationen zuvor gingen viele von einem sehr viel jüngeren Alter der Welt aus.

Seither haben sich die wissenschaftlich einhellig geteilten Altersangaben zum Universum nicht mehr nennenswert verändert. Warum entschieden sich viele Evangelikale ausgerechnet in der Zeit für ein junges Erdalter, in der die Wissenschaft zu einem sehr gut begründeten Konsens fand?

»No geological difficulties, real or imagined, can be allowed to take precedence over the clear statements and necessary inferences of Scripture.«
Henry M. Morris

Ein wichtiger Grund war das 1961 erschienene Buch *The Genesis Flood* von Henry M. Morris (1918–2006) und John C. Withcomb.[223] Dieses Buch setzte nicht nur die Irrtumslosigkeit der Bibel in allen Fragen voraus, es trug auch eine Vielfalt von Naturbeobachtungen zusammen, die ein kurzes Erdalter und die Historizität einer weltweiten Sintflut[224] beweisen sollten. Die Sintflut bekam in dieser Debatte eine ganz neue Bedeutung: Die völlige Umgestaltung der Welt durch eine furchtbare Katastrophe sei auch der Grund, warum man der Mainstreamforschung nicht trauen könne. Denn diese gehe einfach von der Konstanz der Verhältnisse aus, wie wir sie kennen. Eine umfassende Flut aber würde die Gestalt der Erde in einer Weise verändert haben, dass wir mit unseren Messmethoden nicht seriös in die ferne Vergangenheit zurückblicken können.

Zunehmend galt es unter streng Gläubigen als verbindlich, ein junges Alter der Erde anzunehmen, jede allmähliche Entwicklung des Lebens zu bestreiten, an Adam und Eva als historische Personen zu glauben und den Tod insgesamt als Folge der Sünde der ersten Menschen anzusehen. Eine allmähliche Entwicklungsgeschichte der Arten vor der Existenz des modernen Menschen ist damit ausgeschlossen.

– – –

Der faktische Hauptgrund für den Übergang zu einem Junge-Erde-Kreationismus lag in einer grundsätzlichen Betonung der absoluten Autorität der Bibel. Lange Zeit waren es eher christliche Sondergruppen wie die Adventisten, die am stärksten an eine junge Erde glaubten, während es unter den Evangelikalen in der ersten Hälfte des 20. Jahrhunderts eine Frage war, die sehr unterschiedliche Antworten fand. Erst mit der Radikalisierung der Gegenpositionen zur modernen Wissenschaft und zur modernen Theologie bildete sich zumindest in den USA eine Mehrheit bei den Evangelikalen, die die Anerkenntnis der absoluten Wahrheit der Schöpfungsgeschichte als notwendigen Bestandteil des Glaubens ansahen.[225]

Der jüngste Denkansatz zu dieser Frage, die Theorie des *Intelligent Design*, spielt in der Debatte eine besondere Rolle. Es gibt moderne Biologen, die die Ergebnisse der Forschung anerkennen. Sie bestreiten aber, dass die bislang entdeckten biologischen Mechanismen ausreichend sind, um eine natürliche Erklärung für die Entwicklung des Lebens zu liefern. Die Komplexität des Lebens sei so ungeheuerlich, dass man Zufall und Notwendigkeit als alleinige Mechanismen sogar ausschließen könne. Vielmehr sprechen die Befunde dafür, dass das Leben nicht ohne einen intelligenten Designer außerhalb der natürlichen Wirkmechanismen entstanden sein kann.

Letztlich handelt es sich bei dieser These um eine klassische teleologische Argumentation (*telos* = Zweck). Die Zweckhaftigkeit einer Formation wird als Beweis bzw. Hinweis gedeutet für einen Zwecksetzer. Diese Frage nach möglichen Zwecken unterläuft freilich die zentrale naturwissenschaftliche Frage nach dem Ursache-Wirkungs-Verhältnis. Insofern ist es eine wissenschaftstheoretische Diskussion, ob dieses Argument überhaupt in den Naturwissenschaften eine Rolle spielen darf oder ob es sich um eine religionsphilosophische Betrachtung handelt. Solche Diskussionen können und müssen natürlich geführt werden; an ihrem Ort sind sie völlig legitim. Nicht selten wird dieses Argument allerdings gebraucht, um die Glaubwürdigkeit der Evolutionslehre insgesamt zu diskreditieren und um aus dieser These eine grundsätzliche Neubewertung der Verlaufsgeschichte der Entstehung des Lebens anbahnen zu können.

Wissenschaftliche Diskussionen gibt es zwar zu allen möglichen Fragen. Aber ein hohes Erdalter und die allmähliche Entwicklung des Lebens gelten weltweit als gesicherte Erkenntnisse, denn letztlich greifen inzwischen sehr unterschiedliche Altersbestimmungsmethoden aus vielen Wissenschaftskulturen schlüssig ineinander. Radiometrische Methoden, kosmologische Beobachtungen, geologische Berechnungen etc. weisen auf völlig unterschiedliche und voneinander unabhängige Art und Weise auf ein hohes Alter der Erde hin. Wer grundsätzliche Zweifel an der Zuverlässigkeit sämtlicher Altersbestimmungsmethoden vertreten will, steht vor einem Dilemma. Er müsste letztlich nicht nur allgemein auf eine Katastrophe wie die Sintflut verweisen, sondern im Zusammenhang damit auch Änderungen der Naturgesetze annehmen. Oder man müsste sich für einen erkenntnistheoretischen Skeptizismus aussprechen, dass wir die Ordnung und Geschichte dieser Welt mit unseren Mitteln gar nicht berechnen oder erklären können. Nur: Die Naturwissenschaften sind auf Grundlage der christlichen Überzeugung entstanden, dass Gott die Welt nach vernünftigen Gesetzen geschaffen hat, die von vernünftigen Wesen wie uns erkennbar sind. Wissenschaftsskepsis ist ein Bruch mit der Christentumsgeschichte.

Die Naturwissenschaften sind aus der christlichen Überzeugung entstanden, dass Gott die Welt nach vernünftigen Gesetzen geschaffen hat, die von seinen vernünftigen Geschöpfen erkennbar sind.

Eine weitere Folge ist auch: Der Kurzzeitkreationismus kann nur im Zusammenhang mit einer globalen Verschwörungserzählung vertreten werden. Weltweit sind in allen noch so unterschiedlichen Zivilisationen, vom liberalen Westen über die islamische Welt, die römisch-katholischen Länder bis zu den großen Ländern Asiens, China und Indien, trotz aller weltanschaulichen Gegensätze die führenden Wissenschaftseinrichtungen überzeugt von einem hohen Erdalter und einer graduellen Entstehung allen Lebens. Dieser Konsens wird weltweit gestützt quer durch alle politischen Systeme, in staatlichen Einrichtungen wie in allen Zweigen des Bildungssystems sowie in den unabhängigen Medien. Die gesellschaftspolitischen Implikationen der Annahme einer weltweiten Verschwörung gegen die scheinbar biblische Wahrheit sind sehr extrem und weitreichend.

EXKLUSIVE KIRCHENBILDUNG

Nicht nur der Aufstieg des Kreationismus gehört zu den zentralen fundamentalistischen Tendenzen ab den 1970er-Jahren. Insgesamt kann man beobachten, dass die deutliche Unterscheidung von evangelikal und fundamentalistisch in den USA immer stärker verwischt. In vielen evangelikalen Einrichtungen wird zunächst im Zuge der Öffnung für die Moderne auch eine zunehmende Anwendung historischer Schriftauslegung praktiziert. Ab den 1970er-Jahren kam es zu einer Gegenreaktion unter den Evangelikalen. Die Offenheit in Wissenschaft und die Beteiligung an kulturellen Entwicklungen vor allem an den Ausbildungsstätten ging vielen an der Basis zu weit. Dabei wurden die neuen Maßstäbe für Bibeltreue nun deutlich schärfer als das, was im 19. und frühen 20. Jahrhundert noch als konform gegolten hätte. Besonders eindrücklich studieren kann man das an der Geschichte der *Southern Baptists Convention* (SBC).

Die SBC ist auch heute noch die mit Abstand größte protestantische Denomination der USA. Gegründet wurde sie im 19. Jahrhundert im Zuge der Auseinandersetzung zwischen den Nord- und den Südstaaten. Während die Baptisten im Norden sich für die Ächtung der Sklaverei einsetzten, sahen die Baptisten im Süden dazu keinen Anlass. Im Laufe der Geschichte ist die SBC zunehmend eine in ganz Amerika vertretene Kirche geworden.

Im Zuge der stärker verwissenschaftlichten Ausbildung kam es auch in den Seminaren der SBC zunehmend zur Anerkennung moderner wissenschaftlicher Hypothesen zur Geschichte der Bibel. Als sich herumsprach, dass auch an den Ausbildungsstätten der SBC nicht mehr an traditionellen Vorstellungen wie der Verfasserschaft der fünf Bücher Mose durch Mose selbst festgehalten würde, kam es zu einem organisierten Gegenprotest. Im Jahr 1979 traf man die klare Vereinbarung[226]: Die Teilnehmer eines Flughafentreffens sollten beginnen, die Baptisten in ihren Bundesstaaten über den Stand der Dinge in den theologischen Ausbildungsstätten zu informieren. Als Ziel müsse unbedingt die Wahl eines konservativen Präsidenten der SBC gelten. Das fernere Ziel müsse die Verbindlichkeit der Lehre von der Irrtumslosigkeit bzw. Unfehlbarkeit der Bibel sein. Alle Aussagen der Bibel müssen in ihrem sachlichen Gehalt als richtig anerkannt sein, historisch und naturwissenschaftlich. Das betrifft auch alle Verfasserangaben der Bibel. Sodann müsse die schon begonnene Einführung der Frauenordination gestoppt werden. Schließlich sei das Verhältnis von Mann und Frau wieder bibeltreu zu verstehen im Sinne einer Führungsrolle des Mannes und einer willigen Unterordnung der Frau. Verantwortliche Leitung in der SBC dürfe nur noch ausgeübt werden von Männern, die sich diesen Grundsätzen unterstellen.

Die Strategie war eindeutig:

- Vernetzung: zur Sammlung konservativer Kräfte
- Polarisierung: Aufstachelung der Gemeindebasis gegen Leitungskräfte und Theologen an den Seminaren
- Ideologisierung: eindeutige und verbindliche Festlegung der Lehre und Beendigung theologischer Debatten
- Hegemonie: vollständige Übernahme von Organen und Werken

In den nächsten zehn Jahren wurde die Kirche mit ihren damals rund 15 Millionen Mitgliedern komplett auf die inhaltliche Linie dieses Netzwerkes verpflichtet. In der Endphase war man nicht bereit, Angestellte mit auch nur hier und da abweichenden Überzeugungen zu dulden. Es durfte keine Frau auf der Kanzel geben, keinen einzigen Theologen, der sich nicht zur buchstäblichen Wahrheit des Schöpfungsberichtes bekannte. Entsprechend wurden die Bekenntnisse der Kirche grundlegend erneuert. 1963 hieß es noch gut reformatorisch, dass Jesus Christus selbst das entscheidende Kriterium für die

Auslegung der Heiligen Schrift sei.[227] Was in der deutschsprachigen Theologie reformatorischer Prägung selbstverständlicher Konsens ist, wurde nun als vermeintliches Gegeneinander-Ausspielen von Bibel und Jesus verunglimpft. In der erneuerten Version von 2000 wird der Wahrheitsanspruch der Schrift dem Christusbekenntnis faktisch vorgeordnet.[228]

Dieser radikale Umbau der Kirche hatte Konsequenzen. Viele Moderate wie zum Beispiel der ehemalige US-Präsident Jimmy Carter verließen die SBC. Die Southern Baptists ließen ihrerseits nie Zweifel an ihrer Radikalität. Sie waren bis dahin die weltweit größte baptistische Kirche, die auch für den globalen Bund der Baptisten mit Abstand am meisten Gelder beisteuerte. Als die *Baptist World Alliance* gefragt wurde, ob sie auch Gemeinden aufnehmen würde, die sich in den USA von der SBC getrennt hatten, drohte die SBC mit Austritt. Die Baptisten weltweit ließen sich davon jedoch nicht einschüchtern. 2004 erklärte die SBC ihren Austritt aus dem Weltbund der Baptisten. Bis zum Jahr 2006 waren die *Southern Baptists* kontinuierlich gewachsen. Seither begannen sie zu stagnieren und schließlich zu schrumpfen.

DIE CHICAGOER ERKLÄRUNG

Sowohl der Kreationismus als auch die kämpferische Kirchenpolitik vieler US-Evangelikaler werden mit dem Verständnis der Bibel als dem irrtumslosen Wort Gottes begründet. Ausdrücke wie »Unfehlbarkeit« oder »Irrtumslosigkeit« sind jedoch keineswegs eindeutig. Auch das Lehramt der katholischen Kirche kann sie beispielsweise verwenden und gleichzeitig die Erkenntnisse der modernen Naturwissenschaften akzeptieren. Trotz konservativem Bibelverständnis gibt es auch unter traditionell katholischen Gläubigen kaum Kreationisten.

Bibelfundamentalismus gibt es in höchst unterschiedlichen Ausprägungen. Orientieren wir uns an der seriösesten Form: den Chicagoer Erklärungen (1978–1986). 1977 wurde ein *Internationaler Rat für biblische Irrtumslosigkeit* gegründet. Die Neukonstituierung dieser Gruppe zeigt, wie es in diesen Jahren zu einer Gegenbewegung gegen die Öffnungen der letzten Jahrzehnte kommt. 1978 veröffentlichte man gemeinsam die Chicago-Erklärung, das *Chicago Statement on Biblical Inerrancy.*[229]

Schon der Name des Rates zeigt, dass man sich von Anfang an auf die Verteidigung des Konzepts biblischer Irrtumslosigkeit festgelegt hatte. Die spannende Frage war: Wie würde dieser Begriff gefüllt werden? Es ist erstaunlich, wie wenig sich dieses Bekenntnis um eine biblische Ableitung seiner eigenen Grundbegriffe bemüht. Weder zu Schlüsselbegriffen wie Offenbarung oder Inspiration noch zum Verständnis von Wahrheit und Irrtum finden sich biblisch-theologische Ausführungen. Ganz analytisch heißt es zunächst: »Die Anerkennung der völligen Wahrheit und Zuverlässigkeit der Heiligen Schrift ist für ein völliges Erfassen und angemessenes Bekenntnis ihrer Autorität unerlässlich.« Der zentrale Gedanke der Irrtumslosigkeit wird stark logisch hergeleitet: »Gott, der selbst die Wahrheit ist und nur die Wahrheit spricht, hat die Heilige Schrift inspiriert.« Daraus folgt: »Da die Schrift vollständig und wörtlich von Gott gegeben wurde, ist sie in allem, was sie lehrt, ohne Irrtum oder Fehler.«

Es wird eingeräumt, dass diese Aussage streng genommen nur für die ursprünglichen Handschriften gilt, die wir gar nicht haben. Die große Genauigkeit der Überlieferung wird einfach ohne nähere Diskussion unterstellt. Entscheidend ist die uneingeschränkte Geltung der Irrtumslosigkeit. In Artikel 12 heißt es ausdrücklich:

> Wir verwerfen die Auffassung, daß sich die biblische Unfehlbarkeit und Irrtumslosigkeit auf geistliche, religiöse oder die Erlösung

> betreffende Themen beschränke und Aussagen im Bereich der Geschichte und Naturwissenschaft davon ausgenommen seien.

Diese Formulierung grenzt sich eindeutig ab von Tendenzen der damaligen evangelikalen Exegese, die theologische Botschaft der Bibel zu akzeptieren, nicht aber zeitgenössische Anschauungen der biblischen Zeit übernehmen zu wollen. Die Verfasser der CE halten aber jede Trennung von Theologie auf der einen Seite und Geschichte und Natur auf der anderen Seite für problematisch. Es gehöre nun einmal zur biblischen Offenbarung, dass Gott sich in Raum und Zeit offenbart. Nur: Die Erklärung belässt es nicht dabei, sich zu Gottes Handeln in Raum und Zeit zu bekennen. Sie bezieht sich nicht auf die geschöpfliche Wirklichkeit, sondern ausdrücklich auf den »Bereich der Geschichte« und der »Naturwissenschaft« und damit auf zwei Perspektiven auf die Welt, die so in den biblischen Texten offensichtlich gar nicht reflektiert werden.

Aus Respekt vor der biblischen Autorität müssen Dinge für wahr gehalten werden, die nach wissenschaftlichem Konsens mindestens hochproblematisch sind.

Damit ist ein ungeheurer Anspruch erhoben. Denn durch diese Festlegung entsteht die Möglichkeit, die andere moderne Evangelikale eigentlich verhindern wollten: dass aus Respekt vor der biblischen Autorität Dinge für mit Sicherheit wahr gehalten werden müssen, die nach wissenschaftlichem Konsens mindestens hochproblematisch sind. Damit wird auf dem ersten Blick nicht weniger als die Logik der modernen Wissenschaft aufgehoben. Ist es nicht der Grundkonsens der Wissenschaften seit dem 17. Jahrhundert, dass die Wahrheit unteilbar ist, das heißt, dass etwas, was in der einen Wissenschaft (zum Beispiel der Chemie) als erwiesen gilt, nicht in einer anderen (zum Beispiel der Physik) ignoriert werden kann?

Wie kommen ausgerechnet Theologen dazu, sich vom Forschungskonsens sämtlicher Altertumswissenschaften loszulösen? Diese Schlüsselfrage wurde in Chicago intensiv bedacht. Im anschließenden Paragrafen Artikel 13 findet sich eine höchst interessante Relativierung von Artikel 12:

> Wir verwerfen die Auffassung, daß es angemessen sei, die Schrift anhand von Maßstäben für Wahrheit und Irrtum zu messen, die ihrem Gebrauch und ihrem Zweck fremd sind. Wir verwerfen ferner, daß die Irrtumslosigkeit von biblischen Phänomenen wie dem Fehlen moderner technischer Präzision, Unregelmäßigkeiten der Grammatik oder der Orthographie, Beschreibung der Natur nach der Beobachtung, Berichte über Unwahrheiten, dem Gebrauch von Übertreibungen oder gerundeten Zahlen, thematischer Anordnung des Stoffes, unterschiedlicher Auswahl des Materials in Parallelberichten oder der Verwendung freier Zitate infrage gestellt werde.

Es zeigt sich: Auch in der bibeltreuen Debatte ist das geschichtliche Denken grundsätzlich angekommen. Denn streng genommen werden hier lauter Sachverhalte angesprochen, die man im 17. und 18. Jahrhundert erst einmal als Fehler der Bibel bezeichnet hätte. Nun aber soll gelten, dass die Bibel auch dann als irrtumslos gelten kann, wenn sie den Wahrheitskriterien der Zeit ihrer Abfassung genügt. Wie aber findet man heraus, welches Geschichts- und Naturverständnis man von Erzähltexten des Orients erwarten konnte? Artikel 18 fügt hinzu, dass man auch die Gattungen der jeweiligen

Texte berücksichtigen müsse. Die Bibel selbst gibt jedoch keinen Überblick zu möglichen Gattungen, die man in ihr zu erwartet hat.

Nach der Chicagoer Erklärung ist es klar und eindeutig, dass auch konservative Evangelikale die Bibel historisch lesen müssen. Bibeltreue Schriftauslegung darf nicht einfach heutige Maßstäbe auf die biblischen Texte zurückprojizieren. Sie muss die in der Zeit der Bibel selbst geltenden Voraussetzungen für Textgattungen und Ansprüche an Geschichtstexte herausarbeiten. Kann die Chicagoer Erklärung als ein theologisches Bekenntnis gedeutet werden, das mit den Anforderungen heutiger wissenschaftlicher Theologie vereinbar ist? Nur teilweise. Von Artikel 13 her wäre es möglich, eine konservative, aber letztlich wissenschaftliche, argumentativ offene Bibelforschung zu betreiben. Jeder rationale Anspruch wird da unterlaufen, wo nicht nur ein bestimmtes Verständnis der Schrift, sondern auch eindeutige Ergebnisse jeder möglichen Exegese von vorneherein festgelegt werden sollen.

Die zweite Chicagoer Erklärung von 1982 betont: »Wir bekennen, daß 1. Mose 1–11 ebenso ein Tatsachenbericht ist wie der Rest des Buches« (Artikel 22). Damit ist jede Forschung darüber, was die Texte wirklich bedeuten können, ausgeschlossen. Denn hier werden konkrete Ergebnisse dogmatisch festgelegt, bevor die Frage nach den Gattungen oder dem zeitgenössischen Verständnis von Natur und Geschichte zur Zeit der Urschriften überhaupt begonnen hat. So wird die Bibel in allen ihren Angaben zur Verfasserschaft, zur Historizität der Ereignisse und naturwissenschaftlichen Fragen für irrtumslos erklärt, ohne Klärung, welches Verständnis von Autorschaft und Ähnlichem in der älteren Antike überhaupt gegeben war.

Die Folge ist klar: Auf der Grundlage dieses Bekenntnisses gibt es zu den Fragen keine ergebnisoffene Forschung mehr. Es gibt nur noch Apologetik.

FUNDAMENTALISMUS IN DEUTSCHLAND

ABGRENZUNG

Es ist interessant zu sehen, wie selbstverständlich noch Fritz Laubach in seinem Buch *Aufbruch der Evangelikalen* (1972) zwischen Evangelikalen und Fundamentalisten unterscheidet:

> Dr. Graham kam aus dem strengen Fundamentalismus. Im Laufe seiner Tätigkeit als Evangelist jedoch wurde seine theologische Sicht umfassender. Seine Auslegung der Bibel hat eine Entwicklung durchgemacht, die man als Weg vom Buchstaben zum geistlichen Verständnis bezeichnen könnte. … Charakteristisch für Grahams Entwicklung ist außerdem die steigende Betonung der sozialen Folgen aus dem Evangelium.[230]

Billy Graham distanzierte sich nicht nur vom ideologischen Fundamentalismus, sondern auch von seiner Praxis der strikten Abgrenzung von anderen Gläubigen. Graham tat programmatisch das Gegenteil der früheren Fundamentalisten. Er »suchte immer wieder die Zusammenarbeit mit Predigern der verschiedenen theologischen Richtungen, ob liberal oder konservativ. Bei seinen Großveranstaltungen begrüßte er es sehr, wenn die Einladung und Planung von einer Arbeitsgemeinschaft übernommen wird, die alle möglichen Schattierungen des theologischen Spektrums umfasst.«[231] Offensichtlich wurde es in der Zeit, als sich die Bezeichnung »evangelikal« in Deutschland durchsetzte, als wichtig empfunden, dass Evangelikale keinen Fundamentalismus vertreten.

Billy Graham distanzierte sich vom ideologischen Fundamentalismus und der Praxis der strikten Abgrenzung von anderen Gläubigen.

Die *Deutsche Evangelische Allianz* war von ihren Anfängen her eine Einheitsbewegung. Sie kann naturgemäß nicht theologische Sachverhalte klären und definieren, zu denen es unterschiedliche Überzeugungen unter denen gibt, die sich durch das missionarische Christuszeugnis zusammengeführt wissen. Nach dem Zweiten Weltkrieg beschäftigte sich die Allianz in Deutschland mit der Frage, ob sie der 1951 neu gegründeten *Weltweiten Evangelischen Allianz* beitreten solle, die von der Amerikanischen Allianz stark bestimmt wurde. Der vorgeschlagene Konstitutionstext lautete: »We believe in the Holy Scriptures as originally given by God, divinely inspired, infallible, entirely trustworthy.«[232]

Die auf der Gründungsversammlung anwesenden Deutschen stimmten zunächst einmal zu. Der Allianz-Vorstand in Deutschland sah sich jedoch nicht in der Lage, diese Zustimmung für sich zu übernehmen. Zusammen mit anderen europäischen Verbänden gründete man vielmehr 1952 die *European Evangelical Alliance*. Viele europäische Allianzen lehnten die Behauptung einer Irrtumslosigkeit der Bibel als fundamentalistisch ab.[233] Stephan Holthaus fasst zusammen: »Die Europäische Allianz war also nur aus einer Ablehnung gegenüber dem Fundamentalismus zustande gekommen.«[234] Erst 1968 kam es zum Anschluss der Evangelischen Allianz in Deutschland an die *Weltweite Evangelische Allianz*, als man Übereinstimmung fand, dass *infallible* (unfehlbar) nicht gleichbedeutend mit einer Inspirationslehre sei, die die völlige Irrtumslosigkeit der Bibel behauptet.[235]

In den frühen 1960er-Jahren wuchs der Widerstand gegen eine zunehmende Dominanz radikaler Bibelkritik an den deutschen theologischen Fakultäten. Gerhard Bergmanns Buch *Alarm um die Bibel* (1963) wurde von vielen als hilfreicher Widerspruch gegen diese Entwicklung empfunden. In diesem Jahr wurde der bekannte Evangelist als Redner zu einer Konferenz der Evangelischen Allianz in die Siegener Hammerhütte eingeladen. 1964 erschien der Vortrag mit einem offiziellen Vorwort der »Vorsitzenden der Deutschen Evangelischen Allianz«, des Pfarrers Paul Deitenbeck und des baptistischen Direktors Paul Schmidt, die sich beide hinter die Inhalte stellten. Bergmann kritisierte in seinem Vortrag mit guten Gründen die totale Skepsis der modernen Exegese im Blick auf die Zuverlässigkeit der biblischen Texte. Gleichzeitig grenzte er sich durchweg ab von einem fundamentalistischen Schriftverständnis, das die völlige Irrtumslosigkeit und Widerspruchsfreiheit der Bibel behauptet. Er sprach unbefangen davon, dass es in der Bibel »Legenden, Mythen und Sagen, zwischen historischen und naturwissenschaftlichen Irrtümern«[236] gebe. »Alle Verfasser [der Bibel] sind Kinder ihrer Zeit. Sie leben im Weltbild und den Vorstellungen ihrer Tage.«[237]

Bergmann übte auch exemplarisch Sachkritik an inhaltlichen biblischen Aussagen, wie zum Beispiel den Rachepsalmen: »Was hat das mit dem Geist Jesu zu tun? Gar nichts! … Solche Hass- und Rachegelüste sind wahrhaftig nicht vom Geist Gottes inspiriert.«[238] Er berief sich für solche Abstufungen ausdrücklich auf Luthers »Formel von dem, ›was Christum treibet‹«[239]. Positiv betonte er hingegen:

> Die Bibel ist Gottes Wort, und zwar als Zeugnis von Gottes Offenbarung. Die Bibel ist die Bezeugung der Botschaft Gottes an den Menschen. In ihrer zentralen Aussage ist sie der Zuruf des Ereignisses: Jesus Christus.[240]

Ausdrücklich und ausführlich kritisiert Bergmann ein fundamentalistisches Schriftverständnis als unbiblisch und schädlich: »Ein kleiner Teil der Gemeinde Jesu betreibt Vogelstrauß-Politik. Er steckt den Kopf in den Sand und macht sich so blind gegenüber den Tatsachen. Dadurch spielen diese Kreise den Bibelkritikern die Trümpfe erst recht in die Hand und sie selbst setzen sich objektiv ins Unrecht.«[241] Gemeint seien »Vertreter des Fundamentalismus«, die glauben, es sei »die Heilige Schrift unfehlbar und irrtumslos«. Erläuternd wurde in einer Anmerkung hinzugefügt: »›Fundamentalisten‹ sind streng buchstabengläubige Kreise, die in gesetzlich verengter Sicht die Unfehlbarkeit der Bibel auch in geschichtlichen und naturkundlichen Nebenfragen behaupten.«[242] Bergmann betont: »Die Fundamentalisten sind unsere Brüder. Daran gibt es nichts zu deuteln. In der Liebe sind wir vereint. Aber in der Erkenntnis sind wir getrennt. Denn der Fundamentalismus ist unbiblisch. Wenn auch gut gemeint, so entspringt er letztlich einem Sicherheitsbedürfnis. Er verdinglicht das Wort Gottes.«[243]

Fundamentalistische Gedankenwelt war in Deutschland nicht unbekannt, aber führende Evangelikale wiesen sie weitgehend zurück.

Der Vortrag von Bergmann wurde 1963 in der Siegener Hammerhütte vor 3 500 Zuhörern gehalten. Die Allianz-Vorsitzenden Schmidt und Deitenbeck verweisen in ihrem Vorwort auf den Grund der Veröffentlichung: »Der Vortrag fand so allseitigen Widerhall, dass um die Drucklegung laufend gebeten wurde.«[244] Deutlich wird dabei: Die fundamentalistische Gedankenwelt war in Deutschland nicht völlig unbekannt; ansonsten hätte es keine Auseinandersetzung mit ihr gegeben. Aber die führenden Evangelikalen haben sie weitgehend zurückgewiesen.

– – –

Auch in der Bekenntnisbewegung *Kein anderes Evangelium* war eine solche Abgrenzung vom Fundamentalismus lange Zeit die Regel. Als sich die Allianz nach dem Zweiten Weltkrieg vom amerikanischen Fundamentalismus abgrenzte, war Hellmuth Frey (1901–1982) einer der wichtigsten Fürsprecher einer solchen Linie im Hauptvorstand der Allianz. In einem Schreiben an die Bischofskonferenz der VELKD (1966) weist Frey ausdrücklich den Verdacht zurück, die Vertreter der Bekenntnisbewegung *Kein anderes Evangelium* vertreten mit ihrer Kritik an der historisch-kritischen Methode ein fundamentalistisches Schriftverständnis. Frey verweist auf die Veröffentlichungen der Bekenntnisbewegung und stellt fest: »Keiner von den führenden Brüdern der Bekenntnisbewegung huldigt einem solchen fundamentalistischen Prinzip.«[245]

Auch in freikirchlichen und evangelikalen Ausbildungsstätten wurde vielfach kein fundamentalistisches Schriftverständnis im Sinne einer völligen Irrtumslosigkeit der Bibel in allen naturgeschichtlichen Fragen vertreten. Ein interessanter Fall ist in dieser Hinsicht Erich Sauer (1898–1959), einer der einflussreichsten evangelikalen Theologen bzw. Vertreter der Offenen Brüder (Allianz-Bibelschule, später Wiedenest). Sauer vertrat ein für seine Zeit sehr konservatives Schriftverständnis und wurde mit seinen bibeltheologischen Büchern einer der meistgelesenen Evangelikalen Deutschlands. Gleichwohl zeigt sich in seinem Umgang mit der Urgeschichte,[246] dass auch Sauer keinen Kurzzeitkreationismus vertritt. Er nimmt die Urgeschichte als Gottes unfehlbares Wort ernst, auch im Blick auf Natur und Geschichte. Eine rein religiöse Auslegung lehnt er als bibelkritisch ab. Er möchte die Schriftauslegung nicht vom Stand der jeweiligen Naturerkenntnis abhängig machen, sondern die Schrift aller weiteren Erkenntnisbemühung zugrunde legen. Aber er ist auch davon überzeugt, dass die Bibel nicht im Widerspruch stehen kann zu gesicherter Naturerkenntnis. Angesichts der modernen Geologie ist Sauer sicher, dass diese Welt unmöglich jung sein kann.

Auch die Tatsache einer langen Evolutionsgeschichte vor der Entstehung des Menschen hält er für erwiesen. Sowohl die moderne Astronomie als auch die moderne Geologie zeigen eindeutig, »dass man ohne jeden Zweifel mit einem schier unfassbar höheren Alter der Erde rechnen müsse, als man bisher geglaubt habe«[247]. Ausführlich erklärt er seinen frommen Lesern das Problem:

> Aber auch rein abgesehen davon, dass es vom Standpunkt der Erdgeschichte und der Versteinerungskunde ganz ausgeschlossen ist, dass eine einmalige Flut alle jene Erscheinungen bewirkt haben könnte, wird diese ganze sogenannte »Sintfluttheorie« schon durch die eine Tatsache widerlegt, dass sich noch nie zwischen den Pflanzen und Tieren auch Menschengebeine unter diesen Versteinerungen gefunden haben. Daher muß jene Katastrophe bzw. müssen jene Katastrophen lange vor der Geschichte des Menschengeschlechts stattgefunden haben. Vor allem aber würden, wenn eine einmalige Flut alles aufgewühlt und überschwemmt hätte, die versteinerten Pflanzen- und Tierreste in völligstem, nur vom Schwergewicht bis zu gewissem Grade beeinflussten Durcheinander der Arten und Gattungen daliegen, während sie in Wahrheit eine stets den jeweilig übereinanderliegenden Schichten entsprechende, genau geordnete, stufenmäßige Steigerung ihrer Organisation aufweisen.[248]

Was heißt das für die Auslegung der Urgeschichte? Sauer tut sich mit dieser Frage nicht leicht, weil er sowohl an der völligen Inspiration der Bibel als auch an unwiderleglicher Evidenz heutiger Weltbeobachtung festhalten möchte. Salomonisch bemüht er sich um eine komplizierte Unterscheidung:

> Wir bestreiten in keiner Weise, dass die heiligen Schreiber selber möglicherweise in den Schöpfungstagen buchstäbliche Vierundzwanzigstundentage erblickt haben. Wir sind weit davon entfernt, ihnen naturwissenschaftliche Kenntnisse zuzuschreiben, die über den Rahmen ihrer Zeit und Kultur hinausgingen. [Aber dennoch hat] der Geist Gottes den Werkzeugen seiner Inspiration zuweilen Worte eingegeben, deren letzter und tiefster Sinn ihnen selbst – jedenfalls zum Teil – verborgen blieb. ... Darum mögen selbst die heiligen Schreiber durchaus an den Auffassungen ihrer Zeit teilgenommen und in diesem Sinn auch den heiligen Text noch nicht voll verstanden haben.[249]

Letztlich läuft das auf eine Erneuerung einer Lehre vom doppelten Schriftsinn hinaus, bei der sich erst in der heilsgeschichtlichen Gesamtschau Gottes letzte Absicht mit der Bibel herausstellt. Auf diese Weise ist es Sauer möglich, den vielleicht historischen Sinn der biblischen Texte zu relativieren und sich grundsätzlich auch zu einer Entwicklung der Arten bzw. zu einer Bestreitung ihrer Konstanz zu bekennen.[250]

»Die Lehre von der Irrtumslosigkeit der Bibel ist als Schutz gedacht, scheitert aber an der realen Gestalt der Bibel.«

Gerhard Hörster

Ein fundamentalistisches Schriftverständnis gewinnt in der evangelikalen Bewegung in Deutschland erst ab den 1970er-Jahren breiteren Einfluss. Diese Entwicklung blieb keineswegs unwidersprochen. Gerhard Hörster leitete die Ausbildungsstätte des *Bundes Freier evangelischer Gemeinden* im mittelhessischen Ewersbach/Dietzhölztal von 1976 bis 1997 und war zugleich Mitglied der Bundesleitung des *Bundes Freier evangelischer Gemeinden* (BFeG). Er fasste in seinem Buch *Markenzeichen »Bibeltreu«* (1990) eine Reihe von Vorträgen zusammen, die er in den 1980er-Jahren im freikirchlichen Raum gehalten hatte. Hörster betont: »Die Lehre von der Irrtumslosigkeit der Bibel in allen ihren Aussagen ist als Schutz gedacht, scheitert aber an der realen Gestalt der Bibel.«[251] Hörster beruft sich nicht auf die heutige wissenschaftliche Weltdeutung, sondern auf die Bibel selbst:

> Nein, die Bibel redet anders von sich selber. In ihr tauchen die Begriffe »Zuverlässigkeit« und »Vertrauenswürdigkeit« auf; Begriffe also, die in den persönlichen Bereich gehören, die zu Beziehungen gehören. Es geht ja um die Beziehung zu dem lebendigen Gott – und nicht um sachliche Richtigkeiten.[252]

INTEGRATION

In den 1990er-Jahren kam es nicht nur zur Integration der charismatischen und pfingstkirchlichen Flügel. Auch Vertreter eines klassischen Bibelfundamentalismus kamen in der Mitte der Evangelischen Allianz an. Der Anspruch, dass die Bibel als vollkommen irrtumslos anzuerkennen sei, ist natürlich nicht völlig neu. Diese Sicht wurde sehr konstant vom Bibelbund vertreten, der schon 1894 gegründet wurde. Man muss nur auch sehen, dass diese Vereinigung in ihrer Gründung noch eine sehr andere Trägerschaft hatte als heute. Gegründet wurde der Bibelbund von fünf lutherischen Pfarrern der damaligen Landeskirche. Diese Theologen waren stark geprägt durch die konfessionalistischen Erweckungen des 19. Jahrhunderts. Letztlich waren sie späte Erben der lutherisch-orthodoxen Theologie der nachreformatorischen Ära. Sein heutiges Gepräge gewann der Bibelbund erst nach dem Zweiten Weltkrieg, vor allem unter der Leitung von Samuel Külling. Lange Zeit wurden die maßgeblichen Führungspersönlichkeiten der Bekenntnisbewegung und der Evangelischen Allianz kritisiert, weil sie nicht bibeltreu im Sinne der Irrtumslosigkeit der Bibel waren.

Eine weitere Organisation, die mehrheitlich einem fundamentalistischen Bibelverständnis nahesteht, ist die *Konferenz bibeltreuer Ausbildungsstätten* (KbA). In den 1970er-Jahren kam es zu einer Reihe von Neugründungen im evangelikalen Ausbildungsbereich. 1970 wurde unter der Leitung des Bibelbund-Vorsitzenden Samuel Külling die *Freie Evangelisch-Theologische Akademie* (FETA) in Basel gegründet. Samuel Külling war der einzige Deutsche, der selbst bei der Verabschiedung der Chicagoer Erklärung 1978 mitgewirkt hat. 1974 gründete der amerikanische Theologe Cleon Rogers die *Freie Theologische Akademie* in Seeheim, ab 1981 in Gießen. Die Einrichtungen in Basel und Gießen strebten von Anfang an danach, Theologie auf Grundlage der Anerkennung der Irrtumslosigkeit der Bibel und auf wissenschaftlichem Niveau zu betreiben. Eine vergleichbare bibeltreue Haltung verkörperte schließlich das von russlanddeutschen Gläubigen gegründete *Bonner Bibelseminar* (1993) und das unter anderem vom FETA-Absolventen Thomas Schirrmacher gegründete *Martin Bucer Seminar* (1996). Beide Einrichtungen streben Ausbildung auf wissenschaftlichem Niveau an, ohne bislang den Weg einer Anerkennung als Hochschule in Deutschland zu beschreiten.

KONFLIKT

Vor allem in den 1990er- und 2000er-Jahren gab es eine immer stärkere Tendenz, die Irrtumslosigkeit der Bibel als die eigentlich traditionelle Sicht der Evangelikalen darzustellen. Schon die Selbstbezeichnung in der deutschen Ausgabe der Chicagoer Erklärung *Bibeltreue in der Offensive* zeigt das. In den Jahren 2000 bis 2003 entstand um das Konsortium der drei klassisch pietistischen Ausbildungsstätten Chrischona, Tabor, Liebenzell (CTL) im Zuge ihrer wissenschaftlichen Anerkennung durch eine englische Universität eine öffentliche Auseinandersetzung. Kritiker warfen die Frage auf, ob die Werke noch als bibeltreu gelten können, da die meisten Dozenten offensichtlich die Maßstäbe der Chicagoer Erklärungen (1978, 1982 und 1986) mit ihrer Betonung der Irrtumslosigkeit der Bibel für unsachgemäß hielten. Mehr noch, der Liebenzeller Direktor Heinzpeter Hempelmann hatte das Schriftverständnis der Chicagoer Erklärung ausdrücklich kritisiert. Unter Berufung auf die theologische Tradition Adolf Schlatters und damit in Übereinstimmung mit dem größten Teil der pietistisch-evangelikalen Theologie des 20. Jahrhunderts stellte Hempelmann fest: »Der der *Inerrancy*-Konzeption der Autorität der Bibel als Wort Gottes zugrunde liegende Wahrheitsbegriff ist meines Erachtens der aus rationalistischem Geist formulierte Begriff mathematischer Richtigkeit.«[253] Heinzpeter Hempelmanns um das Jahr 2000 herum vorgebrachte Kritik an der Chicagoer Erklärung entsprach längst sowohl der exegetischen Praxis als auch den hermeneutischen Auffassungen an vielen Ausbildungsstätten des Pietismus und der Freikirchen.

Mehrere Bücher und Aufsatzsammlungen setzten sich in der Folgezeit mit dieser Infragestellung auseinander, ohne dass es zu inhaltlichen Annäherungen zwischen den Positionen kam.[254] Eine intensive Debatte gab es in der *Konferenz bibeltreuer Ausbildungsstätten* (KbA), also unter den konservativsten Bibelschulen in Deutschland. Auch in diesem Kreis kam es trotz unterschiedlicher Auffassungen im Einzelnen nicht zu einem grundsätzlichen Zerwürfnis. Die Anerkennung der biblischen Irrtumslosigkeit im Sinne der Chicagoer

Erklärungen ist nicht einmal mehr in der KbA der hermeneutische Standard. Angesichts der öffentlichen Auseinandersetzung um das Thema Bibeltreue stellte der Hauptvorstand der *Deutschen Evangelischen Allianz* im Jahr 2003 ausdrücklich fest:

> Es gehören zur DEA selbstverständlich auch Christen und Einrichtungen, die die *Chicago-Erklärung zur Irrtumslosigkeit der Heiligen Schrift* (1978) als Grundlage ihres Bibelverständnisses vertreten. Die Evangelische Allianz warnt aber davor, die Inspirationslehre der Chicago-Erklärung zum entscheidenden Maßstab der Bibeltreue zu erheben. Der Hauptvorstand wendet sich gegen Versuche, Theologen, Werke und 13 theologische Zusammenschlüsse, die auf der Glaubensbasis der DEA arbeiten, als nicht mehr bibeltreu zu verdächtigen und auszugrenzen.[255]

In der Folgezeit hat die Chicagoer Erklärung auch bei ihren klassischen Unterstützerkreisen an Zustimmung verloren. Ihr deutscher Herausgeber Thomas Schirrmacher steht selbstverständlich noch zu ihrem grundsätzlichen Anliegen der Autorität der Bibel. Er räumt jedoch ein, dass anders als in der europäischen Diskussion die Bedeutung Jesu Christi als das zentrale Wort Gottes in der Chicagoer Erklärung kaum gewürdigt wird. Auch die unmittelbare Gleichsetzung der Bibel mit dem Ausdruck »Gottes Wort« ist für Schirrmacher nicht unproblematisch. In der klassisch europäischen Theologie gilt »die Offenbarung Gottes in seinem Sohn Jesus Christus als ›das Wort Gottes‹ schlechthin«. Zu kurz kommt schließlich auch der Beziehungsaspekt. »Da die Begriffe ›Irrtumslosigkeit‹ und ›Unfehlbarkeit‹ diesen Beziehungsaspekt nicht enthalten, sind sie als Oberbegriffe der Schriftlehre ungeeignet«[256] bzw. erklärungsbedürftig.

GEGENLÄUFIGE ENTWICKLUNGEN

Heute gibt es in Deutschland gegenläufige Entwicklungen. Als der Marburger Theologe Jürgen Mette die Chicagoer Erklärung in einem Buch über die Evangelikalen kritisierte, antwortete ihm deren Herausgeber Thomas Schirrmacher. Schirrmacher wies mit guten Gründen darauf hin, dass die Erklärung nicht einfach als fundamentalistisch abgeschrieben werden könne. Sie berufe sich auf wichtige Anliegen reformatorischer Schriftlehre und sei zugleich (vor allem Artikel 13) eingestellt auf die Herausforderungen heutiger Wissenschaft.

In einer gemeinsamen Erklärung[257] konnten die beiden Theologen ihre Auseinandersetzung deutlich entschärfen. Beide erklärten Einigkeit auch darin, »dass kein Flügel der Evangelikalen den Anspruch erheben darf, er allein repräsentiere die wahren Evangelikalen«. Das gelte insbesondere auch für das Schriftverständnis. Vor allem Schirrmacher weist nachdrücklich darauf hin, dass die Evangelische Allianz nicht aufgrund der völligen inhaltlichen Übereinstimmungen der beteiligten Persönlichkeiten gegründet wurde. Sie existiere vielmehr, weil man sich in vielen theologischen Fragen nicht einig sei und trotzdem am gemeinsamen Zeugnis für Jesus Christus festhalten wolle. Zudem bemerken beide, dass die Chicagoer Erklärung im Ausbildungsbereich in Deutschland eher an Bedeutung verliert. Schon 2013 schrieb Thomas Schirrmacher in seinem Blog:

> Die drei »bibeltreuen« Akademien in Basel, Gießen und Bonn im deutschsprachigen Raum setzen inzwischen alle auf kürzere und selbst erarbeitete Bekenntnistexte zur Schriftfrage. Die Chicago-Erklärung ist eben selbst nicht unfehlbar und nicht für alle Zwecke geeignet, sondern kann uns nur auf Gott, auf das fleischgewordene Wort Gottes Jesus Christus und auf das von Gottes Geist inspirierte ewige Wort und auf deren Selbstverständnis hinweisen.[258]

Heute gibt es im Raum der *Deutschen Evangelischen Allianz* sehr unterschiedliche Tendenzen. Der amerikanische Kurzzeitkreationismus verliert in den Freikirchen und im landeskirchlichen Pietismus zunehmend an Boden. Es sind vor allem anerkannte, dem Evangelikalismus entstammende oder positiv verbundene Wissenschaftler wie die Biologen Siegfried Scherer und Hansjörg Hemminger, die Physiker Barbara Drossel und Heino Falcke oder der Geologe Helmut Brückner, die nach intensiver Auseinandersetzung mit diesen Fragen zeigen, dass sich die Vorstellung einer jungen Erde mit gleichzeitiger Entstehung aller Arten in keiner Weise mit unserer heutigen Welterkenntnis verbinden lässt.[259] Gleichzeitig hält kreationistisches Gedankengut nach wie vor eine starke Stellung vor allem in völlig unabhängigen, ganz an der Bibel orientierten Gemeinden.

Die Naturwissenschaften fragen nach dem Was und Wie unserer Welt. Theologie fragt nach Grund und Zweck unseres Daseins.

In den meisten Werken der *Konferenz der missionarischen Ausbildungsstätten* hat sich ein breites Spektrum von Umgangsweisen mit der Heiligen Schrift entwickelt, die ihrem Charakter als kanonischer Grundlage aller Kirchen gerecht werden wollen. Ein fundamentaler Gegensatz zur Universitätstheologie wird nicht mehr behauptet. Man vertritt auch keine »theistische Evolution«. Aus fundamentalistischer Sicht wird behauptet, dass »die Liberalen« Gottes Schöpfung durch Evolution vertreten. Tatsächlich machen wissenschaftliche Theorien heute in erster Linie die Unterscheidung verschiedener Perspektiven deutlich: Die Naturwissenschaften fragen nach dem

Was und Wie unserer Welt. Theologie hingegen fragt nach Grund und Zweck unseres Daseins.

Aus heutiger theologischer Sicht ist es ein Kardinalfehler, Gott wie einen Faktor des Weltgeschehens verrechnen zu wollen. Gott geht niemals auf in dem, was wir beobachten, berechnen und postulieren können. Gott ist kein Teil dieser Welt, sondern ihr Grund und ihr Ziel.

– – –

In ihrem Text zu Pfingstbewegung und Charismatisierung formuliert die EKD-Kammer für Ökumene (vielleicht etwas zu optimistisch), dass die gegenseitigen Verwerfungen zum Thema historisch-kritische Methode heute überholt sind:

> Inzwischen werden sowohl die historische Kritik als auch die evangelikale oder die fundamentalistische Antikritik demselben positivistischen Wissenschaftsideal zugeordnet. Dieses Wissenschaftsideal verliert jedoch seit den 1950er-Jahren an Bedeutung.[260]

In der Tat: Die ältere historisch-kritische Methode mit ihrer Betonung des modernen Weltbildes war stark an der Denkwelt des 19. Jahrhunderts orientiert; ebenso ihre Kritiker. Inzwischen ist das Spektrum universitärer Theologie ebenso wie die Auslegungspraxis an freikirchlichen und missionarischen Werken sehr viel breiter geworden. Der Respekt vor dem kanonischen Endtext und die Anerkennung der Bibel als Wort Gottes sind auch im Bereich der EKD üblicher geworden, ebenso wie historische und wissenschaftliche Schriftauslegung in evangelikalen Kreisen.

Zugleich gibt es nicht nur nach wie vor, sondern in letzter Zeit teilweise wieder deutlich lautstärkere Versuche, die Universitätstheologie gänzlich zu diskreditieren und evangelikale Theologie auf ein

Festhalten an der Irrtumslosigkeit der Bibel zu verpflichten, ohne Berücksichtigung der vielfältigen Debatten, die in den letzten 70 Jahren geführt worden sind. Besonders verwirrend ist es, wenn einerseits eindeutig fundamentalistische Positionen verfochten werden, andererseits aber das Label »evangelikal« exklusiv in Anspruch genommen wird. Die Liebe zur Bibel hat unter Evangelikalen ungeheuer hohen Symbolwert in dem Sinne, dass es hier um die eigene Identität als Gläubige, die Verbindlichkeit im Gehorsam gegen Gott geht.

FUNDAMENTALISMUS UND MODERNE – DIE GROSSE VERTRAUENSKRISE

Sind Evangelikale Fundamentalisten?

Der historische Überblick hat gezeigt, dass diese Gleichsetzung offensichtlich nicht stimmt. Zugleich ist unverkennbar, dass fundamentalistische Strömungen sich in den letzten 100 Jahren innerhalb der vielfältigen evangelikalen Bewegung teilweise stark ausgebreitet haben. Das Wort sollte differenziert gebraucht werden. Es ist nicht schon fundamentalistisch, wenn man von der Bibel als dem Wort Gottes spricht – das tut zuletzt auch der jüngste Grundlagentext der EKD zum Schriftverständnis.[261] Nicht einmal der Begriff der Irrtumslosigkeit der Bibel allein macht eine Position fundamentalistisch, denn er wird bis heute innerhalb der katholischen Theologie verwandt, ohne dass er dort die Ablehnung der modernen Bibelwissenschaften zur Folge hat.[262] Von Fundamentalismus ist im protestantischen bzw. evangelikalen Bereich da sinnvoll die Rede, wo man …

- die Irrtumslosigkeit der Bibel für alle ihre Aussagen, die naturwissenschaftliche, historische oder literarische Fragen betreffen, von vorneherein festschreibt;

- die modernen Natur- und Geschichtswissenschaften grundsätzlich unter Ideologieverdacht stellt, wo ihre Ergebnisse mit einer vermeintlich traditionell christlichen Weltanschauung in Spannung treten;
- die eigenen absoluten Wahrheitsansprüche im Gespräch mit anderen christlichen Positionen nicht mehr als eigene Position zu relativieren vermag, sondern sie als allein gültig durchsetzen will, in Gemeinden, Kirchen und womöglich in der Gesellschaft.

Diese Mischung aus Absolutheitsansprüchen für die eigene Bibelhaltung, aggressiver Ablehnung der modernen Wissenschaften und Streben nach kompromissloser Durchsetzung macht Fundamentalismus für manche so attraktiv.

»Es ist unmöglich, ein wahrer Soldat Christi zu sein, ohne zu kämpfen.«
J. Gresham Machen

Für manche Evangelikale ist der Fundamentalismus eine naheliegende Versuchung, in zweifacher Hinsicht: In diesem Denken wird die Glaubensgewissheit der persönlichen Gottesbeziehung entgrenzt: für alle Glaubensüberzeugungen wird absolute Gewissheit beansprucht, nicht allein wie in der reformatorischen Theologie für die Heils- und Christuserkenntnis. Und: Die Unterscheidung von der übrigen Welt wird im Fundamentalismus zum Gegensatz gesteigert. Je stärker die eigene gesellschaftliche Situation als bedrückend erlebt wird, desto naheliegender ist für manche eine solche feindselige Haltung zur Welt. Fundamentalismus ist insofern radikalisierter Evangelikalismus, ideologisch entgrenzt und sozial kämpferisch.

In der kritischen Auseinandersetzung mit diesem Konzept beginnen wir mit einer interessanten Beobachtung: Die Gläubigen historischer Konfessionskirchen sind regional sehr unterschiedlich. Das gilt selbst für die katholischen unter ihnen, die doch durch Lehramt, Liturgie und Leitungsstruktur sehr viel verbindet. Im ländlichen Polen gibt es völlig andere Gebräuche und Haltungen als in Oberbayern. Die italienischen Katholiken schauen anders auf die Welt als die französischen. Der mexikanische Katholizismus hat ein völlig anderes Gepräge als der philippinische.

Fundamentalismus ist radikalisierter Evangelikalismus, ideologisch entgrenzt und sozial kämpferisch.

Regionale Unterschiede gibt es auch unter fundamentalistischen Gläubigen. Und doch ist dieses Spektrum sehr viel homogener. In Singapur, im Schwarzwald oder in Honduras kennt man dieselben Worship-Songs, die gleichen theologischen Lehrbücher und dieselben Predigerinnen und Prediger auf YouTube. Es gibt eine globale Glaubenskultur fundamentalistischer Christen. Wie kommt das?

Der französische Religionswissenschaftler Olivier Roy hat viele Beobachtungen zum radikalen Islam gesammelt und diese selbst immer wieder mit radikalen christlichen Strömungen verglichen.[263] Seine These lautet: In der globalen Moderne gibt es immer mehr Menschen, die ihrer traditionellen Umgebungskultur radikal entfremdet sind. Aus unterschiedlichen Gründen haben sie mit dem gesellschaftlichen Konsens ihrer Länder und Städte gebrochen. Sie haben keine verwurzelte Identität mehr in ihrer Umgebungskultur. Und nun finden sie ihre Identität in einer rein religiösen Sphäre, die sie absolut setzen. Ihr Glaube ist so verfasst, dass er weitgehend »entbettet« ist, geistig und kulturell abgekoppelt von der Umgebungskultur. Ihre Religion ist für sie eine Gegenkultur zu allem, was sie umgibt. Für sie ist der »Islam« oder »Jesus« bzw. die »Bibel« die Antwort auf alles und der Maßstab für alles. Diese Gestalt entkulturierter Religion ist etwas Neues. Normalerweise ist es für jede Religion typisch, eine dichte Synthese mit den kulturellen Gebräuchen der jeweiligen Umgebung zu bilden – wie der Blick auf die Mitglieder der traditionellen Kirchen weltweit zeigt.

– – –

Ordnen wir diese Beobachtungen noch einmal umfassender ein.

Kaum ein Buch hat in den letzten Jahrzehnten so umfassend die Entwicklung des Christentums analysiert wie Charles Taylors Werk *Ein säkulares Zeitalter* (2009). Taylor sieht im modernen Christentum insgesamt eine Tendenz zur Entbettung oder, wie er es nennt, zur Exkarnation. Nach Taylor war es noch im Mittelalter so, dass der christliche Glaube völlig alternativlos war. Er war mit der gesamten Kultur quasi verschmolzen. Alles war vom Glauben durchwoben.[264] Wirkmächtige Religionen entwickelten stets starke Formen der Einbettung: des religiösen Denkens in leibhaftige Praxis, des Einzelnen in die Gemeinschaft und schließlich der Gemeinschaft in die Natur mit ihrem Jahreskreislauf. Allen Hochreligionen ist es bis in die frühe Neuzeit weitgehend gelungen, eine dichte Synthese von Religion und Lebensform zu entwickeln. In der Neuzeit lösen sich diese Verbindungen zunehmend auf, vor allem im westlichen Christentum.

In mehreren Schüben kommt es in Europa zu einer zunehmenden Entbettung des christlichen Glaubens. Schon die innerchristlichen Gegensätze des Spätmittelalters tragen dazu bei. Vollends bei den protestantischen Reformationen sieht der Katholik Taylor eine zunehmende Spaltung zwischen christlichem Glauben und gesamteuropäischer Kultur. Es ist immer weniger selbstverständlich, Teil der christlichen Gemeinschaft mit ihren vielfältigen Riten zu sein. Glaube wird eine Sache der bewussten Zuordnung zu einer bestimmten religiösen Haltung. Dieser Prozess beschleunigt sich in dem Maße, wie es seit der Aufklärung nicht nur die Wahl zwischen Konfessionen gibt, sondern zunehmend auch eine säkulare Option, der eine Vielfalt von christlichen Lebensentwürfen gegenübersteht.

Der christliche Glaube erfährt nun eine regelrechte Exkarnation:[265] Er wird immer weniger getragen von vorgegebenen Praktiken, Riten, allgemeinen Überzeugungen. Auf Dauer gerät der Glaube durch solche Exkarnationen in eine prekäre Lage. In dem Maße, wie Menschen sich in der pluralen Vielfalt ihrer Gesellschaft einrichten, erscheint ihnen der Glaube weltfremd. Und umgekehrt: Wo Gläubige versuchen, sich ganz konsequent am Glauben zu orientieren, erleben sie die Welt als feindselig und ungastlich.

Das absolute Vertrauen auf die Bibel ist die Kehrseite eines totalen Misstrauens gegenüber der modernen Welt.

Die Folgen sind gravierend. Zugespitzt: Dieses absolute Vertrauen auf die Bibel ist die Kehrseite eines totalen Misstrauens gegenüber der modernen Welt. Wer so gläubig sein möchte, kann letztlich nur noch Menschen vertrauen, die ganz genauso der Bibel vertrauen. Alles außerhalb dieses Kreises ist nicht mehr vertrauenswürdig.

Dem sogenannten modernen Denken mit seinen Wissenschaften wird grundsätzlich misstraut. Das Gleiche gilt für die Politik, die Bildungsinstitutionen, die Medien. Man traut auch keinen christlichen Gläubigen, die die Bibel anders lesen. Insbesondere den historischen Bibelwissenschaften begegnet man mit äußerster Aversion.

– – –

Erinnern wir uns wieder einmal an *The Danger of a Single Story.*

Aus moderner Sicht erscheint der Fundamentalismus wie der ultimative Gegner der freien, offenen Gesellschaft. Andere geben zu bedenken: Ist der Fundamentalismus nicht gerade von diesem Gegensatz her zu verstehen: als radikale Reaktion auf die radikale Moderne? Charles Taylor zeigt in seiner Geschichte, wie die radikale Aufklärung einen exkludierenden Humanismus hervorbringt, eine säkulare Haltung, die in den Religionen nichts anderes erkennen kann als rückständige Wissensverweigerung und bösartige Intoleranz. Es gibt nicht nur religiösen Fundamentalismus, der die säkulare Moderne radikal verneint. Es gibt auch Erscheinungen des säkularen Denkens, die jeder Form der Religion jeglichen Sinn absprechen.

Es spricht viel dafür, Fundamentalismus stets im Zusammenhang mit seinen Entstehungsbedingungen in der Moderne zu sehen. Der Fundamentalismus ist wie sein Bibelverständnis keine traditionell christliche Position. Er ist ein junges Phänomen und entsteht in Reaktion auf die Moderne. Dieses Phänomen ist nicht konservativ, es ist reaktiv; es reagiert auf eine Moderne, die als radikale Verneinung des Christentums empfunden wird. Und ja: Die Moderne hat ihre eigenen Radikalismen. Es fehlt in vielen westlichen Gesellschaften nicht an laizistischen Idealen, aus deren Sicht jede Religion schädlich und eindämmungswürdig erscheint.

In den letzten 100 Jahren gab es höchst unterschiedliche geistige Erscheinungen, die sich in radikaler Kritik von der Moderne abgewandt haben. Für den Sowjetkommunismus war die liberale Demokratie nur das Feigenblatt eines korrupten kapitalistischen Bürgertums. In der chinesischen Kulturrevolution wollte man alle Erinnerungen an westliche Bildungs- und Kultureinflüsse radikal auslöschen; ebenso wie die roten Khmer in Kambodscha. Auch die faschistischen Ideologien waren antiwestlich, antiliberal und antidemokratisch. All diese Bewegungen verachteten freie wissenschaftliche Forschung und die plurale und offene Gesellschaft insgesamt. Ab den 1970er-Jahren haben radikalislamische Bewegungen so stark zugelegt, dass sie in vielen Ländern vom Iran bis Nordafrika (Boko Haram) einen radikalen Bruch mit der liberalen Welt vollziehen. Und es gibt auch alternativ-ökologische Gruppen, die die westliche Zivilisation grundsätzlich infrage stellen. Sie wollen keine Reformen mehr. Sie wollen eine andere Welt.

All diese Bewegungen sind höchst unterschiedlich. Sie können in keiner Weise einander gleich – oder auch nur ähnlich gesetzt werden. Wahrnehmen sollte man: Die typisch westliche Verbindung von Rationalität und Liberalität zieht schroffe Ablehnung auf sich. Teilweise auch von christlicher Seite. Es wäre zu einfach zu sagen, dass es sich dabei um schlichte Überforderung durch die Moderne handelt.

Wie das apokalyptische Denken für eine kulturelle Desintegration evangelikaler Christen steht, so der Fundamentalismus für die intellektuelle Desintegration. Wer sich auf diesen Weg einlässt, muss mit einer Fülle kognitiver Dissonanzen leben; oder entsprechend viel verdrängen und abblenden, um sich seiner Sache so sicher zu sein, wie es für manche notwendig zu sein scheint. Auf diesem Weg gibt es kein *Double Listening* mehr, wie John Stott es für gute Theologie als notwendig erachtete. Auf diesem Weg gibt es auch keinen echten Dialog mehr in wesentlichen Fragen. Auf diesem Weg befindet man sich in einem permanenten geistigen Krieg – nach außen und vielleicht manchmal noch stärker nach innen.

Die Geschichte der Evangelikalen zeigt auch: Evangelikale müssen keineswegs Fundamentalisten sein. Zu einer umfassenden Diskussion oder gar Klärung dieser Fragen ist es jedoch in der evangelikalen Bewegung der letzten 50 Jahre nicht gekommen, weder auf Ebene der *Weltweiten Evangelischen Allianz* noch der Lausanner Bewegung. In der Bibelfrage lässt sich im Kapstadt-Bekenntnis eine deutliche Reserviertheit gegenüber dem Bibelfundamentalismus beobachten. In diesem Text bekennt sich die Lausanner Bewegung zur Bibel im reformatorischen Sinn, als dem vom Heiligen Geist inspirierten Wort Gottes. Entscheidend ist der Vorrang der Liebe zu Gott und die Liebe zur Bibel:

> Unsere Liebe zur Bibel ist Ausdruck unserer Liebe zu Gott. … Wir lieben die Bibel so, wie eine Braut die Briefe ihres Bräutigams liebt: Sie liebt nicht das Papier, auf dem sie geschrieben sind, sondern die Person, die durch die Briefe spricht.[266]

Der klassische Terminus der Irrtumslosigkeit wird nicht verwendet. Entscheidend ist die Gottesbeziehung, nicht die Anerkennung der sachlichen Richtigkeit aller Einzelaussagen. Aber es findet sich in den Lausanner Erklärungen auch keine grundsätzliche Kritik am Fundamentalismus. Diese Fragen wurden auf den bisherigen Konferenzen der Lausanner Bewegung eher umgangen als geklärt.

9. DIE CHRISTLICHE RECHTE

TRUMP UND DIE EVANGELIKALEN – EINE HISTORISCHE ZÄSUR

Die Präsidentschaft von Donald Trump war ein weltgeschichtlicher Einschnitt. In der öffentlichen Wahrnehmung ist sein Erfolg untrennbar verbunden mit der treuesten Basis seiner Wählerschaft: weißen evangelikalen Christen. Warum zieht diese Beobachtung so viel Aufmerksamkeit auf sich?[267] Warum sollten Evangelikale weltweit nicht zu ganz unterschiedlichen Bewertungen politischer Fragen kommen? Müsste es nicht zumal in Deutschland möglich sein, dieses Thema der amerikanischen Innenpolitik zu überlassen?

Die Politik in den USA ist nie nur ein amerikanisches Thema. Seit über einem Jahrhundert sind die USA der entscheidende Faktor der Weltpolitik, die stärkste Volkswirtschaft, die größte Militärmacht aller Zeiten, das innovativste Zentrum technologischer Entwicklungen mit der stärksten Währung und der einflussreichsten Unterhaltungskultur. Entwicklungen in den USA strahlen immer weltweit aus. In vielen Fragen kann man nach wie vor davon ausgehen, dass sich die Muster der US-Entwicklung fünf bis zehn Jahre später auch hierzulande beobachten lassen. Auch handelt es sich bei der Präsidentschaft Trumps nicht einfach um eine politische Frage. In politischen Themen ist es in der Tat selbstverständlich, dass Christenmenschen zu unterschiedlichen Erkenntnissen oder Zielvorstellungen kommen, plakativ zugespitzt:

- mehr Markt oder mehr Staat
- mehr militärische Abschreckung oder mehr Friedenspolitik
- Verschärfung oder Lockerung von Einwanderungsregeln

In all diesen Fragen kann man zu unterschiedlichen, ja gegensätzlichen Ansichten kommen. Solche Unterschiede bzw. Gegensätze zwischen konservativen, liberalen und linken Überzeugungen sind in einer demokratischen Gesellschaft seit Generationen selbstverständlich. In demokratischen Systemen lassen sie sich austragen oder vermitteln. Aber im Falle Trump ging es je länger, je mehr nicht um unterschiedliche politische Überzeugungen, sondern um die Fundamente der Politik. Politik basiert nicht erst im demokratischen Zeitalter, sondern seit der Antike auf einigen Voraussetzungen: Respekt vor der Wahrheit, vor dem Recht und dem Gewaltmonopol des Staates.

- Wahrheit: In jedem freien Land werden die Aussagen führender Politiker auf ihren Wahrheitsgehalt überprüft. Dass Medien minutiös zeigen, dass sich für Trump in seiner Amtszeit über 30 000 Lügen nachweisen lassen, ist in der Geschichte der modernen Welt schlechthin einzigartig. Es gab nicht einmal nennenswerte Versuche, diese Vorwürfe zu entkräften. Noch nie hat ein Politiker so öffentlich, so exzessiv und so schamlos gelogen, in großen wie in kleinen Fragen. Und noch nie war das seinen Anhängern so gleichgültig.
- Rechtsstaatlichkeit: Respekt vor der Rechtsstaatlichkeit ist eine Säule jedes Staatswesens. Die Wahldiebstahlslüge nach der US-Wahl 2020 war ein Angriff auf die zentrale Funktion der modernen Demokratie. Überwachung der Wahlen ist Aufgabe staatlicher Verwaltungen. Es waren nicht zuletzt die Verwaltungseinheiten in republikanisch dominierten Staaten, die die Wahlen durchführten. Inzwischen haben viele Gerichte Beschwerden gegen die Wahl begutachtet und ausnahmslos als unbegründet zurückgewiesen. Die Führungsebene der republikanischen Partei hat die Rechtmäßigkeit der Wahlen anerkannt. Dass die Wahldiebstahls-

lüge Trumps nach wie vor verbreitet und von vielen evangelikalen Gläubigen akzeptiert wird, zerstört die rechtsstaatlichen Grundlagen, auf die jeder Staat angewiesen ist.

- Gewaltmonopol: Beim Sturm auf das Kapitol am 6. Januar 2021 standen die USA kurz davor, dass das Gewaltmonopol des Staates im großen Stil gebrochen wird. Die genauen Abläufe dieses Tages, das Ausmaß der Vorbereitung und die Beteiligung politischer Gruppierungen sind bis heute nicht aufgearbeitet. Auch wenn der amerikanische Staat an diesem Tag nicht wirklich in Gefahr war: Die Grenze zur physischen Gewaltanwendung wurde überschritten.

Darum ist das Phänomen Trump nicht nur eine Frage einzelner politischer Präferenzen, sondern eine Krise der Grundlagen von Politik überhaupt. Und dass dieser Präsident die Stimmen der weißen evangelikalen Gläubigen in nie zuvor da gewesener Eindeutigkeit auf sich versammelt konnte, ist ein Ereignis, dass das Label »evangelikal« für die Weltöffentlichkeit neu definiert hat.

Das Phänomen Trump ist eine Krise der Grundlagen von Politik überhaupt.

Wie konnte das passieren? In seinem Buch *Am Scheideweg*[268] fasst der amerikanische Soziologe Philip Gorski die wichtigsten Hypothesen zusammen, warum sich so viele Evangelikale für die Wahl von Donald Trump entschieden haben:

- Transaktion: Evangelikale haben sich wie in einer Handelstransaktion von einer Wahl Trumps den größten Profit versprochen:

Er würde einstehen für die Religionsfreiheit, für christliche Schulen und die Homeschooling-Bewegung, gegen Abtreibung, für Israel und für verfolgte Christen. Unterm Strich sei das die beste Wahl, auch wenn sie sonst vieles an seiner Person und Politik missbilligen mochten.

- Negative Polarisierung: Viele haben sich gar nicht bewusst für Trump als Person und seine Politik entschieden. Die USA sind grundsätzlich so radikal in Wähler der Demokraten und Republikaner geteilt, dass klassisch Konservative in quasi jedem Fall einen Republikaner und niemals einen Demokraten wählen würden.
- Informationsdefizite: Wofür Trump genau stand, dürfte vielen gar nicht bewusst gewesen sein. Nicht wenige Evangelikale hatten ein negatives Bild von Hillary Clinton und erwarteten mehr Expertise von einem Mann aus der Wirtschaft, ohne seine politischen Positionen im Detail zu kennen.
- Nationalismus: Am weitesten geht die vierte Hypothese, Trump sei nicht trotz seiner nationalistischen Ausfälle, sondern gerade aufgrund dieser gewählt worden. Denn auch viele Evangelikale seien nationalistisch orientiert wie Trump.

Gorski warnt an dieser Stelle vor Pauschalisierungen. Bei den Evangelikalen muss man mindestens zwischen zwei Gruppen unterscheiden: weißen Nationalisten und Sozialkonservativen. Das Unterscheidungskriterium ist einfach: Die ersten haben Trump schon frühzeitig bei den Vorwahlen der Republikaner unterstützt, auch gegen konservativ-evangelikale Kandidaten. Das sind die überzeugten Trumpianer, die teilweise auch an seine christlich motivierte Überzeugtheit von Lebensschutz und Familienwerten glauben. Die zweite Gruppe setzte in den Vorwahlen noch auf evangelikale Bewerber wie Marco Rubio. In der Präsidentschaftswahl standen sie entschieden hinter Trump – aus einem der drei oben zuerst genannten Gründe.

In dieser ganzen Debatte kann man es nicht oft genug sagen: Die große Mehrheit der schwarzen Evangelikalen und der Latinos hat Trump nicht gewählt. Auch ist der Evangelikalismus ein Weltphänomen. Und weltweit sahen und sehen viele Trump sehr kritisch. Wie kann es aber sein, dass weiße US-Evangelikale in beträchtlicher Anzahl einer Haltung verbunden sind, die im Gegensatz zur Mehrheitsmeinung der globalen evangelikalen Netzwerke steht? Hatte nicht schon Billy Graham vor einer zu engen Verbindung von Politik und Evangelikalismus gewarnt? War es in Lausanne nicht Konsens der ganz Konservativen und der Progressiven, dass sich jeder Nationalismus für christliche Gläubige verbietet? Wieder einmal müssen wir Antworten in der Geschichte suchen.

DIE GESCHICHTE DER CHRISTLICHEN RECHTEN IN DEN USA

Ende der 1970er-Jahre entstand das, was wir heute als »christliche Rechte« bezeichnen. Das ist insofern erstaunlich, als es 1976 ein viel beachtetes Phänomen war, dass mit Jimmy Carter erstmals ein Mitglied der *Southern Baptists*, der sich als wiedergeborener Evangelikaler bezeichnete, Präsident der Vereinigten Staaten wurde. Zuvor galt: Auch wenn die meisten Evangelikalen eher wertkonservativ dachten, trafen sie an der Wahlurne sehr unterschiedliche Entscheidungen. Daher wählten viele Evangelikale in den Südstaaten traditionell die Demokraten, wie beispielsweise Carter.

Wie kam es dazu, dass Politik auf einmal eine so wichtige Frage für Evangelikale wurde?

Während der Präsidentschaft Carters änderte sich etwas. Unterschiedliche Netzwerke arbeiteten intensiv daran, möglichst viele Stimmen der Evangelikalen für die Republikaner und ihren Kandidaten Ronald Reagan zu gewinnen; obwohl dieser selbst gar kein Evangelikaler war. Und sie waren damit höchst erfolgreich. Wie kam es dazu, dass Politik auf einmal eine so wichtige Frage für Evangelikale wurde?

IDEOLOGISCHE VORBEREITUNG

Am Anfang der großen evangelikalen Politisierung steht ein Name: Rousas John Rushdoony (1916–2001). Rushdoony war ein Kind armenischer Migranten; und das ist wesentlich, um ihn zu verstehen. Während des Ersten Weltkriegs kam es in der Türkei zu einem der größten Massaker an einer Volksgruppe der neueren Geschichte. Rund 1,5 Millionen Armenier kamen durch die Maßnahmen der türkischen Regierung, ethnisch und religiös Fremde aus ihrem Land zu entfernen, ums Leben.

»Christen können nur Sicherheit finden in einem christlichen Staat.«
Rousas John Rushdoony

Rushdoony war zeit seines Lebens von der Erinnerung an diese Ereignisse begleitet. Und er zog daraus eine radikale Schlussfolgerung: Christen können nur in einem christlichen Staat Sicherheit finden.

Rushdoony wuchs in den USA auf. Er schloss sich einer konservativen reformierten Kirche an, die ihn theologisch prägte. Er studierte Theologie und arbeitete jahrelang als Missionar unter Indigenen. Mehr und mehr sah er die säkulare Entwicklung der USA sehr kritisch. In vielen Veröffentlichungen, unter anderem in seinem 1800-seitigen Hauptwerk *The Institutes of Biblical Law* (1973), entwickelt er den sogenannten Rekonstruktionismus. Die Grundidee war: Die USA seien 1776 auf biblischen, jüdisch-christlichen Fundamenten gegründet worden. Und nur so könnten sie auch Bestand haben. Gottes Ordnungen seien zeitlos gültig. Darum komme es darauf an, auch unter den Bedingungen der Moderne die Gebote und Gesetze Gottes, wie sie in der ganzen Bibel gegeben sind, so gut es geht, im Recht und im Staatswesen umzusetzen.

Der Humanismus, die Aufklärung und erst recht die Moderne des 20. Jahrhunderts hätten immer stärker eine vom Menschen ausgehende Weltanschauung entwickelt, die im radikalen Gegensatz zum theozentrischen, biblischen Weltbild stehe. In einer säkularen Welt hätten Gläubige nichts anderes zu erwarten als Marginalisierung, Verfolgung und Auslöschung. Daher komme alles darauf an, dass die christlichen Gemeinden den von Gott gegebenen Herrschaftsauftrag für diese Welt ernst nehmen, zumal die USA einst auf solchen Prinzipien gegründet waren. Ein erster nötiger Schritt sei die geschlossene Verweigerung des zeitgenössischen Humanismus. Rushdoony empfiehlt Eltern, ihre Kinder nicht mehr auf staatliche Schulen zu schicken, in denen ihnen der Glaube ausgetrieben werde. So wurde Rushdoony zu einem der wichtigsten Befürworter des christlichen Flügels der Homeschooling-Bewegung. Ein zweiter Schritt sei der geschlossene Einsatz aller wahrhaft biblischen Gläubigen für die Durchsetzung biblischer Normen in der Gesellschaft.

Vielen Evangelikalen, zumal in Deutschland, wird Rushdoony nicht bekannt sein. Für öffentliche Popularität waren seine Positionen selbst in den USA zu kompromisslos. Denn er scheute sich nicht, Demokratie im modernen Sinne für Häresie zu erklären, die Sklaverei der Südstaaten zu verteidigen und das göttliche Recht der Todesstrafe für alle im AT genannten Fälle (Ehebruch, Homosexualität, ungehorsame Söhne etc.) zu fordern. Aber seine ausführlichen und gelehrten Studien zur Bibel, zum Recht und zur Politik wirkten fort und wurden in leicht gemäßigter Form vielfältig aufgegriffen. Denn in den 1970er-Jahren begannen viele Evangelikale eine solche Angst vor der völligen Säkularisierung und der damit einhergehenden Marginalisierung des christlichen Glaubens zu verstehen.

Die evangelikale Bewegung ist nicht zu verstehen ohne ihren zeitgeschichtlichen Kontext.

Einer der wirkmächtigsten Verbreiter von Rushdoonys Grundideen wurde der ungleich populärere Francis Schaeffer mit seinem Werk *A Christian Manifesto* (1982). Schaeffer setzte sich nicht nur für eine entschiedene Auseinandersetzung der Evangelikalen mit der Gegenwartskultur und eine Rückkehr zur Anerkennung der biblischen Irrtumslosigkeit ein. Er beförderte auch wesentlich den breiten Einsatz der Evangelikalen in der Politik. In seinem Buch beschreibt Schaeffer in dramatischer Zuspitzung die große Scheidung seiner Zeit. Vor allem Schaeffer war es, der den Widerstand gegen die 1973 vom Obersten Gerichtshof getroffene Entscheidung für eine bundesweite Freigabe der Abtreibung zur entscheidenden moralischen Grundsatzfrage der evangelikalen Bewegung machte. Schaeffer vertrat ebenfalls die (sachlich falsche) These, dass die amerikanische Verfassung die USA als christlichen Staat konzipiert habe. Und er rief zum radikalen Einsatz dafür auf, dieses Land wieder für die biblischen Werte zurückzugewinnen, auf deren Grundlage allein es eine Zukunft haben könne. Schaeffer machte von Anfang an deutlich, dass er das in der amerikanischen Verfassung verbriefte Recht auf Revolution in radikaler Weise deutete. Zwar gebiete Gottes Wort grundsätzlich Gehorsam gegenüber Regierungsorganen. Wenn aber der Staat Gesetze erlasse, die gegen Gottes Willen stehen, seien in letzter Konsequenz alle Maßnahmen erlaubt, bis hin zum revolutionären Umsturz, um eine solche Herrschaft des Unrechts zu beseitigen. Umso mehr sollten Gläubige nun alles Mögliche unternehmen, um ihr Land im Rahmen der demokratischen Spielregeln auf einen biblisch verantwortbaren Kurs zu bringen.

Einmal mehr zeigt sich: Die evangelikale Bewegung ist nicht zu verstehen ohne ihren zeitgeschichtlichen Kontext. Sowohl ihre Erfolge wie auch ihre Radikalisierungen entstehen so oder so als Antworten auf die kulturelle Revolution der 1960er-Jahre.

LOBBY FÜR KONSERVATIVE FAMILIENWERTE

Die Evangelikalen spielten in diesen Jahren die Stärken aus, mit denen sie immer einflussreicher wurden. Sie gründeten eine Reihe von Graswurzelbewegungen, die sich regional und national vernetzten. Am Beginn standen Lobbygruppen für die christliche Stärkung von Familienwerten:

Jerry Falwell gründete die *Moral Majority*.[269] Der Name war Programm: Falwell glaubte, dass die große Mehrheit in Amerika die neue Moral mit ihrer Freigabe von Abtreibung, Scheidung etc. ablehnte. Es sei Zeit, dieser moralischen Mehrheit eine Stimme zu geben. Die Menschen des Glaubens teilen auch gemeinsame Werte. Und sie müssen lernen, bei politischen Wahlen ihren Werten entsprechend abzustimmen.

James Dobson war zu dieser Zeit einer der bekanntesten christlichen Erziehungsberater seiner Zeit. Seine Organisation *Focus on*

The Family[270] bündelte zunächst Angebote für lebenspraktische Herausforderungen aller Art. Doch nach und nach wurde sie eine breit verwurzelte politische Bewegung, die sich vor allem im Kampf gegen die Anerkennung gleichgeschlechtlicher Beziehungen und gegen Abtreibung engagierte.

NETZWERKE FÜR POLITISCHEN EINFLUSS

Das Engagement in politischen Fragen wurde grundsätzlich. 1989 gründete der pfingstkirchliche Prediger Pat Robertson die *Christian Coalition of America* (CCA).[271] Mit regelmäßigen Newslettern versprach die CCA konkrete Empfehlungen auf Regional-, Landes- und Bundesebene zu geben, welche politischen Kandidaten aus christlicher Sicht wählbar seien – und welche nicht. Vor allem bei den Vorwahlen der Republikaner setzte es sich mehr oder weniger durch, dass man vor allem in ländlichen Bundesstaaten ohne Kooperation mit diesen christlichen Netzwerken keine politischen Erfolgschancen mehr hatte. Die Evangelikalen hielten am dezentralen Charakter dieser Netzwerke fest, was sich als große Stärke erwies. Wo einzelne Persönlichkeiten oder auch ganze Werke sich diskreditieren, verschwinden sie aus der Öffentlichkeit, und andere übernehmen ihre Aufgaben.

Gleichwohl brachten die nächsten Jahrzehnte eine gemischte Bilanz mit sich. Pat Robertson versuchte sich in den Vorwahlen der Republikaner 1988 um die Präsidentschaft zu bewerben – und scheiterte krachend. Weder unter dem Republikaner Bush senior noch gar unter dem Demokraten Bill Clinton hatte die christliche Rechte nennenswerten Einfluss. Die Wahl des evangelikalen Bush junior erschien noch einmal als ein Triumph, der zweimalige Sieg Obamas galt hingegen als Indiz dafür, dass die christliche Rechte ihren Zenit überschritten hatte. Im 21. Jahrhundert wurde sie regelmäßig totgesagt. Tatsächlich aber wurde sie einflussreicher als je zuvor. Evangelikale

Politikerinnen und Politiker stehen seit Jahren in der ersten Reihe der politischen Verantwortungsträger, wie beispielsweise Vizepräsidentschaftskandidatin Sarah Palin, Trumps Vizepräsident Mike Pence und Außenminister Mike Pompeo. Mit Trumps Präsidentschaft wurde der unmittelbare Einfluss im Weißen Haus auf ein neues Niveau gehoben. Die Besetzung des Supreme Courts, die Verlegung der amerikanischen Botschaft von Tel Aviv nach Jerusalem oder der Schutz religiöser Institutionen vor Antidiskriminierungspolitik gelten als eindeutige Erfolge evangelikaler Lobbyarbeit.

STRATEGISCHE FLEXIBILITÄT

In den letzten 20 Jahren ist den konservativen Evangelikalen etwas gelungen, woran das linke Spektrum vor allem in Europa regelmäßig scheitert: Sie schließen strategische Bündnisse mit anderen gesellschaftlichen Trägergruppen, ohne in allen Fragen auf völlige politische Einheit zu achten.

- Bündnis mit konservativen Katholiken: Früher galten Evangelikale und Katholiken als strikt verfeindet. Heute gibt es starke Kooperationen der konservativen Flügel der Konfessionen. In der *Manhattan Declaration* (2009)[272] fanden sich konservative religiöse Gruppen zusammen und definierten ein Bündel gemeinsamer Werte, für die man künftig gemeinsam eintreten wollte, wie den Schutz der traditionellen Familie, den Kampf gegen liberale Abtreibungsrechte und die Wahrung von Religionsfreiheit.
- Bündnis mit Wirtschaftslibertären: Die *Tea Party* war eine der erfolgreichsten sozialen Bewegungen der jüngeren Geschichte. Sie ist keineswegs durchgängig evangelikal. Aber der vermeintliche Kampf gegen den Sozialismus und gegen jeden Ausbau sozialstaatlicher Programme verbindet evangelikale Gläubige mit radikal Wirtschaftsliberalen.[273]

- Bündnis mit weißen Nationalisten: Vor allem die Ära Trump hat gezeigt, dass weiße Evangelikale gut zusammenarbeiten mit nationalistischen Politikern, denen das Wohl der USA über alles geht, auch auf Kosten internationaler Verbindungen.[274]

Wenn man es positiv beschreiben wollte, könnte man sagen: Die ideologische Flexibilität der christlichen Rechten hat ihnen mit der Präsidentschaft Trumps den größten Erfolg ihrer Geschichte beschert. Nicht wenige Evangelikale auch in den USA sagen: Gleichzeitig haben sie damit ihre eigene Wertebasis verraten, die evangelikale Bewegung weltweit in starke Spannungen gestürzt und die eigene Evangelisationspraxis durch Politisierung der Bewegung insgesamt erheblich erschwert.

SELBSTKRITISCHE DEBATTEN

> Es gibt diese für ihre Gegner unheimliche Erfolgsgeschichte der christlichen Rechten. Und wie immer, *The Danger of a Single Story*: Das sind nicht »die« Evangelikalen.

Es gibt auch eine breite innerevangelikale Kritik an dieser Entwicklung. Führen wir uns das an einem Beispiel vor Augen: Es ist absolut notwendig, dass weiße Evangelikale gegen den Nationalismus in ihren eigenen Reihen protestieren. Es ist noch besser, wenn sie anfangen, die Bücher ihrer nicht weißen Glaubensgeschwister zu lesen. Es gab bislang kaum schwarze christliche Autoren, denen es gelungen ist, massenhaft Bücher an Weiße zu verkaufen. Umso bemerkenswerter sind die jüngsten Bücher von Jemar Tisby.[275] Sie wurden im Herzen der evangelikalen Verlagswelt, bei Zondervan in Grand Rapids, veröffentlicht. Die sechsstelligen Verkaufszahlen waren ein unerwarteter Erfolg.

»**Die Komplizenschaft der Kirche in Amerika mit Rassismus hat eine lange Tradition. Es ist Zeit, jeden Kompromiss zu beenden.**«
Jemar Tisby

Tisby gibt einen ebenso kundigen wie fairen Überblick zur Rolle des Evangelikalismus im Umgang mit Rassismus. Evangelikale identifizieren sich heute sehr stark mit den Evangelikalen, die im 19. Jahrhundert maßgeblich für die Abschaffung der Sklaverei eingetreten sind, wie William Wilberforce. Vielfach blenden sie aus, wie es weiterging. Es gab nicht nur viele Evangelikale, die sich der Ächtung der Sklaverei aus vermeintlich eindeutig biblischen Gründen entgegengestellt haben. Nach Ende des Amerikanischen Bürgerkrieges war zwar die Sklaverei verboten, aber an ihre Stelle trat vor allem im Süden ein perfides System der Ausbeutung, der Rassentrennung und der öffentlichen Diskriminierung. Erst nach dem Zweiten Weltkrieg setzte sich die Bürgerrechtsbewegung dafür ein, diese Diskriminierung zu beenden. Evangelikale berufen sich in der Gegenwart gern darauf, dass Billy Graham ein positives Verhältnis zu Martin Luther King unterhalten hat und der Segregation widersprach.

In der Tat: Tisby erzählt die Geschichte, wie Graham höchstpersönlich bereits in den 1950er-Jahren Rassentrennung bei seinen Veranstaltungen unterbunden hat. Auch auf dem Lausanner Kongress war dieses Thema präsent. Schon 1974 übte der konservative Evangelikale Francis Schaeffer massive Kritik an jeder Form von Rassismus. Diese Linie zieht sich durch die Lausanner Geschichte. Genauso eindeutig ist schließlich die Absage an jeglichen Rassismus in der Kapstadt-Verpflichtung. »Liebe für die Völker erfordert, dass wir dem Übel von Rassismus und Ethnozentrismus eine Absage erteilen und jede ethnische und kulturelle Gruppe mit Würde und Respekt behandeln.«[276]

Evangelikalismus ist ein weißes Konzept und eine politische Bewegung. Es gibt zunehmend mehr Weiße, die das selbstkritisch beklagen.

Tisby zeigt, dass das alles nicht darüber hinwegtäuschen sollte, dass die große Mehrheit der Evangelikalen den öffentlichen Rassismus nach dem Amerikanischen Bürgerkrieg mitgetragen und auch die Bürgerrechtsbewegung in den 1960er- und 1970er-Jahren nicht unterstützt hat. Bis heute haben US-Evangelikale ein sehr zwiespältiges Verhältnis zu diesen Aufbrüchen. Vielfach gibt es eine passiv-aggressive Verweigerung gegenüber jeder Kritik am inhärenten Rassismus der evangelikalen Geschichte. Gegenüber der *Black Lives Matter*-Bewegung wiederholt sich das. Nur wenige Evangelikale haben das Anliegen öffentlich unterstützt. Die meisten standen abseits. Manche kritisierten die Bewegung gar vehement als kulturmarxistisch, ein typisches Signalwort der christlichen Rechten.

Doch es gibt auch zunehmend Weiße, die sich diese Fragen zu Herzen nehmen. Tisbys Bestseller inmitten der klassisch-evangelikalen Verlags- und Zeitschriftenwelt ist das deutlichste Zeichen dafür. Viele schwarze Gläubige wären gemäß des Bebbington-Quadrilaterals als evangelikal zu identifizieren. Faktisch aber verstehen sich die allermeisten von ihnen nicht als evangelikal. Evangelikalismus ist für sie ein weißes Konzept und eine politische Bewegung. Immer mehr Weiße beklagen das selbstkritisch.

KRISE DES KONZEPTS »EVANGELIKALISMUS«

Für das Verständnis des Konzepts *Evangelical* sind die Folgen der Präsidentschaft Trumps enorm. In vielen Medien wurden »die Evangelikalen« als zentrale Wählergruppe Trumps dargestellt. Bei allen politischen Gegnern Trumps hat sich das Bild der Evangelikalen noch einmal eingetrübt. Diese Außenwahrnehmung ist höchst folgenreich. Klassische Evangelikale haben immer größere Schwierigkeiten, sich mit dem Begriff überhaupt noch zu identifizieren. Was einmal ein Begriff des Aufbruchs war, scheint verbrannt. Was einst eine evangelistische Bewegung war, erscheint vielen nun als politische Bedrohung.

Was einst eine evangelistische Bewegung war, erscheint vielen nun als politische Bedrohung.

Zugleich gibt es eine gegenläufige Entwicklung. Hat die Identifikation mit dem Label *evangelical* nachgelassen? Jüngste Umfragen ergeben ein erstaunliches Bild: Sagte man früher, dass Evangelikale aufgrund ihrer geistlichen Werte ihre politische Heimat bei den Konservativen sehen, so hat sich in jüngster Zeit der Trend umgekehrt. Viele überzeugte Anhänger von Trump, die sich vor fünf Jahren noch nicht als Evangelikale bezeichnet haben, bekennen sich jetzt zu diesem Label.[277]

»Evangelikal« wird immer stärker als politische Kategorie empfunden, die sich mehr und mehr von theologischen Inhalten oder dem regelmäßigen Besuch einer Gemeinde abkoppelt. Man kann an dieser Stelle von einer Parallele sprechen zu dem, was wir in Deutschland als Kulturprotestantismus kennen. Es gibt nicht wenige Menschen, die nicht an Gott im Sinne des Christentums glauben und auch keine Gemeinde besuchen, sich aber bewusst als Evangelikale bezeichnen. Anscheinend gibt es in den USA längst einen Kulturevangelikalismus: Menschen, die sich als Evangelikale bezeichnen, weil sie eine nationalistische Grundeinstellung haben. Genau diese Politisierung des Konzepts ist es aber, die für andere dieses Wort als völlig unbrauchbar erscheinen lässt.

RECHTES CHRISTENTUM IN DEUTSCHLAND

Hier wie in allen anderen Fragen auch muss man neben den Parallelen zunächst auf die Unterschiede zwischen Deutschland und den USA verweisen. Durch die deutsche Geschichte mit dem Nationalsozialismus ist so etwas wie der ungebrochene Patriotismus und Nationalismus der USA in Deutschland weitgehend undenkbar. Zu stark ist die Kontamination rechten Denkens durch das Erbe des Dritten Reichs. Wo in den USA die christliche Rechte in einer Vielzahl von Bundesstaaten starken bzw. sehr starken Einfluss auf die Regierungspolitik hat, gilt das für rechte Politik, wie sie in Deutschland von der AfD repräsentiert wird, nur für einzelne Regionen in den neuen Bundesländern.

Anders als in den USA gibt es auch sehr viel weniger empirische Forschung zu politischen Überzeugungen unter »den Evangelikalen« in Deutschland. Klischees von »Gotteskriegern aus Schwaben«[278] sind – Klischees. Grundsätzlich kann und muss man sich zweierlei vor Augen führen: zunächst, dass es in der erweiterten Führungsebene der AfD im Bund wie in den Ländern kaum jemanden gibt, den man im weiteren Sinne als evangelikal bezeichnen würde. Und dann, dass es in leitenden Positionen evangelikaler Netzwerke und Gemeinschaften ebenfalls so gut wie niemanden gibt, der sich dezidiert für die AfD ausspricht.

Natürlich lässt sich in evangelikalen Veröffentlichungen oder Medien manche Schnittmenge ausmachen. Vor allem die Juristin und liberal-konservative Publizistin Liane Bednarz hat in ihrem Buch *Die Angstprediger* einen kundigen Überblick über rechte Tendenzen im Christentum gegeben.[279] Die Schlüsselfrage, was rechts bedeutet, beantwortet Bednarz mit einer deutlichen Unterscheidung von konservativ und rechts.

Was »konservativ« im heutigen Deutschland bedeutet

Man identifiziert sich mit der liberalen Demokratie des Grundgesetzes und dem Einsatz für die Einbindung in die westliche Staatengemeinschaft inklusive der NATO. Zentrale Werte sind die Identifikation mit der eigenen Nation, die Wertschätzung von Traditionen und Familie.

Kulturell denkt man, dass das Neue sich gegenüber dem Alten bewähren muss. Konservativ bedeutete stets Traditionsorientierung in Verbindung mit einem Grundvertrauen in die maßvolle Entwicklungsfähigkeit der Gesellschaft. Zu diesem Konservatismus gehörten stets das Bekenntnis zur europäischen Einigung und die Erinnerung an die Verbrechen des Nationalsozialismus.

In dieser Perspektive ist »rechts« nicht eine besondere Intensivierung konservativer Anliegen, sondern ihre Preisgabe. Denn rechte Gesinnung zeichnet sich aus durch:

- Antipluralismus: Die bestehende Parteien- und Medienvielfalt wird als Block- bzw. Altparteien kritisiert, denen man im Namen des Volkes entgegentritt. Insbesondere Gender- und LGBTQ*-

Themen werden bewusst für ideologische Abgrenzung von Minderheiten instrumentalisiert.

- Antiliberalismus: Der Grundkonsens, alle Menschen unabhängig von Religion und Herkunft als gleichberechtigt anzusehen, wird abgelehnt. Die Idee des Staates wird verknüpft mit der Idee eines Staatsvolkes, das durch gemeinsame Sprache, Kultur und Werte bestimmt sei.
- Ethnopluralismus: Die Existenz einer globalen Rechten zeigt, dass es dort durchaus auch die Idee einer friedlichen Koexistenz verschiedener Nationen gibt, aber verbunden mit dem Ideal, dass in einem Staat die Nation und ein einheitliches Volk möglichst zusammenfallen. Der Nationalstaat kann nur als möglichst homogen gedacht werden. Darum ist vor allem die Präsenz des Islam in Deutschland ein ständiges Reizthema.

Auch in politischen Fragen sind die Evangelikalen heute vielfältig. Sie sind nicht mehr weit mehrheitlich traditionell konservativ, wie es in früheren Generationen der Fall war. Es gibt unter ihnen auch Liberale, Linke sowie natürlich sämtliche Übergänge von liberal-konservativ bis sozial-liberal. Wie verhalten sich im evangelikalen Spektrum politisch konservative Stimmen zum Rechtspopulismus?

VERGLEICH VON ZWEI POSITIONEN

Anhand der folgenden beiden Positionen kann man konservatives und rechtes Denken eindeutig unterscheiden.

Kaum ein wichtiger Politiker der letzten 20 Jahre wurde so häufig mit den Evangelikalen in Zusammenhang gebracht bzw. hat sich selbst auf so vielen evangelikalen Tagungen sehen lassen wie der langjährige CDU-Fraktionsvorsitzende Volker Kauder. In seinem Buch *Das hohe C* (2020) lässt sich exemplarisch nachvollziehen, was heute als konservativ auf Grundlage eines christlichen Menschenbildes gelten kann. Im Anschluss an die für die CDU grundlegende katholische Soziallehre nennt Kauder sieben Leitideen.

7 Leitideen christlich-konservativer Politik[280]

nach Volker Kauder

- Personalität: Aus dem christlichen Schöpfungsglauben ergibt sich ganz im Sinne des Grundgesetzes die zentrale Bedeutung der unantastbaren Würde jedes Menschen.
- Solidarität: Freiheit und Menschsein insgesamt können nur in verantwortungsbewusster Solidargemeinschaft verwirklicht werden.
- Subsidiarität: Entgegen aller kollektivistischen Vorstellungen eines totalen Staates setzt der christliche Konservatismus stets auf Hilfe zur Selbsthilfe. Eigenverantwortung, aber auch Familie, Vereine und christliche Gemeinden werden nicht durch Staatsmaßnahmen ersetzt, sondern vielmehr staatlich dazu befähigt, Probleme zu lösen.
- Schöpfungsverantwortung: In der Gegenwart führt der christliche Schöpfungsglaube auch zu einem entschiedenen Einsatz für die Bewahrung der Schöpfung.
- Gemeinwohl: Christlich verantwortete Politik ist stets am Wohl aller orientiert. Sie steht im Gegensatz zu jedem Lagerdenken oder einem konfrontativen Populismus.
- Korrigierbarkeit: Zum christlichen Menschenbild gehört auch das Bewusstsein für die Fehlbarkeit aller Menschen. Christlichem Konservatismus geht es nie um ein Bewahren um seiner selbst willen. Angesichts neuer Erfahrungen

müssen traditionelle Positionen korrigiert werden können.

- Wahrheit und Wahrhaftigkeit: Schließlich gehören der Anspruch der persönlichen Integrität von Verantwortlichen und der offene Raum für freie Meinungsäußerungen zusammen.

Wie sieht demgegenüber explizit rechtes Denken aus? Der evangelische Theologe Martin Fritz hat anhand repräsentativer Texte der christlichen Rechten in Deutschland eine Reihe von Motiven herausgearbeitet, die immer wieder formuliert werden.

Motive der christlichen Rechten in Deutschland[281]

nach Martin Fritz

- Ordnung statt Relativismus: Die Moderne wird als Auflösung von moralischen und gesellschaftlichen Verbindlichkeiten begriffen. Angesichts dieser Auflösungstendenzen wird die Notwendigkeit eindeutiger Normen gefordert.
- Verantwortung statt Moralismus: Linke Politik wird als Gängelung empfunden. Die Wahrung der eigenen Grundrechte wird stark betont. Der gesellschaftliche Kulturwandel wird im weitesten Sinne als kulturmarxistisch empfunden. Die Geschichte Osteuropas ist sehr präsent. »Nie wieder Sozialismus« ist eine weitverbreitete Überzeugung.
- Verwurzelung statt Globalismus: Die Globalisierung wird nur streng ökonomisch akzeptiert. Verwurzelung in der Heimat ist wichtig. Die Gegenüberstellung derer, die ver-

wurzelt sind, und derer, die globale Weltbürger sind, ist wichtig.

- Selbstbehauptung statt Dialogismus: Insbesondere der Islam ist ständiger Gegenstand prinzipieller Abgrenzung. Der Islam gilt als demokratieunfähig. Seine Ausbreitung wird in keiner Weise als Bereicherung, sondern ausschließlich als schwere Bedrohung empfunden. Zuwanderung kann nur unter der Bedingung weitgehender Assimilation gedacht werden.
- Selbstgewissheit statt Skeptizismus: Die moderne Weltanschauung wird als skeptizistisch empfunden. Jeder Kulturrelativismus wird abgelehnt. Die Auflösung klassischer Geschlechterrollen gilt als große Gefahr. Vor allem die mögliche Verwirrung der eigenen Kinder in der Schule wird gefürchtet.

Viele national orientierte bzw. rechte Gläubige sehen sich nicht selbst auf einem Rechtskurs; ganz im Gegenteil verstehen sie sich als kritische Stimme der Vernunft in einer Gesellschaft, die von linken Ideen immer radikaler geprägt ist. Nach Fritz vertreten heutige Rechte in der Tat vielfach Gedanken, die vor 50 Jahren auch in Kirche und Theologie noch vertreten waren. Was unterscheidet rechtes Denken von klassischem Konservatismus? Rechts ist für Fritz ein klassisch-konservatives Christentum im Modus des Kulturkampfes. Zur rechten Ideologie gehört der Kampfcharakter, der Verzicht auf das Ziel, gemeinsam mit allen und für alle Gesellschaft zu gestalten.

WAS UNTERSCHEIDET RECHTES DENKEN VON KLASSISCHEM KONSERVATISMUS?

Bemerkenswert sind die unterschiedlichen Deutungen des Verhältnisses von konservativ und rechts. Bednarz betont vor allem den Gegensatz. Fritz hingegen sieht in der neuen Rechten eine konservative Werteagenda, nur dass sie in ihrer gegenwärtigen Minderheitensituation besonders wütend vertreten wird. Wie ist es denn nun?

Die jüngste Bundestagswahl 2021 hat einmal wieder gezeigt, dass die AfD am ehesten Wählerinnen und Wähler von der Partei DIE LINKE zu sich ziehen kann. Frühere CDU-Anhängerinnen und -Anhänger haben sich sehr viel häufiger der SPD, der FDP oder den Grünen zugewandt. Die AfD hat, abgesehen von einigen Gegenden in Thüringen und Sachsen, kaum Überschneidungspunkte mit klassischem Konservatismus. Denn Konservative zeichnen sich eher durch hohe Grundwerte in Fragen wie Staatsvertrauen und Fortschrittszuversicht aus. Rechte Gesinnung ist hingegen vor allem durch ein umfassendes Gesellschaftsmisstrauen geprägt. Offensichtlich ist rechtes Denken nicht einfach eine etwas konsequentere konservative Haltung, sondern etwas qualitativ anderes. Das spricht nicht dagegen, die Berührungspunkte in Grundwerten ernst zu nehmen, wie Martin Fritz es tut. Wahrscheinlich ist dies sogar notwendig, wenn man rechtspopulistische Menschen wiedergewinnen möchte für den Grundkonsens des demokratischen Spektrums.

Wie ist im Moment die Situation bei deutschen Evangelikalen? Donald Trump ist auch für sie eine Zäsur. Es gab prominente Evangelikale in Deutschland, die bis zuletzt bei jeder möglichen Gelegenheit ihre insgesamt positive Sicht von Donald Trump zum Ausdruck gebracht haben.[282] Diese Stimmen waren jedoch deutlich in der Minderheit. Von Trump wie vom Rechtspopulismus insgesamt haben sich evangelikale Repräsentanten in Deutschland immer wieder abgegrenzt. Die offiziellen Vertreter und Gremien evangelikaler Werke in Deutschland haben sich in den letzten Jahren immer wieder deutlich positioniert. Als Präses der pietistischen Gemeinschaftsbewegung sagte Michael Diener:

> Wir müssen aber deutlich da widerstehen, wo Menschen ihren Glauben insgeheim mit einer tradierten und abgeschwächten »Blut-und-Boden«-Ideologie in Verbindung bringen. Nationalistisches, teilweise auch rassistisches Gedankengut darf in der Gemeinschaftsbewegung keine Heimat haben.[283]

Als Ekkehard Vetter 2017 zum ersten Vorsitzenden der *Deutschen Evangelischen Allianz* gewählt wurde, erklärte er in einem Interview mit dem konservativ-evangelikalen Nachrichtenmagazin *idea Spektrum*, ein Christ könne »unmöglich rechts sein«[284]. Nach dem starken Abschneiden der AfD bei der Bundestagswahl 2017 stellte der politische Beauftragte der DEA, Uwe Heimowski, für die Allianz fest, »dass es keine Schnittmenge zu rassistischen und geschichtsverfälschenden Positionen gebe«[285].

Diese Stellungnahmen zeigen natürlich auch, dass sie als notwendig empfunden werden. Zuletzt machte Steffen Kern, der neue Präses des Gnadauer Gemeinschaftsverbandes und Prediger von ProChrist, deutlich, dass die evangelikale Bewegung kritisch und wachsam bleiben müsse gegen alle ideologischen Versuchungen der Politik, vor allem von rechts: »Im Pietismus wie auch in der evangelikalen Bewegung sehe ich eher eine Gefährdung durch rechtspopulistische Instrumentalisierung und Politisierung.«[286]

Wie problematisch solche internen Spannungen und vor allem auch eine kritische Distanzierung gerade von der christlichen Rechten in den USA für die Evangelikalen in Deutschland sind, brachte jüngst der Rektor der Internationalen Hochschule Liebenzell, Volker Gäckle, auf den Punkt. Das Verhalten der meisten US-Evangelikalen sei auch für viele konservative Evangelikale in Deutschland unbegreiflich und beschämend. Sollte man sich nicht von diesem Etikett lossagen? Nein, so Gäckle, denn an dieser gemeinsamen Identität hängt längst Wesentliches, gerade für deutsche Evangelikale: »Wenn diese Selbstbezeichnung verschwindet, … dann gibt es nur noch Pietisten, Charismatiker, Freikirchler und konservative Protestanten, die aber nichts mehr verbindet und die sich folglich weiter atomisieren. Plötzlich wären wir alle wieder sehr klein und allein.«[287]

Natürlich könnte man fragen, ob es nicht gerade Aufgabe und Chance der Evangelischen Allianz wäre, einen solchen Zusammenhalt darzustellen. Aber Gäckle zufolge waren der Einfluss und die finanziellen Mittel gerade der US-Evangelikalen bislang so wichtig, dass so etwas wie ein weltweites geistliches Netz ohne die Mittel und Möglichkeiten der nordamerikanischen Szene noch gar nicht denkbar ist. Und man muss wohl auch sagen: Allein in der evangelikalen Bewegung in Deutschland scheuen viele Werke und Gemeinden davor zurück, rechts gerichtete Angehörige durch allzu deutliche Kritik zu verprellen.

EVANGELIKALE UND DEMOKRATIE

Fair, aber nicht neutral: Auch ich sehe in der rechtspopulistischen Versuchung die größte Gefahr der Evangelikalen in der Gegenwart. Wir haben es hier mit einer globalen Bewegung zu tun, die in Deutschland eher noch unterdurchschnittlich groß zu sein scheint. An dieser Stelle geht es für die evangelikale Bewegung tatsächlich um Grundsätzliches.[288]

Im demokratischen Spektrum haben sich seit dem 19. Jahrhundert drei Grundideen etabliert: die konservative Grundhaltung, die auf Beibehaltung bewährter Ordnungen und behutsame Entwicklung der Gesellschaft im Einklang mit vernünftigem Fortschritt setzt; die linkssoziale Leitidee, die Solidarität und Gerechtigkeit als Grundwerte des Gemeinwohls versteht, und schließlich die liberale Vision, die auf Eigenverantwortung des Individuums und staatliche Rahmengesetzgebung für die Entfaltung marktwirtschaftlicher Dynamik setzt. Alle drei Grundideen können einseitig, aber auch in vielfältigen Kombinationen vertreten werden.

Zur evangelikalen Bewegung gehörten immer schon konservative und progressive Anliegen. Evangelikale waren unter den großen Wegbereitern der neuzeitlichen Demokratie. Es waren Menschen wie der baptistische Theologe Roger Williams und der Quäker William Penn, die sich schon im 17. Jahrhundert für Religionsfreiheit und die Trennung von Staat und Kirche einsetzten. Es waren auch Evangelikale, die die Errichtung der amerikanischen Demokratie beförderten. Mit der Zeit haben sich weltweit fast alle evangelikalen Gruppierungen auf die Seite von Demokratisierungen geschlagen. Dass es unter den vielfältigen post- und antidemokratischen Strömungen der Gegenwart auch einige evangelikale Gruppierungen gibt, ist schwerer Rückschlag. Ich sehe darin eine der größten Gefährdungen unserer Zeit.

Evangelikale sind in fast allen Ländern dieser Welt eine Minderheit. Weltweit sind die meisten Evangelikalen darauf angewiesen, dass in ihren Ländern Politik nicht nach den Homogenitätsidealen der Mehrheitsbevölkerung betrieben wird. Es ist für viele nicht selbstverständlich, dass sie den Schutz der Religionsfreiheit genießen, dass ihnen die Teilnahme an religiösen Veranstaltungen offensteht und dass sie ohne Einschränkung ihren Glauben praktizieren und in der Öffentlichkeit bezeugen können.

Daher setzt sich die Evangelische Allianz seit 1846 für die Religionsfreiheit insgesamt ein. Im Zuge dieses Engagements ist der Einsatz für verfolgte Christen schon deshalb notwendig, weil sie die mit Abstand am meisten drangsalierte Religionsgruppe auf der Welt sind. Aber dieser Einsatz kann nur da glaubwürdig sein, wo er im Kontext eines Einsatzes für Demokratie und Menschenrechte weltweit steht. Wo christlich geprägte Staaten solchen Standards nicht gerecht werden, geht jedes moralische Recht verloren, sich für die Belange von christlichen Gemeinden einzusetzen. Aus dieser Perspektive ist es schlichtweg fatal, dass in den Ländern, in denen Evangelikale eine Größe haben, die ihnen massiven Einfluss auf die Politik des eigenen Landes ermöglicht, rechtsautoritäre Ideale verfochten werden: die Homogenität des eigenen Landes, der Vorrang der eigenen Werte vor der Anerkennung von Vielfalt und Toleranz, die Dominanz einer christlichen Mehrheitskultur gegen alles vermeintlich Fremde. Viele Evangelikale weltweit leiden darunter, dass in ihren Heimatländern genau solche (Un-)Werte benutzt werden, um evangelikale Gemeinden und Gläubige auszugrenzen.

Die christliche Rechte ist der Versuch einer neuen Inkulturierung unter den Bedingungen des Kulturkrieges.

Wir haben gesehen, wie die Evangelikalen durch apokalyptisches Denken und fundamentalistische Theologie teilweise eine massive Entbettung gegenüber ihrer Umgebungskultur durchlaufen haben. Der Blick auf die christliche Rechte zeigt nun: Diese Deutung stimmt nur zur Hälfte. Denn gerade die rechtspopulistische Aktivität der US-Evangelikalen ist ja die Herstellung einer neuen Einbettung. Es gibt in den USA viele Gemeinden, für die die amerikanische Flagge selbstverständlicher Teil des Gottesdienstsaales ist. Das gilt genauso für die Unterstützung des eigenen Militärs und die Identifikation mit der Waffenlobby, sodass der Besitz von Waffen als gottgegebenes Recht gesehen wird. Die christliche Rechte ist der Versuch einer neuen Inkulturierung unter den Bedingungen des Kulturkrieges. Die Ablehnung der liberalen Moderne wird nicht mehr nur im Modus des sozialen Rückzugs vollzogen; vielmehr wird die Koalition mit anderen sozialen Gruppen gesucht, die ihrerseits von einer umfassenden Ablehnung von allen linken und liberalen Aspekten der Moderne bestimmt sind.

Mit ihren Idealen und ihren Bündnisgenossen ist die christliche Rechte im Kern antidemokratisch. Anstatt sich an der permanenten kritischen Auseinandersetzung über den Weg der Gesellschaft zu beteiligen, sucht sie Zuflucht im Wunschbild eines einheitlichen und homogenen Nationalstaates. Mit diesen Formen eines christlichen Nationalismus trägt die christliche Rechte letztlich zur Spaltung der konservativen Evangelikalen bei. Denn diese kämpferische Politisierung stößt auch bei vielen auf starke Ablehnung, die selbst durch sehr biblisch-konservatives Denken geprägt sind.

Die Evangelikalen insgesamt stürzt diese rechtspopulistische Bewegung in den eigenen Reihen in die größte Krise seit Jahrzehnten, und das weltweit. Thomas Schirrmacher schrieb schon 2015: »Der religiöse Nationalismus marschiert voran«[289], im Blick auf globale Entwicklungen von Russland über Indien bis hin zu muslimischen Ländern. Ausdrücklich warnte er davor, sich beispielsweise nur auf den Islam zu konzentrieren. Vielmehr sagt er: »Jede Religion kann Ursprung für Unrecht sein.«[290]

Die *Weltweite Evangelische Allianz* hat zuletzt in Indonesien ein Abkommen mit einer großen muslimischen Organisation ausgehandelt. Ausdrücklich erkennen beide Seiten das Recht der anderen an, den eigenen Glauben missionarisch zu verbreiten.[291] Sie hat sich in vielen Fragen klar und eindeutig positioniert. Gerade als globale Organisation ist für sie der Kampf gegen Rassismus und Nationalismus selbstverständlich. Schließlich gibt es auf dieser Ebene auch keinerlei Sympathien für ein neues einigendes Band der internationalen Rechten. In Fragen des Umweltschutzes arbeitet die WEA vielfältig mit internationalen Organisationen zusammen. Die WEA bejaht nicht nur die Nachhaltigkeitsziele der UNO, sie unterhält auch in Bonn ein Zentrum für Nachhaltigkeit und Umweltschutz. Aus heutiger Sicht lesen sich auch viele Ausführungen der Kapstadt-Verpflichtung als prophetisch. In Kapstadt wurden viele Akzente gesetzt, die der Entwicklung in den 2010er-Jahren gerade auch unter vielen Evangelikalen diametral entgegenstanden. Kapstadt hat damit eine Spur verfolgt, die in Lausanne 1974 angelegt war. Heute ist es eine entscheidende Zukunftsfrage, welche Kräfte sich in der evangelikalen Welt durchsetzen werden. Es ist keineswegs ausgeschlossen, dass sie daran zerbricht.

Heute ist es eine entscheidende Zukunftsfrage, welche Kräfte sich in der evangelikalen Welt durchsetzen werden. Sie könnte daran zerbrechen.

Denn klar ist auch: Das Bild der US-Evangelikalen überstrahlt in der öffentlichen Wahrnehmung die globalen Institutionen so sehr, dass deren Haltung kaum bekannt ist. Das ist verständlich angesichts der weltweiten Bedeutung der USA und der historischen Rolle des US-Evangelikalismus für die Bewegung insgesamt; es ist aber auch eine erhebliche Wirklichkeitsverzerrung. An diesem Thema wird auch sichtbar, wie fragil der Anspruch globaler evangelikaler Netzwerke ist, im Namen »der« Evangelikalen reden zu können. Offensichtlich hat es in dieser Frage eine massive Auseinanderentwicklung gegeben beispielsweise von den Mehrheiten in den USA und anderen Ländern und den internationalen Netzwerken der Evangelikalen. Angesichts der faktischen Bedeutung der US-Evangelikalen in der Geschichte der Bewegung ist das für viele weltweit eine Katastrophe. Es mag sein, dass das Konzept des globalen Evangelikalismus in den letzten Jahren irreparabel beschädigt wurde.

10. POSTEVANGELIKALISMUS

Ein Gespenst geht um in Evangelikalien – das Gespenst des Postevangelikalismus. Seit Jahren geistert dieser Begriff durch evangelikale Veröffentlichungen, Blogs und Podcasts: als etwas Gefährliches oder Faszinierendes, das bedrohlich ist oder verheißungsvoll.[292] Was sind Postevangelikale? Handelt es sich um ein ganz neues Phänomen?

Vielleicht ist es weniger neu, als man denkt. Im Jahr 2010 veröffentlichte die Politologin Marcia Pally ein Buch mit dem Titel *Die neuen Evangelikalen in den USA*.[293] Ihre These lautete: Die Evangelikalen sind längst vielfältiger, als man denkt. Man dürfe sie nicht mehr einfach als fundamentalistisch und rechts bezeichnen, vor allem nicht die jüngere Generation. Nun, das letzte Jahrzehnt hat gezeigt, dass Pallys Entwarnung vielleicht etwas voreilig war. Der Kulturkampf war nicht vorbei. Vielmehr haben wir im zweiten Jahrzehnt des 21. Jahrhunderts einen neuen Höhepunkt des Aufstieges einer aggressiven christlichen Rechten erlebt. Gleichwohl beruhte Pallys Buch nicht einfach auf einer Wahrnehmungstäuschung. Es gab und gibt diese neuen, anderen Evangelikalen als die in den letzten Kapiteln beschriebenen.

JENSEITS DES KONSERVATIVEN EVANGELIKALISMUS

Im US-Evangelikalismus der letzten Jahrzehnte zeichnete sich ein starker Trend zur fundamentalistischen und rechtspopulistischen Radikalisierung ab. Aber daneben gab es stets auch gänzlich andere Strömungen, man kann eine Reihe von anderen Evangelikalen benennen:

Soziale Evangelikale	Moderne Evangelikale	Offene Evangelikale
Wir haben in Kapitel 3 gesehen, dass die sozialen Evangelikalen seit Langem Bestandteil des Evangelikalismus sind. In Fortführung früherer Sozialreformen des 18. und 19. Jahrhunderts kritisieren sie, wie zum Beispiel Ron Sider, Armut und Ungleichheit als eine globale Realität, die Evangelikalen nicht egal sein kann.[294] *Sie üben wie Shane Claiborne Kritik an der Todesstrafe, an Folter, an einer evangelikalen Identifikation mit der Waffenlobby und einer Befürwortung militärischer Lösungen. In den letzten Jahren war es für diese Strömung des Evangelikalismus schwieriger denn je, sich überhaupt als evangelikal zu identifizieren.*[295]	*Zur evangelikalen Welt gehören moderne Megachurches, die sich positiv auf die Gegenwartskultur beziehen wollen. Sie grenzen sich ab von der apokalyptischen Kulturfeindschaft der christlichen Rechten. Symptomatisch ist die Haltung der Willow Creek Community Church mit ihrem Bekenntnis: »Wir glauben, dass die Gemeinde ihre beste Zeit noch vor sich hat.« In theologischen Fragen überwiegend konservativ, lehnen diese Gruppen vor allem den kulturellen Rückzug des Fundamentalismus ab. Der beständige Wandel der Kultur, der Musik, der Mode wird als selbstverständlich akzeptiert. Für diese Gemeinden gehören diakonisches Profil und Offenheit für den Dialog über politische Grenzen hinweg zum Auftrag der Kirche genauso wie Evangelisation. Sie setzen sich weitgehend für den gleichberechtigten Dienst von Frauen und Männern in der Gemeinde ein.*	*Schließlich könnte man noch von unterschiedlichen »progressiven« oder besser »offenen Evangelikalen« sprechen. Dazu gehören solche, die sich stärker auf die methodistische, pietistische oder täuferische Tradition berufen wie Roger Olson, Stanley Grenz oder Scot McKnight. Sie respektieren unterschiedliche Standpunkte in der evangelikalen Welt und vertreten selbstbewusst ihre eigene Position. Ein typisches Beispiel ist das Biologos-Institut,*[296] *in dem bekannte evangelikale Wissenschaftler wie Francis Collins die Überzeugung vertreten, dass auch Evangelikale ganz selbstverständlich die moderne Evolutionslehre mit dem Glauben an Gott den Schöpfer verbinden können. Vielfach kommen die einflussreichsten Vertreter eines solchen Ansatzes aus Großbritannien, wie N. T. Wright, Alister McGrath oder Anthony Thiselton.*

Die aufgezählten Gruppierungen in dieser Übersicht gehören seit Langem zur evangelikalen Bewegung. Und aus meiner Sicht gibt es gute Gründe, bei diesen das Erbe des klassischen Evangelikalismus besser bewahrt zu sehen als in den fundamentalistischen und rechten Strömungen der letzten Jahrzehnte. Postevangelikale sind noch einmal etwas anderes, auch wenn sie oft stark angeregt sind von solchen sozialen, modernen oder offenen Formen des Evangelikalismus.

Postevangelikale sind Menschen, die sich nicht mehr (gänzlich) mit dem Label »evangelikal« identifizieren.

Zunächst sollte man unterscheiden zwischen Ex-Evangelikalen und Postevangelikalen. Manche Menschen verlassen ihre evangelikalen Gemeinden, weil sie sich von ihrem bisherigen Glauben verlassen fühlen. Häufig wenden sie sich von der christlichen Welt insgesamt ab. Sie sind ex-evangelikal, nicht selten ex-christlich. Andere teilen die Schwierigkeit, sich mit ihrer früheren geistlichen Heimat weiter zu identifizieren. Zugleich wollen oder können sie nicht mit allem brechen, was sie dort empfangen haben. Sie wollen vieles bzw. Wesentliches aus ihrer evangelikalen Geschichte behalten, befinden sich aber auf einer geistlichen Suchbewegung. Postevangelikale sind Menschen, die sich nicht mehr (gänzlich) mit dem Label »evangelikal« identifizieren. Anders als Ex-Evangelikale brechen sie nicht vollständig mit dieser Prägung, sondern gehen über sie hinaus. Will man dieses Phänomen näher verstehen, muss man sich vor allem eine Bewegung näher ansehen: die Konversation der *Emerging Church*.[297]

EMERGING CHURCH

Beim Konzept der *Emerging Church* hat es sich eingebürgert, mehrere Phasen zu unterscheiden.

Die Anfangsphase lässt sich genau benennen: Anfang der 1990er-Jahre kam es innerhalb eines Netzwerkes junger geistlicher Leiterinnen und Leiter in den USA zu einer grundsätzlichen Debatte über die Zukunft der Evangelikalen. Allgemein wurde die Notwendigkeit empfunden, sich inmitten eines kulturellen Wandels neu auf die jüngere Generation einzustellen. Vielfach galt die Postmoderne als eine große Herausforderung: eine vermeintlich neue Epoche, die durchgängig von Vielfalt und Unübersichtlichkeit geprägt ist.

Dann kam es zu einer programmatischen Phase. Eine Reihe von reichweitenstarken Autoren und Bloggern prägte die Debatte. Dabei gehörte es von Anfang an zum Wesen dieser Bewegung, dass sie ein Internetphänomen war. Es erschienen auch klassische Bücher, aber es war kommunikationstechnisch etwas Neues, dass das Internet eine solche Debatte faktisch unabhängig machte von den sogenannten *Gatekeepern*: den Verantwortlichen in den Konferenzen, den Zeitschriften und Verlagen, die früher darüber entscheiden konnten, was sie innerhalb ihrer Bewegung zulassen und was nicht. Die Geschichte der *Emerging Church* gehört insofern auch zur jüngeren Mediengeschichte des Christentums.

Emerging Church wird als Kirche für die Postmoderne verstanden.

Schließlich kam es zu einer Phase der Auflösung. Um 2010 herum entwickelten sich einige der wichtigsten Stimmen in ganz unterschiedliche Richtungen weiter. Praktisch alle zogen sich in der Folgezeit entweder aus dieser Debatte zurück oder setzten ihren Weg eigenständig weiter fort.

Diese Entwicklung hat zunehmend deutlich gezeigt, dass es von Anfang an mehrere Richtungen von *Emerging Church* gab. Der Missiologe Ed Stetzer hat eine viel beachtete Einteilung in unterschiedliche Richtungen dieses Ansatzes entwickelt:[298]

1. *Relevants* – Kirche für die Postmoderne: Vor allem in der Anfangszeit der Debatte wurde von vielen das Ziel betont, das Evangelium in neuer, relevanter Form zu verkünden. Dan Kimballs Buch *Emerging Church* (2003) mit einem Vorwort von Rick Warren ist ein repräsentativer Entwurf dieses Anliegens. Emerging Church wird als Kirche für die Postmoderne verstanden. Wichtige Elemente waren die Wiederentdeckung sinnlicher Elemente im Gottesdienst, der Aufbau von überschaubaren Gemeinschaften, die stärkere Betonung von Kunst und Schönheit, die stärkere Einbeziehung aller Teilnehmenden in Gottesdienst und Gemeinde und insgesamt ein Führungsstil, der mehr Mitsprache und Gemeinschaft erlaubt. Predigten sollen verstärkt Maß nehmen an dem, was wir in der Bibel finden: erzählen. Jesus hat erzählt. In der Apostelgeschichte wird erzählt. Mit all diesen Elementen glaubt Kimball, postmoderne Menschen besser abholen zu können, ohne dass klassisch evangelikale Überzeugungen verändert werden müssen.
2. Rekonstruktionisten – Kirche mit der Postmoderne: Eine weitere Gruppe übte grundsätzlichere Kritik an der evangelikalen Bewegung. Autoren wie Michael Frost und Alan Hirsch geht es in ihrem Buch *Die Zukunft gestalten* (2008) nicht nur um eine Weiterentwicklung evangelikaler Gemeindekultur für eine neue Generation. Vielmehr üben Frost und Hirsch auch grundsätzliche Kritik an Einseitigkeiten der bisherigen evangelikalen Bewegung.

Nicht der Ausstieg aus der evangelikalen Glaubenswelt, wohl aber ihre Reform wird gefordert. Die klassische Megachurch könne nicht einfach ergänzt werden durch neue, kulturell zeitgemäßere Formen der Bühnenperformance. Die ganze Struktur der evangelikalen Gemeinden sei zu konsumorientiert, zu stark auf eine autoritäre Vermittlung von oben nach unten eingestellt. Heute seien Gemeinschafts- und Arbeitsformen nötig, die das Evangelium nicht nur für die Menschen präsentieren, sondern es mit ihnen gemeinsam entdecken. Dafür müssen sich Gemeinden radikaler als bisher auf die Lebenswirklichkeit der Menschen einlassen. Angesichts heutiger Herausforderung müssten die klassischen Wahrheiten des Evangeliums nicht in neuen Metaphern, sondern auch in neuen Gemeinde- und Arbeitsformen Ausdruck finden.

3. Revisionisten – Kirche der Postmoderne: Ende der 2000er-Jahre wird die Kritik bei einigen noch grundsätzlicher. Nun geht es nicht mehr um Einseitigkeiten evangelikaler Theologie, sondern um ihre Grundfehler. Hier kommt es zu einer zunehmenden Hinterfragung der evangelikalen Glaubenswelt, vor allem ihres Schriftprinzips und ihres Wahrheitsverständnisses. Es ist vor allem diese Gruppierung, die im Nachhinein die Wahrnehmung des Labels *Emerging Church* prägt, nicht zuletzt, weil sich viele konservative Kritiker an diesen Impulsen abarbeiten.

Die Entwicklung ging in der dritten Phase in unterschiedliche Richtungen. Manche wandten sich vom Label *Emerging Church* ab. Mark Driscoll wurde anfangs ebenfalls mit dem Label identifiziert. Tatsächlich stand er theologisch fest auf dem Boden der neocalvinistischen Orthodoxie dieser Zeit. Vor allem zwischen Driscoll und den sogenannten »Revisionisten« eskalierte mit der Zeit eine immer schärfere Auseinandersetzung. Driscoll warf Protagonisten wie Rob Bell, Brian McLaren und anderen eine Verfälschung des Evangeliums vor.[299] Umgekehrt kritisierten ihn Menschen wie Rachel Held Evans für sein autoritäres Auftreten und seinen theologischen Fundamentalismus.[300]

Einen anderen Weg ging beispielsweise Scot McKnight, der über Jahre diesen Diskurs kundig begleitet hatte. Der Professor für Neues Testament McKnight setzt sich seit Langem dafür ein, vermeintlich moderne Anliegen wie die Gleichberechtigung von Mann und Frau als biblisch begründet anzuerkennen. Er wandte sich in dem Maße von den sogenannten Revisionisten ab, wie er zu erkennen glaubte, dass bei diesen nicht mehr biblische Einsichten, sondern postmoderne Grundüberzeugungen normatives Gewicht für weltanschauliche Fragen gewannen.

Die Revisionisten bildeten keineswegs einen einheitlichen Block. Gemeinsam ist ihnen aus Sicht des konservativen Evangelikalismus, dass sie von zentralen biblischen Überzeugungen abweichen, wie: der Verurteilung von Homosexualität, dem Festhalten an der Irrtumslosigkeit der Bibel, der Kritik am Gleichheitsideal des Feminismus oder der besonderen reformierten Gestalt der Lehre vom Sühnetod Jesu im Sinne eines stellvertretenden Strafleidens. Ganz anders sieht es aus ihrer Sicht aus: Die Beschäftigung mit der postmodernen Gegenwart habe ihnen immer deutlicher gezeigt, dass der Evangelikalismus nicht einfach die biblische Wahrheit vertrete, sondern selbst eine zeitbedingte, geschichtliche Gestalt des Christentums sei, die in vielen Fragen an ideologischer Verengung leidet.

Der einflussreichste Repräsentant der progressiven Entwicklung der emergenten Debatten war ohne Frage Brian McLaren. Mit seinem Buch *A New Kind of Christian* (2001) stand er noch weitgehend im Horizont der ersten Phase, in dem es um eine Weiterentwicklung des Glaubens in der Gegenwart geht. In der Folgezeit veröffentlichte McLaren regelmäßig Bücher zu unterschiedlichen theologischen Themen, die mal mehr, mal weniger aneckten. In seinem Buch

Höchste Zeit, umzudenken (2008) knüpft McLaren an die klassische Tradition der sozialen Evangelikalen an. In *Dem Leben wieder Tiefe geben* (2009) wendet er sich der Suche nach einer erneuerten Spiritualität zu. Spätestens mit *Nachfolge auf neuem Kurs* (2010) entwickelt McLaren eine theologische Haltung, die man in den USA nicht mehr evangelikal nennen würde. Zu deutlich kritisiert er den evangelikalen Bibelgebrauch als fundamentalistisch. Vor allem in den beiden letzten Büchern *The Great Spiritual Migration* (2017) und *Faith after Doubt* (2021) reflektiert McLaren seinen bisherigen Weg grundsätzlich und beschreibt seine eigene geistliche Entwicklung (und die vieler anderer) als bewusste Abkehr von seiner evangelikalen Prägung. Was er auf seinem Weg erlebt habe, sei vielmehr ein Prozess geistlicher Reifung, wie sie auch aus anderen Konfessionen und Religionen bekannt sei. Inzwischen sind seine Bücher, Vorträge und Blogs Bezugspunkt für viele, die durch ihren persönlichen Lebensweg außerhalb evangelikaler Gemeinschaften zu stehen kamen.

Einen vergleichbaren und doch ganz eigenen Weg ging Rachel Held Evans (1981–2019). Ihr erstes Buch hat einen programmatischen Untertitel *Wie ein Mädchen, das alle Antworten wusste, lernte, Fragen zu stellen.* Evans stammt aus Dayton, der Stadt in Tennessee, die in den 1920er-Jahren durch den sogenannten »Affenprozess« berühmt wurde. Ihren früheren geistlichen Hintergrund beschreibt Evans selbst als fundamentalistisch. Lange Zeit litt sie unter massiven inneren Spannungen. Auf der einen Seite war sie von vielen Erfahrungen mit Gott und Jesus, mit der Bibel und vielen gläubigen Mitmenschen nach wie vor fasziniert. Aber auf der anderen Seite stießen sie je länger, je mehr der evangelikale Kulturkampf, das fundamentalistische Bibelverständnis mit seinem Kurzzeitkreationismus und nicht zuletzt die Abwertung der geistlichen Gaben von Frauen so sehr ab, dass sie sich nicht in der Lage sah, in diesen Kreisen zu bleiben. Eine Zeit lang versuchte Evans sich in der Gründung einer postevangelikalen Gemeinde. Dieser Versuch scheiterte. Die Verarbeitung früherer Verletzungen und der Aufbau von etwas Neuem ließen sich nicht miteinander verbinden.

»Was ich an der Bibel liebe, ist, dass ihre Geschichte noch nicht vorbei ist.«
Rachel Held Evans

Am Ende führte sie ihr Weg in die anglikanische Kirchengemeinschaft. Es war vor allem die starke eucharistische Frömmigkeit, die sie anzog. Lange Zeit waren die Kirchen damit beschäftigt, möglichst eindeutige Ausschlusskriterien für die Teilnahme am Tisch des Herrn zu formulieren. Die Anglikaner in den USA hatten an dieser Stelle in den letzten Jahrzehnten einen deutlichen Wandlungsprozess durchlaufen. Sie feierten die Eucharistie als bedingungslose Einladung der radikalen Gnade Gottes. Die Offenheit für die Tischgemeinschaft mit den Sündern machte Evans neu das Wesen der Gnade deutlich:

> Das Evangelium braucht keinen Bund mit dem Ziel, die falschen Leute draußen zu halten. Es braucht eine Familie aus Sündern gerettet durch Gnade, die sich dazu verpflichtet, die Mauern einzureißen, die Türen zu öffnen und zu rufen: »Willkommen! Es gibt Brot und Wein. Kommt, esst und redet mit uns.« Das Reich Gottes ist kein Königreich für die Würdigen, es ist ein Königreich für die Hungrigen.[301]

Als eigene Marke ist *Emerging Church* Vergangenheit. Als Teil der jüngeren evangelikalen Geschichte war dieser Diskurs jedoch höchst einflussreich. Denn auch wenn die Geschichte dieses Labels schon vorbei ist, sind viele damals verhandelte Anliegen nach wie vor höchst aktuell. Viele zentrale Aspekte dieser Debatte kehren inzwischen wieder unter einem neuen Label: dem des Postevangelikalismus.[302]

ALTE UND NEUE POSTEVANGELIKALE

Faktisch beginnt die Debatte zum Begriff des Postevangelikalismus mit der *Emerging Church*-Debatte gleichzeitig. An repräsentativen Beispielen möchte ich drei Entwicklungswege nachzeichnen, in denen kulturelle, hermeneutische und ethische Konflikte mit dem evangelikalen Mainstream aufbrachen.

1. KULTURELLE SPANNUNG

Berühmt wurde der Ausdruck »Postevangelikale« durch ein Buch des Briten Dave Tomlinson von 1995. Auch Tomlinson beginnt mit der Unterscheidung von Post- und Ex-Evangelikalen. Postevangelikale sind geprägt durch die evangelikale Bewegung, ihre Frömmigkeit und ihre Theologie. Sie wollen damit nicht brechen. Sie möchten ihre Glaubensreise fortsetzen. Aber sie leiden an einigen Merkmalen ihrer evangelikalen Herkunft.

Das gilt vor allem für die zunehmende Entfremdung vieler Evangelikaler von der kulturellen Entwicklung der Gesellschaft. Tomlinson nimmt Maß an der geschichtlichen Entwicklung der evangelikalen Bewegung. Auch in Großbritannien sei es Mitte der 1990er-Jahre offenkundig, dass die Bewegung auf eine erfolgreiche Wachstumsgeschichte zurückblicken konnte. Es sei den Evangelikalen seit den 1970er-Jahren gut gelungen, die moderne Gesellschaft in modernen

Formen anzusprechen. Aber spätestens ab den 1990er-Jahren gab es eine Diskussion, ob sich die Gesellschaft von der klassischen Moderne zur sogenannten Postmoderne weiterentwickelt hätte. Mehr und mehr wurden die Schattenseiten der Moderne diskutiert. Typische Merkmale der modernen Kultur wie ihr Rationalismus, ihr Streben nach Vereinheitlichung, nach globaler Durchsetzung wurden infrage gestellt. Auch der Evangelikalismus müsse sich dieser Debatte stellen, weil er selbst stark geprägt ist durch moderne Denkvoraussetzungen und wie die Moderne Schwierigkeiten mit Vielfalt, Uneindeutigkeit und Respekt vor Fremdheit habe.

Postevangelikale legen Wert auf intellektuelle Redlichkeit.

Postevangelikale legen Wert auf intellektuelle Redlichkeit. Sie halten zwar am Offenbarungsglauben und an der Heiligen Schrift fest. Sie setzen sich aber ab von einer Entwicklung innerhalb des Evangelikalismus, die die Irrtumslosigkeit der Bibel zum zentralen Maßstab der Bibeltreue gemacht hat.[303] Authentizität ist für Postevangelikale außerdem ein zentraler Wert. Diesen Wert teilen sie bewusst mit der modernen Gesellschaft, die Anpassung und Unterdrückung eigener Bedürfnisse nicht mehr angemessen findet. Sie sehen darin eine Haltung, die nicht in Spannung zum christlichen Glauben stehe, sondern wesentlicher Ausdruck des Glaubens ist.[304]

Die Postevangelikalen wollen soziale Verantwortung für die Gesellschaft als Ganzes übernehmen. Sie leugnen weder die zentrale Bedeutung der Gottesbeziehung noch die Hoffnung auf ein ewiges Leben. Aber der Einsatz für das Wohl von Menschen ist für sie nicht nur eine Folge, sondern ein wesentlicher Teil des Glaubens.

Sind Postevangelikale also auf dem Weg zu einem liberalen Christentum?

Aus Tomlinsons Sicht ist diese Frage ein typisches Problem evangelikaler Wahrnehmungsverengung. Es gäbe eben nicht nur zwei Wege oder zwei Lager. Tomlinson nimmt theologisch nicht Maß an der liberalen, sondern an der postliberalen Theologie, für die man im deutschen Sprachraum Theologen wie Karl Barth, Dietrich Bonhoeffer und Jürgen Moltmann benennen könnte. Das ausgeprägte Denken in sich ausschließenden Lagern sei hingegen ein typisch modernes Phänomen. In der Bindung an ein solches Entweder-oder-Denken liege eine Grenze des bisherigen Evangelikalismus. Angesichts des kulturellen Wandels werden Evangelikale zunehmend sprachunfähig.

2. HERMENEUTISCHE SPANNUNG

Für andere Postevangelikale führte das (fundamentalistische) Schriftverständnis vieler Evangelikaler zu massiven Spannungen. Peter Enns machte als Absolvent des konservativen *Westminster Theological Seminary* seinen Doktortitel in Harvard in biblischer Exegese. Er kehrte als Professor an seiner ursprünglichen Ausbildungsstätte zurück und legte eine Hermeneutik vor, die das Verhältnis von Inkarnation Christi und Inspiration der Bibel zum Thema hatte. Er zeigte die Parallelität dieser beiden Weltzuwendungen Gottes in seinem Sohn und im Heiligen Geist. Vorsichtig deutete Enns seine Einsicht an, dass man in den biblischen Texten keine Antworten auf naturwissenschaftliche und historische Fragen suchen sollte. Es kam zu internen Debatten innerhalb und außerhalb seiner Universität. Schließlich stellte sich die Mehrheit seiner evangelikalen Kollegen hinter ihn. Sie erkannten in seinem Entwurf einen legitimen Ausdruck evangelikaler Schriftauslegung. Nur: Es half ihm nicht mehr. Bei den Trägern der Einrichtung wurden seine Gedanken als Einbruch der Bibelkritik skandalisiert. Er musste die Institution verlassen.

Inzwischen lebt Enns seit vielen Jahren außerhalb der evangelikalen Welt. In Büchern, Blogartikeln und Podcasts hat er seine Sicht zu vielen theologischen Fragen ausführlich dargestellt. Vor allem in der Frühzeit vertrat Enns Positionen, wie sie im Umfeld deutscher Evangelikaler von der großen Mehrheit der Theologinnen und Theologen geteilt werden. Im fundamentalistischen Evangelikalismus der US-Ausbildungsstätten war kein Platz für ihn.

3. ETHISCHE SPANNUNG

In den letzten zehn Jahren waren es vor allem ethische Fragen, die enormes Konfliktpotenzial mit sich brachten. Das zeigte sich zuletzt bei David Gushee.

> **»Lasst uns die Kirche zu einem Umfeld machen, wo Eltern wissen, dass die richtige Antwort an ihre Teenager immer ist, sie niemals als Menschen abzulehnen, sie niemals zu verstoßen.«**
> *David P. Gushee*

Gushee erlebte eine klassisch evangelikale Bekehrung und verbrachte seine Jugend bei den Southern Baptists. In den 1990ern setzte sich dort die Festlegung auf ein fundamentalistisches Bibelverständnis durch. Gushee verließ die SBC und machte seine theologische Karriere in gemäßigten evangelikalen Kreisen. Bald galt Gushee als der führende Ethiker seiner Generation in der Tradition der sozialen Evangelikalen. Sein zusammen mit dem Exegeten Glen Archer verfasstes Ethiklehrbuch *Kingdom Ethics* war 2004 das Buch des

Jahres in *Christianity Today*. In Marcia Pallys Buch über die neuen Evangelikalen ist David Gushee einer der am häufigsten genannten Vertreter des neuen Evangelikalismus. Für sie war er ein Musterbeispiel dafür, dass es längst auch Evangelikale gab, die die Kulturkämpfe der Fundamentalisten und der christlichen Rechten hinter sich gelassen hatten. Ab 2013 regte Gushee eine Debatte über die evangelikale Bewertung von Homosexualität an. Er glaubte damals, er habe das Renommee, innerhalb dieser Bewegung zumindest eine Diskussion anstoßen zu können. Sehr bald merkte er, dass er sich getäuscht hatte. Die Konferenzen, die Gemeinden, die Zeitschriften und Verlage der evangelikalen Welt, sie alle schlossen ihn aus, wo immer es ging.

In einem biografischen Buch *Still Christian. Following Jesus out of American Evangelicalism* (2017) beschreibt er seinen weiteren Weg hinaus aus der früheren geistlichen Heimat. Gushee wurde mehr gegangen, als dass er ging. Aber er zog aus dieser Erfahrung auch die Konsequenzen und gab das persönliche Ringen um dieses Label auf. Er identifiziert sich nun mit dem Begriff »postevangelical«. Nach wie vor steht er für eine konsequente Jesusnachfolge und eine biblisch gegründete Theologie. In seinem Buch *After Evangelicalism* (2020) skizziert er Wege für Postevangelikale, die sich nach einer Entfremdungsgeschichte vom Evangelikalismus der letzten Jahre neu christlich orientieren wollen. Gushee fühlt sich inzwischen in der Welt der traditionellen christlichen Kirchen sehr viel stärker zu Hause als im Netzwerk evangelikaler Werke.

DEKONSTRUKTION UND REKONSTRUKTION DES GLAUBENS

KRISEN DES GLAUBENS

Sind die Postevangelikalen eine krisenhafte Erscheinung des Evangelikalismus? Krisenhaft in dem Sinne, dass sich Menschen von zentralen Grundzügen des historischen christlichen Glaubens abkehren? Eine solche Sicht wird zum Beispiel entfaltet in Alisa Childers' Buch *Another Gospel*. Der Titel macht schon deutlich, dass progressive Strömungen für sie eine Form von »Abfall« darstellen, vor der nicht dringend genug gewarnt werden kann.[305] Aus der Politik kennt man das Phänomen: Wenn man das Gefühl hat, in einer zunehmend linksextremen, sozialistischen Welt zu leben, könnte dies womöglich dafürsprechen, dass man selbst immer stärker nach rechts gerückt ist. Aus konservativ-evangelikaler bzw. fundamentalistischer Perspektive erscheint jede Abweichung als progressiver respektive liberaler Abfall.

Menschen dekonstruieren ihren christlichen Glauben nicht, um progressiv zu sein, sondern weil sie Fundamentalismus nicht mehr ertragen können.

Müsste man daher sagen, dass es eigentlich umgekehrt ist: Wenden sich Postevangelikale nicht von der evangelikalen Bewegung (geschweige denn vom christlichen Glauben) ab, sondern nur von seinen fundamentalistischen Entstellungen? So sieht es zum Beispiel Geoff Holsclaw, Pastor einer ebenfalls evangelikalen Gemeinde und Professor am *Northern Seminary*: Das Phänomen des Postevangelikalismus ist in Wahrheit (und war es immer schon) eine Abkehr vom Fundamentalismus, der in den letzten Jahrzehnten immer stärker geworden ist und sich zuletzt als Evangelikalismus ausgab. Menschen dekonstruieren ihren christlichen Glauben nicht, weil sie progressiv sein wollen, sondern weil sie Fundamentalismus nicht mehr ertragen können.[306]

Mein Vorschlag ist an dieser Stelle, Postevangelikale weder als liberale Abtrünnige noch als Flüchtende vor dem Fundamentalismus zu betrachten. Für zusammenfassende Bewertungen des Spektrums ist es noch zu früh. Alle einfachen Deutungen entweder als Abfall oder als Bewegung des geistlichen Wachstums dürften der Vielfalt des Feldes nicht gerecht werden.

Soziale Netzwerke sind inzwischen voller Beispiele, wie sich Menschen kritisch vom Evangelikalismus abwenden.[307] Ich möchte an dieser Stelle einen kleinen Überblick geben, welche Gründe dabei genannt werden. In den letzten Jahren hat sich die Rede von Dekonstruktion und Rekonstruktion des Glaubens stark verbreitet. Anders als bei manchen kritischen Besprechungen unterstellt, geht es keineswegs nur um eine Abkehr von dogmatischen Überzeugungen. Vielmehr gründet die Abkehr von fundamentalistischen bzw. evangelikalen Wegen in unterschiedlichen Krisen, die vielfach gehäuft auftreten: eine intellektuelle, eine soziale, eine emotionale und eine moralische Krise.

- Intellektuelle Krise: Viele berichten von der Erfahrung, dass Fragen so lange erlaubt waren, wie man Antworten schnell akzeptierte. Grundlegende Zweifel wurden als gefährlich angesehen und vielfach verdrängt; auf Dauer mit verheerenden Folgen: »Am Anfang vieler Dekonstruktions-Geschichten steht der Zweifel, der erst klein gehalten wird und plötzlich, unaufhaltsam, immer lauter wird.«[308]
- Soziale Krise: Viele beschreiben ihre geistliche Unterweisung als eine Anleitung zur Unselbstständigkeit. Gelernt habe man vor

allem, dass Gott zwar voller Liebe sei, dass man selbst aber ohne Gott wertlos, unfähig und unglücklich sei. »Ich habe nie gelernt, auf meine innere Stimme zu hören, sondern habe immer nur danach gefragt, was Gott will, und keinerlei eigenes Profil, keine eigene Identität, keine eigene Persönlichkeit entwickelt.«[309]

- Emotionale Krise: Viele Menschen berichten von tiefen emotionalen Glaubenskrisen. Die vermeintliche Verheißung, dass Gott denen nahe sei, die nach ihm rufen, habe sich in Schicksalsschlägen nicht bewährt: »In diesem verzweifelten Moment auf dem Fußboden, als ich Gottes Liebe, Beistand oder Nähe am dringendsten gebraucht hätte, war da einfach nichts.« Solche Erfahrungen des Scheiterns konnten nicht gut oder gar nicht integriert werden in das Glaubenskonzept, das man bislang vermittelt bekommen habe. Alle Ratschläge liefen stets darauf hinaus, einfach trotzdem dranzubleiben und auf Gott zu warten. »Das ständige Hören auf Gottes Stimme hat mir alle Energie genommen, die ich gebraucht hätte, um selbst loszulaufen und auszuprobieren.«[310]
- Moralische Krise: Eine zentrale Bedeutung spielt für viele die Auseinandersetzung mit der sogenannten *Purity Culture*[311], der verbreiteten Sicht, dass jede Form der Sexualität allein in die Ehe gehört. Ein Paar berichtet davon, wie sie aufgrund dieser Prägung mit 19 Jahren geheiratet haben. »Die Folgen davon, wenn jungen Menschen in prägenden Jahren immer wieder gesagt wird, dass ihr Körper und ihr Bedürfnis nach Nähe bis zum Tag der Hochzeit tabu sind und dass falsch gelebte Sexualität in den Augen ihres Gottes ein Gräuel ist, haben sich in unseren Augen als verheerend herausgestellt. Ich fühlte mich nach all diesen Jahren entfremdet von mir selbst und meinem Körper und ich hatte lange damit zu kämpfen, die Schuldgefühle rund um Sexualität abzulegen.«[312] Rückblickend seien sie vor allem von dem Macht-

anspruch erschüttert, den religiöse Leiter mit diesen Idealen gegenüber intimsten Fragen anderer Menschen erhoben. »Ich habe auf der Basis des Glaubens mein Leben in ›Gottes Hände‹ gegeben und stellte fest, dass es stattdessen in die Hände von machtsüchtigen Menschen gefallen ist.«

ABKEHR VOM GLAUBEN ODER GLAUBENSWACHSTUM?

Was passiert in solchen Krisen? Menschen beginnen die bisherige Gestalt ihres Glaubenslebens zu hinterfragen. Die Auflösung ihrer bisherigen Glaubensweise erleiden sie dabei vielfach stärker, als dass sie sie betreiben. Bei solchen Dekonstruktionserfahrungen sollte man die gesamte Breite dieses Erlebens im Blick behalten. Für manche Menschen sind intellektuelle Fragen zentral. Für viele andere spielen sie hingegen keine oder zumindest keine zentrale Rolle. Sie leiden am Verlust bisheriger Gotteserfahrungen, oder sie erleben, dass sie für eine lebensgeschichtliche Erfahrung, beispielsweise den Tod eines geliebten Menschen oder eine Trennung, in ihrem bisherigen Glaubensleben keinen hilfreichen Umgang finden. Eine nicht repräsentative Umfrage auf der Instagram-Seite @thenewevangelicals ergab, dass für eine überwältige Mehrheit die öffentliche Verschmelzung von Evangelikalismus und rechtsnationalistischer Politik in der Ära Trump der entscheidende Anstoß war, die eigene religiöse Prägung grundsätzlich infrage zu stellen.

Die Auswege aus der Dekonstruktion sind vielfältig. Viele Ex-Evangelikale empfinden die Auflösung ihres bisherigen Glaubenssystems als Befreiung. Für sie ist der völlige Ausstieg eine Lösung. Sie bemerken, wie viele negative Konsequenzen aus ihrer evangelikalen Lebensphase sie nach wie vor prägen. Darum gibt es in den sozialen Medien inzwischen einen breiten Austausch darüber, wie man mit negativen Erfahrungen im christlichen Bereich umgehen kann.

Auch Postevangelikale haben Dekonstruktionserfahrungen gemacht. Sie distanzieren sich in der Regel von einer bestimmten Gestalt des Glaubens; nicht von Gott oder Jesus Christus. Ihnen geht es darum, neue Möglichkeiten des Glaubens zu entdecken. Dekonstruktion und Rekonstruktion gehören für sie zusammen. Auch sie bemerken an sich und anderen, dass manche problematischen Prägungen sehr lange nachwirken. Viele sind groß geworden mit der Leitidee, dass es sich beim christlichen Glauben um die absolute Wahrheit handelt. Die Erkenntnis, dass sie in einer historisch gewordenen Gestalt des Glaubens groß wurden, ist für sie verstörend. Die modernen Bibelwissenschaften erleben viele zunächst als eine große Hilfe, sich über bisherige Engführungen klar zu werden. Nur: Wissenschaftliche Schriftauslegung kann ihrem Wesen nach kein Ersatz sein für so etwas wie den Glauben an absolute Wahrheiten. Gerade die moderne Theologie weiß um die Vorläufigkeit und kulturelle Bedingtheit aller ihrer Einsichten. Sie eignet sich nicht als neue, jetzt aber wirklich irrtumslose Grundlage des Glaubens.

Wie verläuft der Weg von Dekonstruktion zur Rekonstruktion?[313] Schon seit der Antike ist es im Christentum weit verbreitet, Entwicklungs- und Wachstumsmodelle des Glaubens zu entwickeln. Auch im Neuen Testament wird unterschieden zwischen dem kindlichen und dem erwachsenen Glauben, dem Glauben, der Milch braucht, oder dem, der schon feste Speise verträgt (1. Korinther 3,2).

Im Gespräch mit Entwicklungsmodellen der Psychologie hat der Methodist James Fowler ein einflussreiches Stufenmodell des Glaubens entwickelt. Mehrere Vertreter der emergenten bzw. der postevangelikalen Konversation haben sich auf solche Entwicklungsmodelle bezogen und mit ihrer Hilfe den eigenen Weg gedeutet. Schon Dave Tomlinson greift ein einfaches Schema der Stufen menschlicher Entwicklung auf. Menschliches Wachstum lasse sich einteilen in die Stufen: 1. Selbstbezüglichkeit, 2. Konformismus, 3.

Individualisierung, 4. Integration. Angesichts der menschlichen Entwicklung sei es natürlich, dass Glaubensgemeinschaften erst einmal junge Menschen von Stufe 1 zu Stufe 2 führen und sie durch biblischen Unterricht in eine Gestalt des gemeinsamen Glaubens einführen. Religiöse Katechese bzw. Glaubenskurse machen Denken und Handeln von Menschen vertraut mit der Praxis einer Kirche. Sodann sei es die entscheidende Frage, ob die Gemeinschaft junge und ältere Erwachsene dazu befähigt, das Erlernte kritisch zu reflektieren, Zweifel zu formulieren und sich manches noch einmal neu oder anders anzueignen. Nach Tomlinson seien vor allem evangelikale Gemeinschaften dazu kaum in der Lage. Sie behandeln das Glaubenswissen wie einen unveränderlichen Block.

Ein vergleichbares Schema wird von Brian McLaren vertreten, wenn er zwischen 1. Simplizität, 2. Komplexität, 3. Perplexität und 4. Harmonie unterscheidet. McLarens Modell zeigt zunächst, wie Glaubensweisen selbst eine Entwicklung von einfacher Glaubenszustimmung zu einer zunehmend komplexen, durch kirchliche Lehren strukturierten Glaubensweise ermöglichen. Die Stufe der Perplexität geht von der Erfahrung aus, dass Menschen angesichts herausfordernder Lebenserfahrungen Spannungen erleben, in denen ihr bisheriges Glaubenssystem nicht mehr funktioniert. Diese Erfahrung einer Dekonstruktion sei sehr schmerzhaft. Denn in dieser Phase könne man keine Hilfe von Menschen erwarten, die solche Erfahrungen selbst gar nicht kennen. Im schlimmsten Fall werden sie einen solchen Prozess als schwere Bedrohung des eigenen Glaubens deuten und ihn aggressiv zurückweisen. Zugleich macht McLaren Mut, solchen Erfahrungen der Perplexität nicht auszuweichen. Vielfach habe es sich gezeigt, dass es so etwas wie eine zweite Naivität gibt, in der Fragen nicht mehr verdrängt werden müssen, sondern integriert werden in ein umfassendes Vertrauen auf Gott, das in einem Leben in der Liebe die Essenz des Glaubens erkannt habe.

Handelt es sich beim Postevangelikalismus also um Erfahrungen des Glaubenswachstums?[314]

Handelt es sich beim Postevangelikalismus also um Erfahrungen des Glaubenswachstums?

Ich habe den Postevangelikalismus ans Ende dieses Blocks der Krisengebiete gestellt. Tatsächlich ist nicht zu übersehen, dass viele Postevangelikale sich genau an den Dingen stoßen, die in den drei Kapiteln davor dargestellt wurden. Aber letztlich sind die in diesem Feld vertretenen Positionen viel zu unterschiedlich, um über einen Kamm geschoren zu werden. Glaubensverlust, Glaubenswachstum und vieles irgendwo dazwischen gehören heute zur postevangelikalen Szene, wie sie sich diesseits und jenseits des Atlantiks zeigt. Zum Abschluss möchte ich einige Akzente setzen, die als kritische Anfragen an problematische Tendenzen in diesem Spektrum verstanden werden können.

BIBEL UND AUTORITÄT

Postevangelikale distanzieren sich vom Fundamentalismus im Allgemeinen und vom fundamentalistischen Schriftverständnis im Besonderen. Sie legen großen Wert auf intellektuelle Redlichkeit. Sie lehnen den Kreationismus ab, den viele in ihrer Jugend kennengelernt und lange vertreten haben. Bisweilen kommen sie dabei im Umgang mit der Heiligen Schrift zu einer Beliebigkeit, die weit hinter dem zurückbleibt, was in allen nicht evangelikalen Kirchengemeinschaften betont wird. Die Verbindlichkeit der Bibel als Grundlage von Glauben und Leben ist keine evangelikale oder fundamentalistische Idee. In den neutestamentlichen Texten sind die heiligen Schriften

Israels keine bloßen Meinungsäußerungen. Wenn Postevangelikale im Gegensatz zum bisherigen Fundamentalismus ihr freies Verhältnis zur Bibel betonen, die sie für gute Literatur halten, aber nicht als Autorität in irgendeinem Sinne, ist das keine liberale Theologie, sondern kaum noch christliche Theologie. Die prinzipielle Bedeutung der Heiligen Schrift als Grundlage des christlichen Glaubens hat zuletzt auch die EKD in ihrem jüngsten Grundlagentext zur Bedeutung der Bibel von 2021 betont.[315] Es dürfte die große Schwierigkeit bei jeder Erfahrung großer Einseitigkeit sein, sich nicht zu einer ebenso einseitigen Gegenbewegung führen zu lassen.

TRADITION UND AUTHENTIZITÄT

Für viele Postevangelikale ist Authentizität ein sehr hoher Wert. Mit Recht. Blinder Gehorsam gegenüber Autoritäten ist nicht nur unprotestantisch, sondern auch unchristlich. Aber selbst für kulturprotestantische, liberale Traditionen des evangelischen Christentums ist klar, dass es zum Wesen von Religion gehört, selbst jeweils innerhalb von religiösen Traditionsprozessen zu stehen. Kein Glaube erwächst aus rein subjektiver Selbstbestimmtheit. Glaube ist stets die Reaktion auf ein Angesprochensein, das unverfügbar bleibt. Die befreiende Kraft biblischer Autorität wiederzuentdecken mag schwerfallen angesichts von Erfahrungen, die man vielfach nur als geistlichen Missbrauch bezeichnen kann. Allzu oft wurden Menschen vermeintlich absolute Wahrheiten im Namen der Bibel entgegengehalten, die lediglich auf menschlich allzu menschlichen Festlegungen beruhten. Auf solche Zumutungen mit Vertrauensverweigerung zu reagieren, ist gesund und notwendig. Für persönliche Entwicklungswege kann das aber keine Endstation sein. Lebensfähige Authentizität kann sich nur im Austausch mit lebendiger Tradition entwickeln, wie sie in der Christentumsgeschichte entstanden ist und stets weiterbetrieben wird.

UNIVERSALISMUS UND PROFIL

Die Entdeckung anderer Religionen ist spätestens seit dem 19. Jahrhundert eine zentrale Erfahrung der modernen Welt. Erst im 20. Jahrhundert lernen Christinnen und Christen das Judentum als lebendige Religionsgemeinschaft wahrzunehmen und zu respektieren. Für manche scheint es in dieser Situation nur eine Lösung zu geben: Gott in allen Religionen, in jedem Menschen, in jedem Gefühl von Gott anerkennen zu wollen. Aber die Sicht, dass in allen Religionen das Gleiche zu finden ist, ist auch nicht progressiv oder liberal.

Wer einen Standort oberhalb aller Religionen einnehmen möchte, findet dabei nicht Weite, sondern potenziell den Verlust jeder wirklichen Glaubensperspektive, die sich in einen interreligiösen Dialog einbringen ließe.[316] Im interreligiösen Dialog hat sich vielfach gezeigt, dass die Zugehörigkeit zu einer bestimmten Religion den Austausch nicht unmöglich, sondern überhaupt erst möglich macht.

GEMEINSCHAFT UND INSTITUTION

Für viele Postevangelikale ist die Loslösung von der früheren Gemeinschaft regelrecht eine Frage des Überlebens. Sie müssen raus aus mancher Enge, um überhaupt wieder Luft zu bekommen und so etwas wie eigenes Denken zu lernen. Der Weg zu einem selbstbestimmten Leben ist für viele etwas, was sie erst in fortgeschrittenem Alter beginnen. So unvermeidbar solche Wege sein mögen: Die Entfaltung von Individualität setzt immer den Resonanzraum einer Gemeinschaft oder mindestens von Gesprächspartnerinnen und -partnern voraus. Das gilt für Glaubensfragen genauso wie für alle anderen. Privatreligion ist auf Dauer so problematisch wie Privatsprache.

DIE BEDEUTUNG DES POSTEVANGELIKALISMUS

Was bedeutet dieses Phänomen der postevangelikalen Debatten für die evangelikale Bewegung insgesamt? Was lässt sich über die Situation in Deutschland sagen? Für eine Darstellung der deutschen Situation dürfte es noch zu früh sein. Wie in den USA oder Großbritannien gilt auch hier: Es geht weniger um eine klar abgrenzbare Bewegung, die man eindeutig mit bestimmten Personen, Positionen und Werken identifizieren kann. Vielmehr geht es um eine Debatte, eine Konversation, die in unterschiedlichen Strängen betrieben wird in Online-Netzwerken, Video-Vorträgen, Podcast-Projekten etc. Den besten Überblick über die deutsche Debatte bekommt man beim Podcast *Hossa Talk* von Jakob Friedrichs und Gofi Müller.[317] Im Gespräch miteinander und mit vielen Gästen reflektieren sie seit 2014 alle 14 Tage viele zentrale Themen dieser Bewegung. Typisch für viele Hörerinnen und Hörer ist die langjährige Beheimatung in klassisch evangelikalen Werken und Gemeinden, die Erschütterung bzw. Entfremdung von früheren Haltungen, aber zunehmend auch die gemeinsame Entwicklung eines tragfähigen christlichen Glaubens.[318]

Ein Thema zieht sich bei aller Verschiedenheit der Impulse im Einzelnen durch die Debatte: Das Verhältnis der Evangelikalen zu ihrer Zeit ist strittig. Die Postevangelikalen reagieren allergisch auf die Entwicklungen, die wir in den Kapiteln 7 bis 9 beschrieben haben. Sie stören sich in der Regel nicht an der Freude an Gott oder der Liebe zur Bibel. Sie bejahen die evangelikale Bewegung, insofern sie eine Selbstbehauptung des christlichen Glaubens im Zeitalter zunehmender Säkularisierung war. Es sind die massiven antimodernen Haltungen, denen sie widersprechen: dem apokalyptischen Geist, der die Moderne pauschal eines unaufhaltsamen Niedergangs bezichtigt; dem fundamentalistischen Versuch, die

Bibel als Grundlage eines Weltbildes zu verwenden, das sich von der wissenschaftlichen Welterkenntnis der Gegenwart unabhängig macht, und schließlich dem Bestreben, mit politischen Mitteln eine autoritäre Gegenkultur zu errichten, die klassische Hierarchien der Geschlechter und Kulturen gegen die Gleichheitsideale der Neuzeit aufrechtzuerhalten versucht.

Die Berufung auf die sogenannte Postmoderne spielt für die Postevangelikalen insofern eine wichtige Rolle, weil es sich um eine kritische Diskussion einzelner Züge der Moderne handelt. In ihren Gegensätzen zur Moderne ist die evangelikale Bewegung selbst zutiefst von der Moderne geprägt. Mit ihrem Kulturpessimismus und ihrer Abwendung von der Welt denken die Evangelikalen genauso absolutistisch wie der Utopismus einer säkularen neuen Welt. Mit ihrem fundamentalistischen Schriftverständnis wehren sich manche Evangelikale gegen eine rationalistische Schriftauslegung – und argumentieren dabei selbst höchst rationalistisch.

In der Debatte der sogenannten Post- oder besser Spätmoderne ging es vielfach darum, den utopischen Geist der Moderne und ihren Rationalismus zu kritisieren und insgesamt einzutreten für mehr Akzeptanz von Vielfalt und weniger Ideologie. In ihrer Zeitgeistkritik waren Evangelikale auf die Einseitigkeit einer Moderne fixiert, die in der gesellschaftlichen Debatte selbst zunehmend kritisch diskutiert wird. Es ist gerade dieser moderne Antimodernismus, den Postevangelikale kritisieren. Die postevangelikalen Debatten zeigen, dass das Verhältnis der Evangelikalen zur gegenwärtigen Kultur die Schlüsselfrage ihrer weiteren Entwicklung sein wird.

Meiner Einschätzung nach handelt es sich bei der postevangelikalen Debatte um ein Übergangsphänomen. Tendenziell lässt sich sagen, dass sich aus der *Emerging Church* zwei Richtungen entwickelt haben[319]: a) Ein großer Teil ihrer gemäßigten Impulse aus der Anfangsphase ist heute in den evangelikalen Mainstream eingewandert.

b) Die progressive Richtung hat sich aus der evangelikalen Welt verabschiedet. Dieser Loslösungsprozess hat sich in der Regel nicht in der Bildung neuer emergenter Gemeinschaften vollzogen. Das hätte auch im Gegensatz zu den Grundintentionen gestanden, die sich gerade an einer solchen Lagerlogik abarbeiteten. Es ist daher anachronistisch zu fragen, wo denn die Gemeinden oder Institutionen der *Emerging Church* bleiben.

In welche Richtung geht die Entwicklung? In den letzten zehn Jahren lässt sich eine Fülle von unterschiedlichen Bewegungen beobachten. Manche finde wissenschaftliche Exegese hilfreich für ihren eigenen Umgang mit der Bibel. Andere finden Inspiration in Traditionen der Mystik oder des keltischen Christentums oder gewinnen Anschluss an traditionelle Gestalten des Christentums – von der lutherischen Gnadenlehre über sakramentale Frömmigkeit des anglikanischen Gottesdienstes bis hin zum orthodoxen Herzensgebet. Gerade daher ist es auch irreführend, diese Frage als einen Gegensatz von konservativem und progressivem Christentum aufzufassen. Viele Vertreter der *Emerging Church* haben sich an geistliche Traditionen angeschlossen, die sehr viel älter und konservativer sind als die evangelikale Bewegung.

Viele Vertreter der *Emerging Church* haben sich an viel ältere und konservativere geistliche Traditionen angeschlossen.

Für manche ist dies ein Durchgang auf dem Weg zum Verlust jeder Glaubensbindung; zumindest auf Zeit. Für andere eine Übergangsphase, bevor sie sich in einer anderen Tradition wiederfinden. Wieder andere scheinen sich auf eine lange Wanderung zu machen.

Und noch Weitere finden zu einer vertieften Frömmigkeit, die den bisherigen Weg wertschätzend in größerer Weite und stärkerer Verbundenheit mit Gott und anderen Menschen fortsetzt. In den sozialen Netzwerken tauschen sich Postevangelikale miteinander aus, die über das ganze soeben beschriebene Spektrum verteilt sind. Sie teilen den Abschied von einem Glaubenssystem, das durch seine Klarheit anziehend war – und bedrückend werden konnte. Sie teilen das Erschrecken über den Hass und die Ausgrenzung, die man aus diesen Kreisen erfahren kann, wenn man ihre Gewissheiten infrage stellt.

Eine wesentliche Frage wird sein, wie die traditionellen Kirchen und Freikirchen auf dieses Phänomen reagieren. Zunehmend wird es wahrgenommen, wie etwa bei Johann Hinrich Claussen, dem Kulturbeauftragten der EKD. Er sieht in den Postevangelikalen eine religiöse Gemeinschaft, die die traditionellen Orte des Glaubens verlassen hat und auf der Suche ist. Darin »stehen die Post-Evangelicals wie niemand sonst für eine der wichtigsten religiösen Tendenzen der Gegenwart«[320]. Dabei wird zugleich auch deutlich, dass die bisherigen Formen der klassischen Landeskirchen für viele nicht sofort eine Alternative sind. Viele Postevangelikale sehen mit Sympathie, dass in den traditionellen Kirchen Anliegen wie die Gleichberechtigung von Mann und Frau, der Abbau der Diskriminierung von Menschen jenseits der heterosexuellen Familie oder die Akzeptanz der modernen Wissenschaften sehr viel präsenter sind als in ihrem evangelikalen Herkunftsmilieu.

Aber sie fremdeln auch sehr mit dem, was sie in den historischen Kirchen an Gottesdienst- und Gemeindealltag vorfinden. Sie stören sich an der starken Fokussierung auf traditionelle Liturgien. Sie finden die Pfarrerzentrierung überzogen. Die schwache Ausbildung von Gemeinschaftsangeboten lässt oft keinen Raum für persönliche Begegnungen und Anliegen. Dennoch gibt es Wanderungsbewegungen von Postevangelikalen zu den historisch-protestantischen Kirchen, die dadurch ihrerseits herausgefordert werden, sich mit evangelikalen Erfahrungshintergründen und auch mit ihrem eigenen Angebot für geistlich Suchende auseinanderzusetzen.

PERSÖNLICHES FAZIT – SCHATTENSEITEN

Als ich in den 1990er-Jahren die Berge von Endzeitliteratur in christlichen Bibliotheken entdeckte, dachte ich erleichtert: »Puh, Gott sei Dank liest das keiner mehr.« Manche Evangelikale hatten ja wirklich sehr problematische Ideen. Schön, dass sich vieles zum Positiven gewandelt hat. Darum ist es so schade, dass die Evangelikalen in Kirche und Gesellschaft viel zu oft mit Randphänomenen identifiziert werden, die für ihre Vielfalt gar nicht typisch sind. Heute denke ich, dass ich leider zu optimistisch war. Die evangelikale Bewegung hatte nicht nur in ihrer Geschichte Aspekte, die ich aus meiner Sicht zu ihren Schattenseiten zähle. Nach meinem Eindruck haben solche Tendenzen leider zugenommen.

Mit voller Wucht haben mich die Schattenseiten erreicht, seit ich ab 2016 als Referent bei *Worthaus e. V.* mitgemacht habe. Seitdem hat mich ein nicht mehr abreißender Strom von Erzählungen ereilt, wie Menschen in evangelikalen Gemeinden und Gruppierungen gelitten haben und beschädigt worden sind. Nun war mir das natürlich nicht völlig neu. Aber es ist etwas völlig anderes, es wieder und wieder aus erster Hand zu hören.

Zugleich mache ich seither eine andere Erfahrung: Obwohl bei Worthaus inzwischen circa 30 Theologinnen und Theologen aufgetreten sind, die ein breites Spektrum der Theologie abdecken, von denen aber so gut wie kaum jemand liberal im engeren Sinne ist, gilt Worthaus bei manchen Evangelikalen als liberale Gefahr, als Bedrohung für bibeltreue Gemeinden, als ein Phänomen, an dem sich die Meinungen spalten. Ich habe oft daran gelitten, als Evangelikaler undifferenziert in eine Schublade gepackt zu werden. Dass es mit der Zuschreibung »liberal« ganz ähnlich funktioniert, ist zumindest eine interessante Erfahrung.

Ich habe lange Zeit mit dem Eindruck gelebt: Die großen Kirchen haben auf dem Weg in die Moderne manches an Substanz eingebüßt. Sie brauchen die Evangelikalen als Korrektiv, als Ruf zur Bibel. Mit der pauschalen Ablehnung von allem, was evangelikal heißt, schaden sich Kirche und Theologie selbst. Inzwischen überzeugt es mich nicht mehr, Kritik an den Evangelikalen abzutun mit der Bemerkung, man dürfe negative Randphänomene nicht so hochspielen. Es ist zu einfach, bei allen problematischen Erscheinungen zu sagen: »Das ist nicht wirklich evangelikal, die Extremisten (Trumpianer, Wohlstandsevangelisten, Fundamentalisten etc.) gehören gar nicht richtig zu uns.« Viel zu oft wurde das probiert.

Natürlich wäre es zu einfach und auch ungerecht, die Evangelikalen nun doch auf diese Strömungen oder ihre Schattenseiten zu reduzieren. Aber für mich ist es je länger, je mehr zu einem entscheidenden Kriterium geworden: Traue keiner Gruppe, die sich nicht auch ehrlich mit den eigenen Schattenseiten auseinandersetzt. Das Vertrauen auf die eigene Stärke sollte niemals dazu führen, die eigene Anfälligkeit für Übertreibungen oder Verhärtungen zu verdrängen. Das gilt für alle Kirchen. Die römisch-katholische Kirche wie die evangelischen Kirchen ringen seit Jahren damit, wie sie auf die Abgründe reagieren, die sich beim Thema sexualisierte Gewalt aufgetan haben. Inzwischen haben sie verstanden, dass jede Form der Beschwichtigung, dass das doch alles nur Ausnahmen seien, nicht mehr überzeugt. Die evangelikale Bewegung steht längst vor ähnlichen Herausforderungen – und das im globalen Ausmaß.

TEIL 4

Baustellen

WELCHE TRENDS ZEICHNEN SICH IN DER EVANGELIKALEN BEWEGUNG FÜR DIE ZUKUNFT AB?

11. DER EVANGELIKALISMUS UND DIE KULTUR DER MODERNE

Die bisherigen Teile »Hauptstraße« und »Krisengebiete« haben zwei Tendenzen einander gegenübergestellt: hier die missionarische Glaubensbewegung, die ganz vom positiven Ziel der Evangelisation beflügelt wird; dort die soziale Gruppe, die ihren Glauben sehr stark durch Abgrenzung von der modernen Gesellschaft bestimmt. Natürlich gibt es diese Tendenzen. Aber sie existieren kaum irgendwo in Reinform. Tatsächlich sind solche Spannungen vielen Evangelikalen kaum oder gar nicht bewusst. Sie beschäftigen sich gar nicht mit Grundsatzfragen wie dem Bibelverständnis oder der Zukunftserwartung des Glaubens. Aber in irgendeiner Form werden alle von diesen Spannungen berührt.

Die folgenden Kapitel stehen unter der Überschrift »Baustellen«. In diesen Abschnitten wird es um Querschnittthemen gehen, die alle evangelikalen Strömungen betreffen: um das generelle Verhältnis zur modernen Kultur und um Schlüsselfragen wie Spiritualität, Ethik und Gemeindegründungen bzw. -entwicklung. In allen vier Bereichen möchte ich die Vermessung der evangelikalen Welt fortführen und exemplarisch das Spektrum an Positionen vor Augen führen.

Und wie immer fair, aber nicht neutral: Über die Beschreibung hinaus möchte ich auch meine Sicht einfließen lassen; was ich als bedenklich – und was ich als hoffnungsvoll ansehe.

Sei ein lebend'ger Fisch[321]

Sei ein lebend'ger Fisch,
Schwimme doch gegen den Strom!
Auf, und wag es frisch:
Freude und Sieg ist dein Lohn.

Ob man zu einer Bewegung gehört oder nicht, zeigt sich nicht selten auch daran, ob man ihre Lieder mitsingen kann. Es dürfte in Deutschland kaum Menschen mit evangelikaler Kindheit geben, die bei *Sei ein lebend'ger Fisch* von Margret Birkenfeld nicht spontan einstimmen können. Die Lieder der Kinderlieddichterin der Wetzlarer Kinder- und Jugendchöre wurden nicht zuletzt durch den in Wetzlar ansässigen ERF deutschlandweit bekannt. Gegen den Strom schwimmen – darin steckt ein kulturelles Lebensprogramm. Minderheitenstress zu ertragen wird hier zu einem spannenden Wagnis. Gegenkulturelle Logik kann beflügeln.

Gegen den Strom schwimmen – darin steckt ein kulturelles Lebensprogramm.

Die kritische Auseinandersetzung mit der Umgebungskultur kann aber auch eskalieren. Insbesondere in den USA reden viele von einem regelrechten Kulturkrieg. Und viele Evangelikale stehen mittendrin.

SIEBEN BERGE ODER SIEBEN ZWERGE?

Wir haben im Teil 3 gesehen: Das Verhältnis zur modernen Kultur ist eine Schlüsselfrage der evangelikalen Bewegung. Evangelikale waren nach dem Zweiten Weltkrieg in vielen Regionen dieser Welt sehr erfolgreich. Die Erfolgsbilanz hat jedoch auch ihre Schattenseiten. Selbst in den USA ergibt sich ein gemischtes Bild. Ein weitverbreiteter Eindruck war: Evangelikale gewinnen den Kampf um die Gemeinden. Sie verlieren den Kampf um die Kultur. Auf der Ebene der Gottesdienstbesuche oder gar der Gemeindegründung sind sie viel stärker als die liberalen Kirchen. Sie haben mehr Gottesdienstbesucher, erfolgreichere Musik, einflussreichere Persönlichkeiten etc. Gleichzeitig war ihr gesellschaftlicher Einfluss von der vierjährigen Regierungszeit von Donald Trump abgesehen vielfach nur gering.

1. DIE VISION

Bill Bright (1921–2003) und Loren Cunningham (*1936) verkörpern beispielhaft Erfolg und Grenzen des US-Evangelikalismus.

»Set goals so big that unless God helps you, you will be a miserable failure.«
Bill Bright

Bright gründete nach dem Krieg die missionarische Bewegung *Campus für Christus*. Statt sich von der Welt und vor allem ihren Bildungszentren zurückzuziehen, wollte Bright das Evangelium zurück auf den Campus der Universitäten bringen. *Campus* sorgte zunächst in den USA und zunehmend mit weltweiten Aktionen für Aufmerksamkeit. Millionen junge Menschen wurden durch Studierendengruppen erreicht. Loren Cunningham ist der Gründer von *Jugend mit einer Mission*.[322] Der 1960 gegründeten Missionsgesellschaft geht es darum, Gott zu kennen und ihn bekannt zu machen, wie es programmatisch heißt. Die charismatisch geprägte Bewegung verbindet damit eine Erneuerung evangelistischer Praxis.

Nach dem Zweiten Weltkrieg litten viele Missionsgesellschaften unter dem Image, in Form und Inhalt veraltet zu sein. Vielfach wurden sie mit den problematischen Seiten der Mission des 19. Jahrhunderts identifiziert: rückwärtsgewandte Prediger, die Seite an Seite mit der Kolonialverwaltung nicht nur das Christentum ausbreiteten, sondern auch die westliche Zivilisation: und das weitgehend durch lebenslangen Dienst von Berufsmissionaren. Jugend mit einer Mission machte aus Mission ein Event. Von Anfang an setzte man verstärkt auf Kurzzeiteinsätze von jungen Menschen. Nicht nur Berufsmissionare – alle sollen und können den Glauben verbreiten, und das weltweit. Die Weitergabe des Evangeliums und internationale Begegnungen von Jugendlichen wurden eng verbunden, genauso wie Einsätze im Ausland und Spaß in der Gemeinschaft.

Besonders anschaulich wurde diese Grundidee in der Aussendung der *Mercy Ships*: Dieser inzwischen selbstständige Arbeitszweig baute Schiffe zu fahrenden Krankenstationen aus, die in Weltgegenden ohne Zugang zu modernen Krankenhäusern medizinische Hilfe für Notleidende bereitstellen. Auf Jahreseinsätzen konnten jungen Menschen so in vielen Gegenden Afrikas oder Asiens das Zeugnis von Jesus Christus mit sozialem Engagement verbinden.

Beide Bewegungen haben globalen Einfluss. Trotz aller Erfolge trieb die beiden Gründer die Sorge um, dass sie Herzen gewinnen, aber eine Kultur verlieren. Denn beide Werke waren gut in Eins-zu-eins-Beziehungen. Aber beiden gelang es kaum, die kulturellen und sozialen Bedingungen in ihren Einsatzorten nachhaltig zu beeinflussen. Sie verbindet nicht nur eine vergleichbare Mischung aus Erfolg und Grenzen. Beide teilen auch eine Vision; und Vision ist hier nicht nur alltagssprachlich gemeint im Sinne einer Zielvorstellung ihrer Werke.

Eines Tages habe Gott ihm eine Vision gegeben, berichtet Cunningham.[323] Sofort im Anschluss habe er das, was Gott ihm gezeigt habe, aufgeschrieben. Als er bei nächster Gelegenheit Bill Bright traf, war er ganz begierig darauf, ihm diese Vision zu zeigen und um seine Einschätzung zu bitten. Aber Bill sei ihm zuvorgekommen: Gott habe ihm eine Vision geschenkt, die er Loren vorlegen wolle. Und Bills Vision sei quasi die gleiche gewesen.

Wovon handelt die Vision der beiden Männer? Berühmt wurde sie unter dem Namen *The Seven Mountain Mandate*, das Mandat für die sieben Berge. Die Gesellschaft erschien den beiden Männern als eine Landschaft mit sieben Bergen, die für die zentralen Sphären des sozialen Lebens stehen.

The Seven Mountain Mandate

1. Familie
2. Gemeinde
3. Bildung
4. Medien
5. Kunst/Unterhaltung
6. Wirtschaft/Technologie
7. Politik

Und mit dieser Sicht war der Auftrag Gottes bzw. das Mandat verbunden, dass das Evangelium diese Bereiche durchdringen und bestimmen soll.

Die Gesellschaft besteht nicht nur aus der Summe ihrer Individuen. Menschen sind zutiefst in soziale Zusammenhänge eingebettet.

In dieser Vision zeigt sich im Grunde die zentrale Einsicht der modernen Soziologie: Die Gesellschaft besteht nicht einfach aus der Summe ihrer Individuen. Menschen sind zutiefst bestimmt durch die jeweilige Einbettung in soziale Zusammenhänge. Familie und Gemeinde sind die klassischen Sphären, in denen Evangelikale stark waren. Aber andere Räume haben sie ignoriert oder vernachlässigt. Sie hatten schlicht darauf gehofft, in dem Maße, wie gläubige Familien und starke Gemeinden entstünden, würde sich der christliche Glaube auch wieder in der Gesellschaft durchsetzen. Trotz aller missionarischen Erfolge hatten viele das Gefühl: Wir bekehren immer mehr Einzelne und verlieren zugleich an gesellschaftlichem Einfluss. Wie kann das sein?

Bildung, Politik und Wirtschaft sind gesellschaftliche Bereiche, die starken Einfluss darauf haben, wie Glaube gelebt werden kann. Denn hier werden Rahmenbedingungen geschaffen, was Menschen überhaupt über das Christentum lernen und welche Rechte und Freiräume christliche Gemeinden in der Gesellschaft haben. Auch die Unterhaltungsindustrie und die Medien haben dabei eine Schlüsselbedeutung. Denn hier wird abgebildet, was als normal und erstrebenswert gilt. Pastoren können Sonntag für Sonntag Keuschheit predigen, aber wenn die ganze Woche über im Radio, auf den Kinoleinwänden und im Fernsehen die Ideale der romantischen Liebe und der sexuellen Revolution abgebildet werden, prägt dies das Bewusstsein einer Generation. Das zeigt sich dann auch zunehmend in der Jugendarbeit und in den christlichen Gemeinden.

Brights und Cunninghams Vision fand vielfältigen Anklang. Und sie wurde in unterschiedliche Richtungen weiterentwickelt. Sehen wir uns eine spirituelle und eine politische Konkretion an!

2. GEISTLICHE KRIEGSFÜHRUNG

Einen starken Eindruck hinterließ diese Vision auf C. Peter Wagner (1930–2016), neben Donald McGavran der bedeutendste Anreger der modernen Gemeindewachstumstheorie. Sind Wagners Ansätze zur Gemeindeentwicklung unumstrittene Meilensteine gesamtevangelikaler Theologie, so findet seine spätere Entwicklung nicht überall Zustimmung. Wagner vertrat immer stärker die Überzeugung, dass die missionarische Arbeit durch eine geistliche Kampfführung begleitet werden muss.[324] Gemeint war damit Folgendes: Die Verschlossenheit vieler Weltregionen müsse in Hindernissen in der unsichtbaren Welt begründet sein. Durch Gebetskämpfe könne die Gemeinde Jesu dazu beitragen, diese Hindernisse zu beseitigen. Vertreter dieser Sicht sind beispielsweise überzeugt, dass der rasante Zusammenbruch des Kommunismus eine Folge solcher Gebetsoffensiven gewesen sei.

3. GESELLSCHAFTSPOLITISCHE STRATEGIE

Folgenreicher wird die politische Konsequenz, die manche aus dieser Vision zogen. In seinem Bericht beschreibt Cunningham, wie er und Bright bei Francis Schaeffer (1912–1984) ganz ähnliche Gedanken erkannten. Wie schon angesprochen, hatte Schaeffer mit seinem Buch *A Christian Manifesto* großen Einfluss auf die Entstehung der christlichen Rechten.

Zu Beginn des 21. Jahrhunderts wurde die Idee von Cunningham und Bright noch einmal neu aufgegriffen von Lance Wallnau und Bill Johnson, dem Gründungspastor der *Bethel Church* in Redding (Kalifornien). Bethel ist nicht nur eine der einflussreichsten Gemeinden in den USA, sondern durch die vielfältigen Arbeitszweige in der Musik (Bethel Music) und im Ausbildungsbereich (*Bethel School of Supernatural Ministries*) längst eine globale Marke.[325] In ihrem Buch *Invading Babylon* (2013) zeichnen die beiden Theologen die Grundlinien ihrer Gesellschaftspolitik. Es geht ihnen um nicht weniger als um eine kulturelle Transformation.[326]

Der Bibel entnahmen sie eine höchst politische Vision: Paulus wurde nicht nur zu Juden und Griechen gesandt, sondern auch zu den Königen (Apostelgeschichte 9,15; 26,1). Im Anschluss an die Vision von Bright und Cunningham entwickelten Wallnau und Johnson eine Gesamtstrategie, wie die Christenheit heute vorgehen müsse. Bill Johnson stellt in seiner grundlegenden Einleitung fest, dass es für Gläubige so etwas wie einen säkularen Raum nicht geben könne. In der Nachfolge Jesu ist alles spirituell, jeder Lebensbereich sei von den Prinzipien des Reiches Gottes zu durchdringen. Gläubige sind nicht dazu berufen, sich selbst zu leben. Immer geht es darum, anderen zu dienen. Der Dienst am Nächsten muss aber zu einer Transformation der Gesellschaft führen.[327] Dabei sollen die Gläubigen strategisch vorgehen und zugleich zentrale Werte vorleben: Integrität, Kreativität und Exzellenz. Dabei spart Johnson nicht mit kämpferischer Sprache; es geht ausdrücklich um eine Invasion dieser Sphären mit dem Ziel der Besatzung, um die Gewinnung von Macht und Einfluss.[328] Evangelikale sollen nicht Teil einer pluralen Gesellschaft werden; ihre Aufgabe ist es, die Gesellschaft in allen Bereichen mit Reich-Gottes-Prinzipien zu prägen.

Diese Vision hat keinen unerheblichen Einfluss auf die besondere Beziehung der Evangelikalen zu Donald Trump. Die Führungsleute der Bethel Church haben keinen Zweifel daran gelassen, dass sie Trump entschieden unterstützen. Denn für ihre politische Vision ist es entscheidend, dass Amtsinhaber sich nicht von der öffentlichen Meinung bestimmen lassen, sondern Rat von weisen Menschen annehmen, die wissen, dass es auch für jede politische Herausforderung eine Reich-Gottes-Lösung gibt.[329] Offensichtlich erkannte man in Trump den Machthaber eines strategisch entscheidenden »Berges«, der Rat von evangelikaler Seite annahm.

Das *Seven Mountain Mandate* steht für die Erkenntnis, dass Glaube immer politisch ist, immer verbunden mit Kultur, Wissenschaft und Ethos.

Man sollte die ursprüngliche Idee von Bright und Cunningham nicht mit allem gleichsetzen, was daraus gemacht wurde, weder mit der geistlichen Kriegsführung der Neocharismatiker noch mit dem politischen Networking der christlichen Rechten. Positiv könnte man sagen, dass das *Seven Mountain Mandate* für die Erkenntnis steht, dass Glaube immer politisch ist, stets verbunden werden muss mit Kultur, Wissenschaft und Ethos. Diese Sicht ist eine Korrektur evangelikaler Engführungen, die Glaube als rein private Erlösungsbotschaft unter völliger Abkoppelung von der Welt verstehen. So weit, so normal. Zugleich geht diese Betrachtungsweise weiter als die Erkenntnis, dass Glaube immer auch politische, kulturelle Folgen haben muss. Vor allem in der politischen Aufnahme ist das Ziel eindeutig: Es geht um Macht, politischen Einfluss, um die Gesellschaft entsprechend den eigenen theologischen Überzeugungen prägen zu können.

Ist das ein neuer Trend? Nein, im Gegenteil. Diese Sicht setzt sich in der Christentumsgeschichte spätestens seit dem 4. Jahrhundert durch und ist bis heute stark. Man könnte von einem »langen Schatten des konstantinischen Zeitalters« sprechen. Der Vorrang der Päpste vor den Monarchen ist eine uralte christliche Idee. Noch im Märchen vom Fischer und seiner Frau steht der Papst über Königen und Kaisern. So verstanden, steht das *Seven Mountain Mandate* für eine abermalige Hoffnung auf spätkonstantinische Dominanz des Christentums in allen Bereichen der Kultur.

DIE BENEDIKT-OPTION

Ist das *Seven Mountain Mandate* »die« Kulturauffassung der Evangelikalen? Nein, es gibt auch eine ganz andere Vision: die Benedikt-Option von Rod Dreher.[330] Wo es beim *Seven Mountain Mandate* darum geht, die Berge zu erobern, das heißt, in der Gesellschaft Macht zu erlangen, empfiehlt Dreher genau das Gegenteil: Rückzug aus dieser Welt, mit den berühmten Worten eines Märchens der Brüder Grimm gesprochen: Rückzug »hinter die sieben Berge, bei den sieben Zwergen«.

Dreher leidet wie viele Evangelikale an der kulturellen Entwicklung Nordamerikas, die er als zunehmende Liberalisierung empfindet. Seine Diagnose des Kulturkampfes ist radikal: Der Krieg ist verloren. Er glaubt auch nicht daran, dass die Christen durch politischen Einfluss Macht gewinnen. Im Gegenteil, er fürchtet, dass die Evangelikalen an Glaubwürdigkeit einbüßen werden. Spätestens die Niederlage im jahrzehntelangen Kulturkampf gegen die sogenannte LGBTQ*-Lobby macht nach Dreher klar: Wir haben keine Schlacht verloren, sondern den Krieg. Das liberale, antichristliche Amerika hat gewonnen. Es dominiert den Kulturbereich und den Bildungssektor. Es beherrscht die Politik und das Rechtswesen. Mit diesem Gegner wird es keinen milden Frieden geben, und von allen strömt eine permanente Beeinflussung auf unsere Kinder ein. Die kulturelle Linke betreibe eine »erbarmungslose Besatzungspolitik«[331], um jeden noch verbliebenen Einfluss des Christentums zu beseitigen. Liberale wollen nicht nur eine Übermacht sein, sondern die einzige Macht.

Daher kann es nur eine Lösung geben: den Rückzug aus dieser Kultur, soweit es möglich ist. Nun hat nur noch die Sammlung der Gläubigen in der Familie und Gemeinde Vorrang. Gemeinden müssen als lokale Gemeinschaften gestärkt werden. Gläubige sollten ernsthaft prüfen, ob sie nicht in das Stadtviertel ziehen, in dem ihre Gemeinde zu Hause ist. Da gerade die moderne Schule christliche Werte verleugnet, sollte die Möglichkeit, die eigenen Kinder selbst zu unterrichten oder eigene Schulen und Universitäten zu gründen, genutzt werden. Im Kulturkampf werden zunehmend auch Gläubige unter Druck geraten, wenn sie beispielsweise nicht bereit sind, gleichgeschlechtlichen Paaren entsprechende Hochzeitstorten zu backen. Gerade bei solchen Geschäften einzukaufen, hilft als Maßnahme gegen Boykottdrohungen von links.

Auch im Hinblick auf die Kindererziehung schreckt Dreher nicht vor drastischen Empfehlungen zurück. Smartphones sind nichts für Kinder und Jugendliche. Disney und Netflix haben auf dem heimischen Bildschirm nichts zu suchen. Wir sollen unsere Kinder nicht dem öffentlichen Bildungssystem aussetzen, in dem die Bibel nur ein Stück Weltliteratur ohne Wahrheitsanspruch ist. Wir halten uns an die Gesetze, soweit wir müssen, aber wir werden niemals die Neudefinitionen von Ehe und Familie akzeptieren.

Drehers Vision hat nichts gemein mit der Kultur- und Bildungsfeindschaft früherer Fundamentalisten. Wissenschaft und Kultur haben für ihn eine eminente Bedeutung. Christliche Familien und Gemeinden müssen Bildungszentren werden, aber im Sinne der klassischen Bildung, die an die großen Leistungen der Antike anknüpfen, wie sie gerade in den christlichen Klöstern bewahrt wurde. Vor allem die klassisch-christliche Kunst und Kultur des Abendlandes müsste regelrecht gerettet und sich wieder angeeignet werden, bevor der moderne Abfall von Gott alle Erinnerung daran auslöscht. So könnten christliche Gemeinden und Schulen Ausgangspunkt sein für eine Erneuerung einer christlichen Kultur, wenn die liberale Moderne der Gegenwart an ihren eigenen Exzessen zugrunde gegangen ist.

Beide Ansätze sind denkbar verschieden. Ist das das evangelikale Spektrum der Gegenwart?

Nein; in Wahrheit stehen diese beiden Ansätze einander sehr nahe. Es sind zwei Seiten derselben Medaille. Aus einer Grundsatzkritik an der liberalen Moderne folgt die Strategie des völligen Rückzugs oder der politischen Rückeroberung. Eine Existenz in und mit der pluralistischen Gesellschaft der Moderne erscheint unvorstellbar.[332] Zwischen den wahren Gläubigen und der säkularen Welt herrscht eine Art kultureller Krieg. James Davison Hunter brachte 1991 diesen Zustand mit seinem Buch *Culture War* auf den Punkt. Er beschrieb die wachsende Feindseligkeit zwischen zwei amerikanischen Lagern: einem liberal-säkularen Lager und einem christlich-konservativen. Eine Reihe von Themen wie Abtreibung (*pro life/ pro choice*), Diskriminierung oder Anerkennung von Schwulen und Lesben, religiöse Inhalte wie Morgengebet und Schöpfungslehre in öffentlichen Schulen und Hochschulen waren keine Unterschiede mehr, sondern ausschließliche Gegensätze, bei denen jeder Ansatz von Kompromiss oder Ausgleich undenkbar erschien. Damals gab es noch ein breites Spektrum von Menschen, die an diesen Kulturkriegen nicht teilnahmen. Das ist heute anders. Ein großer Teil der US-Bevölkerung scheint aus einem Denken in Lagern keinen Ausweg mehr zu finden.

EVANGELIKALE UND DIE MODERNE KULTUR

GLOBALE UNTERSCHIEDE

In Europa ist die Situation der Christenheit eine andere. Es gibt vielleicht mit Ausnahme von Großbritannien nirgendwo eine evangelikale Subkultur, die historisch tief und kulturell breit verwurzelt ist. In Deutschland liegt die Phase starken kulturellen Einflusses der Erweckten bereits in der Vergangenheit. Der Hallische Pietismus hatte im 18. Jahrhundert eine solche kulturelle Dominanz in Preußen erlangt.[333] Das Studium im pietistischen Halle war Voraussetzung für die Offizierslaufbahn. Als der Philosoph Christian Wolff die Grenzen dessen überschritt, was den pietistischen Führungsfiguren erträglich erschien, intervenierten sie beim König. Dieser verfügte die Vertreibung Wolffs aus Preußen binnen 48 Stunden unter Androhung der Todesstrafe. Was war sein Vergehen? Er hatte behauptet, dass die Ethik des Konfuzius sich in weltlicher Hinsicht mit der christlichen messen könne.

Diese kulturelle Dominanz hat dem Pietismus nicht gutgetan. Der Sohn des Soldatenkönigs, der spätere König Friedrich II. (1712–1788), war mit der eigenen pietistischen Erziehung alles andere als glücklich. Er entzog den Pietisten alle Privilegien, ohne sie zu benachteiligen oder zu diskriminieren. In seinem Land sollte jeder nach seiner Fasson selig werden. Binnen einer Generation war aus der pietistischen Musteruniversität Halle eine Hochburg der Aufklärung geworden.

In Europa sind die evangelikalen Bewegungen seit vielen Jahrzehnten eine gegenkulturelle Bewegung.

Nur in wenigen deutschen Regionen wie Württemberg oder im Siegerland gibt es heute noch pietistische Traditionen, die tatsächlich geschichtliche Wurzeln bis ins 18. Jahrhundert zurückverfolgen können. Deutsche Evangelikale leben wie viele andere seit Generationen in einer Situation, vor der sich US-Evangelikale über alles fürchten: In Europa sind die evangelikalen Gruppen seit vielen Jahrzehnten eine gegenkulturelle Bewegung. Sie stehen nicht im Mainstream ihrer Gesellschaften, sondern in mancher Hinsicht am Rand. Das unterscheidet die europäische Situation von anderen Kontinenten. Konservative verweisen darauf, dass die evangelikale Bewegung weltweit wächst. In vielen Ländern, in denen evangelikale Bewegungen stark gewachsen sind, geschah dieses Wachstum nicht entgegen den kulturellen Prägungen, sondern in und mit ihnen.[334]

In Afrika oder Südamerika ist ein konservatives Familienbild nicht etwas, was Evangelikale von der Mehrheitsgesellschaft unterscheidet, sondern etwas, was sie mit ihr verbindet.[335] Evangelikale in West- und Mitteleuropa leben in einer völlig anderen Situation. Bei allem Bewusstsein dafür, dass es weder »die« Evangelikalen noch »die« Liberalen gibt: Für die liberale Richtung des Protestantismus ist die Haltung wesentlich, auf jeden Fall im Kontakt mit der kulturellen Entwicklung der Gesamtgesellschaft zu bleiben. Im Evangelikalismus ist es anders. Die Spannung zur Mehrheitsgesellschaft wird nicht nur in Kauf genommen, sondern immer wieder stark betont, um eine christliche Identität in Abgrenzung zur Welt aufrechterhalten zu können.

DIE BEWERTUNG DER WESTLICHEN MODERNE

Einer der einflussreichsten evangelikalen Denker in dieser Frage ist Os Guinness. Guinness (tatsächlich ein Nachfahre des berühmten irischen Bierbrauers!) wurde 1941 in China als Sohn britischer Missionare geboren. Später arbeitete er mit Francis Schaeffer zusammen und wurde von dessen kritischer Sicht auf die Geschichte der westlichen Gesellschaft geprägt. Schon 1989 war er einer der Hauptredner auf dem zweiten Lausanner Kongress in Manila.[336] Guinness beschreibt es in seinem 1989er-Vortrag als eine Schlüsselaufgabe der Lausanner Bewegung, den richtigen Umgang mit der westlichen Moderne zu finden. Er bestimmt zunächst die Moderne als das Nacheinander dreier grundstürzender Revolutionen: der kapitalistischen, der technisch-industriellen und der ideologischen Revolution. Er selbst sehe sich keineswegs als Gegner der Moderne. Denn vor allem die beiden ersten Transformationen haben mit vielen technischen und strukturellen Veränderungen die Weitergabe des Evangeliums in aller Welt überhaupt erst ermöglicht. Sehr kritisch steht Guinness hingegen der Veränderung des Weltbildes in der Moderne gegenüber. Im Anschluss an Schaeffer deutet er die Moderne vor allem als Abwendung von einer christlichen Weltanschauung und einer Hinwendung zu einem fast schrankenlosen Pluralismus. Die christliche Mission stehe vor der Herausforderung, an dieser Stelle noch viel deutlicher einen weltanschaulichen Kampf anzunehmen:

> Ich glaube, dass wir uns auf die Konfrontation mit der Welt einlassen müssen und uns dann bewusst von ihr abwenden und auf Gott sehen sollen. Denn Gott ist die Quelle der einzigen Realität, die stärker ist als die Macht der Moderne.[337]

In weltanschaulicher Hinsicht seien Christentum und Moderne Gegner. Im Laufe der Zeit wird die Wahrnehmung der westlichen Kultur bei Guinness etwas differenzierter. In seinem jüngsten Werk *The Magna Charta of Humanity*[338] entwickelt er eine umfassende Geschichtsschau. Die Geschichte des Westens sieht Guinness geprägt vom Gegensatz der beiden großen Revolutionen des 18. Jahrhunderts, der Amerikanischen und der Französischen. Die eine stehe auf dem Fundament des biblischen Vorbildes des Exodus. Die andere sei durch und durch antichristlich. Denn in Frankreich sei es um die Selbstermächtigung des autonomen Menschen im Gegensatz zur christlichen Offenbarungslehre gegangen. Gegenwärtig sieht Guinness die USA in einer großen Krise. Zunehmend habe sich die Bevölkerung vom christlichen Erbe der USA entfernt und sich von den Ideen von 1776 abgewandt, hin zu den Idealen der humanistischen Revolution von 1789 in Frankreich.

Es gibt in der amerikanischen evangelikalen Welt immer wieder den Versuch, die amerikanische Geschichte völlig für die Idee zu vereinnahmen, die USA seien als christlicher Staat gegründet worden. So weit geht Guinness nicht. Er verzichtet auch darauf, die ganze Geschichte der letzten 250 Jahre als einen Kampf von Gut gegen Böse um die Seele Amerikas zu zeichnen. Vielmehr räumt er ausdrücklich ein, dass das Christentum im Laufe seiner Geschichte vielfältig versagt und den christlichen Glauben dadurch unglaubwürdig gemacht habe. Gleichwohl bleibt Guinness mit seinem Buch einem evangelikalen Schema verpflichtet, das die Möglichkeit von Freiheit, Demokratie und Menschenrechten letztlich an die grundlegende Bedeutung des christlichen Glaubens bindet.

Die Frage nach dem Verhältnis der beiden Revolutionen des 18. Jahrhunderts ist in der Tat zentral für die Geschichte des Westens. Eine so scharfe Gegenüberstellung der Amerikanischen und der Französischen Revolution geben die historischen Quellen allerdings nicht her.

Die Amerikanische Revolution hat vielfältige Wurzeln. Ihre zentralen Ideen entstammen der europäischen Aufklärung. Es ist kein Zufall, dass die Gründungsväter der USA die Französische Revolution stets als Schwesterrevolution angesehen haben. Die Revolution wurde von den Evangelikalen der damaligen Zeit unterstützt. Die frühen USA waren ein »Staatswesen, dessen ideelle Grundlagen auf einer säkularen und einer religiösen Säule ruhten«[339].

Die Französische Revolution war nicht einfach antichristlich. Sie entzündete sich an vielfältigen Erfahrungen der Ausbeutung und Unterdrückung. Priester halfen in der Frühzeit mit. Die radikale Verdammung der Revolution, der Kampf der katholischen Kirche und die zunehmende Instrumentalisierung des Christentums gegen die modernen Ideen der Freiheit und der Demokratie tragen erheblich dazu bei, dass die Kirchen und der monarchische Staat als unauflösliches Bündnis angesehen werden und von den Revolutionären gemeinsam abgelehnt werden.[340] Diese Geschichte ist komplexer und vielschichtiger, als bei Guinness deutlich wird.

– – –

Einmal mehr erinnern wir uns an *The Danger of a Single Story.*

In den Geschichtswissenschaften der letzten Jahrzehnte wurde diese Einsicht immer wieder betont: Die eindimensionale Rede von »der Aufklärung« oder dem »Wesen der Neuzeit« führt zu einseitigen Konzepten, die der Vielfalt der geschichtlichen Erscheinungen nicht gerecht werden. Für Länder mit protestantischer Dominanz oder zumindest relativer Stärke mag die Aufklärung als Verlust bislang unhinterfragter Autorität erscheinen. Doch schon für europäische Länder wie Frankreich, Italien und Österreich passt eine solche Sicht überhaupt nicht. Denn hier stehen die Jahrzehnte der Aufklärung für den Beginn ansatzweiser Religionsfreiheit von evangelischen Gläubigen. Zugleich sollte die Ambivalenz der Aufklärung deutlich sein: Freiheitsgewinn war ein Privileg für männliche Minderheiten. Bei Frauen dauerte es noch Generationen, bis Freiheit und Gleichheit von Geburt an wirklich zu einem verbrieften Recht wurden.

Noch düsterer ist die Bilanz für Nichtweiße. Die Kolonialpolitik und damit auch die Zerstörung einheimischer Strukturen hatte nicht in irgendeinem finsteren Mittelalter ihren Höhepunkt, sondern nach der Aufklärung, im 19. Jahrhundert.

Viele Evangelikale sind immer noch überzeugt, die Welt könne nur durch eine christliche *oder* eine antichristliche Weltanschauung bestimmt sein.

Viele Evangelikale vertreten immer noch die Überzeugung, diese Welt könne nur durch eine dominierende Weltanschauung bestimmt sein, eine christliche oder eine antichristliche. Wo die Gesellschaft nicht mehr christlich fundiert ist, ist sie abzulehnen. Im Fundamentalismus ist diese Sicht bis in die letzte kämpferische Konsequenz vorangetrieben. Gerade die vielfältigen Erfahrungen christlich-evangelikaler Minderheiten könnten einem die Augen dafür öffnen, dass das Festhalten an oder das Streben nach kultureller Dominanz der eigenen Glaubens- und Wertewelt sehr problematisch sein kann. Und diese Perspektive könnte auch für die Erben der europäischen Staats- und Volkskirchen bereichernd sein.

LAUSANNER BEWEGUNG, EVANGELIUM UND KULTUR

Das Verhältnis von Evangelium und Kultur war von Anfang an ein Lausanner Thema. Beim Kongress 1974 standen unterschiedliche Zugänge im Raum. Wie in Kapitel 4 gesehen, warf René Padilla der klassisch evangelikalen Mission vor, mit dem Evangelium immer auch westliche Ideen von Kultur und Zivilisation vermittelt zu haben. Auch evangelikales Christentum war nicht selten stärker Kulturchristentum, als die Missionare wahrhaben wollten. Andere wie Donald McGavran betonten, dass es für Evangelikale selbstverständlich sei, das Evangelium zu verkünden und es nicht mit einer westlichen Kultur zu verknüpfen. Im Artikel 10 der Lausanner Verpflichtung heißt es daher: »Jede Kultur muß immer wieder von der Schrift her geprüft und beurteilt werden.« Denn in allen Kulturen spiegelt sich die Spannung von Schöpfung und Fall. Gutes und Pervertiertes müsse man sorgfältig unterscheiden. »Das Evangelium gibt keiner Kultur den Vorrang, sondern beurteilt alle Kulturen nach seinem eigenen Maßstab der Wahrheit und Gerechtigkeit und erhebt absolute ethische Forderungen gegenüber jeder Kultur.«[341]

Das Leben in der Kultur kann blind dafür machen, wie tief greifend alles durch kulturelle Entwicklungen geprägt ist.

Was ist eigentlich Kultur? Geht es um äußere Dinge, wie Kleidung, Musikgeschmack oder Ernährung? Da ließe es sich schnell einig werden. Schwieriger ist es schon mit Fragen wie dem Verhältnis von Mann und Frau, Familienethos oder dem Verständnis von Recht und Staat. Und noch heikler: Inwieweit ist unsere Theologie geprägt von kulturellen Einflüssen? Unser Gottesbild? Unser Verständnis des Evangeliums? Diese Fragen ließ man in Lausanne weitgehend offen und berief sich allgemein auf das »Urteil des Evangeliums«. Aber das ist in dieser Formulierung zunächst einmal nur der Anspruch, dem man sich selbst stellt. Was heißt das für uns, die wir nicht »das Evangelium« sind, aber in vielen Fragen entscheiden müssen, sei es in der Begegnung mit fremden Kulturen, sei es angesichts der Veränderung der eigenen Kultur?

Tatsächlich handelt es sich dabei um eine große Aufgabe. Vor allem der anglikanische Südindien-Missionar und Bischof Lesslie Newbigin (1909–1998) hat dies den Evangelikalen ins Stammbuch geschrieben.

»Ein kulturfreies Evangelium wird es niemals geben.«
Lesslie Newbigin

Nach vielen Jahren auf dem indischen Subkontinent kam er zurück nach Großbritannien und die Veränderung der westlichen Kultur schockierte ihn regelrecht. Das galt noch mehr für den Umstand, dass viele es kaum zu bemerken schienen. Das Leben in einer bestimmten Kultur kann blind dafür machen, wie tief greifend alles durch kulturelle Entwicklungen geprägt ist. Kultur ist immer einflussreich. Manche Evangelikale beklagten den Wandel in einer Weise, als hätten sie vorher in einem Christentum gelebt, das nicht kulturell geprägt gewesen wäre. Newbigin ging einen entscheidenden Schritt weiter.

> Die Vorstellung, man könne auf irgendeine Weise ein reines Evangelium herausdestillieren, unverfälscht durch irgendwelche kulturellen Zutaten, ist eine Illusion. Ja, sie ist geradezu ein Ver-

> rat am Evangelium, denn das Evangelium handelt vom fleischgewordenen Wort. Wo immer das Evangelium in Worte gefasst wird, steht es unter dem Einfluss der Kultur, zu der diese Worte gehören. Und jede Lebensweise, die die Wahrheit des Evangeliums ausdrücken will, ist eine kulturell bestimmte Lebensweise. Ein kulturfreies Evangelium wird es niemals geben.[342]

Die bewusste Auseinandersetzung mit der jeweiligen Kultur, in der man das Evangelium bezeugen möchte, kann daher nicht nur eine Aufgabe der Mission sein. Die Evangelikalen des Westens müssten vielmehr lernen, ihre eigene Heimat mit den Augen eines Missionars zu sehen. Eine Inkulturation des Evangeliums in der eigenen Kultur hat man nie ein für alle Mal hinter sich, im Gegenteil: Gerade im Westen haben viele sie wieder vor sich.

In den Folgejahren gab es intensive Diskussionen über diese Frage. 1978 organisierte die Lausanner Bewegung in Willowbank eine ausführliche Konferenz zum Verhältnis von Evangelium und Kultur. Diese Konsultation brachte große Fortschritte.[343] Hier einigte man sich auf ein umfassendes Verständnis von Kultur: Kultur ist der Inbegriff aller Ordnungen und Strukturen, durch die das gemeinsame Leben, Handeln und Denken von Menschen bestimmt ist. Nicht nur die Vielfalt der Kulturen wurde betont, sondern auch der Umstand, dass Kulturen nie statisch, sondern stets im Wandel begriffen sind.

Es gibt keinen Glauben, keine Kirche und keine Evangelisation ohne kulturellen Kontext.

Der umfassende Einfluss der Kultur zeigt sich in sechs Bereichen: Kulturell geprägt waren schon die Autoren der Bibel – ebenso wie seither ihre Leser. Kulturell geprägt ist jede Verkündigung des Evangeliums, genauso wie jede Annahme des Glaubens beeinflusst wird von der Kultur derjenigen, die zum Glauben kommen. Kulturell bestimmt ist stets auch die Gestalt und Ordnung der Kirche wie auch das moralische Denken und Verhalten der Gläubigen. Es gibt keinen Glauben, keine Kirche und keine Evangelisation ohne kulturellen Kontext. Dann aber ist die Kontextualisierung des Evangeliums eine Schlüsselherausforderung für die Mission. Denn am Anspruch von Lausanne, Artikel 10, hielt man fest: Das Evangelium, wie es in der ganzen Bibel bezeugt wird, ist der Maßstab für unsere Verkündigung.

In den folgenden Jahren gab es immer wieder Diskussionen. Manche näherten sich der neueren Missionstheologie der Ökumene an und sahen Kontextualisierung als durchgreifende Aufgabe für alle Bereiche der Kirche. Andere sahen in der starken Betonung dieser Aufgabe die Gefahr, das Evangelium zu relativieren. Sie betonten, dass das Evangelium selbst Gottes Evangelium sei, dass es in der Bibel als kritischer Maßstab allen Kulturen gegenüberstehe. Vor allem die Fragen, wieweit die Bibel geprägt ist durch die Kulturen der Antike und wieweit unsere Theologie, unser Bibelverständnis und unsere kirchlichen Bekenntnisse abhängig sind von unserer jeweiligen Sprache und Geschichte, werfen komplexe Fragen auf. Völlig bestreiten will das kaum noch jemand.

Aber wenn alles geprägt ist durch Kultur – welchen Wahrheitsanspruch kann man dann überhaupt noch erheben? Wie sollen wir noch irgendetwas am Evangelium prüfen, wenn unser Glaube und unser Verständnis des Evangeliums immer schon bestimmt sein sollen von dem, was wir prüfen sollen?

– – –

Je länger, je mehr zeigt sich in der Lausanner Bewegung eine Lerngeschichte. In Manila gab es die kritische Auseinandersetzung mit der Moderne, wie wir sie gerade bei Os Guinness gesehen haben. Zugleich gibt es dort auch vermittelnde Töne. In Manila 1989 wird betont, dass die Verkündigung des Evangeliums immer den jeweiligen Kontext ernst nehmen muss. »Das Gleichgewicht zwischen dem Evangelium und dem Kontext muss sorgfältig gewahrt werden.«[344] Dabei wird auch die Modernisierung der westlichen Welt als relevanter Kontext erörtert. Bei aller Anerkennung der Segnungen und Gefahren der Modernisierung überwiegt zwar ein kritischer Blick auf den modernen Säkularismus, über den es pauschal heißt, dass er »den Glauben zerstört, indem er Gott und das Übernatürliche für bedeutungslos erklärt[345]. Selbstkritisch heißt es freilich auch: »Wir bekennen, dass wir uns zu wenig bemüht haben, die Modernisierung zu verstehen.«[346]

Tatsächlich besteht an dieser Stelle nach wie vor Klärungsbedarf. Denn zugleich zieht sich die Zustimmung zu den Menschenrechten durch alle Lausanner Dokumente. Schon 1974 wird in Lausanne, Artikel 13, betont, dass es Aufgabe aller Staaten sei, für Frieden, Gerechtigkeit und Freiheit zu sorgen. Die Gemeinde begleitet die Regierungen mit Gebet – aber auch mit dem Appell, die Freiheitsrechte der Menschen zu schützen. Ausdrücklich wird neben der Religionsfreiheit auch allgemein die (politische) Freiheit der Gedanken und des Gewissens genannt, »wie sie in den allgemeinen Erklärungen der Menschenrechte festgelegt ist«[347]. Dieser positive Bezug zu den Menschenrechten wird in Manila bekräftigt.[348] Aber gerade die Menschenrechte sind der wichtigste Ausdruck der modernen Veränderung des Menschen- und Gesellschaftsbildes. Menschenrechte und Menschenwürde entstehen gerade im Zusammenspiel von christlichen Wurzeln und modern-aufgeklärter Philosophie. In den

USA gab es an dieser Stelle keinen Dissens zwischen aufgeklärten und erweckten Gläubigen.

Menschenrechte und Menschenwürde entstehen gerade im Zusammenspiel von christlichen Wurzeln und modern-aufgeklärter Philosophie.

Es gibt in dieser Zeit auch keinen grundsätzlichen Gegensatz von Pietismus bzw. Evangelikalismus zur Aufklärung. Erst im späten 18. Jahrhundert kommt es zur scharfen Abwendung von der radikalen Aufklärung, die alle Verbindung mit dem Christentum loslöst. Nur: Die radikale Aufklärung war nicht der gesellschaftliche Mainstream der damaligen Zeit, sondern ihrerseits eine Radikalisierung. In den Geschichtswissenschaften wird längst von den *Multiple Modernities* gesprochen.[349]

Die Aufklärung war schon immer vielfältig. Sie verlief in Frankreich anders als in den USA, in katholischen Gebieten nicht so wie in protestantischen. Die Aufklärung ist nicht der monolithische Block, auf den sich manche radikalen Befürworter berufen und vor dem ihre radikalen Gegner warnen. Der konsequente Gegensatz zur Aufklärung ist verheerend: politisch, moralisch und intellektuell.

Evangelikale waren von Anfang an Teil der Moderne. Sie teilen wesentliche moderne Werte bzw. haben in langfristiger Perspektive sogar zu ihrer Entstehung beigetragen: Individualismus, Betonung von Authentizität, Erfahrungsorientierung, Zukunftshoffnung. Zugleich gibt es eine Reihe von Aspekten, bei denen Evangelikale mehrheitlich gegenüber typisch modernen Erscheinungen skeptisch waren: Säkularisierung, weltanschauliche Wissenschaftsorientierung, Ethik der Autonomie.

Sind Evangelikale eine moderne oder eine antimoderne Erscheinung? Diese Frage ist falsch gestellt. Denn faktisch haben die Evangelikalen immer schon eine ambivalente Haltung zur Moderne gehabt. Teilweise grenzten sie sich von traditioneller Kirchlichkeit, Lehre und Ordnung ab; teilweise schreckten sie zurück vor rationalistischen und liberalen Entwicklungen, wie sie vor allem von der radikalen Aufklärung vorangetrieben werden. Es gibt nicht die Moderne. Faktisch gab es ab dem 18. Jahrhundert eine Vielgestalt von modernen Bewegungen. Die Evangelikalen haben teil an wesentlichen Impulsen der Moderne – und zugleich stehen sie zu wichtigen Impulsen teilweise in Opposition. Tatsächlich ist es bei den historisch-protestantischen Kirchen ähnlich. Diese sehen inzwischen viele der moralischen Wandlungen der Moderne positiver als Evangelikale. Hingegen kritisieren sie den modernen Kapitalismus grundsätzlicher, als die meisten Erweckten es heute tun. Die Auseinandersetzung mit der Moderne in ihrer Vielfalt und Widersprüchlichkeit ist die Aufgabe der Stunde; und dafür braucht man überhaupt erst ein realistisches Bild von ihr.

ZWISCHEN KULTURPESSIMISMUS UND INKULTURATION

Die Evangelikalen in Deutschland sind von amerikanischen Verhältnissen weit entfernt. Aber auch hier gibt es zumindest vergleichbare Auseinandersetzungen. Wie weit müssen sich Christinnen und Christen an die Kultur der Moderne anpassen? Und wo sollten sie widerstehen?

Es lohnt, an dieser Stelle einmal auf Dietrich Bonhoeffer zu blicken. Dietrich Bonhoeffer war kein Theologe. Gleichwohl wird er seit Jahrzehnten von Evangelikalen aller Richtungen geachtet, nicht selten vereinnahmt. Interessanterweise finden konservative und progressive Evangelikale jeweils ihren Bonhoeffer, von dem sie sich bestätigt fühlen. Georg Huntemann, Pfarrer in St. Martini Bremen und Professor an der Freien Evangelischen Theologischen Akademie in Basel, konnte ihn als Kirchenvater den Evangelikalen empfehlen, weil Bonhoeffer für die entscheidende Herausforderung der Gegenwart steht: für den Kampf gegen den Modernismus.[350]

Wie weit müssen sich Christinnen und Christen an die Kultur der Moderne anpassen? Und wo sollten sie widerstehen?

Auch in den USA wurde Bonhoeffer zum Vorbild entschiedener Parteinahme im Kulturkampf der Evangelikalen gegen das, was sie als linksliberalen Zeitgeist empfinden. Eric Metaxas' Bonhoeffer-Biografie wurde ein weltweiter Bestseller. Metaxas schildert Bonhoeffer als einen Mann, der sich von der liberalen Theologie abkehrt und mutmaßlich in den USA seine eigentliche »Bekehrung« bzw. »Wiedergeburt«[351] erlebt habe. Im Dritten Reich führt Bonhoeffer seinen großen Kampf gegen das Böse: »Die im biblischen Glauben verwurzelten Christen in Deutschland erkannten die Unvereinbarkeit von Christentum und Nationalsozialismus deutlich.«[352] Bonhoeffer erscheint bei Metaxas als das Vorbild bibeltreuer Gläubiger, die sich im Kampf gegen den Zeitgeist wenden.

Ist das eine Verzeichnung Bonhoeffers? Gilt Bonhoeffer nicht ansonsten als Vorbild von linksliberalen Protestanten, weil er sich für die mündige Welt öffnete und die Gläubigen zu politischem Handeln aufforderte? Bis in seine letzten Jahre hinein gibt Bonhoeffer selbst reichlich Anlass für eine solche antimoderne Deutung. Bonhoeffer sieht das Dritte Reich im Horizont einer langen neuzeitlichen Verfallsgeschichte. Diese Sicht war weit verbreitet; es war die klassische Perspektive der Konservativen. Wie andere antifaschistische Konservative auch sieht er im Nationalsozialismus eine Folge der umfassenden Abkehr vom christlichen Menschenbild. Den konservativen Bonhoeffer, auf den sich Metaxas beruft, gibt es wirklich.

»Die Verachtung der Zeit des Rationalismus ist ein verdächtiges Zeichen für einen Mangel an Bedürfnis nach Wahrhaftigkeit.«
Dietrich Bonhoeffer

Tatsächlich ist Bonhoeffers Sicht der modernen Kultur schon in seinem posthum erschienenen Buch *Ethik* vielschichtiger. Er kritisiert vor allem die Französische Aufklärung, wenn er schreibt: »Das Abendland ist seit der französischen Revolution wesentlich kirchenfeindlicher geworden.«[353] Aber er widerspricht auch ausdrücklich jeder Ablehnung aufgeklärter Rationalität. »Die Verachtung der Zeit des Rationalismus ist ein verdächtiges Zeichen für einen Mangel an Bedürfnis nach Wahrhaftigkeit.«[354] Hinter die Aufklärung können wir nicht zurück. Denn das Aufklärungszeitalter formulierte Einsichten, die auch Bonhoeffer teilt. »Aus der befreiten ratio entsprang die Entdeckung der ewigen Menschenrechte.«[355] Auch wenn Bonhoeffer sich selbst nach seinen Erfahrungen in der Weimarer Republik nicht mehr die moderne Demokratie zum Vorbild für Nachkriegsdeutschland nahm, lehnte er zumindest nicht alles Demokratische ab. Seine amerikanischen Erfahrungen hatten ihn gelehrt, dass die Amerikanische Revolution einen demokratischen Staat im christlichen Geist hervorgebracht hatte. Denn das vielfältige Netz der Gewaltenteilungen in der US-Verfassung war nicht zuletzt begründet in der Einsicht: Die Verführbarkeit des Menschen und der Glaube an die Souveränität Gottes führten zur Demokratie als Staatsform, die Macht begrenzt und in Schranken weist.

Im Widerstand traf Bonhoeffer auf Menschen, die sich nicht aus christlicher Motivation gegen Hitler stellten, sondern sich für Freiheit und Menschenrechte einsetzten:

> Vernunft, Bildung, Humanität, Toleranz, Eigengesetzlichkeit – alle diese Begriffe, die noch bis vor Kurzem als Kampfparolen gegen die Kirche, gegen das Christentum, gegen Jesus Christus selbst gedient hatten, fanden sich auf einmal überraschend dem Bereich des Christlichen ganz nahe gerückt.[356]

In seinen letzten Briefen (*Widerstand und Ergebung*) geht Bonhoeffer einen Schritt weiter. Nun legt er die einfache Gegenüberstellung von hier christlicher Gemeinde, dort säkularer Neuzeit ab. Die moderne Mündigkeit und Verantwortung seien auch von Christen als wesentlich anzuerkennen. Bonhoeffer sieht die Notwendigkeit, dass der christliche Glauben noch einmal eine ganz neue Gestalt und Sprache findet. Und dabei entdeckt er die Ambivalenz der Moderne. Ihre vielfältigen Wirkungen – die Stärkung des Individuums und das Auflösende gegenüber traditionellen Gemeinschaftsformen – sind nicht einfach gut oder schlecht. Die Moderne ist nicht nur eine Verfalls- oder Erfolgsgeschichte. Sie ist befreiend und auflösend, schöpferisch und zerstörerisch. Die große Herausforderung der Christenheit sah Bonhoeffer nicht darin, sich der Moderne anzupassen oder sich aus ihr zurückzuziehen, sondern in der Moderne anzukommen; und in ihr eine neue Gestalt des christlichen Zeugnisses zu entwickeln.

Wenn wir von Bonhoeffer her noch einmal auf die Kulturkriege der Evangelikalen in den USA blicken, müssen wir sagen: Die Alternative von »sieben Bergen« oder »sieben Zwergen« ist fatal. Beide Haltungen sind tiefer Ausdruck für eine Entfremdung von der Gegenwartskultur. Die Alternative ist auch nicht eine kulturelle Anpassung um jeden Preis. Die Berufung der Christenheit kann doch nur lauten: Lasst euch auf eure Zeit ein, um Licht und Salz zu werden (Matthäus 5,13-16). Zieht nicht in die Welt, um sie zu erobern. Menschen mit einer Mission im Sinne des Neuen Testaments zu sein, kann nur heißen: Seid präsent als Menschen des Glaubens, in einer Haltung des Dienens und Zeugnisses.

Dabei wäre die Christenheit gut beraten, die Grundhaltung des konstantinischen Zeitalters insgesamt hinter sich zu lassen. Gerade Evangelikale sollten verstehen, dass die die moderne Welt eine einzigartige Chance für den Glauben ist. Manchmal empfinden sie die Säkularisierung wie eine Rückkehr zu den Anfängen des Christentums, als die ersten Gläubigen eine verfolgte Gemeinschaft waren, die stark wuchs. Eine solche Sicht ist realitätsfremd. Denn die moderne Gesellschaft bzw. ihre liberale Demokratie funktioniert gerade nicht monarchisch und imperialistisch. In ihren besten Momenten setzen sie auf die Kraft der Freiheit in Vielfalt. Allein die Moderne kennt so etwas wie Religionsfreiheit.

In der deutschen evangelikalen Bewegung dürfte die umfassende Schlüsselfrage sein: Wie verhalten sich Evangelikale zur modernen Welt?

Viele Gläubige dieser Welt haben diese Möglichkeiten noch nicht. Aber Menschenrechte sind weltweit eine starke Kraft. Evangelikale könnten sich bewusster hinter sie stellen, wie es die WEA beispielsweise längst tut: Demokratisierung unterstützen, Menschenrechte stärken, die Entwicklungsziele der UNO als selbstverständliche Herausforderung wahrnehmen. In den gegenwärtigen Auseinandersetzungen innerhalb der deutschen evangelikalen Bewegung dürfte das die umfassende Schlüsselfrage sein: Wie verhalten sich Evangelikale zur modernen Welt, zur Entwicklung der modernen Wissenschaften, zur Demokratie mit ihrer Gründung auf die Grundfreiheiten des Menschen, wie sie im Bekenntnis zur Menschenwürde und zu den Menschenrechten zum Ausdruck kommen?

– – –

Die Strömungen der evangelikalen Bewegung in Deutschland kommen von ganz unterschiedlichen geschichtlichen Erfahrungen her. Es gibt auch in Deutschland den kulturpessimistischen Evangelikalismus, der sich seinen Aktivismus nur als Kampf gegen andere und vor allem gegen die liberale Gesellschaft vorstellen kann. Und es gibt in Deutschland und weltweit viele andere, die nicht gegen die anderen, sondern für sie und wo möglich mit ihnen Zeichen des Reiches Gottes setzen wollen. Diese beiden Tendenzen lassen sich nicht einfach Lagern zuordnen. Diese Richtungen ziehen sich quer durch alles, was sich evangelikal nennt oder so genannt wird. Denn zum Kulturpessimismus kann man in einer ganz freikirchlichen Tradition gelangen, die immer schon die Gemeinde sehr grundsätzlich als Gegenkultur zur Gesellschaft bestimmte (Separatismus). Zum Kulturpessimismus führen jedoch auch die Wege altkonservativer Strömungen, die den Verlust früherer Hegemonie in der Gesellschaft für sich mit einer Fundamentalkritik der gottlosen Moderne beantworten.

Diese Strömung ist in den letzten Jahren wieder deutlich stärker geworden. Viele (nicht alle!) Bekenntnis-Evangelikale sehen die moderne Gesellschaft bzw. den Zeitgeist in einem unaufhaltsamen Prozess des Niedergangs. Die großen Kirchen haben sich dieser Entwicklung weitgehend angepasst: »Wir haben den Eindruck gewonnen, dass die Leitungen der evangelischen Landeskirchen mehr und mehr den Leitideen von Staat und Gesellschaft folgen. Die biblische Botschaft wird dem Zeitgeist angepasst.«[357] Dabei sehen sich bekennende Gläubige in einem umfassenden Gegensatz zur Aufklärung:

> In einer Situation der Desorientierung sehen die bekennenden Gemeinschaften ihren Auftrag darin, von der Bibel und den Bekenntnissen her die Spur der verlässlichen Wahrheit des Glaubens aufzuzeigen. … Die Ursprünge reichen bis weit ins 18. Jahrhundert zurück. Damals wurde das sogenannte »Projekt Moderne« angestoßen.[358]

In dieser Perspektive liegt es nahe, den Zeitgeist der Moderne grundsätzlich als große Gefahr zu kritisieren und diese Kritik auf alle auszudehnen, die dem vermeintlichen Zeitgeist der Gegenwart verfallen.

Der von Bekenntnis-Evangelikalen stark kritisierte, frühere Vorsitzende des pietistischen Gnadauer Verbandes und der *Deutschen Evangelischen Allianz* Michael Diener beklagte hingegen die völlige Opposition, die manche Evangelikale gegen die Kultur der Moderne aufbauen. Die gegenwärtigen Spannungen hängen nicht nur an der Beurteilung einzelner Fragen wie der Sexualethik. Es geht um das Verhältnis zur modernen Welt, zu den Kirchen und zur Kultur insgesamt: »Es ist wichtig, dass wir in der Gemeinschaftsbewegung den Pluralismus unserer demokratischen Gesellschaft auch deshalb nicht nur passiv erleiden.«[359] Es gibt »zur bewussten Bejahung unserer offenen Gesellschaft keine Alternative«[360].

An dieser Stelle steht der Nachfolger im Amt des Gnadauer Präses Steffen Kern für Kontinuität. In seinem Impulsreferat *Auf dem Weg in »weites Land«*[361] grenzt sich Kern vom mancherorts grassierenden Kulturpessimismus ab. Interessanterweise knüpft er dabei an den Aufbruch des Pietismus im 17. und 18. Jahrhundert an. Die Hoffnung auf bessere Zeiten war die innere Haltung der frühen Pietisten. Auch Kern entwirft mit seinem Vortrag eine Vision für die Zukunft. Als Charisma der pietistischen Bewegung sieht er zunächst die klassischen Anliegen, die den Pietismus mit dem Evangelikalismus verbinden. Er sieht die Gnadauer als, erstens, eine Bewegung mit Christus-Leidenschaft, zweitens als Bewegung mit Liebe zur Bibel und zum Gebet und drittens als Bewegung mit einer Mission. Untrennbar verbunden ist damit zugleich die soziale Sendung. Pietismus ist viertens eine Bewegung mit Verantwortung für die Welt.

Wie wir in den ersten Kapiteln gesehen haben, sind dies in der Tat die zeitübergreifenden Wesensmerkmale pietistisch-evangelikaler Bewegungen seit dem 18. Jahrhundert. Sodann formuliert Kern einige Merkmale, die im Pietismus nicht immer so selbstverständlich waren wie die ersten vier Punkte. Der Pietismus müsse auch eine Bewegung sein, fünftens mit Distanz zu Ideologien unserer Zeit. Dabei lässt Kern (wie schon im Kapitel 9 gesehen) keinen Zweifel daran, dass er in der christlichen Rechten die größte Gefährdung der evangelikalen Bewegung der Gegenwart sieht. Im Folgenden wünscht er sich einen missionarischen Aufbruch, der nicht aus der Abgrenzung lebt, sondern, sechstens, Raum für die konstruktive Aneignung und Förderung von Bildung und Wissenschaft hat und, siebtens, mit einem offenen Sinn für Ästhetik, Stil und Zeitgemäßheit einhergeht.

Dabei dürfte klar sein, dass es bei diesen Punkten nicht darum gehen kann, sich an irgendwelche gesellschaftlichen Trends anzupassen. Das weite Land der Zukunft ist vielmehr ein Gestaltungsauftrag, eine Herausforderung, in kritisch-konstruktiver Auseinandersetzung mit unserer Zeit Wege zu finden, wie das Zeugnis des Evangeliums ausgerichtet werden kann.

Das weite Land der Zukunft ist ein Gestaltungsauftrag, neue Wege für das Evangelium zu finden.

Erkennt man die lebendigen Fische des christlichen Glaubens nun daran, dass sie »gegen den Strom« schwimmen? Es gibt keine Nachfolge ohne die Bereitschaft, sich an Jesus allein und nicht an irgendwelchen anderen Gestalten und Mächten zu orientieren. Aber eben – an Jesus Christus. Und nicht an der grundsätzlichen Einstellung, als Gläubige immer gegen die Allgemeinheit stehen zu wollen. Und wenn der vermeintliche »Mainstream« für Gleichberechtigung der Geschlechter, für Menschenrechte, für Umweltschutz oder für Impfen ist, müsse man ganz wachsam sein … Kulturpessimismus aus Prinzip ist für viele Evangelikale eine große Versuchung geworden.

Anders als in den USA spaltet diese Frage in Deutschland noch nicht wirklich das ganze Land. Die lautstarken Gegner der liberalen Demokratie sind hierzulange eine Minderheit. Aber zunehmend entzweit ein solcher Kulturpessimismus auch die deutschen Evangelikalen. Und diese müssen aufpassen, dass sich die Konflikte nicht zu einem Kulturkrieg auswachsen.

12. SPIRITUALITÄT

Wir haben vielfach gezeigt und oft vorausgesetzt, dass die evangelikale Bewegung sehr erfolgreiche Jahrzehnte hinter sich hat. Warum? Der missionarische Erfolg der Evangelikalen beruht nicht auf ihrer intellektuellen Brillanz oder ihrer tiefschürfenden Lehre. Er beruht darauf, dass sie eine Spiritualität anbieten, die begeisternd, alltagsnah und gemeinschaftsstiftend ist.

Unter Spiritualität verstehe ich die Gestaltung des Glaubens im persönlichen Leben.[362] Gestalt kann der Glaube gewinnen in gemeinsam geteilten (Gottesdienst, Gebetsgemeinschaft etc.) oder persönlichen Riten (Stille Zeit, Kontemplation) wie auch mit unterschiedlichen Medien (Musik, Bilder, Bibel etc.). So betrachte ich Spiritualität als eine Grunddimension des Glaubens, wie Ethik, Theologie oder Mission.

DIE STÄRKEN EVANGELIKALER SPIRITUALITÄT

Was ist »typisch evangelikal«? Auch die Spiritualität der Evangelikalen ist sehr vielfältig – genau wie die Bewegung an sich. Sie beten und singen, sie pilgern und schweigen, sie hören geistliche Musik, lesen in der Bibel, beten in Zungen oder meditieren. Sie segnen und salben einander. Sie hören Predigten und erzählen sich gegenseitig von persönlichen Gotteserfahrungen. Sie machen vieles, was andere Christinnen und Christen ähnlich machen. Aber manches ist sehr spezifisch evangelikal.

Zentral ist eine starke Bibelfrömmigkeit. Die gemeinsam gelesene Bibel ist ein permanenter Bezugspunkt geteilter Entdeckungen.

Ebenso wesentlich ist das (gemeinsame) Gebet. Beten ist für Evangelikale etwas Persönliches und zugleich auch etwas, was man mit anderen teilt. Es gehört fest zur Frömmigkeitskultur, dass man einander mitteilt, wo man Unterstützung im Gebet braucht. In vielen Kleingruppen tauschen sich die Teilnehmer über ihre persönlichen oder übergeordneten Anliegen aus und bringen diese dann gemeinsam im Gebet vor Gott. In den letzten Jahrzehnten hat sich eine dritte, inzwischen mindestens ebenso zentrale Säule evangelikal-charismatischer Spiritualität entwickelt: musikalischer Lobpreis und Anbetung. Um das Typische der evangelikalen Frömmigkeit zu beleuchten, möchte ich mich im Folgenden vor allem auf diesen Bereich konzentrieren. Denn was sich hier zeigt, ist insgesamt typisch evangelikal.

Sie beten und singen, sie pilgern und schweigen, sie hören geistliche Musik, lesen in der Bibel, beten in Zungen oder meditieren.

Eine Untersuchung von Tobias Faix und Tobias Künkler zu hochreligiösen Jugendlichen erschien unter dem Titel »Generation Lobpreis«. Die Wahl fiel nicht zufällig auf diese moderne Musik. In der Umfrage wurde den Jugendlichen die Frage gestellt: »Was stärkt dich in deinem Glauben?« Am meisten genannt wurde mit 63,7 Prozent »Lobpreismusik/Worship«.[363] Der Wert ist umso höher einzuschätzen, als die Umfrage nicht nur unter evangelikalen Jugendlichen stattfand, sondern auch Jugendliche aus den Volkskirchen umfasste, die nicht so selbstverständlich Erfahrungen mit Lobpreis gemacht haben. Warum fasziniert Lobpreis so sehr? Ich möchte einige Beobachtungen aus der empirischen Umfrage zusammentragen und mit den Texten dieser Lieder abgleichen.

LOBPREIS ALS GEMEINSCHAFTSERFAHRUNG

Was macht Lobpreis für viele Evangelikale so besonders? Lobpreis ist eine Gemeinschaftserfahrung mit Gott, die zugleich mit anderen Menschen geteilt wird. Und diese Erfahrung führt dazu, dass die Gruppe zusammenwächst: »Wir erleben oft, wie die gemeinsame Anbetung Gottes dazu führt, dass Menschen anfangen, miteinander und füreinander zu beten und sich zu segnen.«[364] Das ist offensichtlich eine wesentliche Stärke evangelikaler Frömmigkeit: Sie stiftet Gemeinschaft. »Gemeinsam steht man vor dem Thron Gottes und betet ihn an, beim gemeinsamen Singen sogar mit denselben Worten und Melodien. Das erschafft eine Atmosphäre der Verbundenheit und eine Tiefe, wie wir sie sonst nirgendwo erleben können.«[365]

LOBPREIS ALS EMOTIONALE ERFAHRUNG

Lobpreismusik ist emotionale Musik. Igor Zeller, Mitglied im Liturgischen Ausschuss der VELKD, räumt in seiner Reflexion der Lobpreisbewegung ein, es gäbe »im deutschen Kirchenlied eine Unterversorgung mit emotionaler Sprachfähigkeit«[366]. Theologie und Kirche strebten nach dem Zweiten Weltkrieg eine Frömmigkeit an, die ganz sachlich auf Wort und Sakrament gegründet sein sollte. Aus guten Gründen, hatte man doch mit dem Begeisterungsrausch des Dritten Reichs furchtbare Erfahrungen gemacht. Nur: Religion scheint eine Angelegenheit zu sein, die nicht völlig gefühllos zu gestalten ist. Ein Teilnehmer der Umfrage formuliert es so: »Ich denke häufig beim Lobpreis, wo ich mich so überwältigt gefühlt habe, dass ich etwas Transzendentes vernommen habe oder so eine Form von vagem Gefühl – sage ich mal.«[367]

Das zeigt sich auch in vielen Texten der Lobpreismusik. Gottes Wirken im Inneren wird immer wieder erbeten oder bezeugt. Gott, so bezeugen die Texte, »bewegt meine Gefühle« bzw. »füllt mein

Leben aus«. Gottes Liebe wird nicht nur beschrieben, sondern emotional erlebt: »Deine Liebe spür ich. Du bist immer für mich. Ich bin überglücklich, du hast mich berührt.« Oder: »Und wenn ich daran denke, / wie sehr du mich liebst / und was ich dir verdanke, / dann jubelt mein Herz.«[368]

LOBPREIS ALS ARTIKULATIONSANGEBOT

Evangelikale Frömmigkeit ist nicht nur gefühlsgesättigt. Doch natürlich bleibt auch bei Evangelikalen die Erfahrung nicht aus, dass das Erleben von Gottes Nähe längst nicht immer verfügbar ist. Eine junge Frau formuliert es so: »Als Kind hab ich halt ein bisschen so gedacht, dass Gott wie ein Wunschautomat ist und wenn man betet, kommt das raus, was man haben will. Mittlerweile weiß ich, dass das nicht ganz so ist.«[369] Auch in vielen Liedern wird das Ausbleiben positiver Gefühle zum Thema. Theologisch ist vielen mehr oder weniger deutlich: Gott ist es, der seine Gegenwart mitteilen kann. Wir sind auf das Wirken des Heiligen Geistes angewiesen. Zugleich scheint es so zu sein, dass der Geist nicht einfach willkürlich wirkt oder nicht. Im Gottesdienst, in der Verkündigung, im gemeinsamen Singen und Beten hat er sein Wirken verheißen. Dass wir es nicht erzwingen können, heißt nicht, dass wir völlig passiv bleiben. Wir können uns für dieses Wirken öffnen. Und dabei ist Musik ein wesentliches Hilfsmittel.

LOBPREIS ALS SELBSTTRANSZENDENZ

Lobpreis ist biblisch. Lobpreislieder lassen sich auf alle Facetten biblischer Gebetssprache ein. Bis heute sind die Texte voller direkter Zitate oder Anspielungen. Im Lobpreis spiegelt sich nicht zuletzt die Bibelfrömmigkeit der Evangelikalen. Dieses Beten mit fremden, biblischen Worten zeigt grundsätzlich: Es geht nicht nur um uns. Es geht um Gott. »Jesus berühre mich. / Hole mich ab, öffne die Tür für mich. / Nimm mich an deiner Hand, entführe mich / in deine

Gegenwart.«[370] Im Lobpreis wird Begegnung gesucht, ein Ergriffenwerden, das sich Menschen nicht selbst geben können. Darum wird das eigene Leben bewusst der Herrschaft Gottes unterstellt: »Regier' in mir / in deiner Kraft, / über jeden Traum, / auch in tiefster Nacht. / Du bist mein Gott, / ich gehöre dir. / Darum regiere du in mir.«[371] Es ist ein zutiefst biblisches Motiv, das in den Psalmen so zum Ausdruck kommt: »Nicht uns, Herr, nicht uns, sondern deinem Namen gib Ehre« (Psalm 115,1). Und dieses Motiv, jemanden anzubeten, der größer, würdiger und wichtiger ist als die eigene Person, zieht sich durch viele Lobpreistexte.

Im Lobpreis wird Begegnung gesucht, die sich Menschen nicht selbst geben können.

In den Texten und im Gesang findet eine bewusste Selbstüberschreitung statt: »Sei du der Mittelpunkt in meinem Leben, der Mittelpunkt in meinem Herzen, ich gehöre dir.«[372] Damit drücken die Texte etwas aus, was viele hochreligiöse Menschen im Gottesdienst zu erwarten scheinen: dass es in erster Linie um Gott geht und nicht um sie selbst. Inzwischen denken viele darüber nach, wie Kirche wieder attraktiv werden kann. Nur: Jugendliche suchen keine attraktive Kirche. Evangelikale Mission setzt nie auf die Attraktivität von Gemeinde oder Kirche. Das entscheidende Ziel ist es, die Attraktivität Gottes sichtbar zu machen. Jesus ist faszinierend. Kirche ist insofern relevant, als sie Zugang zu dieser Wirklichkeit vermittelt. Dann kann sie auch Anteil daran gewinnen.

Was sind also die Stärken evangelikaler Spiritualität, wie sie am Beispiel von Lobpreis sichtbar werden? Ich sehe vor allem diese vier:

ein prägnantes Profil, eine einladende Gemeinschaft, eine emotionale Erfahrungsdichte und eine unmittelbare Zugänglichkeit.

EVANGELIKALE SPIRITUALITÄT IN DER DISKUSSION

War die Lobpreiskultur vor 30 Jahren noch Merkmal von pfingstlich-charismatischen Gläubigen, so ist sie inzwischen typisch evangelikal. Selbst in landeskirchlichen Gemeinden mit evangelikaler Prägung setzt sich zunehmend der Gottesdienst mit Beamer und Lobpreisblock durch. Zugleich ist in den letzten Jahren eine Debatte über die Spiritualität des Lobpreises in Gang gekommen, gerade auch unter denen, die beruflich maßgeblich zur Verankerung des Lobpreises in der evangelikalen Bewegung beigetragen haben.[373] Dabei lassen sich einige Bereiche identifizieren, in denen es in der evangelikalen Frömmigkeit zu Verkürzungen und Engführungen gekommen ist.

DIE VERDRÄNGUNG DER KLAGE

Arne Kopfermann ist seit Jahrzehnten einer der prägendsten Musiker in der sogenannten Lobpreisszene. Er wirkte mit vielen Melodien, Texten und Arrangements daran mit, dass Lob und Anbetung Gottes in der charismatischen und evangelikalen Bewegung einen gebührenden Platz im Gottesdienst finden konnten. Dann aber traf ihn ein furchtbarer Schicksalsschlag. Bei einem Autounfall kam seine 10-jährige Tochter Sara ums Leben. Von einen Tag auf den anderen wurde er in einen furchtbaren Ausnahmezustand gestoßen. Wie beim Beruf von Pastorinnen und Pastoren kam bei ihm als Lobpreismusiker hinzu: Er kann seine Biografie nicht einfach abtrennen von seinem Beruf. Als Künstler lebt er davon, Texte und

Musik als etwas zu produzieren, das sich nicht von seinen eigenen Erfahrungen abspalten lässt.

»Allzu tiefe und lange Trauer wird von manchen als Widerspruch zum christlichen Glauben empfunden.«
Arne Kopfermann

In der ersten Zeit nach dem Unglück erlebte er viel Zuwendung und Zuspruch. Der Glaube und die Gemeinschaft vieler Gläubiger trugen ihn. Aber Trauer lässt sich nicht einfach auf eine Lebensphase eingrenzen. Sie gehörte fortan zu seinem Leben. Mehr und mehr merkte er: Das Thema Leid und Trauer ist für die evangelikal-charismatische Frömmigkeit schwierig. Es gibt Menschen in seinem Frömmigkeitsumfeld, die Trauer nur als kurze Unterbrechung eines durchweg positiven Glaubenszeugnisses gelten lassen können. Allzu tiefe und lange Trauer wird von manchen als Widerspruch zum christlichen Glauben empfunden. »Die christliche Armee ist die einzige, die auf ihre Verwundeten noch schießt«, so habe er mal gehört. Und es sei leider wahr. Den Grund erkennt Kopfermann je länger, je mehr in einer Frömmigkeit, die Glaube als siegreiche Überwindung allen Leidens versteht, ganz im Sinne des in Kapitel 5 beschriebenen Wohlstandsevangeliums.

Die persönliche Krise wird zu einer Ausdruckskrise. Kopfermann macht die Erfahrung, dass er für das, was ihn getroffen hat, keinen Ausdruck findet in der Frömmigkeitssprache, in der er groß geworden ist. Nach jahrzehntelanger Arbeit als Lobpreismusiker entdeckt er, dass es für diese abgründigen Erfahrungen der Trauer und der Verzweiflung zu wenig geprägte Worte und Formen gibt.[374]

Das Verstummen der Klage ist nicht nur ein evangelikales Problem. Die meisten Stränge der Christenheit haben den Reichtum biblischer Gebetssprache verloren. Es ist für Kopfermann eine entscheidende Entdeckung, dass es ausgerechnet in der von den Evangelikalen so sehr geschätzten Bibel ja ein breites Sprachangebot für die Verzweifelten gibt:

> Einer der Gründe, warum die Bibel für mich so vertrauenswürdig ist, besteht gerade darin, dass sie negative Erfahrungen und Empfindungen nicht ausblendet, sondern als Teil des Lebens beschreibt.[375]

Bei allem Wissen um die tragende Kraft christlicher Gemeinschaft sieht Kopfermann eine problematische Tendenz in der evangelikalen Bewegung: Sie hat vielfach keine hilfreiche Trauerkultur. Viele »versuchen ihre Trauer zu vergraben. Sie zu verleugnen. Sie versuchen, die Verluste in ihrem Leben zu verwinden, ohne sich ihren Gefühlen zu stellen. Aber das ist auf Dauer ungesund. … Trauer ist die gesündeste Reaktion auf Verlust, die es gibt.«[376] Und darin erkennt Kopfermann zuletzt eine theologische Krise: »Die Trauer passt nicht ins positive Glaubens-System und wird zuweilen sogar als unreif sanktioniert.«[377]

Die Entdeckung der Klage ist eine der bedeutendsten Neuerungen der modernen Bibelwissenschaften. Lange Zeit war Klage verpönt, ja als Sünde geächtet. Die Verdrängung der Klage ist eine große Schieflage der kirchengeschichtlichen Frömmigkeitsentwicklung. Trotz der zentralen Bedeutung der Klage in den biblischen Psalmen hat die christliche Frömmigkeit vielfach auf diesen Ausdruck des Glaubens, das schmerzhafte Ringen mit Gott und um Gott, verzichtet. Erst im 20. Jahrhundert kam es zunächst in der Theologie zu einer Wiederentdeckung der Klage als eines notwendigen Ausdrucks der Frömmigkeit. Während diese Entdeckung in vielen Kirchen nachdrückliche Wirkung entfaltet, waren Evangelikale eher zurückhaltend. Kopfermann stellt fest: »Kaum ein Pastor leitet seine Gemeinde an, wie man mit Gott ringt und die eigene Klage zu Gott bringt.«[378]

Die Verdrängung der Klage ist eine große Schieflage der Frömmigkeitsentwicklung.

Arne Kopfermann bringen seine Erfahrungen zu einem Schritt, den er in der Zeitschrift AUFATMEN auf die Formulierung bringt: *Warum ich kein Charismatiker mehr bin*. Kopfermann ist weit davon entfernt, alles Hilf- und Segensreiche, das er auf diesem Weg gefunden hat, zu verwerfen. Und zugleich betont er die Notwendigkeit, neue Ausdrucksformen des Glaubens zu entwickeln, Worte, Lieder und Bilder für Menschen, die das Leben durch manche Finsternisse führt. In neuen Liedern verleiht er der Trauer ehrliche Worte.

Kintsugi-Herz[379]

Da ist Winter in der Seele,
eine Eisschicht um dein Herz
und ein Kloß in deiner Kehle
von Oktober bis zum März.
Dieses Leben schlägt dir Narben,
manche hast du gut verhüllt.
Haben sich tief eingegraben

und dein Inneres aufgewühlt.
Kintsugi-Herz, ich fülle die Risse aus mit Gold.
Kintsugi-Herz, du bist geliebt, du bist gewollt.

Diese Zeilen stammen aus dem Lied *Kintsugi-Herz*. Die japanische Kintsugi-Kunst besteht darin, zerstörte Keramik nicht einfach möglichst kunstvoll wieder zu reparieren, als wäre nie etwas gewesen. Vielmehr werden die Risse vergoldet, sodass sichtbar bleibt, was einmal kaputtging. Die Erfahrung göttlicher Güte macht nicht alles gut; aber sie macht das Kaputte wieder lebensfähig, ohne den Bruch zu verbergen.

GOTT ALS GEHEIMNIS

Auch Albert Frey hat die charismatisch-evangelikale Lobpreiskultur viele Jahre lang geprägt. Darum sollte man aufmerken, wenn Frey in seinem Buch *Anbetung in Wahrheit und im Geist* (2019) von einer »Krise der Anbetung«[380] spricht.

»Wir brauchen Anbetung in Wahrheit und im Geist.«
Albert Frey

Seit Langem beobachtet Frey, dass auch langjährige Fans der Lobpreiskultur Krisen der Frömmigkeit entwickeln. Menschen entwickeln sich weiter; und manchmal wachsen sie aus einmal gemachten Erfahrungen heraus. Auch die Lieder der Anbetung brauchen wie jede Kultur eine Weiterentwicklung, in der sie »neue Impulse integrieren können, ohne ihre Grundlagen zu verlieren«. Im Anschluss an ein Wort Jesu (Johannes 4,24) spricht Frey von Anbetung in Wahrheit und im Geist. Christlicher Glaube hat es mit der überschwänglichen Entdeckung von Wahrheit zu tun. Im Glauben finden wir Gemeinschaft mit Gott, Vater, Sohn und Heiliger Geist. Zur Wahrheit gehört auch die subjektive Seite der Echtheit, der persönlichen Authentizität. Frömmigkeit erstickt, wo sie nicht echt und ehrlich gelebt wird.

In vielen Liedern hat Frey die Erfahrung besungen, angesichts der Wahrheit Gottes echt und ehrlich werden zu können.

Wo ich auch stehe[381]

Wo ich auch stehe, du warst schon da.
Wenn ich auch fliehe, du bist mir nah.
Was ich auch denke, du weißt es schon.
Was ich auch fühle, du wirst verstehn.

Gerade in der persönlichen Entwicklung des Glaubens sei die Einsicht hilfreich, dass wir Gott nie »in den Griff kriegen« – weder in unseren Erfahrungen noch mit unseren Worten. Im Anschluss an 1. Korinther 13,12 betont Frey, dass wir durchaus »Gott selbst erkennen« können, aber »nur indirekt, wie in einem Spiegel … eben nur bruchstückhaft«[382]. Wir sprechen von Gott mit Bildern, Symbolen und Metaphern. Anders können wir uns nicht über ihn austauschen. Daher brauchen wir eine neue Ehrerbietung für das Unsagbare im Blick auf Gott. In seiner Offenbarung ist Gott in einer Weise erkennbar, die das Geheimnis seines Seins nie auflöst. Wir erkennen ihn vielmehr gerade als den Unbegreiflichen. Besonders die metaphernreiche Anbetung Gottes als »König« auf seinem »Thron« könne uns das bewusst machen. Reifender Glaube könne die biblische Gebetssprache daher mit dem Bewusstsein verbinden, über Gott nie verfügen zu können. »Wer ist Gott, was ist die Wahrheit über Gott? Kein Mensch kann sie erschöpfend beantworten, aber es gibt eine Fülle von bedeutungsvollen Hinweisen auf die Frage, wie Gott ist. Das feiern und betrachten wir in unseren Lobpreis- und Anbetungsliedern.«[383]

Wir brauchen eine neue Ehrerbietung für das Unsagbare im Blick auf Gott.

Neben der geistlichen Wahrheitserkenntnis bedürfen wir auch der anderen Seite aus dem Wort Jesu: des Wirkens des Heiligen Geistes. Wahrheit und Geist verhalten sich zueinander wie Wurzeln und Flügel. Im Geist erfahren wir, wie wir uns für die Wirklichkeit Gottes öffnen und unserer Erfahrung spontanen Ausdruck geben können. Wir erfahren die Freiheit des Glaubens angesichts des göttlichen Geheimnisses, das uns ergreift und doch nie begreifbar wird.

Seine abschließende Vision bringt Albert Frey auf das unscheinbare Wort »und«. Wir brauchen Wahrheit *und* Geist. Klassische Lobpreisfrömmigkeit lebt von Leidenschaft und Klarheit. Und sie darf sich dabei nicht zur Einseitigkeit versteigen. Neben dem Jubel brauchen wir auch Lieder der Klage. An die Seite der Gottesverehrung gehört der Einsatz für Gerechtigkeit in dieser Welt. Der freie Ausdruck der Frömmigkeit kann durch die traditionelle Liturgie gute Anregungen finden. Wenn es wirklich um das Geheimnis Gottes geht, dürfen wir uns nicht den eigenen Einseitigkeiten überlassen. Dann braucht es den Mut zum Brückenbau auch zu anderen Traditionen und Frömmigkeitsformen.

Mit seiner Betonung des göttlichen Geheimnisses knüpft Frey unverkennbar an die klassische Tradition christlicher Mystik an. Darin kann man insgesamt einen neuen Trend sehen. Besonders sichtbar wird dieser gegenwärtig in der sogenannten Gebetshausbewegung.[384] Was in den USA begonnen hat, zieht auch in Deutschland weitere Kreise. In den Gebetshäusern entstehen neue Zentren, die mit ihrem Streben nach ununterbrochener Anbetung, 24 Stunden an 7 Tagen die Woche, eine deutliche Anleihe an der monastischen Tradition der Kirchengeschichte vornehmen.

Das Gebet wird nicht nur zeitlich weit über das ausgedehnt, was ansonsten vor allem im Protestantismus üblich ist. Auch in den Formen lässt sich eine Anreicherung beobachten. Vor allem die meditativen und kontemplativen Anleihen sind unübersehbar. Die stärkere Integration der mystischen Tradition ist ein großer evangelikaler Trend der Gegenwart. Und dies zu Recht: Die klassischen Texte der Mystik stellen bis heute viele Deutungsmuster zur Verfügung für Lebenserfahrungen, die zum menschlichen Dasein gehören. Die neuere Erforschung der Mystik[385] hat bewusst gemacht, dass Mystik nicht nur auf die Erfahrung des Einswerdens von Gott und Mensch konzentriert werden sollte. Mystik hat mit geistlichen Wachstums- und Entwicklungswegen zu tun. Entscheidend sind dabei die Erfahrungen von Nähe und Ferne Gottes. Die Anwesenheit bzw. die Abwesenheit göttlicher Nähe ist das große Thema der mystischen Literatur, in ihren Biografien, Gedichten und theologischen Bewältigungsversuchen.

Zur Mystik gehörte immer das, was man als apophatische bzw. negative Theologie bezeichnet hat. Jede Aussage über Gott ist letztlich eine Annäherung an das göttliche Geheimnis. Es ist so, wie Paulus es beschreibt: Wer meint, er habe etwas erkannt, der hat noch nicht erkannt, wie man erkennen soll. Wer Gott liebt, der ist von ihm erkannt (1. Korinther 8,3). Solche biblischen Texte haben in der mystischen Tradition eine zentrale Rolle gespielt. Die mystische Weisheit ist schließlich auch anschlussfähig an viele Sehnsuchts- und Suchbewegungen unserer gleichermaßen postchristlichen, aber auch postsäkularen Zeit. Viele Menschen ahnen, dass es mehr gibt, nur dass sie keine Worte dafür haben. Sie fühlen sich von dem, was ihnen an christlich-religiöser Sprache bekannt ist, nicht angezogen. Und nicht selten haben sie recht damit. Vieles, was heute im Umlauf ist, lebt von einer Sprache früherer Generationen, die das Geheimnis Gottes mehr verstellt als eröffnet. Die mystische Weisheit, dass Gott selbst stets so unauslotbar wie unverfügbar bleibt, ist wesentlich.

Die mystische Weisheit ist anschlussfähig an Sehnsuchts- und Suchbewegungen unserer postchristlichen Zeit.

Die mystische Tradition ist ein vielfach noch unausgeschöpfter Sprachschatz, wenn es darum geht, Krisen des Glaubens innerhalb des Glaubens selbst zum Ausdruck zu bringen. So manches postevangelikale Gespräch darüber, was man schon alles dekonstruiert habe und was man gerade dekonstruiere, leidet an der Unkenntnis traditionell christlicher Kompetenzen, Dekonstruktionserfahrung als Teil des Glaubensweges sehen zu können.

Die Mystik hat eine lange Erfahrungsgeschichte darin, Erfahrungen göttlicher Ferne, das Erleben innerer Leere, namenloser Angst und tiefster Verlassenheit geistlich so zu deuten, dass der negative Gehalt der Gottesferne ganz ernst genommen und nicht bagatellisiert wird, sie zugleich aber auch geöffnet wird für die Einsicht, dass sie Teil eines religiösen Weges ist.

Warum tut sich die evangelikale Welt damit so schwer? Vor allem unter konservativen Evangelikalen findet sich eine grundsätzliche Ablehnung aller Mystik. Das von vielen evangelikalen Werken mitgetragene *Jahr der Stille* (2010) war für manche ein Anlass, vor jeder Form der Mystik als »gefährlicher Stille« zu warnen.[386] Das ist eine verblüffende Entwicklung. Denn gerade der erweckliche Protestantismus hatte sich über Jahrhunderte stets positiv auf die Erfahrungsfrömmigkeit der Mystik bezogen. Wo Bibelvertrauen und Gotteserfahrung nicht in einen positiven Zusammenhang gebracht werden, ist die Tradition des erwecklichen Protestantismus insgesamt verlassen.

Die Ablehnung der Mystik war auch kein Merkmal der puritanischen und orthodoxen Formen des Protestantismus. Man muss sich an dieser Stelle Folgendes in Erinnerung rufen: Für den Pietismus war die Mystik selbstverständlicher Bestandteil des eigenen Erbes. Und dabei gehörte die kritische Auseinandersetzung mit Fehlformen der Mystik immer schon zu ihrem Hauptstrom. Die Pietisten in Deutschland haben die Mystik weitgehend verteidigt gegenüber aller orthodoxen Verkopfung und aufgeklärten Verflachung. Erst die rationalistische Theologie des 18. und 19. Jahrhunderts brachte die Mystik in einen Gegensatz zum wahren Glauben. Die grundsätzliche Skepsis gegenüber jeglicher Mystik ist heute eines der deutlichsten Merkmale fundamentalistischer Frömmigkeit. Das ist alles andere als Zufall. Denn die Mystik lebt wesentlich von der Anerkennung des unerforschlichen Geheimnisses Gottes. Fundamentalismus ist bestimmt vom Glauben an die absolute Klarheit und Eindeutigkeit seiner eigenen dogmatischen Setzungen.

DIE SCHÖNHEIT DER LITURGIE

Der Erfolg der evangelikalen Bewegung beruht, wie inzwischen vielfach gesehen, auf einer interessanten Mischung von Passung zur Gegenwartskultur und gleichzeitiger Abgrenzung. Sehr modern sind die Evangelikalen in der Hochschätzung einer Kultur der Authentizität. Historisch ist es wahrscheinlich, dass gerade erwecklich-religiöse Gruppen diesen modernen Megatrend mitbegründet haben. Die Betonung des persönlichen und echten Glaubens hat ihre Wurzeln in der frommen Abgrenzung gegenüber dem Bekenntniszwang des Konfessionalismus in Europa. Der Vorschrift des richtigen Glaubens setzen Evangelikale die Betonung der persönlichen Erkenntnis entgegen. Gerade aus dieser Haltung heraus wurden sie höchst kritisch gegenüber allen formulierten Bekenntnissen, Gebeten und allem Liturgischen.

In einer empirischen Analyse freikirchlicher Gottesdienstfeiern hat der freikirchliche Theologe Stefan Schweyer[387] gezeigt, dass diese antiliturgische Grundhaltung ursprünglich mit vielen positiven Anliegen verknüpft ist: Der Verzicht auf traditionelle Formeln ermöglicht freikirchlichen bzw. evangelikalen Gottesdiensten größere Alltagsnähe und damit verbunden auch Niederschwelligkeit. Für die Beteiligten gibt es mehr Freiräume für Spontanität. Freude und Gemeinschaft werden unmittelbar erfahrbar. In einer klaren Glaubenskommunikation wird eindeutige Lebensorientierung vermittelt.

Das freie Gebet schafft Hierarchien von religiösen Virtuosen und denen, die sich nicht trauen.

Darum hat das freie Gebet eine so zentrale Bedeutung für die evangelikale Frömmigkeit. Richtig beten heißt für viele Evangelikale: frei beten. Freies Beten verbindet. Es verdichtet Gemeinschaft. Es erlaubt Menschen, die sich mit dem Aufbau von Nähe und Vertrautheit schwertun, genau das mit anderen Menschen in gemeinsamer Hinwendung zu Gott zu finden. Die große Bedeutung des freien Gebets hat auch ihre Schattenseiten. Das freie Gebet kann unter Druck setzen. Es stresst. Es schafft Hierarchien von religiösen Virtuosen und denen, die sich nicht trauen. Es ist kein Wunder, dass daher immer mehr Menschen aus evangelikalem Umfeld die befreiende Kraft von Ritualen schätzen lernen.[388]

Was sind die Stärken liturgischer Praxis?

- Liturgie entlastet vom Druck, stets selbst produktiv und kreativ sein zu müssen.
- Liturgie erlaubt gemeinsame Praxis, ohne dass ein Gefälle von religiösen Virtuosen und solchen, denen die Worte nur schwerfällig über die Lippen kommen, spürbar wird. Liturgische Praxis erlaubt gemeinsames (An-)Beten auf einer Ebene.
- Liturgische Praxis verbindet mit einem Erfahrungswissen vieler Jahrhunderte. Geprägte Gebete gehen teilweise bis in die alte Kirche zurück. Der traditionelle Gottesdienst verbindet Jahrhunderte und Kontinente.
- Liturgische Praxis verbindet Leib und Seele, Individuum und Gemeinschaft, Gemeinschaft und Natur. Im liturgischen Feiern erfahren wir einen Einklang mit anderen, der Schöpfung und Gott selbst.

Neben der freien Gestalt gehört zum Glauben auch die geprägte Form. Auch Stefan Schweyer beklagt am Ende eine oft einseitige

Tendenz in freikirchlicher Gottesdienstpraxis. Freikirchliche Gottesdienste könnten davon profitieren, wenn sie verstärkt »aus dem großen Schatz liturgischen Reichtums schöpfen«[389]. So wäre zum Beispiel eine häufigere und bewusstere Feier des Abendmahls denkbar oder insgesamt eine Erweiterung der Gebetspraxis um liturgische Handlungsformen.

WELTFRÖMMIGKEIT

Erlösung und Heiligung spielen in der evangelikalen Frömmigkeit eine zentrale Rolle. Zugleich lässt sich in der Sprache ein merkwürdiges Phänomen beobachten: Viele Texte halten dazu an, sich ganz Gott zuzuwenden. Man solle nicht um sich selbst kreisen oder an eigene Belange denken, sondern Jesus allein ins Zentrum stellen. Dabei stellt sich bisweilen ein Selbstbezüglichkeitsparadox ein. Obwohl man nicht um sich selbst kreisen will, tut man es vielfach erst recht. Denn immer wieder geht es um die eigene Gottesbeziehung. Und so dreht sich die Frömmigkeit um sich selbst. Gemessen an der biblischen Gebetssprache der Psalmen fehlt ein Wirklichkeitsbezug. Und das wäre doch wirklich der Weg, nicht um sich selbst und eben auch nicht um die eigene Frömmigkeit zu kreisen, sondern vor und mit Gott auf die Herausforderungen in dieser Welt Gottes zu reagieren. Die Entdeckung der Gegenwart Gottes in den irdischen Gaben spielt oft nur eine geringe Rolle. Viele Lieder richten ihre Rezipienten eher auf das Außerordentliche als auf den Alltag aus. Es war die Stärke traditioneller Frömmigkeit, gerade im Alltag die Verbindung zu Gott zu entwickeln. Diese Herausforderung hat mehrere Seiten, die inzwischen vielfältig unter Evangelikalen diskutiert werden.

1. Schöpfungsfrömmigkeit: Viele betonen inzwischen den Bedarf einer stärkeren Schöpfungsfrömmigkeit, einer christlichen Spiritualität der Natur. Der in evangelikalen Kreisen höchst ein-

flussreiche katholische Theologe Johannes Hartl führt in seinem jüngsten Buch *Eden Culture* (2021) aus, dass der christliche Glaube nicht von einer Verbundenheit mit der Natur zu trennen ist. Die Schöpfung ist Gottes Geschenk an uns. Die Welt ist nicht einfach Natur, die unserer Beherrschung ausgeliefert wird. Vielmehr werden wir in der Bibel als Teil der Schöpfung gesehen. Menschen brauchen schon für ihre eigene seelische Gesundheit eine tiefe Verbundenheit mit der Natur[390].

2. Soziale Gerechtigkeit: Zur biblischen Anbetung gehört auch der Schrei nach Gerechtigkeit. In den USA wurden die 25 am meisten gesungenen Worship-Songs auf ihren Inhalt untersucht.[391] Das Wort Gerechtigkeit taucht nur ein einziges Mal auf; obwohl die Psalmen davon voll sind. In den Songtexten fehlen vielfach auch die Armen, die Witwen und Waisen. Die Psalmen sind das Archiv der unvergänglichen Muttersprache des jüdischen und auch des christlichen Betens. Die moderne Lobpreismusik rühmte sich vielfach ihrer Nähe zur biblischen Sprache – mit Recht. Umso schmerzhafter ist die Beobachtung: In den Psalmen sind die Benachteiligten allgegenwärtig. Es gibt kein Halleluja ohne den Schrei nach Gerechtigkeit. Die biblische Frömmigkeit der Psalmen ist nie weltlos. Anders ist es in vielen Lobpreistexten. Mit Arne Kopfermann gesagt: »Vielleicht ist das einer der großen Balken im Auge, der große blinde Fleck des rechten Flügels evangelikaler und charismatischer Frömmigkeit: dass es Jesus nicht gibt ohne die Liebe und Annahme der Ausgegrenzten und Leidenden.«[392]

In den Psalmen gibt es kein Halleluja ohne den Schrei nach Gerechtigkeit. Anders ist es in vielen Lobpreistexten.

---

3. Menschliches Selbstbewusstsein: Schließlich machen immer mehr Evangelikale die Beobachtung, dass in vielen Anbetungstexten eine merkwürdige Tendenz zur Selbstverkleinerung und zur Unterdrückung jedes menschlichen Selbstbewusstseins zu beobachten ist.[393] Es fehlt so etwas wie eine »Anbetung mit erhobenem Haupt«. Zum Protestantismus insgesamt gehört die Entdeckung der Freiheit. Für den Protestantismus ist es eine zentrale Erinnerung. Im April 1521 wird der Mönch Martin Luther auf dem Wormser Reichstag vor dem Kaiser und allen Mächtigen seiner Zeit aufgefordert, von seiner Kritik an der Kirche abzulassen. Doch Luther verweigert den Widerruf. Er beruft sich auf die Bibel. Das tun seine Gegner auch, aber Luther bleibt standhaft. Solange er nicht mit klaren Schriftstellen und Vernunftgründen widerlegt werde, will er an seiner Lehre festhalten. Denn an seine Gotteserkenntnis ist er mit seinem Gewissen gebunden, und keine Macht der Welt dürfe einen Menschen zwingen, in Glaubensfragen gegen sein Gewissen zu handeln. Nie zuvor in der Geschichte war die Gewissensfreiheit eines Einzelnen so folgenreich wie in diesem Moment. In der Reformation wurde Freiheit zum Schlüsselwort des Protestantismus. Evangelikale neigen hingegen dazu, Freiheit nur noch negativ gelten zu lassen, als Freiheit von der Sünde, vom Teufel, vom Tod, sie aber nicht zu betonen als Freiheit *zu* einem selbstbestimmten Leben.

Der bekannte christliche Musiker Martin Pepper hat dieses Defizit in seinem Buch *Anbetung mit erhobenem Haupt* ausführlich beschrieben. In der Anfangszeit der Anbetungsmusik war die Konzentration auf Gott absolut angebracht. Aber auf Dauer kann ein Stil, wenn er dominant wird, nicht in einer solchen Einseitigkeit verbleiben. »Gesunder Glaube braucht eine Integration von Selbst und Welt in das Verständnis der Anbetung.«[394]

»Gesunder Glaube braucht eine Integration von Selbst und Welt in das Verständnis der Anbetung.«
Martin Pepper

Das Weltbild des christlichen Glaubens darf nicht der Versuchung erliegen, diese Welt beständig als Dunkelfolie zu zeichnen, um die vermeintliche Anziehungskraft der Welt Gottes zu erhöhen. Diese Welt ist Gottes wunderbare Schöpfung.

In und trotz aller Gebrochenheit steht sie unter dem Segen ihres Schöpfers. Und Ähnliches gilt für das Menschenbild. Die menschliche Freiheit gehört zum Glauben. Anbetungslieder sollten nicht voller Sehnsucht nach Unterwerfung, Selbstauflösung und Verzicht auf eigene Urteilsfähigkeit sein. Wir beten den Gott an, der uns als freies und verantwortliches Gegenüber geschaffen hat. Sünde kann man als Verkehrung geschöpflicher zu grenzenloser Freiheit bezeichnen. Es gibt die Gefährdung radikaler Gläubiger, die Erlösung nicht nur als Absage an solche grenzenlose Freiheit zu begreifen, sondern auch als das Ende von Rationalität, Selbstständigkeit, Selbstvertrauen. Die Berufung des Menschen zu Freiheit und Würde muss sich auch in den Liedtexten widerspiegeln, die wir singen. »Der Schlüssel dazu ist ein Gottesbild, das den Menschen nicht absolutistisch vereinnahmt, sondern seine Befreiung und Selbstverwirklichung liebevoll im Blick hat.«[395]

Erlösung ist die Wiederherstellung endlicher Freiheit; einer Freiheit, die sich nicht aus Verbundenheit loslöst. Aber ein Leben in

Verbundenheit, das mit eigener Stimme, festem Gang und erhobenem Haupt in Beziehung lebt. Wachstum im Glauben kann daher auch heißen: Ich kann besser mit offenen Fragen leben. Ich vermag Ambiguität (unauflösbare Mehrdeutigkeit) besser auszuhalten. Ich kann verstehen, dass mein eigener Weg für mich passend sein kann, ohne für alle der richtige sein zu müssen.

TRINITARISCHE SPIRITUALITÄT

Die Trinitätslehre gehört zu den großen theologischen Neuentdeckungen des 20. Jahrhunderts. Das Bekenntnis zum dreieinigen Gott ist in der evangelikalen Bewegung scheinbar selbstverständlich; schon in der Glaubensbasis der Evangelischen Allianz von 1846 findet sich im dritten Artikel das Bekenntnis zur Einheit und Dreiheit Gottes. Aber eben nur scheinbar. Faktisch haben große Teile der Christenheit und auch viele Evangelikale das trinitarische Bekenntnis nie wirklich für sich entdeckt und mit Leben gefüllt. Doch gerade für einen weiten Horizont der Spiritualität kann die Trinitätslehre höchst hilfreich sein.

Vor allem der mit der evangelikalen Bewegung vielfältig verbundene lutherische Theologe Peter Zimmerling hat in vielen Studien hilfreiche Impulse für eine umfassende Wahrnehmung und biblisch fundierte Gestaltung christlicher Spiritualität gegeben. Zimmerling empfiehlt dabei eine stärkere Orientierung an der Trinitätslehre.[396]

Die deutliche Orientierung an Jesus Christus ist die große Stärke der evangelikalen Bewegung; und manchmal ihre Einseitigkeit. Die Trinitätslehre im biblischen Sinne denkt Gott von Anfang an beziehungsreich, als unseren Vater und Schöpfer, Erlöser und Freund, Tröster und Vollender. »Die trinitarische Orientierung ermöglicht evangelischer Spiritualität, alle Bereiche der Welt als Gottes Schöpfung wahrzunehmen.«[397]

Die Sendung in die Welt gehört zur Trinität.

Das trinitarische Denken sieht immer schon Einheit und Vielfalt in Gott als zusammengehörig an. So wird es leichter möglich, Vielfalt auch in der Frömmigkeit nicht als Bedrohung zu sehen, sondern als Entfaltung des Reichtums der göttlichen Schöpfung zu feiern. Der Heilige Geist offenbart sich in vielfältigen Gaben und Wirkungen, die einander ergänzen und bereichern.

Zur Trinität gehört schließlich die Sendung in die Welt. Eine Frömmigkeit, die natur- und weltlos wird bzw. die sich in Bezug auf die eigene Erlösung durch Christus wieder und wieder um das eigene Heil dreht, ist verengt. Das trinitarische Denken verbindet Glaube mit einer Weltverbundenheit, die sich für die Förderung der gleichberechtigten Teilhabe aller Menschen an den Gütern der Schöpfung einsetzt.

VERWANDLUNG UND GEBROCHENHEIT

In ihrer Spiritualität verkörpert jede Glaubensgemeinschaft einen kongenialen Ausdruck ihrer zentralen Anliegen: Zeig mir, wie du singst und betest, und ich weiß, was du glaubst. Was zeigt die evangelikale Spiritualität? Ihre Stärke ist die eindrückliche Prägnanz ihres Zeugnisses.

In Gebet und Gesang wird es in jedem evangelikalen Gottesdienstfeier deutlich, dass die Gottesbeziehung die tragende Mitte ist, die alle Anwesenden miteinander verbindet. Und diese Beziehung zu Jesus Christus bzw. zum Vater und zum Geist wird nicht zitiert; sie wird zelebriert. Insbesondere die charismatisch-pentekostale Christenheit hat mit ihrem Gesang eine neue Schwerpunktsetzung der Gottesdienstkultur insgesamt vorgelebt, die weltweit Menschen in den Bann zieht. Und die verwandelnde Kraft dieser Frömmigkeit wird in der ganzheitlichen Praxis der Worship-Kultur sichtbar. Wo sich der Mensch ganz auf Gott einlässt, öffnet er sich für einen Erneuerungs- und Verwandlungsprozess. Diese Betonung des Anfangs der neuen Schöpfung hier und jetzt gehört zu den großen klassischen Stärken evangelikaler Frömmigkeit. Lobpreis macht diese Spur erlebbar.

Den größten Unterschied zur klassischen und vor allem auch zur reformatorischen Spiritualität sehe ich gegenwärtig noch in der Einschätzung der Bedeutung der Sündenlehre. Evangelikale glauben von sich selbst, das Thema Sünde ernster zu nehmen als die gegenwärtigen Volkskirchen. Faktisch jedoch sind sie in der Regel im Blick auf den wiedergeborenen, gehorsamen Gläubigen sehr viel optimistischer als die Reformatoren. Vielfach sind sie überzeugt davon, im gläubigen Gehorsam so mit der Sünde brechen zu können, dass sie gerecht handeln können. Die Reformatoren waren hingegen davon überzeugt, dass es eine durchgängige Gebrochenheit auch des gläubigen Menschen gibt. Luther brachte das auf die Formel *simul iustus et peccator*. Der Gläubige ist gerecht – in Jesus Christus. Natürlich kann er gerecht handeln und in Liebe leben, aber die Reformation ging von der stets bleibenden Zweideutigkeit aller Menschen aus. Nicht zuletzt darum hielten die Reformatoren auch am Format der Kirche für das Volk fest, weil sie wussten: Auch gläubige Menschen sind zutiefst anfällig für Selbsttäuschungen, Verführung und Überheblichkeit. Die Idee einer reinen Kirche der wahrhaft Gläubigen und Treuen verführt leicht zu allerlei Gesetzlichkeit und Heuchelei.

Nicht, dass Evangelikale die Realität der Sünde nicht ernst nähmen. Die neocalvinistische Tradition betont mit besonderem Nachdruck die völlige Verdorbenheit (*total depravity*) des sündhaften Menschen. Aber traditionell neigen sie gegenüber sich selbst zu optimistischeren Einschätzungen als die Reformatoren. Mag der natürliche Mensch völlig verdorben sein, so wird dem wahrhaft bekehrten Gläubigen erheblich mehr zugetraut und abverlangt. Die bleibende Fehlerhaftigkeit der Gläubigen ist kein großes evangelikales Thema. Der methodistische Theologe Morgan Guyton stellt die Frage, ob aus der evangelikalen Sündenlehre nicht allzu oft eine *total depravity of the other* abgeleitet wird.[398] Die anderen, die Säkularen, Liberalen, Muslime, Antifa-Aktivisten etc., gelten als höchst verdorben und gefährlich. Im eigenen Selbstbild hinterlässt die Sündenlehre hingegen sehr viel weniger Erschütterung. Eigene Ambivalenzen gerade auch in den besten und frömmsten Absichten werden leicht ausgeblendet. Darum ist vielleicht auch der Umgang mit Themen wie Trauer, Zweifel und Scheitern bei den Evangelikalen schwächer ausgeprägt als in den historischen Kirchen.

Auch gläubige Menschen sind zutiefst anfällig für Selbsttäuschungen, Verführung und Überheblichkeit.

So sehe ich das aus der Perspektive eines reformatorischen Pietismus; und in einem pietistischen Anschluss an die Reformation halte ich so etwas wie gemeinsame Lernfähigkeit für möglich. In diesem Sinne habe ich diese inneren Debatten nachgezeichnet, dass viele Evangelikale dafür offen sind, von den Erfahrungen der historischen Kirchen zu lernen. Die Schlüsselfrage dabei ist: Wie verbinden sich in der spirituellen Praxis die beiden entscheidenden Herausforderungen der Gegenwart – christliche Identität und Kontextualisierung in der Gegenwartskultur? Wie findet beides zusammen, auf der einen Seite ein Ausdrucksangebot für die Feier und die Alltagspraxis des Glaubens, in dem die Gottesbeziehung Gestalt gewinnt; und auf der anderen Seite eine Haltung, die der Fülle der Lebenserfahrungen gerecht wird, die nicht Teile der Wirklichkeit verdrängen oder abspalten muss, um den eigenen Glauben nicht zu gefährden?

Was wir für die Theologie und den Eingang in die Kultur als wesentlich kennengelernt haben – die Kunst des *Double Listening* im Sinne John Stotts, die Orientierung an Gott und an der Erfahrung –, das ist auch für die Spiritualität entscheidend. Evangelikale Spiritualität hat ihre besondere Stärke im Fokus auf das Gegenüber Gottes. Gleichzeitig eine Erfahrungsoffenheit gegenüber der Fülle der Wirklichkeit zu gewinnen, das ist eine große Baustelle der Evangelikalen.

13. EVANGELIKALE ETHIK UND MORALISCHER WANDEL DER GESELLSCHAFT

IM KULTURKAMPF DER MODERNE

Wir leben in einem Zeitalter dystopischer Erzählungen. Das 20. Jahrhundert hat viele klassische Geschichten voller Kulturpessimismus hervorgebracht, man denke nur an Jahrhundertromane wie *1984* und *Schöne neue Welt*. In solchen dystopischen Erzählungen verbinden sich unsere schlechtesten Erfahrungen der Geschichte mit unseren tiefsten Ängsten. Und offensichtlich fehlt es in diesem Genre nicht an immer neuen Ideen, was alles schiefgehen könnte.

Ein Roman hat es zuletzt zu einer viel beachteten Serie gebracht: *Der Report der Magd* (1985) von Margaret Atwood, verfilmt mit dem englischen Serientitel *The Handmaid's Tale* (seit 2017). Warum diese Serie in einem Buch über Evangelikale Erwähnung findet? Nun, offensichtlich hat Atwood die Entwicklung der christlichen Rechten in den USA zum Stoff ihrer literarischen Albträume gemacht. In *The Handmaid's Tale* bekommen wir eine postapokalyptische Welt gezeigt. Große Teile der früheren USA heißen nun Gilead. Es handelt sich um einen bibeltreuen Gottesstaat. Durch eine Katastrophe haben die meisten Frauen ihre Gebärfähigkeit verloren. Die letzten Frauen, die noch Kinder bekommen können, stehen im Zentrum des Interesses. Kinderkriegen ist in diesem Glaubensland das höchste Ziel. Die Ideale der Romantik, dass Liebe und Zweisamkeit als das höchste Glück gelten, sind wieder überwunden. Man orientiert sich an der biblischen Zeit der Erzväter: Wo es keine größere Frage gibt als die, wie man zu Nachwuchs kommt, da bedarf es der biblischen Mägde, die glaubensfesten Vätern und Müttern zu Kindern verhelfen. Denn als Sarai keine Kinder von Abraham bekommen konnte, sprach sie: »Siehe doch, der Herr hat mich verschlossen, dass ich nicht gebäre. Geh doch zu meiner Magd ein! Vielleicht werde ich aus ihr erbaut werden« (1. Mose 16,2).

Die Geschlechterhierarchie hat eine Schlüsselbedeutung für den Bestand dieses Staats. Die Männer herrschen und die Frauen dienen. Weiblicher Widerspruch ist nicht vorgesehen. Todesstrafe ist in den USA ohnehin selbstverständlich. Im bibeltreuen Gilead sind darüber hinaus auch wieder Körperstrafen aller Art vorgesehen, vom öffentlichen Prügeln von erwachsenen Menschen bis hin zum Abtrennen von Gliedmaßen. So gebiete es schließlich auch das Wort Gottes. Und das wird in Gilead kompromisslos befolgt. Man lebt gemäß einer Grußformel: »Unter seinem Auge.« Gott sieht alles. Und dieses Wissen soll Angst und Schrecken verbreiten. Und es kommt, wie es in solchen Geschichten kommen muss: Einige Frauen lassen sich diese Unterdrückung nicht mehr gefallen. Frauen, die sich noch an die liberale Vergangenheit erinnern bzw. wissen, dass Kanada nach wie vor frei und ein Land der Gleichberechtigung geblieben ist. Sie fangen an, sich zu wehren. Sie treten in den Widerstand gegen diese Christen.

Die kritische Wahrnehmung durch Außenstehende halten Evangelikale für normal. Aber die heutige Situation ist historisch eher neu.

Es dürfte wahrlich kein Zufall sein, dass diese Serie im Zeitalter Trumps weltweit Beachtung fand. Die roten Kleider der Mägde finden sich heute immer wieder auf Demonstrationen in unserer Welt. Die *Willow Creek Community Church* prägte den Slogan: »Die Gemeinde ist die Hoffnung der Welt.« Für manche scheint die christliche Gemeinde eher zu einem Albtraum geworden zu sein. Feministischer Widerstand gegen sektenartigen Evangelikalismus – wie konnte es so weit kommen?

– – –

In Europa sind viele Evangelikale überzeugt davon, mit ihren ethischen Überzeugungen in Spannung zur Mehrheitsgesellschaft zu stehen. Die kritische Wahrnehmung durch Außenstehende halten sie daher für normal. Aber diese Situation ist tatsächlich historisch eher neu. Natürlich haben vor den 1960er-Jahren nicht alle Menschen nach konservativ-christlichen Werten gelebt, aber zumindest waren diese als Leitbild nicht nur der Kirchen, sondern der Gesellschaft und auch der Gesetzgebung verankert. Die Evangelikalen und Pietisten früherer Jahrhunderte hatten in grundlegenden moralischen Fragen kaum Gegenpositionen zum Mainstream ihrer Zeit. Sie grenzten sich vielmehr in Sonderfragen von der Allgemeinheit ab, wie der Ablehnung von Alkohol, Rauchen, Tanzen und Spielen.

Es hilft in diesen Fragen nicht weiter, auf das rasante Wachstum der evangelikalen Bewegung im globalen Süden zu verweisen, die doch auch konservative Werte vertritt. Überall in der Welt, wo Evangelikale stark wachsen, stehen sie mit ihren ethischen Überzeugungen nicht am Rande der Gesellschaft, sondern in ihrer Mitte. Insofern ist auch die häufige Rede vom liberalen Zeitgeist in jeder Hinsicht irreführend. Wenn es »einen« Zeitgeist der globalen Gegenwart gäbe, wäre dieser alles andere als liberal. Evangelikale sind mit ihrer Sexualethik in Ländern wie Russland, Saudi-Arabien oder Guatemala kaum von der Mehrheitsbevölkerung zu unterscheiden.

Wenn schon, dann stehen Evangelikale im Konflikt mit den liberalen Gesellschaften des demokratischen Westens.

Moral ist etwas höchst Ambivalentes.

Also sind die konservativen Werte der westlichen Evangelikalen ein Problem für die Gesellschaft? Das wäre wiederum sehr verkürzt. Denn was für ihr öffentliches Erscheinungsbild in der Tat ein Problem ist,[399] macht zugleich auch die Stärke ihres inneren Zusammenhaltes aus. Die Attraktivität evangelikaler Angebote gerade für Jugendliche besteht bisweilen darin, dass sie eine profilierte Vision bieten. Moral ist etwas höchst Ambivalentes.

Das größte Streitthema der Christenheit ist seit Jahrzehnten der Umgang mit Homosexualität.[400] Lokale und globale Kirchengemeinschaften haben sich anhand dieses Themas gespalten. Symptomatisch ist die Situation im weltweiten Methodismus, ursprünglich eine der klassisch evangelikalen Kirchenfamilien der Neuzeit: Seit Jahrzehnten sorgte dort die Frage der Segnung gleichgeschlechtlicher Ehen für Auseinandersetzungen. Nach langen Debatten standen sich 2019 auf der Generalkonferenz in St. Louis (USA) unterschiedliche Positionen gegenüber. Die einen plädierten dafür, innerhalb der Weltgemeinschaft verschiedene Auffassungen zuzulassen, ohne als Kirche auseinanderzubrechen. Am Ende setzte sich jedoch mit knapper Mehrheit eine konservative Sicht durch, die die Ablehnung gleichgeschlechtlicher Ehe für alle festschreiben wollte. Diese knappe Mehrheit wollte es aber nicht beim Status quo belassen. Sie beharrte auf einer Verschärfung der bestehenden Regeln und hatte nicht nur beschlossen, in dieser Frage jeden Kompromiss zu verweigern. Sie bestand auch darauf, die andere Seite zu demütigen und etwas zu beschließen, von dem man seit Jahrzehnten weiß, dass sich die westlichen Kirchen aus tief empfundenen Gewissensgründen nicht daran halten werden.

In Deutschland aber wurde diese Entscheidung gar nicht umgesetzt. Vielmehr wurden die ablehnenden Aussagen zu gleichgeschlechtlichen Ehen vorläufig außer Kraft gesetzt, um den Ortsgemeinden einen je eigenen Umgang mit der Frage zu ermöglichen, wie gleichgeschlechtlich Liebende bei ihnen Heimat finden können. Gegenwärtig wird über die Möglichkeit einer friedlichen Trennung auf globaler Ebene diskutiert. In Deutschland bzw. Mitteleuropa sind die Mehrheitsverhältnisse umgekehrt. Die Minderheit konservativer Methodisten in Deutschland wird innerhalb der evangelisch-methodistischen Kirche einen eigenen Verband gründen, der eine traditionelle Familienethik zu seinem besonderen Kennzeichen machen wird.

Die Sprengkraft des Themas »Homosexualität« macht es unmöglich, es im Vorbeigehen anzusprechen.

Die Sprengkraft dieses Themas macht es unmöglich, es im Vorbeigehen anzusprechen. Nötig ist eine grundsätzliche Verständigung über den Umgang mit ethischen Fragen. Wie konnten diese so trennend wirken? An dieser Stelle hat sich in vielen kirchlichen Gemeinschaften eine ganze Generation verkantet. Die meisten evangelikalen Gläubigen haben keine Lust mehr darauf, wegen solcher Fragen ihre Familie zu verlieren oder die eigene Gemeinde sich spalten zu sehen. In diesem Kapitel werde ich nicht die einzelnen Themen ansprechen, sondern einen grundsätzlichen Blick auf evangelikale Ethik werfen. Evangelikale Frömmigkeit ist sehr viel mehr als Ethik. Aber offensichtlich ist es so, dass diese Bewegung nicht verstanden werden kann ohne Berücksichtigung ihres Umgangs mit ethischen Fragen.

NATURRECHT ODER REICH-GOTTES-ETHIK?

Was ist evangelikale Ethik? Man könnte es sich einfach machen und sagen: Evangelikale Ethik ist bibeltreue Ethik. Aber das ist natürlich ein anspruchsvolles Projekt. Dass man nicht einfach sämtliche biblischen Gebote auf heute übertragen kann, ist allen evangelikalen Gruppierungen klar. Tatsächlich ist die Frage nach dem Wesen der evangelikalen Ethik bis heute strittig. Wir können an dieser Stelle dem bedeutendsten Anreger evangelikaler Ethik im deutschen Sprachraum folgen: dem Theologen Klaus Bockmühl (1931–1989).

»Die zeitgenössische Behauptung, das Christentum sei prinzipiell revolutionär, wird mit Recht bestritten. Aber das Christentum ist auch nicht identisch mit dem bloß Konservativen; es unterscheidet sich von ihm durch die Gegenwart des Heiligen Geistes.«

Klaus Bockmühl

In den 1960er- und 70er-Jahren hat Bockmühl die evangelikale Ethikdiskussion in Deutschland stark bestimmt. Eine zentrale Herausforderung sah Bockmühl in den gesellschaftlichen Herausforderungen des kulturellen Wandels dieser Zeit. Er setzte sich sowohl mit dem Neomarxismus vieler Studierender wie mit der Situationsethik der liberalen Theologie seiner Zeit auseinander. Beiden Ansätzen widersprach Bockmühl entschieden. Sie waren grundsätzlich verschieden, da man hier auf die Selbstbestimmung des Individuums, dort auf die Hoffnung einer revolutionären Umgestaltung der Weltverhältnisse setzte. Aber gemeinsam war diesen Ansätzen, dass sie auch in den Kirchen viel Anklang fanden, obwohl sie sich von der Bibel als Maßstab des Handelns verabschiedeten.

Was sollten Evangelikale diesen Herausforderungen entgegenstellen? Nüchtern sieht Bockmühl, dass es so etwas wie eine evangelikale Ethik noch gar nicht gibt.[401] Die verschiedenen Stränge der Evangelikalen bringen ein je völlig verschiedenes Erbe mit, von dem her sie sich mit ethischen Fragen auseinandersetzen. Bockmühl beteiligte sich intensiv an den damaligen Debatten innerhalb der Lausanner Bewegung, die ihrerseits darum rang, welchen Stellenwert soziale und politische Herausforderungen für Evangelikale haben sollten. Die große, ungelöste Frage sah Bockmühl in einer vielfach sich abzeichnenden Gegensatzbildung:

➡ **Einerseits ...**	➡ **Andererseits ...**
Auf der einen Seite betonten konservative Evangelikale die Bedeutung der göttlichen Schöpfungsordnung. In der Tradition der spätreformatorischen Theologie sahen sie Ethik vor allem als Mandat der Bewahrung und Verteidigung traditioneller Gebote an.	Auf der anderen Seite betonte der methodistische oder täuferische Flügel viel stärker eine Reich-Gottes-Ethik. Das Vorbild Jesu war für sie viel zentraler als eine ewige Gesellschaftsordnung. Sie setzten sich daher für gesellschaftliche Reformen ein, die größere Freiheit und mehr Gerechtigkeit gegen traditionelle Ordnungen durchsetzen sollten.

An dieser Stelle, so war Bockmühl überzeugt, müssten die Evangelikalen dringend miteinander ins Gespräch kommen und eine gemeinsame Sprache lernen, wenn sie in der Auseinandersetzung mit den liberalen Kirchen nicht marginalisiert werden wollen. Wie wollen sie diese beiden Anliegen miteinander verbinden?

In seinem posthum veröffentlichten Hauptwerk *Gesetz und Geist* hat Bockmühl eine differenzierte Würdigung der reformatorischen Ethik vorgelegt.[402] Angesichts der neuen kulturellen Voraussetzungen sei es wesentlich, dass Evangelikale an der eindeutigen Orientierung des biblischen Gesetzes festhalten, wie es auch von den Reformatoren betont worden sei. Die Reformatoren sahen im Gesetz Gottes, vor allem in den Zehn Geboten, die entscheidende Orientierung für unser Leben. Auch Bockmühl betrachtete eine solche Orientierung als unaufgebbar. Diese Ordnung muss gegen alle liberalen Versuche der Gegenwart, bisherige Maßstäbe aufzuweichen oder zu relativieren, verteidigt werden. Sie müsste genauso festgehalten werden gegen alle utopischen Hoffnungen, einen neuen Menschen bzw. eine neue Gesellschaft zu schaffen, wie es befreiungstheologische Strömungen im Anschluss an den Marxismus proklamierten. Im Zuge dieser Abgrenzungen sei die reformatorische Schöpfungsethik wiederzuentdecken. Evangelikale Ethik gewinnt in diesen beiden Abgrenzungen eine neue Nähe zur Naturrechtsethik der römisch-katholischen Kirche. Diese evangelikal-katholische Annäherung ist inzwischen ein globales Phänomen, gerade auch im Blick auf große gemeinsame Linien in der Ethik.

Bockmühl belässt es jedoch nicht bei einer solchen positiven Würdigung altreformatorischer Ethik. Er erinnert vielmehr nachdrücklich an die seines Erachtens berechtigte pietistische Kritik an der reformatorischen Ethik. Die Ethik der reformatorischen Bekenntnisschriften war eine statische Ordnungsethik. Sie setzte auf die Autorität der kirchlichen und staatlichen Obrigkeit und orientierte sich faktisch an antik-naturrechtlichem Erbe. Das hatte problematische Konsequenzen: Diese Ethik war nicht selten eine Verbotsethik. Der Pietismus betonte dagegen stärker den Aspekt der Sendung. Er entdeckte eine biblische Reich-Gottes-Hoffnung, die nicht nur zu Ein- und Unterordnungen im Gehäuse einer Verbotsethik führte, sondern kreative Impulse zur Veränderung der Gesellschaft freisetzte.

Bockmühl fasst seine Beobachtungen zusammen: Das Gesetz Gottes und seine Ordnungen sind wesentlich. Evangelikale sollten dies allem modernen Relativismus zum Trotz betonen. Zugleich muss man wahrnehmen, dass manche moderne Kritik an der klassisch-kirchlichen Ethik berechtigt ist. Eine rein konservativ-autoritäre Ordnung wird dem Menschen nicht gerecht und kann sich auch nicht auf die Bibel berufen. Biblische Ethik beruht auf den Ordnungen des Gesetzes, aber auch auf der Sendung des Geistes.

Gesetz und Geist – mit diesen beiden Begriffen fasst Bockmühl eine Grundspannung evangelikaler Ethik zusammen.

Gesetz und Geist – mit diesen beiden Begriffen fasst Bockmühl eine Grundspannung evangelikaler Ethik zusammen. Zum Evangelikalismus gehört die reformatorische, vor allem reformierte Tradition, die traditionell auf Verteidigung der etablierten Sozialordnung als gottgewollt setzte. Und es gibt die Minderheitsgruppen, die aus eigener Erfahrung wussten, wohin die Dominanz einer Staatskirche führen kann. Je nach Erfahrungshintergrund gibt es unterschiedliche ethische Ideale. Für ihn war es eine Schlüsselfrage, ob die Evangelikalen es schaffen würden, beide Anliegen zu verbinden.[403]

Machen wir uns die Bedeutung dieser Frage an einem konkreten wie heißen Thema klar: der in evangelikalen Kreisen immer noch bzw. immer wieder strittigen Frage nach der Rolle der Frau.

DIE ROLLE DER FRAU IN DER CHRISTLICHEN ETHIK

Anders als manch andere strittige Frage der heutigen Kirchen ist die zentrale Bedeutung der Frauenfrage offensichtlich. Sie betrifft jeden zweiten Menschen auf der Erde direkt. Sie betrifft jede einzelne christliche Gemeinde.

KATHARINE BUSHNELL – EVANGELIKALER FEMINISMUS

Ich hoffe, den meisten ist es bei der Lektüre dieses Buches längst aufgefallen: Es kommen zu wenig Frauen vor.

Die großen Weichenstellungen der modernen evangelikalen Bewegung nach dem Zweiten Weltkrieg sind im Vergleich mit anderen protestantischen Strömungen ungeheuer stark von Männern bestimmt. Das ist bedauerlich; denn eigentlich war es die evangelikale Bewegung, in der erstmals im Protestantismus Frauen zu Wort und auf die Kanzel kamen. Darum beginnen wir an dieser Stelle mit der Geschichte einer evangelikalen Frau des 19. und frühen 20. Jahrhunderts: Katharine Bushnell (1855–1946).[404] Bushnell wuchs in der methodistischen Kirche auf und damit in der im 19. Jahrhundert neben den Baptisten wichtigsten Kirche der evangelikalen Welt in den USA.

Gerade dieser Strang des Evangelikalismus hatte auch den bedeutendsten Anteil an christlichen Reformbemühungen für die Gleichberechtigung von Frauen in der Gesellschaft insgesamt. Auch wenn Frauen hier und da predigten, war dies noch die Ausnahme. Aber es gab bei diesen Evangelikalen einen Bereich, in dem der geistliche Dienst der Frauen willkommen war, selbst wenn sie die Ordination der Frau ablehnten: die Missionsbewegung. Dass Menschen aus »heidnischen« Ländern zum Glauben kommen, war ein so überragendes Ziel, dass dafür auch von konservativeren Evangelikalen der Dienst von Frauen in Kauf genommen wurde. Für die Ehefrauen von Missionaren galt das sowieso. Aber auch als selbstständige Missionarinnen hatten Frauen im 19. und im 20. Jahrhundert einen erheblichen Anteil an der Missionsbewegung.

> **»Die Gemeinde, die Frauen zum Schweigen bringt, wird den Heiligen Geist zum Schweigen bringen.«**
> *Katharine Bushnell*

Bushnell nutzte die Bildungsmöglichkeiten, die sie auch durch den Einfluss der evangelikalen Heiligungsbewegung des 19. Jahrhunderts in den USA vorfand. Sie studierte Theologie und Medizin – Jahrzehnte bevor das beispielsweise in Deutschland offiziell erlaubt wurde. Sie wurde Teil der großen christlichen Reformbewegungen ihrer Zeit, der Weltmission wie auch des Einsatzes für Enthaltsamkeit und Reinheit. Wie schon bei anderen Frauen in der Heiligungsbewegung (wie zum Beispiel Phoebe Palmer) war der Einsatz für Frauenrechte für sie selbstverständlich.

Ihre Erfahrungen in China und Indien prägten sie tief. Sie lernte dort viele Traditionen kennen, die die westlichen Missionarinnen als zutiefst frauenverachtend empfanden. Im traditionellen China wurden jungen Mädchen die Füße von Kindesbeinen an eingeschnürt und verstümmelt, sodass sie kaum in der Lage waren, die eigene Wohnung und damit ihren eigentlichen Ort zu verlassen. In Indien gab es früher die Sitte der Witwenverbrennung. Die westlichen Kolonialherren und die Missionsgesellschaften stellten solche frauenfeindlichen Gebräuche infrage. Es gehörte zum Selbstverständnis der meisten Missionen, dass man den Heiden mit dem Evangelium auch den Zugang zu einer höheren Zivilisation eröffnete. Vor allem der Kampf gegen die Unterdrückung der Frau war für viele Missionarinnen ein Herzensanliegen.

Je länger Bushnell die Situation von Frauen in verschiedenen Kulturen sah, desto mehr erkannte sie die große Bedeutung des jeweiligen kulturellen Einflusses auf die moralischen Werte. Bushnell erlebte jedoch, dass nicht nur die jeweils Einheimischen Frauen verächtlich behandelten. Viele westliche Männer verhielten sich nicht sehr viel anders. In China sah sie, wie Frauen als Prostituierte entführt und verkauft wurden. In Indien stellte sie eine Untersuchung darüber an, in welchem Ausmaß einheimische Frauen Missbrauch und Misshandlung durch britische Militärangehörige erfuhren. Frauenverachtung, die bei anderen Völkern Teil einer minderwertigen Kultur zu sein schien, kam in vergleichbarer Form auch durch viele westliche Männer vor, ohne dass dies einen Skandal auslöste.

Bushnell erkannte im Ausland, dass es um die Freiheit der Frau auch im christlichen Westen oft schlecht bestellt war.

Je länger, je mehr lernte Bushnell, das westliche Frauenbild kritisch zu hinterfragen. Sie begnügte sich nicht länger damit, den Menschen in Asien mit dem Evangelium auch die Befreiung der Frau zu bringen. Sie erkannte im Ausland, dass es um die Freiheit der Frau auch in der christlich-westlichen Kultur oft schlecht bestellt war. Der Umgang mit Frauen offenbarte auch bei vielen angloamerikanischen Männern ein Frauenbild, das deren Minderwertigkeit vorauszusetzen schien. Das Schlimmste daran war für Bushnell die Entdeckung, dass nicht wenige Christen diese Geringschätzung der Frauen normal zu finden schienen. Auch die bisherige christliche Kultur schien frauenfeindliche Wirkungen zu haben.

Lag das an den biblischen Texten? Bushnell begann tiefschürfende Studien der Texte in ihren Ursprachen. In gründlicher Detailarbeit verfasste sie das grundlegende Werk *God's Word to Women* (1903).[405] Bushnells Buch ist über 100 Jahre alt und damit natürlich gebunden an den Kenntnisstand der damaligen Sprachwissenschaften und der historischen Forschung. Gleichwohl ist es in mehrfacher Hinsicht auch für uns heute höchst anregend. Die Argumentation verläuft quer zu den sich bildenden Lagern. Sie ging von der klaren Position aus, die Bibel als inspiriertes Wort Gottes anzuerkennen, das autoritativ und unfehlbar sei. Jede Kritik an der Bibel lag ihr völlig fern. Im Gegenteil: Sie kritisierte falsche Übersetzungen und Auslegungen eben im Namen dieser Bibel.

Schon viele Übersetzungen haben Angleichungen an das patriarchalische Denken des Westens vorgenommen. Mit Schrecken stellte Bushnell fest, dass in der chinesischen Übersetzung die Namen vieler Mitarbeiterinnen des Paulus zu männlichen Namen umgewandelt worden waren. Sie erkannte mehr und mehr, dass dies eine lange Tradition im Christentum hat: Die große Bedeutung weiblicher Mitarbeiterinnen im frühen Christentum war vielen kaum bewusst. Sodann setzte sich Bushnell mit der traditionellen Schriftauslegung der Urgeschichte auseinander. Die klassische Sicht war eindeutig: Eva trug die Hauptschuld am Sündenfall. Sie ließ sich von der Schlange verführen und zog anschließend noch ihren Mann Adam mit ins Verderben. Darum hat Gott sie auch verflucht und dem Mann unterworfen. Bushnell erkannte, dass das eine fatale Fehlauslegung war, die unzählige Generationen von Frauen zurückgesetzt hatte, sodass ihre Gaben der Menschheit kaum zugutekommen konnten. Zunächst machte sie klar, dass die Kirchenväter ihre Auslegungen nicht allein auf die Genesis stützten. Vielmehr lasen sie die Urgeschichte im Licht apokrypher Texte. In diesen Texten wird die Rolle Evas als Verführerin betont. Im Buch Jesus Sirach, das sich heute wieder in den meisten Bibeln findet, heißt es: »Die Sünde nahm ihren Anfang bei einer Frau, und um ihretwillen müssen wir alle sterben« (Sirach 25,24; LUT). Nur: Ist es das, was das erste Buch Mose erzählt? Die Schöpfungsgeschichte der Bibel ist immer wieder neu ausgelegt worden.

Bushnell wusste um die kritische Skepsis der neueren Exegese, aber sie betonte: Für sie seien die ersten Kapitel der Genesis keine Dichtung, sondern Geschichte, und zwar eine für Frauen sehr wertvolle Geschichte, die von den falschen Interpretationen der Tradition befreit werden müsse.[406] Der Schöpfungsauftrag sei klar und eindeutig. Die Frauen werden nicht dem Mann unterworfen oder nachgeordnet. Frauen und Männer sind Gottes Ebenbild. Genesis 1,26 stellt beide nebeneinander, ohne Abstufung oder Unterordnung.

– – –

Bushnells Buch ist wie jedes andere Werk auch ein Kind seiner Zeit. Dabei können aus heutiger Sicht viele Einzelaspekte ihrer Auslegung nicht überzeugen, teils, weil sie spekulative Deutungen vorschlägt, teils, weil sie aus heutiger Sicht problematische antijüdische Klischees bemüht, um die wahre Absicht der Texte gegen die Verdrehungen der jüdischen Apokryphen zu verteidigen. Aber die Gesamtsicht entspricht tatsächlich dem heutigen Erkenntnisstand, wie er sich auch bis weit in freikirchliche Schriftauslegung hinein durchgesetzt hat.

Aus heutiger Sicht muss man sagen: Bushnells Buch kam zu früh, um eine wirksame Stimme für die Botschaft sein zu können, dass evangelikale Frauen sich konstruktiv auf den Feminismus des 20. Jahrhunderts einlassen konnten. Die zweite Welle der Frauenbewegung hatte in vielen Ländern Wahlrecht und Berufsmöglichkeiten eröffnet. Weltweit setzte sich in den 1930er- bis in die 1950er-Jahre eine konservative Geschlechterordnung durch; das galt gleichermaßen für die faschistischen, kommunistischen und demokratischen Gesellschaften. Im Zeitalter der Weltwirtschaftskrisen und schließlich der Weltkriege kam es zu einem globalen Zurückdrängen von Fragen geschlechtlicher Ordnung. Diese wurden erst ab den 1960er-Jahren wieder global als drängend empfunden. In dieser Zeit war Bushnells Buch längst vergessen. Das aber lag nicht zuletzt an der Entwicklung der evangelikalen Bewegung in den letzten 60 Jahren.

DIE ERFINDUNG DES BIBLISCHEN FRAUENBILDES

> **»Das Patriarchat war keine göttliche Anordnung, sondern eine Folge der menschlichen Sünde.«**
> *Beth Allison Barr*

Ordnen wir Bushnells Werk ein in einen weiteren historischen Horizont! In ihrem Buch *Making of Biblical Womenhood* bietet die evangelikale Historikerin Beth Allison Barr eine überzeugende Gesamtsicht aus evangelikaler Perspektive.[407] Im Unterschied zu Bushnell kann Barr nun auf eine seit Jahrzehnten betriebene Frauenforschung zurückblicken.

Eine unstrittige Erkenntnis ist heute, wie stark die antiken Kulturen von der Idee grundsätzlicher Überlegenheit der Männer über die Frauen geprägt waren. Das Verhältnis von Mann und Frau war durch ein Macht- und Wertgefälle bestimmt. Es entspricht den durchgängig zur Abfassungszeit der Bibel vorfindlichen Anschauungen, dass die Männer den Frauen vor- und übergeordnet sind. Daher ist es kein Wunder, dass sich diese Sicht auch in vielen biblischen Aussagen spiegelt. So ist es eine zeittypische Deutung der Schöpfungsgeschichte, dass Adam zuerst geschaffen wurde – und somit auch der Vorrang der Männer als Teil einer geschaffenen Ordnung anerkannt werden müsse (1. Timotheus 2,13-14; 1. Korinther 11,7-16).

Eine heute unstrittige Erkenntnis: Das Verhältnis von Mann und Frau war seit der Antike durch ein Macht- und Wertgefälle bestimmt.

Auffällig an den biblischen Texten ist jedoch vor allen Dingen, wie oft diese klassisch kulturellen Selbstverständlichkeiten infrage gestellt oder aufgehoben werden. Schon im Alten Testament waren Frauen und Männer in der Schöpfung gleichermaßen Gottes Ebenbild (1. Mose 1,27). Die Erlösung in Christus mache dieses ebenbürtige Miteinander der Geschlechter wieder möglich. So entspricht es der prophetischen Weissagung Joels (3,1-2) und der paulinischen Zuordnung von Mann und Frau (Galater 3,28; 1. Korinther 7,3-4; 11,11-12).

Natürlich ließen sich diesen Versen viele entgegenhalten, in denen biblische Frauen weniger Rechte und weniger Wert als die Männer haben. Wenn sich darin Gottes eigentliche Bestimmung der Frauen ausdrücken sollte, warum finden sich dann in den biblischen Texten so viele leitende und lehrende Frauen, wie Deborah (Richter 4–5) und Hulda (2. Könige 22,8-20) und die vielen Mitarbeiterinnen bei Paulus (Römer 16,1-5; 6-7; 1. Korinther 11,5; Apostelgeschichte 18,2)? Und warum werden dann ausgerechnet Frauen die ersten beauftragten Zeuginnen der Auferstehung Jesu (Lukas 24,10)? Dass viele biblischen Texte die Ungleichheit von Mann und Frau voraussetzen, entspricht den Einstellungen der damaligen Zeit. Das ist so selbstverständlich wie der Umstand, dass im Weltbild der biblischen Verfasser die Erde jung und flach ist. Das Aufregende ist: Es gibt in der Bibel reihenweise Texte, in denen das Verhältnis von Mann und Frau anders gesehen wird.

Barr zeigt, wie sich diese Spannung von Hierarchie und Gleichheit der Geschlechter durch die ganze Christentumsgeschichte zieht. Schon bald nach der neutestamentlichen Zeit passt sich die Christenheit sehr stark an das patriarchalische Denken der Antike an: Der Mann ist der Herr im Hause. Die Frau hat ihren Ort in der Familie. Aber zugleich ist gerade das Christentum voller Ausbrüche aus dieser Mehrheitslogik.

Es gibt in der Antike nicht nur Wüstenväter, sondern auch viele Wüstenmütter: Frauen, die wie Männer allein bleiben und vielen mit ihrem geistlichen Beistand dienen. Neben den Männerorden entstehen Frauenorden. Mönche und Nonnen stehen außerhalb des vermeintlichen Familienideals des Christentums. Vor allem das Mittelalter kennt viele außergewöhnliche Frauengestalten, wie Margery Kempe (1337–1438), die Verfasserin der ersten Autobiografie in englischer Sprache, Hildegard von Bingen oder Teresa von Avila – und viele, viele andere. Sie alle erkannten, dass das biblische Bild der Frau sehr viel mehr Freiheiten einräumt als das, was gesellschaftlich üblich war.

In der frühen Neuzeit waren es nicht die klassischen reformatorischen Kirchen, in denen Frauen predigen und leiten durften. Es waren die Erweckungsbewegungen, die Methodisten, die Heiligungskirchen und die Pfingstbewegung, die auf die Begabungen der Frauen und nicht auf ihr Geschlecht achteten. Gerade die angeblich konservative evangelikale Position kann sich nicht auf die Geschichte der Evangelikalen berufen. Konservative Evangelikale bleiben in dieser Frage vielmehr einem Ordnungsdenken der Vormoderne verhaftet.

In allen westlichen bzw. demokratischen Gesellschaften kommt es nach dem Zweiten Weltkrieg zu einem kulturellen Umbruch, in dem sich die Gleichberechtigung von Mann und Frau durchsetzt. In dieser Zeit entsteht im US-Evangelikalismus eine Gegenreaktion. Viele US-Evangelikale machen nun die Festschreibung eines komplementären Frauenbildes zu einer theologischen Bekenntnisfrage.

Es waren die Erweckungsbewegungen, die auf die Begabungen der Frauen und nicht auf ihr Geschlecht achteten.

Diese Sichtweise wurde auf eine breite theologische Basis gestellt.[408] 1987 wurde das *Council of Biblical Manhood and Womanhood* gegründet. Theologisch entwickelte diese Gruppe ein Bekenntnis zur Komplementarität von Mann und Frau. Die Vertreter dieses Komplementarismus legten größten Wert darauf, eine rein biblische Lehre in kritischer Abgrenzung zum zeitgeistigen Feminismus zu vertreten. Man distanzierte sich von jeder Form der Herabsetzung von Frauen, aber der Feminismus mit seiner Forderung nach völliger Gleichberechtigung galt als unchristlicher Irrweg. Mann und Frau seien vor Gott absolut gleichwertig, aber nicht gleichartig. Frauen und Männer seien wesensverschieden, weil Gott ihnen einzigartige Gaben gegeben habe. Und diese Wesensverschiedenheit mache es nötig, dass Frauen weder in der Kirche noch in der Gesellschaft Autorität über Männer ausüben. Dafür seien sie nicht geschaffen und davor müsse man sie beschützen, zu ihrem eigenen Wohl.

Der theologische Komplementarismus erwuchs nicht einfach aus der Bibel. Er war eng verbunden mit zeitgeistigen Entwicklungen des amerikanischen Nachkriegskonservatismus und einer zunehmenden autoritären Politisierung vieler Evangelikaler. Gründlich analysiert Barr die Probleme dieser Position.

Konservative Evangelikale waren also überzeugt, dass die Bibel Frauen und Männer als gleichwertig, aber nicht gleichartig ansieht. Als Historikerin weiß Beth Allison Barr, dass es sich dabei nicht nur nicht um eine biblische, sondern nicht einmal um eine historisch-traditionelle Sicht handelt. Eine solche Zuordnung von Mann und Frau findet sich überhaupt erst ab dem Ende des 18. Jahrhunderts. Die Betonung der wesentlichen gleichen Würde, aber Wesensverschiedenheit der Geschlechter ist eine höchst moderne Idee. Die Vorstellung, dass Frauen ihre Erfüllung in Familie und Haushalt finden, wird erst im 19. Jahrhundert kulturprägend. Im Komplementarismus bekämpft man das 20. Jahrhundert mit Waffen des 19. Jahrhunderts.

Vor allem den biblischen Texten ist eine solche Sicht von Mann und Frau ganz fremd. Wie gesehen lassen sich in der Bibel höchst unterschiedliche Stimmen zur Wahrnehmung der Geschlechter finden. Es gibt Texte, die Frauen eindeutig den Männern nach- und unterordnen (1. Mose 3,16; Esther 1; 1. Korinther 14,33-36; 1. Timotheus 2,11-15). Und es gibt Texte, die Frauen ebenso eindeutig an die Seite von Männern stellen (1. Mose 1,27; Joel 3,1ff; Galater 3,28). Die biblischen Texte zeigen viele patriarchalische Zuordnungen *und* einige egalitäre Verhältnisbestimmungen. Aber diese Kompromisslinie eines Komplementarismus – gleichwertig, aber nicht gleichartig gibt es in der Bibel schlichtweg gar nicht. Vielmehr handelt es sich hier um einen Ausgleichsversuch, der eine patriarchalische Rollenordnung mit menschlichem Antlitz zu präsentieren versucht.

Aber eine solche Sicht verschleiert die patriarchalischen Härten mancher biblischen Texte, die Männern das Recht zur Entlassung der Frau einräumten und nicht umgekehrt (5. Mose 24). Und eine solche Sicht bleibt hinter der Gleichheit von Frauen und Männern zurück, die einige biblische Texte schon kennen. Der Versuch, der Bibel eine einheitliche Lehre zu den Geschlechterrollen entnehmen zu wollen, führt zu einer Sicht, die es in der Bibel so überhaupt nicht gibt. Die Ausblendung des kulturellen Hintergrundes der biblischen Texte führt nicht dazu, dass man sich an den Wortlaut hält; sondern dass der biblische Wortlaut zur Projektionsfläche kultureller Überzeugungen der eigenen Gegenwart wird.

Was vielen Evangelikalen als eine ewige biblische Wahrheit verkündigt wurde, ist in Wahrheit ein Produkt des 19. und 20. Jahrhunderts. Jeder kann es nachprüfen. Christliche Ethik kann daher gar nicht einfach aus der Bibel eine zeitlose Sicht erheben. Sie muss die biblischen Texte im Kontext ihrer Zeit verstehen, wenn sie sie nicht missverstehen will. Und sie braucht Kriterien, wie sie von den immer auch kulturell geprägten biblischen Texten Maßstäbe für die heutige Lebenswelt ableiten will.

DER LANGE EVANGELIKALE WEG ZUR GLEICHBERECHTIGUNG

Wie ist man in der Lausanner Bewegung und in der *Weltweiten Evangelischen Allianz* mit dieser Frage umgegangen? Lausanne verwirft jede Form der Unterdrückung von Menschen aufgrund von Rasse, Geschlecht, Religion, geht aber nicht näher auf das Thema ein. Erst in Manila 1989 ist das Miteinander von Mann und Frau ein gewichtiges Thema. Schon in den Bekräftigungen heißt es:

> Wir bekräftigen, dass die Gaben des Geistes dem ganzen Volk Gottes, Frauen und Männern, gegeben sind und dass die Partnerschaft von Frau und Mann in der Evangelisation zum gemeinsamen Wohl zu begrüßen ist.[409]

Diese allgemeine Formulierung wird in Abschnitt 6 noch einmal aufgegriffen und konkretisiert. Neben der gleichen Begabung von Männern und Frauen durch den Heiligen Geist wird nun auf das Wirken vieler Frauen in der Mission verwiesen.

Was heißt es aber für die Frage, die in den 1980er-Jahren weltweit noch höchst strittig war: dem pastoralen Dienst der Frau? Die Lausanner Bewegung lässt es offen:

> Obwohl unter uns keine volle Übereinstimmung besteht, in welcher Form sie Leitungsaufgaben übernehmen sollten, stimmen wir doch darin überein, dass Männer und Frauen nach Gottes Willen gerne in der Weltevangelisation partnerschaftlich zusammenarbeiten sollen. Eine geeignete Ausbildung muss daher beiden zugänglich gemacht werden.[410]

War die Diskussion dieses Themas damit beendet? Keineswegs. Es gehört zur gegenwärtigen Situation der evangelikalen Bewegung, dass sie keinem eindeutigen Trend folgt, sondern antagonistische Tendenzen gleichzeitig stärker werden. In vielen evangelikalen Kreisen werden sich auch gesellschaftliche Selbstverständlichkeiten positiv angeeignet. Veronika Schmidt hat mit ihrem Buch *Endlich gleich!* (2019)[411] einen Weckruf verfasst. Handelt es sich dabei um einen Einbruch des Feminismus in christliche Kreise?

Bei Katherine Bushnell haben wir gesehen: Die christliche Forderung nach Gleichberechtigung der Frau ist älter als der Feminismus der 1960er/70er-Jahre. Diese Sicht hat sich auch bei der *Weltweiten*

Evangelischen Allianz inzwischen durchgesetzt. Schon in den 1990er-Jahren veröffentlichte die Kommission für Frauenfragen der WEA eine Studie, die für Frauen und Männer die Zulassung im Dienst für Gott »ohne Unterschied« empfahl.[412] Im Jahr 2021 wurde diese Sicht noch einmal bestätigt und vertieft durch eine weitere Studie der WEA.[413] Auch der Generalsekretär der WEA Thomas Schirrmacher hat sich im Vorwort ausdrücklich positiv für eine solche evangelikale Position der Gleichberechtigung von Mann und Frau ausgesprochen.

Gegenwärtig erleben wir eine höchst unübersichtliche Situation. Viele Evangelikale schließen sich dem gesellschaftlichen Trend nach Gleichstellung der Geschlechter an, nicht zuletzt, weil viele ahnen, dass diese Gleichheitsidee wesentlich durch christliche Impulse angeregt war. Sie lassen sich auch nicht mehr leicht einreden, dass Männer und Frauen eine ganz bestimmte Wesensnatur haben, der sie folgen müssen. Dass es zwischen Frauen und Männern statistisch messbar verschiedene Begabungen gibt, sieht und weiß fast jeder. Am Ende des Tages ist entscheidend, welche Gaben und Bedürfnisse der oder die Einzelne hat. Männer und Frauen wünschen sich ein Leben, das ihnen gerecht wird, nicht den Durchschnittswerten ihres Geschlechts.

Die Gleichheit von Mann und Frau ebnet nicht die Unterschiede zwischen den Geschlechtern ein.

Die Gleichheit von Mann und Frau ebnet nicht die Unterschiede zwischen den Geschlechtern ein; sie erlaubt nur allen Menschen, ihren jeweils eigenen Weg zu finden und zu gehen, unabhängig von traditionellen Erwartungen, was sich für Frauen und für Männer gehört. Nach Jahrzehnten der Erfahrung einer Welt mit weniger rigiden Rollenvorschriften sehen viele: Was man Frauen und Männern früher zutraute oder verwehrte, vorschrieb oder untersagte, hatte viel mit kulturellen Vorannahmen und wenig mit der geschöpflichen Wirklichkeit zu tun. Dass Frauen Auto fahren oder Staaten regieren können, Karriere machen können oder auch nicht, ist eine Sache der Erfahrung. Ebenso wie die Erkenntnis, dass Männer feinfühlige Erzieher oder Begründer wissenschaftlicher Theorien sein können.

Zugleich ist diese Frage immer noch ein strittiges Thema, besonders in den USA, wo es nach wie vor in vielen Kirchen, unter anderem in der mit Abstand größten, der *Southern Baptist Convention*, undenkbar ist, dass Frauen predigen und leiten.[414] Auch in Deutschland gibt es gerade in der jüngeren Generation immer neue Begeisterung für klassische Rollenmuster, die vermeintlich Sicherheit und Eindeutigkeit stiften. Freiheit ist anstrengend. Die Ablehnung von Feminismus und gesellschaftlichem Mainstream dient konservativen Evangelikalen nach wie vor zur Profilierung als Gegenkultur zu weltlichen Entwicklungen.

AUSWEGE AUS DER POLARISIERUNG?

Was kann man aus der Beschäftigung mit der Frauenfrage grundsätzlich lernen? Es gehört zum Wesen der Ethik, dass ihre Überzeugungen stets in Form gemischter Urteile zustande kommen. Ethische Urteile müssen grundsätzlich normgerecht und sachgerecht sein. Sie suchen die Entsprechung zu einem biblischen Gebot und zu einem ganz konkreten Fall. Weder der Sachverhalt noch die Norm können ausgeblendet werden. Evangelikale Ethik will biblisch sein; und daher tut sie sich bis heute schwer damit, die Herausforderung durch die Wirklichkeit genauso ernst zu nehmen. Karl-Heinz Michel erkannte schon vor Jahrzehnten darin die große Schwäche evangelikaler Ethik: Oft »blenden wir ein Kriterium aus, das zur Beurteilung von religiösen oder ethischen Behauptungen ganz wesentlich ist: das Kriterium ihrer Sachgemäßheit, ihrer Wirklichkeitsgemäßheit. Wenn sich ethische Werte und Grundnormen nicht als sachgemäß erweisen, wenn sie nicht der Wirklichkeit des Menschen und seiner Lebenswelt entsprechen, wie soll man dann für ihren universalen Anspruch eintreten?«[415]

Evangelikale Ethik will biblisch sein; und tut sich bis heute schwer damit, die Herausforderung durch die Wirklichkeit genauso ernst zu nehmen.

Zur Wirklichkeit gehört auch die kulturelle Entwicklung. Was Frauen und Männer sind, wie Kindererziehung gelingt und was eine gute Ehe ausmacht – all das sind zentrale Herausforderungen der Lebensführung, die man nicht ideologisch an der Wirklichkeit vorbeigestalten kann. Aber diese Realitäten sind zugleich auch zutiefst verknüpft mit Kulturen und ihrem Wandel.

Was haben wir im Überblick zum Frauenbild in der Christenheit und vor allem in der evangelikalen Bewegung gesehen? Alle Versuche, das Wesen von Mann und Frau auf die Logik einer ewigen Schöpfungsordnung zu bringen, sind gescheitert. Offensichtlich gibt die Bibel selbst ein solches Bild nicht her, denn in ihr finden sich Texte mit einer hierarchischen Verhältnisbestimmung und solche, die die Gleichheit und Ebenbürtigkeit betonen. Moralische Ordnungen gibt es anscheinend nicht unabhängig von Kultur. Und Kulturen sind im Wandel. Einmal mehr ist die Moderne die große Herausforderung der evangelikalen Bewegung.

Wollen sich die Evangelikalen als kulturkritische Kämpfer gegen das moderne Freiheits- und Gleichheitsverständnis verstehen? Oder können sie sich selbst als maßgebliche Vorläufer liberaler Entwicklungen erkennen? Oder gelingt es ihnen, eine differenzierte Zuordnung ihres moralischen Zeugnisses im Horizont der Moderne zu entwickeln?

– – –

Fair, aber nicht neutral: In der evangelikalen Ethik sehe ich einen einseitig konservativen Ansatz heute in weitaus größerer Gefahr.

Je entschiedener sie den Kampf gegen den Zeitgeist führen möchte, desto weniger ist sie in der Lage, den Zeitgeist vergangener Epochen zu hinterfragen. Gerade wenn es ernst gemeint ist, wirklich biblische Normen hochzuhalten, wäre es zutiefst fahrlässig anzunehmen, dass die Werte der Bibel noch bis in die vorletzte Generation Bestand hatten. Gerade dann müsste man sich vergewissern, wie die moralische Entwicklung wirklich vonstattenging. Doch das findet sich in evangelikalen Beiträgen zur Ethik viel zu selten. Die Ablehnung des Zeitgeistes erschwert eine genauere Analyse der geschichtlichen Entwicklungen. Konservative Positionen der Gegenwart haben die Schwierigkeit, dass sie selten oder nie wirklich traditionell-konservativ sind. Das Frauenbild vieler Konservativer entspricht nun mal nicht dem der frühen Christenheit, dem des Hochmittelalters oder der Reformationszeit, sondern dem des Mitteleuropa der 1950er-Jahre. Wer heute die Werte leben will, die konservative Evangelikale predigen, findet dafür keine geschichtlichen Vorbilder.

Das Frauenbild vieler Konservativer entspricht nun mal nicht dem der frühen Christenheit, sondern dem Mitteleuropa der 1950er-Jahre.

Aber natürlich hat auch eine prinzipiell progressive Ethik ihre Risiken. Sie ist gefährdet, Entwicklungen von Gesellschaften chronisch unkritisch nachzuvollziehen – auf Kosten einer biblisch gegründeten Urteilsfähigkeit. Eine auf ihre eigene Modernität ausgerichtete Ethik verliert den Sinn für die Möglichkeit, dass kulturelle Entwicklungen auch mit großen Verlusten oder Einseitigkeiten einhergehen können. Zeitgemäßheit allein kann und darf niemals das entscheidende Ziel einer Ethik sein. Die größte progressive Gewissheit besteht nicht selten in der Kritik am Unrecht früherer, patriarchalischer oder autoritärer Ordnungen. Die positive Vision der Freiheit und Gleichheit ist nicht selten abstrakt. Alle Versuche, Gesellschaften radikal und total ändern zu wollen, sind gescheitert oder haben problematische Nebenwirkungen gehabt.

Diese Frage zeigt auch, dass geschichtliche Entwicklungen komplex sind. Wir stehen inmitten der Menschheitsgeschichte. Die Bibel bietet Orientierung nicht im Sinne zeitloser Antworten auf alle Fragen, sondern im Sinne einer Geschichte mit Gott. Diese Geschichte ist voller Konstanz und voller Wandel gleichzeitig. Es braucht erst einmal eine gemeinsame Basis für den Umgang mit ethischen Fragen. Gegenwärtig gibt es in den Kulturkämpfen der westlichen Welt keine heilsamen Auseinandersetzungen zu heißen Themen.

Die Bibel bietet Orientierung nicht im Sinne zeitloser Antworten auf alle Fragen, sondern im Sinne einer Geschichte mit Gott.

Viele ethische Fragen lassen sich heute nicht einfach abstrakt unter Berufung auf die Bibel lösen. Die geschichtlichen Entwicklungen der Moderne sind nicht einfach zufällig. Sie folgen einer Logik zunehmender Wertschätzung der Freiheit und Würde des Einzelnen. Das zeigt sich in unterschiedlichen Entwicklungsprozessen:

- von autoritären Ordnungen (Monarchie, Adel, Freien, Sklaven, Klerus) zu gleichberechtigten Beziehungen aller Bürger;
- von Über- und Unterordnung der Geschlechter zur Gleichberechtigung von Mann und Frau;
- von der patriarchalen Familie mit Bestimmungs- und Züchtigungsrecht des Vaters zur partnerschaftlichen Familie ohne jede Gewalt in der Kindererziehung;
- von der ausschließlichen Idealisierung der heterosexuellen Einehe zur Anerkennung und Wertschätzung aller Menschen unabhängig von ihrer geschlechtlichen Identität und sexuellen Orientierung.

In diesen Fragen hat nicht nur ein Wertewandel stattgefunden, sondern umfassender: ein Kulturwandel. Nicht nur unsere Normen haben sich verändert, sondern die Sicht der Wirklichkeit als solche. Die klassische Unterordnung der Frau war eben nicht nur eine moralische Norm. Vielmehr war man in früheren Epochen davon überzeugt, dass Mann und Frau wesensverschieden seien und dass es im natürlichen bzw. geschöpflichen Wesen der Frau begründet sei, dass sie in Familie und Gesellschaft eine dienende, untergeordnete Position einzunehmen habe.

Man wird nicht weiterkommen ohne die Einsicht, dass Christinnen und Christen nie oberhalb bzw. außerhalb ihrer eigenen Geschichte stehen. Wir alle lesen die Bibel mit unseren kulturell geprägten Brillen. Die Wandlungen in der Frauenfrage zeigen dies eindeutig. An diesem Beispiel lässt sich lernen, was auch für andere Reizthemen wichtig sein dürfte.

Die Anhänger traditioneller Ordnungen haben Anliegen, die bis heute einleuchten. Sie blicken nicht nur auf die individuelle Situation des Einzelnen. Konservative haben Sinn für traditionelle Bindungen und Institutionen. Sie haben die Familie im Blick, das Leben in sozialen Einheiten, von der Ehe bis zur Kirchen- und Ortsgemeinde. Sie wollen neben der Freiheit des Einzelnen immer auch den Zusammenhalt von Gemeinschaften berücksichtigt sehen. Doch sie müssen sich auch kritische Fragen gefallen lassen: Wie reflektieren sie die Erfahrung, dass sie heute selbst Freiheiten akzeptieren und praktizieren, deren Einführung Konservative früherer Zeiten erbittert bekämpft haben? Wie gehen sie mit der Möglichkeit um, dass sie im Kampf gegen den Zeitgeist von heute nicht für die ewige Wahrheit Gottes, sondern für den Zeitgeist von gestern eintreten? Wann genau war die gute alte Zeit, deren Traditionen heute für uns hilfreich sein können?

Wenn es so etwas wie ewige göttliche Ideen für das Verhältnis von Mann und Frau gibt, wie kommt es, dass sie nie geschichtlich gelebt worden sind? Und wenn sie auf die Ordnungen Gottes verweisen in der festen Überzeugung, dass sie das Leben gelingen lassen: Wie gehen sie mit vielen Zeugnissen von Menschen um, die beim Versuch, traditionellen Ordnungen zu gehorchen, (fast) zerbrochen sind? Wie wird ihr Anliegen dem Umstand gerecht, dass Jesus eine besondere Neigung dazu hatte, den Ausgestoßenen damaliger Ordnungen besonders entgegenzukommen?

– – –

Auf diese biblische Linie berufen sich viele liberale bzw. progressive Gläubige. Wir haben mit der Serie *The Handmaid's Tale* begonnen, in der die Formulierung »Unter seinem Auge« für Furcht und Schrecken sorgt. Ja, die biblischen Erzählungen kennen Mägde, auf deren Gebärfähigkeit zurückgegriffen wurde. Im 1. Buch Mose wird die Magd Hagar von Abraham schwanger. Später misshandelt seine Frau

Sarai sie so sehr, dass Hagar die Flucht ergreift. Aber so endet die Geschichte nicht. Gott findet die geflohene Magd. Später (1. Mose 21) begleitet er sie auf dem Weg in die Freiheit. Und Hagar bekennt sich zu diesem Gott: »Du bist ein Gott, der mich sieht« (1. Mose 16,13). Gott steht auf der Seite der Gedemütigten und Ausgegrenzten.

Natürlich müssen sich auch Vertreterinnen progressiver Anliegen Fragen gefallen lassen: Wie wollen sie verhindern, dass sie mit ihrer Kritik am Konservatismus nicht in einer Gegenposition verharren und damit ebenfalls Gefangene bleiben? Wie reagieren sie auf die Lebenserfahrung, dass Menschen grenzenloser Freiheit nicht gewachsen waren? Haben die Liberalisierungen der letzten Jahrhunderte, die Deregulierung der Wirtschaft, des Konsums, des Ehe- und Familienlebens, nicht auch Opfer nach sich gezogen? Welches Angebot machen sie dem Orientierungsbedürfnis vieler Menschen, sodass die Betonung von Freiheit und Mündigkeit des Einzelnen nicht in den Gegensatz gerät zu einem Leben in gemeinschaftlichen Ordnungen? Wie gelingt es ihnen, in ihren ethischen Überlegungen ein biblisch-christliches Profil zu entfalten?

Und vor allem: Wie gehen alle Seiten mit der Beobachtung um, dass ethische Gegensätze zum zentralen Spaltungs- und Trennungsgrund christlicher Gemeinden und Werke der Gegenwart geworden sind?

Kann es sein, dass sämtliche Strömungen der evangelikalen Welt mit ihren Auseinandersetzungen längst von einem gesellschaftlichen Klima der Polarisierung und der Kompromissunfähigkeit in ideologisch aufgeladenen Fragen geprägt sind?

14. EVANGELIKALE UND DIE KIRCHEN DER ZUKUNFT

Welche Rolle werden Evangelikale in den Kirchen der Zukunft spielen? Weltweit würde das sehr verschieden aussehen. In Deutschland schwanken die Evangelikalen zwischen Zuversicht und Pessimismus. Das Sozialwissenschaftliche Institut der EKD legte sich hingegen zuletzt fest: In einer vergleichenden Studie zu landeskirchlichen und evangelikalen Gemeinden kam es zur Prognose, »dass evangelikale Bewegungen auch in Deutschland auf dem Vormarsch sind und sich auf dem religiösen Markt behaupten«[416].

Der entscheidende Grund ist die andere Gemeindekultur: Evangelikale besuchen häufiger den Gottesdienst, engagieren sich stärker ehrenamtlich und verbringen mehr Zeit in der Gemeinde. Dieses aktivere und lebendigere Gemeindeleben macht es auch für andere attraktiv, nicht zuletzt für die eigenen Kinder und Jugendlichen. Vergleichbare Befunde zeigen sich weltweit. Zugleich muss man näher hinsehen. In Deutschland haben die Evangelikalen in den letzten Jahrzehnten weniger Wachstum erlebt als vielmehr Stabilität. Das mag vergleichsweise positiv sein. Aber warum sind sie weit entfernt davon, auch nur ansatzweise die Austrittsverluste der Volkskirchen ausgleichen zu können?

Was genau macht evangelikale Gemeinden attraktiv – und warum gibt es dennoch so wenig Wachstum von evangelikalen Kirchenbünden?

Sehr verkürzt könnte man sagen: Die Evangelikalen haben ein hohes Gemeindeideal; und starkes Desinteresse an klassischen Kirchenfragen. Auch darin zeigt sich eine starke, kulturell gewachsene

Prägung des Evangelikalismus, die heute vor besonderen Herausforderungen steht. Führen wir uns zunächst diese Differenz zu den klassischen Kirchen vor Augen.

DAS DEZENTRALE KIRCHENVERSTÄNDNIS DER EVANGELIKALEN

Die historisch-protestantischen Kirchen verfügen in vielen Ländern über eine in Jahrhunderten gewachsene Struktur – ähnlich wie die römisch-katholische Kirche. Sie sehen in der Durchdringung des ganzen Landes mit Parochien, also mit Ortsgemeinden, ihren Grundauftrag. Darüber hinaus verstehen sie sich als wesentlichen Teil der Zivilgesellschaft, die sie in allen wichtigen Fragen der Politik, der wirtschaftlichen und sozialen Entwicklung sowie schließlich auch in den Bereichen Bildung und Kultur verantwortlich mitgestalten wollen. Diese Struktur war lange Zeit getragen von einer breiten Volksfrömmigkeit, die sich schon im Jahreskalender deutlich zeigt.

Bis heute gibt es beispielsweise in Deutschland Oster- und Weihnachtsferien, Pfingstmontag, St.-Martins-Umzüge oder eine offizielle Weihnachtsansprache des Bundespräsidenten. Dieses Gefüge entstand unter den Voraussetzungen einer insgesamt christlichen Kultur. In der Moderne zeigt sich eine immer stärkere Auseinanderentwicklung der traditionell christlichen Kultur und der säkularen Gesellschaft. An die Stelle einer christlichen Einheitskultur treten vielfältige Formen gesellschaftlicher Sphären, Gruppen und Gemeinschaften. Nach wie vor sind jedoch die großen Kirchen strukturell eingestellt auf die Fortführung der bisherigen Logik. Noch immer finden vielerorts zu Beginn des neuen Schuljahres Gottesdienste statt oder kirchliche Trauerfeiern anlässlich großer tragischer Ereignisse.

Aber sowohl die personelle Decke der Kirche als auch die Verwurzelung in der Bevölkerung nehmen ab.

Viele evangelikale Gruppen haben ihre theologischen Wurzeln in der reformierten und in der täuferischen Tradition nach der Reformation. In beiden Strängen brach man mit dem universalen Anspruch der katholischen Kirche und dem quasistaatskirchlichen Aufbau vieler lutherischer oder anglikanischer Kirchen. In einem langen geschichtlichen Prozess setzte sich bei den meisten Erweckten ein Kirchenbild durch, das sehr stark von der einzelnen Ortsgemeinde ausgeht. Man gehört vielfach zu Kirchenbünden, die aber ihrerseits die Selbstständigkeit der Einzelgemeinde als Grundprinzip betonen. Je länger, je mehr setzte sich in den letzten Jahrzehnten in vielen Ländern ein Trend durch, der zu Gemeinden ganz ohne Kirchen- oder Bundeszugehörigkeit führt.

Die Moderne zeigt: An die Stelle von christlicher Einheitskultur treten vielfältige Formen gesellschaftlicher Gruppen.

Evangelikale Gemeinden und Gruppierungen sind daher auch sehr viel weniger Teil der gesellschaftlichen Öffentlichkeit wie die Kirchen. Traditionell haben sie stets Abstand zu öffentlichen Sphären wie Politik, Bildung und Kultur gehalten. Es gibt keine evangelikale Kirche; man spricht von »evangelikaler Bewegung«. Bis heute ist das höchst bezeichnend. Natürlich gibt es weltweit viele evangelikale Gemeinden, die teilweise in einer anderen, stärker volkskirchlichen Situation sind als die Evangelikalen in Deutschland, wie beispielsweise die Southern Baptists in den USA. Weit überwiegend aber ist es für Evangelikale typisch, dass sie nicht auf den Aufbau von strukturell stark organisierten

Kirchen setzen, die sich als Gegenüber des Staates, der Wirtschaft oder der Medien verstehen. Die entscheidende Einheit der Evangelikalen ist stets die konkrete Gemeinde bzw. die konkrete Gruppe.

Gerade in der Minderheitensituation sind die Nachteile einer solchen Struktur offensichtlich. Es gibt für die Öffentlichkeit in der Regel keinen allgemeinen Ansprechpartner. Es fehlt auch an Expertise für alle möglichen konkreten Sphären. Es gibt in der evangelikalen Bewegung keine oder kaum Kirchenjuristen oder vollzeitliche Repräsentanten für Fragen des Sozialen, der Kultur, der Bildung etc. All das findet zwar auch irgendwo in der evangelikalen Bewegung statt, aber in Gestalt von freien Werken. Die Vielzahl der freien Werke, Freikirchen und Einzelgemeinden ist »irgendwie« in der Evangelischen Allianz verknüpft; aber in einer undurchsichtigen Art und Weise, die für Außenstehende kaum nachvollziehbar ist. Man versteht nur: Evangelikale Netzwerke basieren auf persönlichen Bekanntschaften. Aber eine verbindliche Organisations- und Entscheidungsstruktur gibt es nicht. Am ehesten findet sich das in den Freikirchen, aber auch hier gilt: Die Einzelgemeinde vor Ort entscheidet sehr vieles autonom. Diese Struktur macht die Evangelikalen für die Öffentlichkeit fast unsichtbar. Denn diese ist schlicht von modernen Organisationen eine andere Transparenz gewöhnt. Im strengen Sinne sind Evangelikale eine soziale Bewegung in, mit und unter den real existierenden Kirchen.

Evangelikale Netzwerke basieren auf persönlichen Bekanntschaften.

Allen Nachteilen in einer hoch organisierten Welt zum Trotz sollte man auch die Vorteile wahrnehmen, die diese dezentrale Struktur den Evangelikalen bot und bietet. Organisationen werden wie selbstverständlich haftbar gemacht für alles, was in ihnen geschieht. Die Verantwortlichkeit leitender Stellen gehört schließlich zu ihrem Wesen. Seit Jahren sehen wir die Folgen dieser Logik bei unterschiedlichsten Skandalen in den Großkirchen. Fehlverhalten von Klerikern oder Verbrechen im Raum der Kirche werden nicht einfach nur den Tätern zugerechnet. Von den Kirchen wird gefordert, dass sie Verantwortung übernehmen, und das bringt diese vielfach an ihre Grenzen und darüber hinaus.

Die starke Betonung der jeweils örtlichen Gemeinde macht die Evangelikalen relativ krisenresistent. Ende der 1980er-Jahre sprachen z. B. in den USA viele von einer umfassenden evangelikalen Krise. Die in den 1970er- und 1980er-Jahren so erfolgreichen Fernsehprediger stürzten von einem Skandal in den nächsten. Jim Bakker beispielsweise war einer der erfolgreichsten Fernsehprediger. Tatsächlich war sein Unternehmen hoch verschuldet, was Bakker verschleierte. Er und seine Frau gerieten immer tiefer in den Strudel finanzieller Probleme. Sie betäubte sich mit Drogen, er floh in sexuelle Affären. Schließlich landete er für fünf Jahre im Gefängnis. Auf dem Höhepunkt der öffentlichen Entrüstung erklärte sein Fernsehprediger-Konkurrent Jimmy Swaggart, durch sein Verhalten sei Bakker zu einem »Krebsgeschwür der evangelikalen Bewegung« geworden, das dringend entfernt werden müsste. Wenig später wurde auch Swaggart überführt, regelmäßig die Dienste von Prostituierten in Anspruch genommen zu haben. Diese Ereignisse füllten monatelang die Klatschspalten der religiösen und säkularen Medien.

Selbst die Popkultur reagierte: Depeche Mode und Phil Collins setzten den Fernsehpredigern mit *Personal Jesus* (1989) und *Jesus he knows me* (1991) zynische Denkmale. Der Ruf der Fernsehprediger insgesamt schien hoffnungslos zerstört. Viele weitere und schlimmere Geschichten ließen sich erzählen. Um 1990 gab es nicht wenige

Anzeichen, dass die evangelikale Bewegung über solche Skandale nicht unbeschadet hinwegkommen würde. Und was passierte? In den 1990er-Jahren wurden Evangelikale erfolgreicher als je zuvor. Die Ära der Fernsehprediger mit ihrem oft großspurigen Versprechen von Wohlstand und Gesundheit ging zu Ende. Neue Vertreterinnen und Vertreter wie Joel Osteen oder Joyce Meyer gewannen noch größere Popularität als die gestürzten Helden der 1980er-Jahre. Neue Riesengemeinden, neue geistliche Aufbrüche, neue Vorbilder zeigten sich überall.

Die evangelikale Bewegung war und ist dezentral aufgestellt. Das Entstehen und Vergehen einflussreicher Gemeinden und Werke ist oft chaotisch. Es gibt gute Gründe, sich über diesen Mangel an klaren Verantwortlichkeitsstrukturen zu beklagen. Aber dieses Chaos begünstigt auch immer neue Innovationen und kreative Anfänge von anderen Menschen an anderen Orten.

– – –

Dieser Umgang mit dem Thema Kirche trägt den Evangelikalen auch Kritik ein, zum Beispiel vonseiten des konservativen reformierten Theologen D. G. Hart. Für Evangelikale ist es ungewöhnlich, aus konservativer Richtung Kritik zu erhalten, gehört es doch zum eigenen Selbstverständnis, eine konservative Theologie zu vertreten und sich von progressiven oder liberalen Tendenzen abzugrenzen. Doch Hart, Mitglied der konservativen *Orthodox Presbyterian Church*, sieht darin das entscheidende Problem: Die Evangelikalen sind in wesentlichen Fragen viel zu wenig konservativ! Um eine möglichst einflussreiche und darum große Bewegung aufzubauen, haben sie sämtliche einst so heiß umstrittenen Themen der Christentumsgeschichte (Taufe, Abendmahl, Kirchenstruktur, Ämter) nicht nur zu zweitrangigen Fragen gemacht; sie haben aufgehört, diese

Fragen ernst zu nehmen. Was im Abendmahl geschieht und was wir darin empfangen, ist für viele kaum noch eine Frage.

Ähnlich gleichgültig ist es für viele Evangelikale, dass es nicht nur Gemeinden gibt, sondern diese auch zu Kirchen gehören, deren Glaube und Ordnung eindeutigen Ausdruck in kirchlichen Bekenntnissen, in einer gemeinsamen Gottesliturgie und einer einheitlichen Gestalt von Lehren und Diensten findet. In der individualistischen Frömmigkeit vieler Evangelikaler hat erlebbare Gemeinschaft mit anderen Gläubigen einen sehr hohen Stellenwert. Aber alles Geschichtliche und Institutionelle wird kaum oder gar nicht als Halt und Heimat empfunden. Daher ist für die evangelikale Bewegung in diesen Fragen keine Vielfalt der Überzeugungen, sondern eher ihre Beliebigkeit prägend.

Die Hochschätzung von Gemeinschaft und Geringschätzung von Kirche treiben eine der größten Tendenzen der Gegenwart voran: Aus Konfessionskirchen, die in einer lebendigen Tradition der Lehre und der Liturgie stehen und die überregionalen Strukturen der Verantwortlichkeit kennen, wird ein unübersehbares Nebeneinander von *Non-denominational Churches*, also von Einzelgemeinden ohne traditionelle Bekenntnisse, ohne übergemeindliche Verankerung in Aufsichtsstrukturen, ohne geschichtliche Wurzeln.

Die Evangelikalen sind eine moderne und gleichzeitig antimoderne Bewegung. Diese Ambivalenz ist den meisten viel zu wenig bewusst.

An diesem Thema erkennt man, wie verkürzt die Vorstellung ist, Evangelikale seien konservativ, im Gegensatz zu den progressiven Kirchen. So sind es eindeutig die Evangelikalen, die in sozialer Hinsicht das moderne Prinzip der Selbstbestimmung radikal umsetzen, im Sinne der völligen Autonomie der jeweiligen Einzelgemeinde. Darin, dass der Einzelne nicht mehr einer Gemeinde seines Wohnortes zugewiesen ist, sondern aus einem oft breiten Spektrum wählen kann, zeigt sich der moderne Individualismus. Die Folge ist eine immer weiter voranschreitende Pluralisierung der Gemeindeformen. Man kann auch nicht sagen, dass Evangelikale in Formfragen modern, in Inhalten aber konservativ seien. Denn was die Kirche ist, wie Ämter und Sakramente gedacht werden, all das sind hochtheologische, inhaltliche Fragen, an denen sich ab dem 16. Jahrhundert vielfach Kirchenspaltungen entfacht haben. Die Evangelikalen sind eine moderne und gleichzeitig antimoderne Bewegung. Diese Ambivalenz ist den meisten viel zu wenig bewusst.

EINE KURZE GESCHICHTE EVANGELIKALER GEMEINDEMODELLE

Nach einem ersten grundsätzlichen Überblick führen wir uns nun Gemeindemodelle vor Augen, die in den letzten Jahrzehnten prägend waren. Beginnen wir wie so oft in Lausanne! Auf dem Lausanner Kongress 1974 war das Thema Gemeinde allgegenwärtig. Das ganze Evangelium wollte man der ganzen Welt bringen – mit der ganzen Gemeinde, wie es programmatisch hieß. Vor allem die Impulse der *Church Growth*-Theorie machten sich stark bemerkbar. Überragende Bedeutung hatten die Theorien von Donald McGavran (1897–1990). Seine große missiologische Entdeckung[417] lautete: Menschen bekehren sich umso leichter, je weniger kulturelle Hürden sie überschreiten müssen. Viele Gemeinden schrecken Menschen ab, weil sie ihnen kulturell fremd sind. Je geringer diese Hürde ist, die es zu überwinden gilt, desto leichter fällt es Menschen, sich für den Glauben zu öffnen.

Im losen Anschluss an ein griffiges Schema des niederländischen Missionswissenschaftlers Stefan Paas[418] wollen wir uns ansehen, wie man Gemeindeaufbau betreiben wollte: mit besseren Gemeinden, mehr Gemeinden und neuen Gemeinden.

BESSERE GEMEINDEN – MEGACHURCHES

Sichtbarster Ausdruck für den Erfolg des neuen Fokus auf Gemeindeaufbau ist die starke Ausbreitung von Megachurches weltweit. Als Megachurch gelten Gemeinden, die regelmäßig mehr als 2000 Besucherinnen und Besucher pro Woche haben. Evangelikale Megachurches entstehen nicht einfach als zentraler Gottesdienstort einer Kirche, wie beispielsweise der Petersdom in Rom, der auch 10 000 Besucher fasst. Große Gebäude stehen im Evangelikalismus erst am Ende einer Wachstumsgeschichte, nicht am Anfang.

In den Anfängen war dieses Phänomen nicht einmal typisch evangelikal. Ein erster Prototyp dieser neuen Großkirchen war Robert Schullers (1926–2015) *Crystal Cathedral* in Garden Grove, Kalifornien. Schuller war ein reformierter Pastor, den man nicht wirklich als evangelikal bezeichnen kann. Aber seine Großgemeinde setzte mit ihrem besucherfreundlichen Stil Maßstäbe, an denen sich in den folgenden Jahrzehnten auch etliche evangelikale Projekte ausrichteten. Das gilt vor allem für Bill Hybels und die *Willow Creek Community Church* in Chicago und Rick Warren mit der *Saddleback Church* in den USA. Das Willow-Creek-Modell wurde auch in Deutschland sehr bekannt. Das Vorbild einer sucherfreundlichen Kirche hat auf den großen Willow-Creek-Kongressen Zehntausende Gläubige aus Frei- und Landeskirchen inspiriert.[419]

»Der Schlüsselgedanke für Gemeinden im 21. Jahrhundert wird die Gesundheit, nicht das Wachstum der Gemeinde sein.«
Rick Warren

Längst sind Megachurches ein globales Phänomen. Die Gemeinde von John Yonggi Cho (1936–2021) in Seoul zog in Spitzenzeiten über 800 000 Besucher pro Woche an. Aber auch in Australien entstanden eine Reihe von Megachurches. Vor allem die *Hillsong Church* in Sydney (Australien) entwickelte sich zu einer globalen Marke. Wenn wir die Grenze von 2000 Besuchern pro Woche nehmen, kann man im deutschsprachigen Bereich nur das ICF in Zürich (Leo Bigger) und das Gospelforum in Stuttgart (Peter Wenz) zählen. Vor allem für das ICF lässt sich sagen, dass das Vorbild von Willow Creek starke Anregungen für die Entwicklung eines eigenen Profils gegeben hat.

Was macht das Erfolgsgeheimnis dieser Gemeinden aus? Letztlich kann man eine einfache Antwort geben: ihre Attraktivität, ihre geistliche Anziehungskraft. Diese Gemeinden werden zum Anziehungspunkt für viele Tausende, die hier etwas finden, was ihre Bedürfnisse bzw. ihre Sehnsucht stillt. Die schwierigere Frage ist, was genau Gemeinden attraktiv macht. Auf diese Frage lässt sich keine Antwort geben, die immer passt. Gerade das ist die Entdeckung dieser Gemeinden: dass sie sich auf die Bedürfnisse, Fragen und Sehnsüchte konzentrieren müssen, die es in ihrer Region gibt und die sie mit ihren Mitteln adressieren können. Und das mag in Seoul etwas sehr anderes sein als in Sydney oder Stuttgart.

Klar ist, dass manche Aspekte global wichtig sind, wie beispielsweise die von Christian A. Schwarz aufgrund vieler Untersuchungen zusammengestellten Merkmale wachsender Gemeinden: bevollmächtigende Leitung, Gabenaktivierung, Leidenschaft für den Glauben, zweckmäßige Strukturen, inspirierende Gottesdienste, erfahrbare Gemeinschaft, Bedürfnisorientierung und eine Grundhaltung der Liebe und Wertschätzung.[420]

Megachurches bilden eine klare Marke. Sie funktionieren wie ein Franchise-Unternehmen, das durchdachte Formen und erprobte Materialien für Gottesdienste, Kleingruppen und Schulungen entwickelt hat. Leitung, Marketing und Veranstaltungen sind höchst professionell. Darüber hinaus findet jede Gemeinde ihr eigenes Erfolgsgeheimnis, das sie attraktiv macht. Im Falle der *Hillsong Church* spielt die Musik eine sehr große Rolle. Die von Brian Houston geleitete Kirche verstand es von Anfang an, die eigene kulturelle Modernität zum Markenzeichen zu machen – über das eigene Musiklabel *Hillsong Music*. Nimmt man den Anspruch der Attraktivität ernst, muss im Gottesdienst ganz schlicht Musik gespielt werden, die den Menschen richtig gut gefällt. So einfach und so schwierig ist das. Hillsong hat moderne Glaubensmusik auf ein neues Niveau des Zeitgeschmacks gehoben, zumindest für einen popkulturell interessierten Mainstream. Dabei hat die Kirche in den letzten Jahren für die Logik kultureller Entwicklungen Verständnis bewiesen.

Natürlich gefällt nicht allen die gleiche Musik. Neben der klassischen Worship-Linie hat man neue Marken für jüngere Generationen und andere Geschmäcker geschaffen, wie UNITED und *Young & Free*. Die Musik von Hillsong durchläuft an sich selbst die Entwicklungen und Ausdifferenzierungen, die für den Musikmarkt der Gegenwart typisch sind. Auch in dieser Dynamik ist Hillsong eine Kirche, die den Maßstab der Zeitgenossenschaft ernst nimmt.

Die meisten attraktiven Gemeinden leben von einem Faktor: von der Bedeutung charismatischer Einzelpersönlichkeiten.

Die meisten attraktiven Gemeinden leben von einem Faktor, den man in religiösen Fragen und zumal in der evangelikalen Bewegung nicht unterschätzen sollte: der Bedeutung charismatischer Einzelpersönlichkeiten. In einer Studie zur Geschichte der Erweckungsfrömmigkeit von 1935 zeigt Otto Riecker, dass einige wenige Evangelisten eine entscheidende Rolle im Verlauf der Erweckungen hatten.[421] Charismatische Persönlichkeiten wie Edwards, Finney und Moody gewinnen andere nicht nur durch ihre rhetorische und intellektuelle Begabung. Sie verkörpern das, was sie vermitteln wollen. Wenn die Worte des Predigers nicht das zum Ausdruck bringen, was er mit seiner Existenz verkörpert, wird sein Zeugnis keine Durchschlagskraft haben.

Der Soziologe Max Weber hatte in seinem Klassiker *Wirtschaft und Gesellschaft* die Bedeutung von charismatischen Persönlichkeiten betont. Er unterscheidet drei Formen der Macht: traditionelle, charismatische und bürokratische Herrschaft. Traditionelle Macht ist qua Geburt oder Einsetzung in ein unumstrittenes Amt gegeben. Bürokratische Macht ist erworben durch Bildung, Leistung und sozialen Aufstieg. Charisma »soll eine als außeralltäglich … geltende Qualität einer Persönlichkeit heißen, um derentwillen sie mit übernatürlichen oder übermenschlichen oder mindestens spezifisch außeralltäglichen, nicht jedem anderen zugänglichen Kräften oder Eigenschaften [begabt] oder als gottgesandt oder vorbildlich und deshalb als ›Führer‹ gewertet wird«[422]. Dabei geht es nicht um eine objektiv zu beschreibende Qualität, es kommt allein darauf an, »wie sie tatsächlich von den charismatisch Beherrschten, den ›Anhängern‹, bewertet wird«[423].

Charisma entdeckt Weber zunächst in der Religionsgeschichte. Er legt zugleich Wert darauf zu betonen, dass auch in der Moderne weder in der Politik noch in der Kultur von diesem Wirkfaktor persönlicher Begeisterungsfähigkeit abzusehen ist. Die moderne Politikgeschichte könnte gar nicht geschrieben werden ohne besondere Berücksichtigung maßgeblicher Persönlichkeiten. Das gilt für die Führer des Faschismus wie Hitler, Mussolini, Franco oder Mao Tsetung. Aber auch die besondere Wirkung von Persönlichkeiten wie Winston Churchill, Mahatma Gandhi und Martin Luther King lässt sich nicht erklären, ohne auf diesen Faktor zu sprechen zu kommen. Neuere Beispiele wären der Ayatollah Khomeini, Barack Obama, Ariel Scharon oder Tayyip Erdogan.

Webers Konzept des Charismas stammt aus der Religionsgeschichte. Und richtig: Könnten wir uns ein Christentum ohne charismatische Persönlichkeiten überhaupt vorstellen? Die Reformation in Deutschland hängt nicht nur an Ideen. Ohne die besondere Persönlichkeit Luthers ist der Protestantismus nicht vorstellbar. Ist es nicht letztlich etwas, was zum Christentum zu gehören scheint? Im Mittelpunkt keine Theorie, sondern eine Person: Jesus Christus.

Evangelikale Frömmigkeit ist charismafreundlich. Evangelikale Aufstiegsgeschichten vollziehen sich nicht auf dem Dienstweg, über lange Prozeduren der Ausbildung, Anstellung und Steuerung durch übergeordnete Gremien. Bis heute lässt sich die evangelikale Geschichte nicht erzählen, ohne über einflussreiche Personen zu sprechen. Die fünfbändige Geschichte der evangelikalen Bewegung benennt im Untertitel jedes Bandes die herausragenden Vertreter und Vertreterinnen evangelikaler Frömmigkeit. Megachurches leben von solchen Figuren. Sicherlich ist das eine höchst ambivalente Angelegenheit. Denn unzählige Beispiele zeigen, wie leicht solche Positionen zu Machtmissbrauch verleiten. Diese charismafreundliche Religionsstruktur ist höchst missbrauchsanfällig. Mit dieser

Ambivalenz gut umzugehen ist eine der großen aktuellen Herausforderungen der evangelikalen Welt.[424]

MEHR GEMEINDEN – GEMEINDEPFLANZUNGEN

In der *Emerging Church*-Konversation über die Entwicklung der evangelikalen Gemeindewelt kam in der Anfangszeit starkes Unbehagen an der Megachurch-Idee auf. Das Streben nach immer größeren Gemeinden wurde zunehmend als Irrweg verworfen. Bob Hopkins[425] betonte, dass kleinere und jüngere Gemeinden häufig dynamischer wachsen als etablierte Großgemeinden. Und viele Menschen wünschen sich eigentlich eine kleinere Gemeinde.

Megachurches entwickelten einen Stil, der die größtmögliche Anzahl von Menschen in einer Region ansprechen sollte. Darin waren sie ein klassisch moderner Ansatz, der ähnlich in der Unterhaltungsindustrie oder Mode bestimmend war. Die kulturelle Entwicklung machte aber gerade diese Einheitsangebote fraglich. Gesamtgesellschaftlich beobachten wir eine Tendenz zur Singularisierung. Diese Entwicklung hat zwar bis heute nicht dazu geführt, dass das Konzept der Megachurches nicht mehr funktioniert. Vielmehr sind gerade die großen Gemeinden sehr wohl in der Lage, nach innen eine große Diversifizierung von Angeboten zu leisten. Aber in den 1990er-Jahren sahen manche in der unverdrossenen Gründung immer neuer, zunächst kleiner Gemeinden das entscheidende Evangelisationsmittel der Gegenwart.

Inzwischen ist eine gewisse Ernüchterung eingekehrt. Stefan Paas[426] blickt auf einige empirische Auswertungen und fasst zusammen, dass die bloße Gründung von immer neuen Gemeinden noch längst nicht dazu führt, dass mehr Menschen erreicht werden. Dass neue Gemeinden stärker wachsen als alte hat überwiegend mit Umverteilungsprozessen innerhalb der evangelikalen Welt zu tun. Empirisch zeigt sich, dass Gemeindegründungen in Regionen mit gering ansprechbarer Bevölkerung sich sehr schwertun, tatsächlich in neue Milieus vorzudringen.

NEUE GEMEINDEN – *FRESH EXPRESSIONS OF CHURCH*

Diese Grenze der Gemeindepflanzungsbewegung hat man vor allem in Großbritannien bald gespürt. In der anglikanischen Kirche und über sie hinaus wurde in den 1990er-Jahren besonders intensiv darüber diskutiert, wie sich die Kirche auf den Wandel der Gesellschaft einstellen kann. Der Text *Mission Shaped Church* (2004) der *Church of England* ist ein Meilenstein in dieser Geschichte.[427] In Großbritannien ist die Säkularisierung noch weiter fortgeschritten als in Deutschland. Die anglikanische Kirche (*Church of England*) hat sich daher viel früher mit der Frage einer missionarischen Erneuerung beschäftigt.

Die Kirche braucht neue Ausdrucksformen – für jeden Kontext dieser Welt.
nach Michael Moynagh

In diesem Report formuliert sie mit Blick auf missionarische Projekte der Vergangenheit Leitlinien, die künftige Aufbrüche, die sogenannten *Fresh Expressions of Church*, berücksichtigen sollten:

- Kultureller Wandel: Ausführlich beleuchtet die Studie, wie sich die Kirche in den letzten Jahren und Jahrzehnten entwickelt hat.

Der Ausgangspunkt vieler Entwicklungen war die Erfahrung des kulturellen Wandels. Die früher selbstverständliche Kirchenzugehörigkeit wurde zunehmend fraglich. Die Kirche muss diese Veränderungen sorgfältig wahrnehmen.

- Vielfalt neuer Gemeindeprojekte: Vieles ist entstanden: alternative Gottesdienste, Cafékirche, Kirche für Suchende, Jugendgottesdienste und Jugendgemeinden. Dafür waren viele Experimente nötig. Die Programme der *Fresh Expressions* sind von Anfang an Theorie mitten in der Praxis. Sie kommen aus praktischen Erfahrungen und regen neue Praxis an.
- Kontextualität: Projekte nehmen Maß am spezifischen Kontext. Am Anfang jeder Gründungsgeschichte steht daher das Hören. Wir haben bei John Stott die Formel des *Double Listening* kennengelernt. Dieser Ansatz ist tief eingedrungen in das Selbstverständnis der *Fresh Expressions of Church.*
- Profil: *Double Listening* heißt auch: Inmitten dieser neuen Situation fühlen sich die Pioniere von Gott beauftragt. Sie suchen nach einem neuen Ausdruck der Fortführung dieser Geschichte. Darin liegt sicherlich die Spannung begründet, ob tatsächlich etwas entstehen kann, was der Situation gerecht wird und zugleich Ausdruck einer geistlichen Sendung ist.
- Gemeinschaft: Es geht nicht darum, irgendwo etwas zu gründen, was es anderswo schon gibt. Die Entstehung einer *Fresh Expression* hängt daran, ob an einem bestimmten Ort eine Gemeinschaft oder ein Netzwerk gebildet wird, aus dem heraus sich eine neue Gestalt von Kirche ergibt.
- Dienst: Am Anfang steht nicht selten die Zuwendung zu den besonderen Herausforderungen einer Umgebung. Viele *Fresh Expressions* beginnen mit einem diakonischen Projekt. Tätige Nächstenliebe in irgendeiner Form ist ein unverzichtbares Strukturmoment jedes Aufbruchs.

Der Marburger Theologe Johannes Zimmermann arbeitet einen wichtigen Aspekt heraus, der die entscheidende Herausforderung solcher neuen Ausdrucksformen sein sollte: die Verbindung von Inkulturation und Konterkulturation.[428]

Auf der einen Seite können solche Modelle nur gelingen, wenn sie in ihrer Umwelt kein Fremdkörper bleiben. Neue Projekte müssen Teil eines spezifischen Kontextes werden. Sie müssen sich in der Sprache ihrer Umgebung verständlich machen. Aber für jede solche Inkulturation des christlichen Glaubens ist es unverzichtbar, dass die neue Gemeinschaftsform nicht einfach in ihrer Umgebung aufgeht. Mit dem Evangelium kommt auch etwas Neues und Fremdes hinzu.

Handelt es sich dabei um eine Überfremdung? Nein, für Kulturen insgesamt ist es typisch, dass sie sich in einem ständigen Austauschprozess befinden. Anknüpfung an das Vertraute und Herausforderung durch das Neue, wie es im Evangelium von Jesus Christus zum Ausdruck kommt, gehören zusammen.

KIRCHE DER ZUKUNFT

Die Kirche der Zukunft lässt sich natürlich nicht voraussehen. Wer hatte denn die größte christliche Wachstumsgeschichte der Neuzeit – die Pfingstbewegung – vorhergesehen? Niemand hat so etwas geplant. Wer vermag zu sagen, wie diese Bewegung auch nur in 20 Jahren aussehen wird? Der Rückblick auf frühere Zukunftsprognosen zur Entwicklung der Kirchen kann nur eines machen: sehr demütig. Neue Horizonte sind in diesem Sinne gegenwärtige Tendenzen.

FREIKIRCHEN IN DEUTSCHLAND UND IHRE ZUKUNFT

Vor allem die Freikirchen in Deutschland[429] betonen den Vorrang der jeweiligen Ortsgemeinde vor allen kirchlichen Dachorganisationen. Für die Gründung und Entwicklung lokaler Gemeinden ist ihre Geschichte daher von besonderem Interesse. Der baptistische Theologe Ralf Dziewas hat die Entwicklung der evangelisch-freikirchlichen Gemeinden in Deutschland auf einer Tagung an der baptistischen Hochschule Elstal im Oktober 2021[430] als eine Entwicklung in drei Phasen beschrieben. Diese Entwicklung dürfte auf einige andere Bewegungen und Verbünde übertragbar sein.

Entwicklung der evangelisch-freikirchlichen Gemeinden
nach Ralf Dziewas

Phase 1:	Phase 2:	Phase 3:
Im 19. Jahrhundert begannen freikirchliche Gemeindegründungen von vielen Gläubigen mit einer eindeutigen Erfahrung der Bekehrung und des Bruchs mit der »Welt«. Die Gemeinden grenzten sich bewusst nach außen ab und verstanden sich als heilige Gemeinde in einer gefallenen Welt. Die Unterscheidung von Drinnen und Draußen war für diese Minderheitengruppen sehr prägend. Diese Logik bleibt bis weit ins 20. Jahrhundert erhalten.	*Die Etablierung als Körperschaft des öffentlichen Rechts schon in der Weimarer Republik und die Aufnahme ökumenischer Beziehungen zu anderen Kirchen ließ Freikirchen zum Teil der deutschen Gesellschaft werden. Spätestens ab den 1960er-Jahren kam es zunehmend zu Irritationen in diesen Gemeinden. Die jüngere Generation hinterfragte viele Gewohnheiten und ließ sich nicht mehr wie in früheren Zeiten disziplinieren. Solche Versuche führten besonders im Baptismus zum Verlust eines erheblichen Anteils der jüngeren Generation. Zunehmend öffnen sich die Freikirchen für gesellschaftliche Vielfalt. Die scharfen Grenzen von Drinnen und Draußen werden durchlässiger.*	*Spätestens im 21. Jahrhundert wird die konfessionelle Identität immer brüchiger. So etwas wie eine gemeinsame baptistische Identität schwindet stark. Die Gemeinden entwickeln Eigenprofile beispielsweise als charismatische oder als sozialdiakonisch orientierte Gemeinde. Die Prägung kann sehr bibeltreu oder sehr ökumenisch ausfallen. In Fragen der Sexualethik sind unterschiedliche Überzeugungen längst flächendeckende Realität. Diese Entwicklung ist nicht zuletzt Folge der jüngeren Medienrevolution. Die neuen sozialen Medien und Internetplattformen mit hoher Reichweite sorgen zunehmend dafür, dass Gemeinden bzw. Gemeindebünde immer weniger steuern können, was gewusst, geglaubt und getan wird.*

Die Konsequenzen zeigen sich quer durch die evangelikale Welt: Ob jemand Baptist, Methodist oder Gemeinschaftsmensch ist, sagt immer weniger darüber aus, was dieser Menschen glaubt und vertritt. Immer wichtiger ist es, von welcher Strömung er sich bestimmen lässt. Bis heute spielt es eine Rolle, ob Gemeinden stärker charismatisch oder stärker traditionell sind. Diese Unterschiede sind heute aber sehr viel weniger gewichtig als noch vor drei Jahrzehnten. Heutige Unterschiede zeigen sich in Profilen wie bibeltreu, progressiv, ökumenisch, fundamentalistisch etc. In einigen Freikirchen, vor allem bei den Methodisten und auch bei den Baptisten, finden sich immer mehr Gläubige, die sich vom Label »evangelikal« distanzieren oder für die es gar keine Rolle mehr spielt. »Freikirchlich« und »evangelikal« gehören vor allem in Deutschland längst nicht mehr zusammen.

Sind die Freikirchen insgesamt liberaler geworden?

Ohne Frage haben viele die Entwicklungen der Gesamtgesellschaft mitvollzogen. Es sind vor allem konservative Gruppierungen, die diese Tendenzen als große Bedrohung empfinden. Paradoxerweise empfinden sie solche langjährigen Entwicklungstendenzen als spaltend, obwohl es in der Regel sie selbst sind, die Netzwerke, Organisationen oder Plattformen gründen, die die Abgrenzung von anderen Gruppierungen der gemeinsamen Gemeindewelt vorantreiben.

Solche Entwicklungen gibt es beispielsweise auch im *Bund Freier evangelischer Gemeinden*. Die Bundesleitung hat in den letzten Jahren viele gewichtige Studien zur Profilierung der eigenen theologischen Haltung veröffentlicht. Mit den Texten zum Verständnis des Evangeliums und zum Schriftverständnis stellt sich der Bund vor allem in die Tradition reformatorischer Theologie und verantwortet diese für heute.[431] Die im *Bund Freier evangelischer Gemeinden* gegründete *Initiative Bibel und Evangelium* beruft sich hingegen auf ein Schriftverständnis, das auf dem Bekenntnis der Irrtumslosigkeit bzw. Unfehlbarkeit der Bibel beruht.[432]

Insgesamt sind die miteinander verbundenen Bekenntnis-Initiativen im Raum der evangelikalen Bewegung heute nicht mehr primär gegen die Liberalisierung von Kirche und Gesellschaft gerichtet. Das wird vielmehr als nicht mehr zu ändernde Tatsache akzeptiert. Der Bekenntnisprotest der Gegenwart richtet sich gegen vermeintlich ähnliche Tendenzen in freikirchlichen und pietistischen Werken. War die evangelikale Bewegung in den 1990er-Jahren hochgradig innovativ und bekannt dafür, immer neue Formate und evangelistische Aufbrüche zu entwickeln, so ist an die Stelle dieser missionarischen Ausrichtung nicht selten eine Beschäftigung mit sich selbst getreten.

Nimmt man die neuere Forschung zur Gemeindeentwicklung ernst, ist das bedauerlich. Interessant sind in diesem Zusammenhang die Erkenntnisse des freikirchlichen Theologen Philipp Bartholomä. Ausgehend von unterschiedlichen empirischen Untersuchungen gibt Bartholomä einen interessanten Überblick zur aktuellen Lage der Freikirchen in Deutschland.[433] Freikirchen haben seit dem 19. Jahrhundert versucht, ein Gegenmodell zu den Volkskirchen zu bilden, und waren damit lange Zeit hinreichend erfolgreich oder zumindest stabil. Sie haben dabei stets eine durchgängige Ansprechbarkeit der Bevölkerung voraussetzen können. Der christliche Glaube als solcher galt vielerorts als normal. Freikirchen erschienen vielen als ein Weg, das Christentum glaubwürdiger und verbindlicher umzusetzen, als es in den Großkirchen geschah. Doch: Missionarische Durchschlagskraft entfalten die Freikirchen in Deutschland heute kaum noch. Auch die Neugründung von Gemeinden führt überwiegend zu einer Umverteilung der Gläubigen. Was in der evangelikalen Welt faktisch stattfindet, ist sehr viel Transfer von traditionellen Gemeinden hin zu erlebnisintensiveren und kulturmodernen Gemeinden. Gründungen und missionarische Projekte sind da erfolgreich, wo es noch ein relativ breites Netz von christlichen Gemeinden der großen Kirchen gibt. Je stärker säkularisiert und entkirchlicht eine

Region ist, desto schwerer fällt es Freikirchen und Neugründungen, nennenswerte Erfolge zu erzielen.

Missionarische Durchschlagskraft entfalten die Freikirchen in Deutschland heute kaum noch.

Für Bartholomä ist das ein Anlass, eine Neuorientierung im freikirchlichen Selbstverständnis zu empfehlen. Die zunehmende Entkirchlichung und Säkularisierung führt gerade nicht dazu, dass die Zeitgenossen offener würden für freikirchliche Angebote. Vielmehr zeigt sich, dass der Erfolg der Freikirchen immer schon die traditionelle Christlichkeit der Gesellschaft voraussetzen konnte. Wo sich diese auflöst, verlieren auch die Freikirchen ihre Attraktivität als vermeintlich lebendigere Form des Christentums. Freikirchen stehen heute »einer im Vergleich mit früheren Zeiten gänzlich veränderten Nachfragesituation gegenüber«[434]. Die meisten Gemeinden haben einen zu großen kulturellen Abstand zu denen, die sie erreichen wollen. Erfolg versprechend sind freikirchliche Gemeindeprojekte nur da, wo zweierlei zusammenkommt: eine bewusst missionarische Grundhaltung und Praxis, die aber mit einem umfassenden Eingehen auf den jeweiligen Kontext vor Ort verbunden sein muss.

Bis heute gibt es Vertreter der evangelikalen Bewegung, die ein quasi magisches Vertrauen auf die Durchsetzungskraft der eigenen Rechtgläubigkeit haben. Versicherungen wie »Nur wo die christliche Lehre vollständig und treu bewahrt wird, können Gemeinden wachsen« haben mit der Realität nicht viel zu tun. Allein in Deutschland stehen Hunderte von freikirchlichen Gemeinden und Gemeinschaften vor der Schließung, die sich wahrlich nicht mangelnden Konservatismus vorwerfen lassen müssen. Vielmehr wird man umgekehrt sagen müssen: Die Binnenfixierung auf die Bewahrung der eigenen Lehrtradition ist Ausdruck einer inneren Abwendung von der Gegenwartsgesellschaft und ihren Menschen. Eine solche Haltung erweist sich als Blockade für das *Double Listening* nach Stott. An dieser Stelle bedürfte es einer Veränderung der inneren Grundhaltung, um nicht jeden Kontakt mit der Wirklichkeit zu verlieren.

PILGER UND PRIESTER

Der niederländische Missionswissenschaftler Stefan Paas sieht die Zeit gekommen, sich endgültig von allen konstantinischen Versuchungen der Kirchengeschichte zu verabschieden. Die Niederlande sind dafür eine lehrreiche Region in Europa. Kaum irgendwo sonst haben sich die christlichen Strömungen so stark voneinander entfremdet. Auf der einen Seite haben die niederländischen Volkskirchen einen Weg eingeschlagen, der sehr stark auf Teilhabe an der Entwicklung des gesellschaftlichen Bewusstseins setzte. Auf der anderen Seite gab es starke bekenntnisorientierte Kirchentraditionen, die eine radikale Abgrenzung forderten, erst von der Gesellschaft, mehr und mehr dann auch von den liberalen Kirchen. Das Ergebnis ist eindeutig. Die Niederlande waren nach dem Zweiten Weltkrieg das Land mit dem höchsten kirchlichen Pro-Kopf-Besuch in Kontinentaleuropa. Heute ist es ein Land mit einer protestantischen Christenheit im freien Fall. In den vereinten protestantischen Kirchen sind keine 10 Prozent der Bevölkerung Mitglieder. In den Großstädten wie Amsterdam sind es noch weniger. In den einst so protestantischen Niederlanden sind die Evangelischen heute nur noch die viertgrößte Bevölkerungsgruppe nach Säkularen, Katholiken und Muslimen.

Faktisch war es wohl die Doppelbewegung einer umfassenden Kirchenspaltung, die einseitig entweder Anpassung an die Gesellschaft oder totale Abgrenzung betrieben hat, die den Protestantismus zu einer Restgröße haben werden lassen. Überall, wo Kirchen glauben, dass es ohne evangelistische Projekte wie Glaubenskurse etc. besser laufen würde, oder wo Evangelikale denken, dass sie ohne Tuchfühlung mit der Gesellschaft bzw. den klassischen Kirchen gedeihen könnten, sollte man die niederländische Geschichte sehr, sehr gründlich studieren.

Stefan Paas zieht Bilanz aus evangelikaler Sicht.[435] Weder die starke Anpassung noch die rigorose Absetzung von der Gesellschaft waren erfolgreich. Die Kirche der Gegenwart müsse in einen Doppelcharakter hineinwachsen: als Pilger und Priester. Lange Zeit dominierten die niederländischen Kirchen die Gesellschaft und haben damit den Ruf des christlichen Glaubens nachhaltig beschädigt. Dieses Ideal der christlichen Gesellschaft ist biblisch zutiefst fraglich. Die Bibel ist voller Vorbilder für Gläubige in der Fremde, für Nachfolge ohne den Schutz einer staatlichen Kirchenmacht. Israel ist das wandernde Gottesvolk, das in der Wüste und im babylonischen Exil von Gott erhalten wird. Daraus müssen wir lernen: Glaube in einer säkularen Welt ist nicht schlimm. Es gibt keinen Grund, permanent die Gottlosigkeit der Gesellschaft zu beklagen. Allzu oft haben die Konservativen den moralischen Verfall der Gesellschaft und totales Scheitern der säkularen Welt vorausgesagt. Für ihre Glaubwürdigkeit war das ruinös. Nichts ist schlecht daran, wenn der eigene Glaube nicht mehr selbstverständlich ist. Es ist heute nicht alles schlimmer als früher, nur anders. Das gilt es zu lernen. Als Pilger und nicht als Herrscher.

Es gibt keinen Grund, permanent die Gottlosigkeit der Gesellschaft zu beklagen. Es ist heute nicht alles schlimmer als früher, nur anders.

Zum Bild des Pilgers fügt Paas aus der biblischen Tradition das Leitbild der priesterlichen Existenz hinzu. Denn beides wird im ersten Petrusbrief betont (1. Petrus 2,5.9.11). Im Bild des Priestertums drückt sich die durch Christus bestimmte Identität des Gläubigen aus. Die Gläubigen sind zu einem Leben vor Gott berufen, in dem sie ihn loben und bezeugen, durch Wort und Tat, im Gottesdienst wie im Alltag. Ihre Mission kann dabei nur eine vielfältige sein. Für Paas ist es ein Unglück, wenn sich in der Kirche die *Evangelicals* und *Liberals* voneinander abwenden, anstatt ihre gemeinsame Berufung zu erkennen.[436]

Einer evangelisierenden Kirche darf es nicht um sich selbst gehen. Sie strebt nicht nach eigenem Wachstum und Erfolg, noch weniger nach vergangenem Einfluss oder Macht. Die Kirche ist evangelistisch, indem sie Gott die Ehre gibt. Sie kann dies nur in einem Grundton der Freude und Dankbarkeit für die Güte Gottes tun, die sie bezeugt und feiert. Im priesterlichen Sinne repräsentiert die Gemeinde darin auch die Menschheit vor Gott. Paas empfiehlt, die Berufung zur stellvertretenden Fürbitte ernst zu nehmen. Auch die nicht gläubige Umgebung darf mit der Hoffnung gesehen werden, dass Gott sie nicht loslassen wird.

MIXED ECONOMY – KIRCHEN IN GESTALTETER VIELFALT

In der Diskussion zu den *Fresh Expressions of Church* hat sich zunehmend der Leitbegriff der *Mixed Economy*[437] herausgebildet. Gemeint ist damit zunächst einmal die notwendige Verknüpfung von traditionellen Ortsgemeinden für eine Parochie (Wohnbezirk) und neuen besonderen kirchlichen Orten, wie es in der anglikanischen Kirche vielfältig möglich war – oder zumindest als ideal empfunden wurde. Eine solche *Mixed Economy* zeichnet sich hier und da auch zwischen traditionellen Kirchen und evangelikalen bzw. pietistischen oder freikirchlichen Initiativen ab.

Zu einer Landkarte der evangelikalen Welt gehört heute auch die Beobachtung: Das Wort »evangelikal« verliert an Trennschärfe. Als Kampfbegriff hat es eine verheerende Wirkung gehabt. Die heutige Verwendung des Terminus produziert überwiegend Missverständnisse.

Die Evangelische Allianz war und ist im Ursprung kein Lager der völlig Gleichgesinnten, sondern eine ökumenische Bewegung, die unterschiedliche Gläubige mit gemeinsamen Anliegen, Zielen und Werten zusammenführen will. Evangelikal könnte ein Wort sein, das Menschen mit unterschiedlicher konfessioneller Identität verbindet. Schwierig wird es, wo es für eine eindeutige theologische Identität stehen soll; dann führen die genauen Bestimmungen dieses Konzepts zu endlosen Auseinandersetzungen und letztlich Trennungen oder Desengagement.

Anscheinend befinden wir uns in einem Prozess, in dem sich die Prägekraft der konfessionellen Herkünfte abschwächt. Sie könnte sich in einem schlechten Sinne auflösen, als »Vergleichgültigung« früherer Unterschiede. Aber wo Menschen miteinander klassische Fragen wie das Verständnis von Kirche, Taufe und Abendmahl einfach verdrängen, kommt es nicht zu Einheit, sondern zu gemeinsamer Gleichgültigkeit. Gute Ökumene lebt immer davon, dass man seine eigene Herkunft und Identität kennt. Dann kann es auch zu dem kommen, was der stark ökumenisch engagierte lutherische Theologe Edmund Schlink eine »Bekehrung zueinander« nannte.[438] Die katholischen, reformatorischen und orthodoxen Traditionen können einander nicht einfach durch Verzicht auf ihre bisherige Identität näherkommen. Aber sie können – und müssen – sich bewusst füreinander öffnen, das Gemeinsame suchen und im Trennenden viel Geduld mitbringen. Es ist eine der großen Herausforderungen der Gegenwart, ob sie sich als Teil der Ökumene verstehen können. Gerade in den verfassten Freikirchen wird dieser Weg immer selbstverständlicher beschritten.[439] Andere Evangelikale sehen sich dazu nicht in der Lage.

Vor allem die US-Christenheit steht in einer besonderen Zerreißprobe. Hier ist viel kaputtgegangen. Und alles spricht dafür, dass es noch viel mehr Zerbruch geben wird. In Europa leben wir in einer völlig anderen Situation. Hier gibt es nicht die Wachstumsbewegung der Aufbrüche, auch nicht die Spaltungen, die Teil der nationalen Politik sind. In allen europäischen Ländern sind Evangelikale eine kleine Minderheit und haben mit Ausgrenzung zu tun. In vielen westlichen Ländern ist das konservative Familienbild ein Faktor geworden, der negativ auf den Ruf der Evangelikalen abfärbt. In Osteuropa wäre das ein Faktor, der evangelikale Gemeinden mit der Bevölkerungsmehrheit verbindet und nicht trennt. Aber paradoxerweise erfahren Evangelikale in Osteuropa, dass das Streben nach konservativen Werten und nationaler Homogenität ihnen nicht wirklich eine Brücke baut. Denn Evangelikale sind aus einer solchen Perspektive betrachtet nicht konservativ, sondern eine religiöse Neuerung. In vielen Ländern bräuchten Evangelikale genau die Durchsetzung liberaler Toleranz und Anerkennung von Vielfalt, wie sie ihnen in mancher Hinsicht zugleich unheimlich ist.

– – –

Ja, das Christentum ist eine weltweit wachsende Religion. Aber man kann die Erfolgsbedingungen der auf der südlichen Erdhalbkugel wachsenden Gemeinden anderswo nicht einfach kopieren. Es gelingt uns ja nicht einmal, erfolgreiche Gemeindeformen von Württemberg nach Mecklenburg zu übertragen. Die jeweiligen Kontexte sind radikal andere. Im Westen blicken die Menschen zurück auf das Christentum als eine jahrhundertealte Religion. Die Geschichtsbücher sind voller Schätze und Schönheiten; und voller Chroniken, die Gewalt und Unterdrückung bezeugen. Auf absehbare Zeit wird die europäische Christenheit lernen müssen, mit einer sichtbaren Vergangenheit zu leben, die manchmal glanzvoll und manchmal beschämend war; und mit einer sehr unsicher-unsichtbaren Zukunft, von der wir alle nicht wissen, was uns dort erwartet.

Nichts spricht dafür, dass die Evangelikalen auch nur ansatzweise das an Wachstum wettmachen können, was die traditionellen Kirchen an Säkularisierungsprozesse verlieren. Aber vieles spricht dafür, dass die Religionslandschaft der Zukunft sehr bunt sein wird; und dass Evangelikale dabei in eine größere Rolle als bislang hineinwachsen werden. Dafür werden wohl allein schon Migrationsbewegungen sorgen, die evangelikales und vor allem auch pentekostales Christentum hier so heimisch werden lassen dürften, wie es jetzt schon der Islam ist.

Kirche wird einen erheblichen Gestaltwandel durchlaufen. Die Volkskirchen werden weiterexistieren, mit ihrem parochialen Netz aber weniger bestimmend sein als in früheren Zeiten. Inzwischen öffnen sich die Landeskirchen zunehmend für experimentelle Entwicklungen nach englischem Vorbild. Die Namen dafür sind vielfältig: Fresh X, kirchliche Erprobungsräume, Neos (neue kirchliche Orte) und viele mehr.

Längst ist die Ökumene vor Ort vielfach weiter als die theologischen Schubladen in den Köpfen.

Bemerkenswert an dieser Entwicklung in Deutschland ist: Die Grenze zwischen evangelikalen und nicht evangelikalen Projekten verschwimmt. Die Impulse lassen sich zwar überwiegend aus evangelikalen Gemeindeentwicklungsdebatten ableiten. Aber längst haben zahlreiche evangelische Landeskirchen und katholische Bistümer erkannt, dass das Thema Mission unverzichtbar ist. Vielfach ist die Ökumene vor Ort weiter als die theologischen Schubladen in den Köpfen.

Vielfalt ist ein wesentlicher Bestandteil unserer Kultur. Die Herausforderung einer Kontextualisierung ist damit klar: Wie gelingt es, den christlichen Glauben unter den Bedingungen der Pluralität zu leben? Durch seine bloße Selbstvervielfältigung in immer neue Kontexte hinein verlöre er sein Profil. Durch starre Behauptung seiner Identität würde er zum Fremdkörper.

PERSÖNLICHES FAZIT – GRENZGÄNGER

Auf den letzten Seiten spiegelt sich, wie sollte es anders sein, auch sehr vieles wider von meiner persönlichen Entwicklung. Die evangelikale Bewegung hat mich in den letzten Jahrzehnten mit vielen Impulsen stark geprägt. Vieles finde ich bis heute notwendig, hilfreich und inspirierend.

Zugleich bemerken alle, dass sie immer vielfältiger und bunter geworden ist. Und manches ist mir dabei fremd geworden. Ich habe gelernt zu verstehen: Der gemeinsame Glaube an Christus passt nicht gut mit der Haltung zusammen, anderen den Glauben oder Christuserkenntnis abzusprechen. Einheit ist immer auch eine Herausforderung, einander in Liebe zu ertragen. Für nicht evangelikale Gläubige ist es ebenfalls nicht immer anstrengungsfrei, evangelikale Geschwister zu ertragen.

Der gemeinsame Glaube an Christus passt nicht gut mit der Haltung zusammen, anderen den Glauben oder Christuserkenntnis abzusprechen.

In den letzten 20 Jahren habe ich viele Erfahrungen als Grenzgänger gesammelt. Im Vikariat und als junger Pfarrer habe ich in der Evangelischen Kirche von Westfalen gearbeitet, mit evangelikaler Prägung und gesprächsbereiter Neugierde zugleich. Vor und nach meiner Zeit in der Kirche habe ich als Dozent und schließlich Professor in einer pietistischen Ausbildungsstätte gearbeitet, als Mann aus der Kirche, der an der Universität Marburg erst promoviert und dann habilitiert hat. Grenzübergänge wurden mein Leben: als Privatdozent an der Universität und in Netzwerken pietistischer Theologie, als Mitglied des theologischen Arbeitskreises der Gemeinschaftsbewegung wie auch als Gast der Kammer für Theologie der EKD. Meine Grenzgänge empfand ich insgesamt als sehr bereichernd. Belastend war bisweilen die Erfahrung, wie fremd sich diese Welten oft einander sind. Wie wenig sie ahnen, dass es auf der anderen Seite durchaus Lehrreiches und Anregendes geben könnte.

Die größten Unterschiede fand ich mit der Zeit nicht darin, wo Menschen herkamen, sondern ob sie bereit waren, sich auf Menschen mit ganz anderer Prägung einzulassen. Ich selbst habe zunehmend für mich entdeckt: Als Bezeichnung eines geschlossenen, kämpferischen Lagers ist das Label »evangelikal« vielfach schädlich geworden. Es führt ständig zu Debatten, wer wirklich dazugehört und wer nicht.

Anstelle solcher Lagerkämpfe finde ich es heute wichtiger, mich für das lebendige Christuszeugnis von konkreten Gemeinden und Kirchen einzusetzen. Dass die Kirchengemeinde oder freie Gemeinde vor Ort Geborgenheit spürbar macht und Menschen im Namen Gottes begleitet, das zählt. Dass Kirchen öffentlich eine Stimme sind für die Benachteiligten und die Übersehenen, das ist entscheidend.

Ich wünsche mir auch für die Zukunft eine evangelikale Bewegung, die vor allem an dem erkannt wird, *wofür* sie eintritt. Eine Dafür-Bewegung und keine Dagegen-Bewegung. Eine Bewegung für das gemeinsame Gebet. Eine Stimme für verfolgte und bedrängte Gläubige weltweit. Eine Kraft für innovative und kreative Projekte der Glaubensvermittlung. Solche Impulse könnten vielen Gemeinden und Kirchen helfen und sie inspirieren. Eine solche evangelikale Bewegung wird immer zu meinem Leben gehören.

AUSBLICK

Diese Vermessung der evangelikalen Welt war der Versuch, eine kleine Landkarte zu zeichnen, das heißt, einen ersten Überblick zu dieser Landschaft zu vermitteln. Wie immer gilt: Die Karte ist nicht das Gebiet. Im günstigsten Fall gibt die Karte eine kleine Ahnung von der Wirklichkeit. Sie ist aber immer bunter, vielfältiger, widersprüchlicher als jede Beschreibung. Das macht die Karte nicht überflüssig. Auch Karten basieren (hoffentlich!) auf vielen Wahrnehmungserfahrungen. Aber jede sprachlich-geistige Abbildung ist eine drastische Verkürzung.

Im günstigsten Fall gibt die Karte eine kleine Ahnung von der Wirklichkeit.

Darum ist Vorsicht geboten mit allen Karten. Der Kartenbesitzer mag bisweilen größeren Überblick über das Gesamtgelände haben als diejenigen, die Jahrzehnte in dieser Welt leben, aber natürlich kennt er es nicht besser. Ihm fehlt die Tiefenschärfe, die sich nur im Erleben der Innenansicht erschließt.

Jede Erfahrung in und mit der evangelikalen Bewegung eröffnet und verschließt Horizonte. Es gibt Menschen, für die die evangelikale Bewegung die Hölle war. Und man muss ihnen das glauben. Sie haben verschiedene Formen von Missbrauch erlebt, Einengung und Verhinderung persönlichen Wachstums. Und es gibt Menschen, für die diese Bewegung oder ein Strang davon ein Vorgeschmack des Himmels war. Und manchmal war es der gleiche Strang, an dem andere fast zerbrochen sind. Und viele haben beide Erfahrungswelten, positive und negative, kennengelernt oder zumindest eine Ahnung davon bekommen. Wie ich zum Beispiel.

Das Gebiet ist tiefer als die Karte. Aber nur der Verblendete glaubt, auf andere Wegkundige oder Karten verzichten zu können. Denn was wir sehen, wie wir verstehen, ist immer schon abhängig von unseren Fragestellungen und Vorannahmen. Aber keine Karte ersetzt die immer neue Begegnung mit der Realität. Denn diese ist im Wandel und wird es bleiben.

Die evangelikale Bewegung der Gegenwart zu verstehen ist höchst herausfordernd. Die Evangelikalen stecken weltweit in einer Krise. Das Gebiet ist in Aufruhr. Teilweise steht es in Flammen, teilweise ist es auch der Auflösung nahe. Und zugleich bringt es immer wieder neue Aufbrüche und Durchbrüche des Glaubens hervor. Die evangelikale Bewegung wird sich weiterentwickeln, wie sie es in den letzten 300 Jahren getan hat. Und alles spricht dafür, dass ihre Wandlungen ebenso drastisch und unberechenbar sein werden wie bisher. Viele Möglichkeiten sind denkbar.

Die evangelikale Bewegung wird sich weiterentwickeln, wie sie es in den letzten 300 Jahren getan hat.

Vielleicht gibt es in absehbarer Zeit weit überwiegend ein charismatisch-pentekostales Netzwerk weltweiter Aufbrüche. Die verbliebenen nicht charismatischen, biblizistischen Gemeinden haben es geschafft, eine zersplitterte Landschaft miteinander verfeindeter Kleingruppen zu werden, die keinen größeren kulturellen Einfluss mehr hat.

Wenn sich der nordamerikanische Trend verfestigt, dass »evangelikal« überwiegend nicht mehr als religiöse, sondern primär als politische Kategorie verstanden wird, wäre das Konzept für weite Teile der Welt unbrauchbar. Es gibt gute Gründe für die Annahme, dass das in Deutschland längst der Fall ist. Es wäre eine ungeheure Aufgabe für die Trägergruppen, die man einst als pietistisch, erwecklich, evangelikal etc. bezeichnet hat, wieder so etwas wie ein gemeinsames Identitätsgefühl auch auf den Begriff zu bringen.

Vielleicht schreitet die Marginalisierung der historisch-protestantischen Kirchen so rasant fort, dass die Evangelikalen weltweit eine Zeit lang als das wichtigste Gegenüber zur katholischen Kirche erscheinen; aber mangels Abgrenzung von »den Liberalen« könnte ihnen das fehlen, was sie bislang zusammengehalten hat, und die Evangelikalen zerfallen in unterschiedliche Strömungen, in denen die Gegensätze zwischen konservativ und progressiv weitergepflegt werden.

Vielleicht entdecken die historisch-protestantischen Volkskirchen die Notwendigkeit grundlegender Erneuerung. Die missionarische Herausforderung wird als so groß anerkannt, dass es zwar weiterhin Konkurrenz und Gegnerschaft aller Art gibt, aber alle verstanden haben: Für Selbstzerfleischungen ist keine Zeit. Viele Menschen mit evangelikaler Prägung entdecken wieder den Reichtum der historischen Kirchen und wachsen allmählich aus der Marke Evangelikalismus heraus; oder zumindest in neue Allianzen hinein.

Auch die evangelikale Bewegung in Deutschland hat ihre Krise. Dabei geht es längst nicht mehr in erster Linie darum, welche Beurteilung gleichgeschlechtliche Liebe findet und welche biblische Hermeneutik vertreten wird oder werden soll – sondern wie sie mit der Pluralität in ihren eigenen Kreisen umgeht: so, wie vom früheren Vorsitzenden der *Deutsche Evangelischen Allianz* Michael Diener vorgeschlagen, dass die Evangelikalen, Pietisten etc. unterschiedliche moralische Überzeugungen aushalten und ihren gemeinsamen missionarischen Auftrag ins Zentrum stellen? Oder so, wie vor allem vom Netzwerk *Bibel und Bekenntnis* angestrebt, dass man sich verbindlich auf eindeutige Bekenntnisse einigt und entsprechend auf allen Ebenen durchsetzt, was in der jeweiligen Gemeinde, Kirche oder Allianz vertreten werden darf? Diese Grundfrage ist weiterhin völlig ungelöst.[440]

Es ist denkbar, dass eine neue Generation von verantwortlichen Frauen und Männern neu verbinden wird, was heute auseinanderstrebt. Es kann aber ebenso gut passieren, dass sich angesichts dieser Querelen noch mehr Menschen von der Idee zurückziehen, so etwas wie eine evangelikale Bewegung zu gestalten; und künftig ihre Zeit und Kraft lieber in ihre konkrete Gemeinde oder die Kirche oder den Bund investieren, in dem man organisatorisch zusammengeschlossen ist. Die Krise der evangelikalen Bewegung wäre dann dadurch überwunden, dass man den Glauben an ihre Existenz verliert.

Wie wird es weitergehen? Gegenwärtig spricht manches dafür, dass sich unterschiedliche Trends halten werden: Abgrenzung und Dialog, Profilierung und Vernetzung. Langfristig wäre es meine Hoffnung, dass das eine nicht vom anderen zu trennen ist. Die Kirchengeschichte kennt solche Prozesse in unzähligen Weisen und Gestalten.

Evangelikale sind auch nur Christen. Für manche von ihnen ist es eine zentrale Herausforderung zu erkennen, dass sie nicht die einzigen Gläubigen auf dieser Erde sind. Für andere in ganz anderen Strängen der Christenheit ist hingegen die Einsicht herausfordernd, dass diese Evangelikalen auch zur weltweiten Gemeinschaft der christlichen Gläubigen gehören. Sie verschwinden nicht dadurch, dass man sie ignoriert oder abschreibt. Sie sind Bein vom Bein und Fleisch vom Fleisch (vgl. 1. Mose 2,23) des Christentums.

In ihren besten Momenten waren und sind die Evangelikalen Menschen mit einer Mission. Menschen, denen Jesus konkurrenzlos wichtig ist und die gerade darum flexibler und kreativer als andere auf aktuelle Zeitentwicklungen reagieren können. Solche Menschen wird es immer geben, auch dann noch, wenn das Label »evangelikal« irgendwann einmal Geschichte geworden ist.

LITERATUR

A

Alle Welt soll sein Wort hören (1974). Lausanner Kongress für Weltevangelisation. Hg. von Peter Beyerhaus. Dokumente in 2 Bde. Neuhausen-Stuttgart: Hänssler Verlag.

Anderson, Allan, Bergunder, Michael (2010): *Studying Global Pentecostalism: Theories and Methods* (The Anthropology of Christianity, Band 10). University of California Press.

Apelt, Anne Maria (2019): *Grüne Wunder erleben. Geschichten von Lebensentdeckungsreisen in der Natur*. Asslar: adeo Verlag.

B

Badenberg, Knödler, Friedemann (Hg.) (2013): *Evangelisation und Transformation. »Zwei Münzen oder eine Münze mit zwei Seiten?«* Referate der Jahrestagung 2013 des Arbeitskreises für evangelikale Missiologie (AfeM). Nürnberg: VTR.

Bärend, Hartmut (2011): *Wie der Blick zurück in die Gemeinde nach vorne bringen kann. Ein Gang durch die Geschichte der kirchlichen Volksmission*. Neukirchen-Vluyn: Neukirchener Verlagsgesellschaft.

Baron, Martin (2017): *Gott und Deutschland. Warum die Situation der Christenheit in Deutschland so ist, wie sie ist … und warum sie sich dramatisch verändern wird*. Rotenburg/Fulda: Gottes Haus.

Barr, Beth Allison (2021): *The Making of Biblical Womanhood. How the Subjugation of Women became Gospel Truth*. Grand Rapids: Brazos Press.

Barr, James (1977): *Fundamentalism*. London: SCM Press.

Bartholomä, Philipp (2019): *Freikirche mit Mission. Perspektiven für den freikirchlichen Gemeindeaufbau im nachchristlichen Kontext*. Leipzig: Evangelische Verlagsgesellschaft.

Bauder, Kevin u. a. (2011): *Four Views on the Spectrum of Evangelicalism*. Grand Rapids: Zondervan.

Bauer, Gisa (2012): *Evangelikale Bewegung und evangelische Kirche in der Bundesrepublik Deutschland*. Die Geschichte eines Grundsatzkonflikts (1945 bis 1989). Göttingen: Vandenhoeck & Ruprecht.

Bebbington, David W. (1989): *Evangelicalism in Modern Britain. A History from the 1730s to the 1980s*. London: Unwin Hyman.

Bebbington, David W. (2005): *The Dominance of Evangelicalism. The Age of Spurgeon and Moody*. Downers Grove: InterVarsity Press.

Bednarz, Liane (2018): *Die Angstprediger. Wie rechte Christen Gesellschaft und Kirchen unterwandern*. München: Droemer-Knaur.
Bergmann, Gerhard (1964): *Vom Geheimnis der Bibel*. Gladbeck: Schriftenmissionsverlag.
Berneburg, Erhard (1997): *Das Verhältnis von Verkündigung und sozialer Aktion in der evangelikalen Missionstheologie*. Wuppertal: R.Brockhaus Verlag.
Beyer, Werner (Hg.) (1995): *Einheit in Vielfalt. Aus 150 Jahren Evangelische Allianz*. Wuppertal: R.Brockhaus Verlag.
Beyerhaus, Peter: (2015): *Christliches Zeugnis in unserer Zeit. Der Glaubenskampf der Bekennenden Evangelischen Gemeinschaften in Deutschland, in autobiographischer Perspektive dargestellt von P. Beyerhaus*. Band 1. Nürnberg: VTR.
Beyreuther, Erich (1969): *Der Weg der Evangelischen Allianz in Deutschland*. Witten: Bundes-Verlag.
Bielo, James S. (2011): *Emerging Evangelicals: Faith, Modernity, and the Desire for Authenticity*. New York: University Press.
Birnstein, Uwe (1999): *Wenn Gottes Wort zur Waffe wird. Fundamentalismus in christlichen Gruppierungen*. Gütersloh: Gütersloher Verlagshaus.
Böcking, Daniel: »Ich hatte nichts vermisst«. In: andersLEBEN 03/21, 76–77.
Bockmühl, Klaus (Hg.) (1983): *Verkündigung und soziale Verantwortung. Eine evangelische Verpflichtung. Gemeinsame Veröffentlichung des Lausanner Komitees für Weltevangelisation und der Evangelischen Welt-Allianz*. Gießen/Basel: Brunnen Verlag.
Bockmühl, Klaus (2010): *Gesetz und Geist. Eine kritische Würdigung des Erbes protestantischer Ethik*. Gießen: Brunnen Verlag.
Bonhoeffer, Dietrich (1992): *Ethik*. Hg. von Ilse Tödt u. a. München: Chr. Kaiser Verlag.
Bosch, David J. (2011): *Ganzheitliche Mission. Theologische Perspektiven*. Marburg: Francke Verlag.
Bosch, David J. (2012): *Mission im Wandel. Paradigmenwechsel in der Missionstheologie*. Gießen: Brunnen Verlag.
Bowler, Kate (2013): *Blessed. A History of the American Prosperity Gospel*. Oxford: University Press.
Boyer, Paul (1992): *When Time Shall be No More: Prophecy Belief in Modern American Culture*. Cambridge: Harvard University Press.
Breitschwerdt, Jörg (2019): *Theologisch konservativ. Studien zu Genese und Anliegen der evangelikalen Bewegung in Deutschland*. Göttingen: Vandenhoeck & Ruprecht.
Breul, Wolfgang und Schnurr, Jan Carsten (2013): *Geschichtsbewusstsein und Zukunftserwartung in Pietismus und Erweckungsbewegung*. Göttingen: Vandenhoeck & Ruprecht.
Brockschmidt, Annika (2021): *Amerikas Gotteskrieger: Wie die religiöse Rechte die Demokratie gefährdet*. Hamburg: Rowohlt.
Brody, David (2012): *The Teavangelicals: The Inside Story of How the Evangelicals and the Tea Party are Taking Back America*. Grand Rapids: Zondervan.

Burkhardt, Helmut (1996): *Einführung in die Ethik. Grund und Norm sittlichen Handelns*. Gießen: Brunnen Verlag.

Busch, Roger J. (1995): *Einzug in die festen Burgen? Ein kritischer Versuch, die Bekennenden Christen zu verstehen*. Hannover: Lutherisches Verlagshaus.

Bushnell, Katharine C. (2016): *God's Word to women: With a fresh historical background of the Biblical sources by Amy Francis*. Crowning Educational.

Bushnell, Katharine C. (2020): *Wach auf, EVA! Erkenne die biblische Wahrheit von Gottes ursprünglicher & unveränderter Absicht der vollen Gleichstellung der Frau*. Bonn: Verlag für Kultur und Wissenschaft.

C

Campolo, Tony, Claiborne, Shane (2014): *Die Jesus Revolution. Was passiert, wenn wir ihn beim Wort nehmen*. Mit einem Vorwort von Michael Diener. Asslar: Gerth Medien.

Carpenter, Joel M. (1999): *Revive us Again. The Reawakening of American Fundamentalism*. Oxford: University Press.

Clausen, Matthias (2010): *Evangelisation, Erkenntnis und Sprache. Überzeugend predigen unter nachmodernen Bedingungen*. Neukirchen-Vluyn: Neukirchener Verlag.

Clausen, Matthias (2021): *Warum ich trotzdem Christ bin. Ehrlich zweifeln, gerne glauben*. Gießen: Brunnen Verlag.

Claussen, Johann Hinrich (2020): *Die seltsamsten Orte der Religionen. Von versteckten Kirchen, magischen Räumen und verbotenen Schreinen*. München: C. H. Beck.

Clausen, Matthias, Fink, Alexander, Gerstacker, Andreas, Giebel, Thomas, Lange, Stephan (Hg.) (2021): *Frag los! 50 Antworten für Skeptiker und Glaubende*. Neukirchen-Vluyn: Neukirchener Verlag.

Craig, William Lane u. a. (Hg.) (2000): *Five Views on Apologetics*. Grand Rapids: Zondervan Academics.

Craig, William Lane u. a. (2017): *theo:logisch. Warum der christliche Glaube vernünftig ist*. Neuried b. München: Christlicher Veranstaltungs- und Mediendienst e. V.

D

Dayton, Donald W. (1987): *Theological Roots of Pentecostalism*. Baker Academic.

Diener, Michael, Eggers, Ulrich (Hg.) (2019): *Mission Zukunft: Zeigen, was wir lieben: Impulse für eine Kirche mit Vision*. Holzgerlingen: SCM R.Brockhaus.

Diener, Michael (2021): *Raus aus der Sackgasse. Wie die pietistische und evangelikale Bewegung neu an Glaubwürdigkeit gewinnt*. Asslar: adeo.

Dietz, Thorsten (2017a): *Traditionsherstellung und Identitätskonstruktion zwischen Selbst- und Fremdwahrnehmung*. In: Lüdke, F., Schmidt, N. (Hg.): Pietismus – Neupietismus – Evangelikalismus. Identitätskonstruktionen im erwecklichen Protestantismus. SEHT 6. Berlin: LIT Verlag, 25–43.

Dietz, Thorsten (2017b): *»Freude, schöner Götterfunken«. Zum Verständnis und zur Bedeutung religiöser Gefühle.* In: Theologisches Gespräch 41, 151–165.

Dietz, Thorsten (2017c): *Die Spiritualität der Gemeinschaftsbewegung.* In: Zimmerling, Peter (Hg.) (2017): Handbuch Evangelische Spiritualität. Bd. 1: Geschichte. Göttingen: Vandenhoeck & Ruprecht, 671–694.

Dietz, Thorsten (2018a): *Evangelisation im Wandel der Mediengeschichte: systematisch-kontextuelle Anmerkungen zur gegenwärtigen Situation.* In: Lüdke, Frank, Schmidt, Norbert (Hg.): »… dann komm jetzt nach vorne!« Evangelisation als mediale Inszenierung des Evangeliums. Berlin: LIT Verlag, 101–118.

Dietz, Thorsten (2018b): *Evangelikale Bewegung und Sexualethik.* In: ÖR 67 (1), 63–75.

Dietz, Thorsten (2018c): *Evangelische Spiritualität und Gefühl.* In: Zimmerling, Peter (Hg.) (2018): Handbuch Evangelische Spiritualität. Bd. 2: Theologie. Göttingen: Vandenhoeck & Ruprecht, 229–248.

Dietz, Thorsten (2019): *Der demokratische Rechtsstaat und seine religiösen Befürworter bzw. Gegner. Theologische Auseinandersetzungen mit der Demokratie unter besonderer Berücksichtigung der evangelikalen Bewegung in Deutschland.* In: Rahnfeld, Claudia (Hg.): Theologie und Soziale Arbeit im Gespräch. Eine Gesellschaft, viele Herausforderungen. Wiesbaden: Springer Verlag, 81–103.

Dietz, Thorsten (2020): *Weiterglauben. Warum man einen großen Gott nicht klein denken kann.* Moers: Brendow.

Dietz, Thorsten (2020a): *Sehnsucht nach Selbsttranszendenz – Lobpreis als performative Praktik.* In: Faix, Tobias, Jung, Stefan, Künkler, Tobias (Hg.): Evangelisch Hochreligiöse im Diskurs. Stuttgart: Kohlhammer Verlag, 67–82.

Dietz, Thorsten (2020b): *Was ist christliche Spiritualität?* In: Ökumenische Spiritualität. Hg. von Jutta Koslowski und Jochen Wagner (Beihefte zur Ökumenischen Rundschau 128). Leipzig: Evangelische Verlagsanstalt, 13–25.

Dreher, Rod (2018): *Die Benedikt-Vision. Eine Strategie für Christen in einer nachchristlichen Gesellschaft.* Kißlegg: Fe-Medienverlag.

Du Mez, Kristin Kobes (2020): *Jesus and John Wayne. How White Evangelicals corrupted a Faith and fractured a Nation.* New York: Liveright Publishing Corporation.

Du Mez, Kristin Kobes (2015): *A New Gospel for Women: Katharine Bushnell and the Challenge of Christian Feminism.* New York: Oxford University Press.

E

Eggers, Ulrich, Spieker, Markus (Hg.) (2005): *Der E-Faktor. Evangelikale und die Kirche der Zukunft.* Wuppertal: R.Brockhaus Verlag.

Eisenlöffel, Ludwig D. (2006): *Freikirchliche Pfingstbewegung in Deutschland.* Innenansichten 1945–1985. Göttingen: Vandenhoeck & Ruprecht.

Eisenstadt, Shmuel N. (2008): *Die Vielfalt der Moderne.* Weilerswist: Velbrück Verlag.

EKD (Hg.) (2021): *Pfingstbewegung und Charismatisierung. Zugänge – Impulse – Perspektiven. Eine Orientierungshilfe der Kammer für Weltweite Ökumene der Evangelischen Kirche in Deutschland.* Leipzig: Evangelische Verlagsanstalt.

Escobar, Samuel (1974): *Evangelisation und die Suche des Menschen nach Freiheit, Gerechtigkeit und Erfüllung.* In: Lausanne-Dokumente I. Alle Welt soll sein Wort hören. Hg. von Peter Beyerhaus. Neuhausen-Stuttgart: Hänssler Verlag, 385–426.

Evangelisation mit Leidenschaft (1990). Berichte und Impulse vom II. Lausanner Kongress für Weltevangelisation in Manila. Hg. von Horst Marquard und Ulrich Parzany. Neukirchen-Vluyn: Aussaat Verlag.

Evans, Rachel Held (2010): *Faith Unraveled. How a Girl who knew all the Answers learned to ask questions.* Grand Rapids: Zondervan.

Eustace, Nicole (2008): *Passion is the Gale. Emotion, Power and the Coming of the American Revolution.* The University of North Carolina Press.

F

Faix, Tobias, Aschoff, Peter (2009): *Was ist Emerging Church?* In: Zeitgeist, Band 2. Marburg: Francke Verlag.

Faix, Tobias, Künkler, Tobias (Hg.) (2012): *Die verändernde Kraft des Evangeliums.* Beiträge zu den Marburger Transformationsstudien Bd. 4. Marburg: Francke Verlag.

Faix, Tobias, Bachmann, Arne, Künkler, Tobias (2012): *Emerging Church verstehen. Eine Einladung zum Dialog.* Marburg: Francke Verlag.

Faix, Tobias, Künkler, Tobias (2018): *Generation Lobpreis und die Zukunft der Kirche. Das Buch zur empirica Jugendstudie 2018.* Neukirchen-Vluyn: Neukirchener Verlag.

Fee, Gordon (2005): *Discovering Biblical Equality: Complementarity without Hierarchy.* InterVarsity.

Feiert Jesus! To Go! (2008). Holzgerlingen: SCM Verlag.

Feiert Jesus! To Go! 2 (2013). Holzgerlingen: SCM Verlag.

Festinger, Leon, Riecken, Henry W., Schachter, Stanley (1956): *When Prophecy Fails.* New York: Harper and Row.

Fiedler, Klaus (1992): *Ganz auf Vertrauen: Geschichte und Kirchenverständnis der Glaubensmissionen.* Gießen/Basel: Brunnen Verlag.

Findeisen, Sven (2002): *Unter dem weiten Bogen. Mein Leben.* Wuppertal: R.Brockhaus Verlag.

Fitzgerald, Francis (2017): *The Evangelicals. The Struggle to Shape America.* New York: Simon and Schuster.

Fleisch, Paul (1983): *Geschichte der Pfingstbewegung in Deutschland von 1900 bis 1950.* Marburg: Francke Buchhandlung.

Fleisch, Paul (2003): *Die Heiligungsbewegung. Von den Segenstagen in Oxford 1874 bis zur Oxford-Gruppenbewegung Frank Buchmans.* Hg. von Jörg H. Ohlemacher. Gießen: Brunnen Verlag.

Frey, Albert (2019): *Anbetung in Wahrheit und im Geist*. Holzgerlingen: SCM R.Brockhaus.

Frey, Hellmuth (2001/1967): *An die Bischofskonferenz der Vereinigten lutherischen Kirche Deutschlands*. In: Dietz, Thorsten und Torsten Küster (Hg.): Kritik, die vom Kreuz ausgeht. Bad Liebenzell: Verlag der Liebenzeller Mission, 31–54.

Friedrichs, Jakob (2020): *Ist das Gott oder kann das weg? Warum Ostern ein merk-würdiges Fest ist*. Asslar: Gerth Medien.

Fritz, Martin (2021): *Im Bann der Dekadenz. Theologische Grundmotive der christlichen Rechten in Deutschland*. In: Claussen, Johann Hinrich u. a. (2021): Christentum von Rechts. Theologische Erkundungen und Kritik. Tübingen: Mohr Siebeck, 9–63.

Frost, Michael, Hirsch, Alan (2008): *Die Zukunft gestalten: Innovation und Evangelisation in der Kirche des 21. Jahrhunderts*. Asslar: Gerth Medien.

Frykholm, Amy Johnson (2004): *Rapture Culture. Left Behind in Evangelical America*. New York: Oxford University Press.

G

Gäckle, Volker (2021): *Evangelikal nach Trump? Das evangelikale Trump-Desaster und die Folgen für die evangelikale Bewegung*. In: Lebendige Gemeinde 1/2021, 10–15.

Geldbach, Erich (2020): *Die Ordination von Frauen, der Rassismus und die Southern Baptist Convention. Geschichte und gegenwärtige Fragen*. In: Dogmatik im Dialog. Hg. von Carsten Claußen u. a. l Leipzig: Evangelische Verlagsanstalt.

Gemeinhardt, Alexander F. (Hg.) (2005): *Die Pfingstbewegung als ökumenische Herausforderung*. Göttingen: Vandenhoeck & Ruprecht.

Geschichte des Pietismus (1993–2003). Hg. von Martin Brecht, Klaus Deppermann, Ulrich Gäbler und Hartmut Lehmann. Göttingen: Vandenhoeck & Ruprecht.

Giese, Ernst (1976): *Und flickten die Netze. Dokumente zur Erweckungsgeschichte des 20. Jahrhunderts*. Marburg: Selbstverlag.

Goldberg, Michelle (2007): *Kingdom Coming. The Rise of Christian Nationalism*. New York: W. W. Norton & Company.

Gorski, Philip (2020): *Am Scheideweg: Amerikas Christen und die Demokratie vor und nach Trump*. Freiburg: Herder Verlag.

Graham, Billy (1974a): *Botschaft von Billy Graham im Olympiastadion*. In: Lausanne-Dokumente I. Alle Welt soll sein Wort hören. Hg. von Peter Beyerhaus. Neuhausen-Stuttgart: Hänssler Verlag, 556–565.

Graham, Billy (1974b): *Warum Lausanne?* In: Lausanne-Dokumente I. Alle Welt soll sein Wort hören. Hg. von Peter Beyerhaus. Neuhausen-Stuttgart: Hänssler Verlag, 35–58.

Grey, Jaqueline (2011): *There's a Crowd. Pentecostalism, Hermeneutics, and the Old Testament*. Eugene OR: Pickwick.

Guinness, Os (2021): *The Magna Carta of Humanity. Sinai's Revolutionary Faith and the Future of Freedom*. London: InterVarsity Press.
Gushee, David (2017): *Still Christian. Following Jesus out of American Evangelicalism*. Louisville: Westminster John Knox Press.
Gushee, David (2020): *After Evangelicalism. The Path to a New Christianity*. Louisville: Westminster John Knox Press. *Handbuch Evangelikalismus* (2017). Hg. von Frederik Elwert, Martin Rademacher, Jens Schlammelcher. Bielefeld: Transcript Verlag.

H

Hansen, Collin (2008): *Young, restless, and reformed. A Journalist's Journey with the New Calvinists*. Crossway Books.
Harding, Susan Friend (2000): *The Book of Jerry Falwell. Fundamentalist, Language, and Politics*. Princeton: University Press.
Harrison, Peter (2011): *Experimental Religion and Experimental Science in Early modern Religion*. In: Intellectual History Review (21,4), 413–433.
Harter, Rainer (2018): *Die Gebetshaus-Bewegung. Ein Buch für Interessierte, Gründer und Mitarbeiter*. Holzgerlingen: SCM Brockhaus.
Hartl, Johannes (2021): *Eden Culture. Ökologie des Herzens für ein neues Morgen*. Freiburg: Herder Verlag.
Haustein, Jörg, Maltese, Giovanni (Hrsg.) (2014): *Handbuch pfingstliche und charismatische Theologie*. Göttingen: Vandenhoeck & Ruprecht.
Hebel, Torsten, Schneider, Daniel (2015): *Freischwimmer. Meine Geschichte von Sehnsucht, Glauben und dem großen, weiten Mehr*. Holzgerlingen: SCM Verlag.
Heinrichs, Wolfgang E. (1991): *Freikirchen – eine moderne Kirchenform. Entstehung und Entwicklung von fünf Freikirchen in Wuppertal*. Gießen: Brunnen Verlag.
Helfenstein, Pius F. (1991): *Evangelikale Theologie der Befreiung. Das Reich Gottes in der Theologie der Fraternidad Teologica Latinoamericana und der gängigen Befreiungstheologie, ein Vergleich*. Zürich: Theologischer Verlag.
Hemminger, Hansjörg (2009): *Und Gott schuf Darwins Welt. Der Streit um Kreationismus, Evolution und Intelligentes Design*. Gießen: Brunnen Verlag.
Hemminger, Hansjörg (2016): *Evangelikal. Von Gotteskindern und Rechthabern*. Gießen: Brunnen Verlag.
Hemminger, Hansjörg, Kick, Annette (2020): *Unabhängige Gemeinden neben Kirchen und Freikirchen*. EZW-Texte Nr. 265.
Hempelmann, Heinzpeter (2000): *Nicht auf der Schrift, sondern unter ihr. Grundsätze und Grundzüge einer Hermeneutik der Demut*. Edition VLM.
Hempelmann, Heinzpeter (2001): *Gemeinsame Liebe. Wie Evangelikale die Autorität der Bibel bestimmen*. Edition VLM.
Henry, Carl F. (1978): *God, Revelation, and Authority*. Crossway.
Herbst, Michael (Hg.) (2006): *Mission bringt Gemeinde in Form. Gemeindepflanzungen und neue Ausdrucksformen gemeindlichen Lebens in einem sich*

wandelnden Kontext. Deutsche Ausgabe. Neukirchen-Vluyn: Verlagsgesellschaft des Erziehungsvereins.

Herbst, Michael (2012): *Von Lausanne nach Kapstadt: Der 3. Kongress für Weltevangelisation in Kapstadt 2010 im Kontext der »Lausanner« Geschichte und Theologie*. In: Winterhoff, Birgit, Harder, Ulf, Herbst, Michael (Hg.) (2012): Von Lausanne nach Kapstadt. Der dritte Kongress für Weltevangelisation. Neukirchen-Vluyn: Aussaat, 17–42.

Herbst, Michael (2017): *»My God is mighty to safe«: Was meinen wir eigentlich, wenn wir »evangelikal« sagen?* Deutsches Pfarrerblatt 117, 432–435; 523–527.

Hermle, Siegfried und Kampmann, Jürgen (Hg.) (2012): *Die evangelikale Bewegung in Württemberg und Westfalen. Anfänge und Wirkungen*. Bielefeld: Luther-Verlag.

Hochgeschwender, Michael (2007): *Amerikanische Religion: Evangelikalismus, Pfingstlertum und Fundamentalismus*. Berlin: Suhrkamp Verlag.

Hollenweger, Walter J. (1969): *Enthusiastisches Christentum. Die Pfingstbewegung in Geschichte und Gegenwart*. Wuppertal: Theologischer Verlag Brockhaus.

Hollenweger, Walter J. (1997): *Charismatisch-pfingstliches Christentum. Herkunft – Situation – Chancen*. Göttingen.

Holthaus, Stephan (2003): *Fundamentalismus in Deutschland. Der Kampf um die Bibel im Protestantismus im 19. und 20. Jahrhundert*. 2. Aufl. Verlag für Kultur und Wissenschaft.

Holthaus, Stephan (2005): *Heil – Heilung – Heiligung. Die Geschichte der deutschen Heiligungs- und Evangelisationsbewegung (1874–1909)*. Gießen/Basel: Brunnen Verlag.

Hopkins, Bob (1996): *Gemeinde pflanzen. Church Planting als missionarisches Konzept*. Neukirchen-Vluyn: Aussaat Verlag.

Hutchinson, Mark, Wolffe, John (2012): *A Short History of Global Evangelicalism*. Cambridge: University Press.

Hybels, Bill, Hybels, Lynne (1996): *Ins Kino gegangen und Gott getroffen. Die Geschichte von Willow Creek*. Holzgerlingen: SCM Verlag.

J

Jackson, Amanda, Lin, Peirong (2021): *Co-workers and co-leaders: Women and men partnering for God's work*. Bonn: Culture and Science Puplishing.

Jenkins, Philipp (2011): *The Next Christendom. The Coming of Global Christianity*. Oxford: University Press.

Joas, Hans (2015): *Die Sakralität der Person. Eine neue Genealogie der Menschenrechte*. Frankfurt/Main: Suhrkamp Verlag.

Johnston, Arthur P. (1984): *Umkämpfte Weltmission*. Neuhausen: Hänssler.

Jung, Friedhelm (1992): *Die deutsche Evangelikale Bewegung – Grundlinien ihrer Geschichte und Theologie*. Frankfurt/Main: Verlag Peter Lang.

K

Die Kapstadt-Verpflichtung (2012). Eine Erklärung des Glaubens und ein Aufruf zum Handeln. In: Winterhoff, Birgit, Harder, Ulf, Herbst, Michael (Hg.) (2012): Von Lausanne nach Kapstadt. Der dritte Kongress für Weltevangelisation. Neukirchen-Vluyn: Aussaat, 224–286.

Kauder, Volker (2020): *Das hohe C. Politik aus dem christlichen Menschenbild.* Freiburg: Herder Verlag.

Keller, Simon Peng (2010): *Einführung in die Theologie der Spiritualität.* Darmstadt: Wissenschaftliche Buchgesellschaft.

Keller, Timothy (2010): *Warum Gott? Vernünftiger Glaube oder Irrlicht der Menschheit?* Gießen: Brunnen Verlag.

Kick, Annette, Hemminger, Hansjörg (2020): *Unabhängige Gemeinden neben Kirchen und Freikirchen.* Berlin: EZW-Texte 265.

Kimball, Dan (2003): *Emerging Church. Die Postmoderne Kirche. Spiritualität und Gemeinde für eine neue Generation.* Asslar: Gerth Medien.

Kivengere, Festo (1974): *Das Kreuz und die Weltevangelisation.* In: Lausanne-Dokumente I. Alle Welt soll sein Wort hören. Hg. von Peter Beyerhaus. Neuhausen-Stuttgart: Hänssler Verlag, 545–553.

Klaiber, Walter, Marquardt, Manfred (2006): *Gelebte Gnade. Grundriss einer Theologie der evangelisch-methodistischen Kirche.* Göttingen: Edition Ruprecht.

Koch, Kurt (1967): *Tag X. Die Weltlage im Blick auf die Wiederkunft Jesu.* Berghausen: Evangelisationsverlag.

Kopfermann, Arne (20217): *Mitten aus dem Leben. Wenn ein Sturm deine Welt aus den Angeln hebt.* Asslar: Gerth Medien.

Kopfermann, Arne (2020): *Auf zu neuen Ufern. Befreit zu einem ehrlichen Glauben, der trägt.* Asslar: Gerth Medien.

Kopfermann, Wolfram (1994): *Macht ohne Auftrag: Warum ich mich nicht an der »geistlichen Kriegführung« beteilige.* Emmelsbühl: C & P.

Krämer, Klaus u. a. (2019): *Pentekostalismus: Pfingstkirchen als Herausforderung in der Ökumene* (Theologie der Einen Welt, Band 15). Freiburg: Herder Verlag.

L

LaHaye, Tim, Jenkins, Jerry B. (1996): *Finale. Die letzten Tage der Erde.* Asslar: Gerth Medien.

LaHaye, Tim, Jenkins, Jerry B. (2002): *Leben wir in der Endzeit? Biblische Prophezeiungen und ihre Bedeutung für die Endzeit.* Asslar: Gerth Medien.

Lambrecht, Oda, Baars, Christian (2009): *Mission Gottesreich. Fundamentalistische Christen in Deutschland.* Berlin: Links Verlag.

Lange, Dieter (1979): *Eine Bewegung bricht sich Bahn. Die deutschen Gemeinschaften im ausgehenden 19. und beginnenden 20. Jahrhundert und ihre Stellung zu Kirche, Theologie und Pfingstbewegung.* Gießen: Brunnen Verlag.

Lange, Stephan (2017): *Begründet glauben. Denkangebote für Skeptiker und Glaubende.* Neukirchen-Vluyn: Neukirchener Verlag.

Lennox, John (2009): *Hat die Wissenschaft Gott begraben? Eine kritische Analyse moderner Denkvoraussetzungen.* Witten: SCM Verlag R.Brockhaus.

Lewis, C. S. (1992): *Überrascht von Freude.* Gießen: Brunnen Verlag.

Lindemann, Gerhard (2011): *Für Frömmigkeit in Freiheit. Die Geschichte der Evangelischen Allianz im Zeitalter des Liberalismus (1846–1879).* Berlin: LIT-Verlag.

Lindsey, Hal, Carlson, Carole C. (1971): *Alter Planet Erde, wohin? Im Vorfeld des Dritten Weltkrieges.* Wetzlar: Verlag Hermann Schulte.

Lindsey, Hal (1976): *Sind wir die letzte Generation?* Wetzlar: Verlag Hermann Schulte.

Luhrmann, Tanya M. (2012): *When God talks back. Understanding the American Evangelical Relationship with God.* New York: Vintage Book.

M

Maleachi-Kreis (2010): *Gefährliche Stille. Wie die Mystik die Evangelikalen erobern will.* Dillenburg: Christliche Literatur-Verbreitung.

Malessa, Andreas (2017): *Als Christ die AfD unterstützen? Ein Plädoyer für …* Moers: Brendow Verlag.

Marsden, George (2006): *Fundamentalism and American Culture. The Shaping of Twentieth Century Evangelicalism*, 1870–1925. Oxford: University Press.

Marsden, George (1991): *Understanding Fundamentalism and Evangelicalism.* Grand Rapids: Eerdmans Publishing.

Martin, David (1990): *Tongues of Fire: The Explosion of Protestantism in Latin America.* Oxford: Basil Blackwell.

McDowell, Josh (2002): *Die Bibel im Test. Tatsachen und Argumente für die Wahrheit der Bibel.* Dillenburg: Christliche Verlagsgesellschaft.

McGavran, Donald (1970): *Understanding Church Growth.* Grand Rapids: Eerdmans.

McGinn, Bernard (2001): *Die Mystik im Abendland.* Bd. 1. Ursprünge. Freiburg: Herder Verlag.

McLaren, Brian (2008): *Höchste Zeit, umzudenken: Jesus, globale Krisen und die Revolution der Hoffnung.* Marburg: Francke Verlag.

McLaren, Brian (2009): *Dem Leben wieder Tiefe geben. Gott im Alltag entdecken.* Marburg: Francke Verlag.

McLaren, Brian (2009): *Nachfolge auf neuem Kurs.* Neukirchen-Vluyn: Neukirchener Verlag.

McLaren, Brian (2017): *The Great Spiritual Migration: How the World's Largest Religion is Seeking a Better Way to Be Christian.* New York: Penguin Random House.

McLaren, Brian (2021): *Faith after Doubt: Why Your Beliefs stopped Working and What to Do About it.* New York: St. Martins Publishing Group.

Metaxas, Eric (2011): *Bonhoeffer. Pastor, Agent, Märtyrer und Prophet*. Holzgerlingen: SCM Verlag.
Mette, Jürgen (2019): *Die Evangelikalen. Weder einzig noch artig. Eine biografisch-theologische Innenansicht*. Asslar: Gerth Medien.
Meyer, Joyce (1995): *Das Schlachtfeld der Gedanken. Gewinne die Schlacht in deinem Verstand*. Joyce Meyer Ministries.
Meyer, Thomas (1989): *Fundamentalismus. Aufstand gegen die Moderne*. Hamburg: Rowohlt Verlag.
Michel, Karl-Heinz (1994): *Gedanken zum Geltungsanspruch christlicher Ethik im Streit der Kulturen*. In: Christliche Ethik im Wandel der Systeme. Hg. von Helmut Burkhardt. Gießen: Brunnen Verlag.
Moberg, David O. (1972): *The Great Reversal. Reconciling Evangelism and Social Concern*. New York: Lippincott.
Morris, Henry M., Withcomb, John C. (1977): *Die Sintflut. Der Bericht der Bibel und seine wissenschaftlichen Folgen*. Neuhausen-Stuttgart: Hänssler Verlag.
Moynar, Michael (2012): *Church for Every Context. An Introduction to Theology and Practice*. London: SCM Press.
Müller, Gofi (2017): *Flucht aus Evangelikalien. Über Gott, das Leiden und die heilende Kraft der Künste*. BoD.
Müller, Sabrina (2016): *Fresh Expressions of Church. Ekklesiologische Beobachtungen und Interpretationen einer neuen kirchlichen Bewegung*. Zürich: Theologischer Verlag.
Müller-Fahrenholz, Geiko (2003): *In göttlicher Mission. Politik im Namen des Herrn – Warum George W. Bush die Welt erlösen will*. München: Drömer-Knaur.

N

Newbigin, Lesslie (1989): *Den Griechen eine Torheit. Das Evangelium und unsere westliche Kultur*. Neukirchen-Vluyn: Aussaat Verlag.
Noll, Mark A. (1994): *The Scandal of the evangelical Mind*. Grand Rapids: Eerdmans Publishing Company.
Noll, Mark, Bebbington, David W., Marsden, George M. (2019): *Evangelicals. Who they have been, are now, and could be*. Grand Rapids: Eerdmans.
Numbers, Ronald L. (2006): *The Creationists. From Scientific Creationism to Intelligent Design*. First Harvard University Press.

O

Oehlmann, Karin (2016): *Glaube und Gegenwart. Die Entwicklung der kirchenpolitischen Netzwerke in Württemberg um 1968*. Göttingen: Vandenhoeck & Ruprecht.

P

Paas, Stefan (2016): *Church Planting in the Secular West. Learning from the European Experience*. Grand Rapids: Eerdmans.

Paas, Stefan (2019): *Pilgrims and Priests. Christian Mission in a post-christian Society*. SCM-Press.

Packer, James I. (1958): *Fundamentalism and the Word of God*. InterVarsity Fellowship.

Padilla, René (1974): *Evangelisation und die Welt*. In: Lausanne-Dokumente I. Alle Welt soll sein Wort hören. Hg. von Peter Beyerhaus. Neuhausen-Stuttgart: Hänssler Verlag.

Padilla, Rene (1986): *Anstiftung. Evangelium für die armen Reichen*. Moers: Brendow.

Pally, Marcia (2010): *Die neuen Evangelikalen in den USA. Freiheitsgewinn durch fromme Politik*. Berlin: Berlin University Press.

Parzany, Ulrich (2015): *Dazu stehe ich. Mein Leben*. Holzgerlingen: SCM Verlag.

Parzany, Ulrich (2017): *Was nun, Kirche? Ein großes Schiff in Gefahr*. Holzgerlingen: SCM Verlag.

Pepper, Martin (2017): *Faszination Anbetung, Weil Gott mehr ist als ein Wort*. Berlin: mc-peppersongs.

Pepper, Martin (2018): *Anbetung mit erhobenem Haupt. Gott selbstbewusst lieben*. Berlin: mc-peppersongs.

Peters, George W. (1974): *Evangelisationsmethoden unserer Zeit*. In: Lausanne-Dokumente I. Alle Welt soll sein Wort hören. Hg. von Peter Beyerhaus. Neuhausen-Stuttgart: Hänssler Verlag, 253–290.

Pfürtner, Stephan H. (1991): *Fundamentalismus. Die Flucht ins Radikale*. Freiburg: Herder Verlag.

Piper, John, Grudem, Wayne (1992): *Recovering Biblical Manhood and Womanhood: Response to Evangelical Feminism*. SPCK Publishing.

Pollack, Detlef, Rosta, Gergely (2015): *Religion in der Moderne. Ein internationaler Vergleich*. Frankfurt/New York: Campus Verlag.

Posner, Sarah (2020): *Unholy: Why White Evangelicals Worship at the Altar of Donald Trump*. Random House.

Die Protokolle der Weisen von Zion (2018). Die Grundlagen des modernen Antisemitismus – eine Fälschung. Text und Kommentar. Hg. von Jeffrey L. Sammons. Göttingen: Wallstein Verlag.

R

Radermacher, Martin, Schüler, Sebastian (2017): *Evangelikalismus zwischen Moderne und Postmoderne*. In: Handbuch Evangelikalismus. Hg. von Frederik Elwert, Martin Radermacher und Jens Schlamelcher. Bielefeld: transcript Verlag, 427–442.

Raedel, Christoph (2018): *Evangelikale Theologie – Quo Vadis? Vortrag anlässlich des 40. Gründungsjubiläums des Arbeitskreises für evangelikale Theologie*. In:

Biblisch erneuerte Theologie. Jahrbuch für Theologische Studien. Holzgerlingen: SCM Verlag.

Reimer, Johannes (2009): *Die Welt umarmen. Theologie des gesellschaftsrelevanten Gemeindebaus* (Transformationsstudien 1). Marburg: Francke Verlag.

Reinhardt, Wolfgang (2012): *Die Erweckung in Wales 1904/05 und ihre Auswirkungen auf den deutschen Neupietismus.* In: Lüdke, Frank und Schmidt, Norbert (Hg.): Die neue Welt und der neue Pietismus. Angloamerikanische Einflüsse auf den deutschen Neupietismus. Berlin: LIT Verlag.

Riecker, Otto (1974): *Das evangelistische Wort. Pneumatologie und Psychologie der evangelistischen Bewegung.* Träger, Rede und Versammlung. Reprint Stuttgart: Hänssler.

Riesebrodt, Martin (2000): *Die Rückkehr der Religion. Fundamentalismus und der »Kampf der Kulturen«.* München: C. H. Beck.

Rivers, Isabel (1991): *Reason, Grace, and Sentiment. A Study of the Language of religion and ethics in England 1660–1780.* Vol. 1: Whichcote to Wesley. New York: Cambridge University Press.

Rivers, Isabel (2000): *Reason, Grace, and Sentiment. A Study of the Language of religion and ethics in England 1660–1780.* Vol. 2: Shaftesbury to Hume. New York: Cambridge University Press.

Ronsdorf, Hans-Jörg (2020): *Frauen, vergebt uns! Was wir Männer wieder gutmachen müssen. Zur Rolle von Mann und Frau.* Kirche für Alle.

S

Sauer, Erich (1948): *Vom Adel des Menschen. Gedanken über Zweck und Ziel der Menschenschöpfung.* Gütersloh: Verlagshaus.

Sauer, Erich (1959): *Der König der Erde. Ein Zeugnis vom Adel des Menschen nach Bibel und Naturwissenschaft.* Gütersloh: Verlagshaus.

Sauter, Monika (2017): *Devoted! Frauen in der evangelikalen Popkultur der USA.* Bielefeld: transcript Verlag.

Schaeffer, Francis (1982): *A Christian Manifesto.* Wheaton: Crossway Books.

Schaeffer, Frank (2008): *Crazy for God: How I grew up as One of the Elect, Helped Found the Religious Right, and Lived to Take All (or Almost All) of it Back.* Cambridge: Dacapo Press.

Schirrmacher, Thomas (2001): *Irrtumslosigkeit der Bibel oder Hermeneutik der Demut. Ein Gespräch unter solchen, die mit Ernst Bibeltreue sein wollen.* VTR.

Schirrmacher, Thomas (2005): *Bibeltreue in der Offensive: Die drei Chicagoerklärungen zur biblischen Irrtumslosigkeit, Hermeneutik und Anwendung.*

Schirrmacher, Thomas (2010): *Fundamentalismus. Wenn Religion zur Gefahr wird.* Holzgerlingen: SCM Hänssler.

Schirrmacher, Thomas (2015): »Der religiöse Nationalismus marschiert voran«. In: Jahrbuch Religionsfreiheit 2015. Hg. von Thomas Schirrmacher und Max Klingberg, 79–83.

Schirrmacher, Thomas (2019): *Handbuch Evangelikalismus – eine sehr ausführliche Rezension und Stellungnahme.* WEA Department of Theological

Concerns – Bulletin Nr. 4 / August 2019. https://www.thomasschirrmacher.info/wp-content/uploads/2019/09/Rezension_Handbuch_Evangelikalismus_Schirrmacher.pdf

Schlink, Edmund (1983): *Ökumenische Dogmatik. Grundzüge*. Göttingen: Vandenhoeck & Ruprecht.

Schmid, Manuel (2020): *Kämpfen um den Gott der Bibel. Die bewegte Geschichte des Offenen Theismus*. Gießen/Basel: Brunnen Verlag.

Schmidt, Veronika (2019): *Endlich gleich! Warum Gott schon immer mit Männern und Frauen rechnet*. Holzgerlingen: SCM Verlagsgruppe.

Schnabel, Eckhard (2013): *Das Neue Testament und die Endzeit*. Gießen/Basel: Brunnen Verlag.

Schönberg, Klaus (2021): *Basisbuch Gemeindegründung. Gründen, Entwickeln, Multiplizieren*. Wustermark: Oncken Verlag.

Schwarz, Christian (2015): *Gemeindeentwicklung 3.0. Eine Einführung in die natürliche Gemeindeentwicklung*. Emmelsbühl: ncd-media.

Schweyer, Stefan (2020): *Freikirchliche Gottesdienste. Empirische Analysen und theologische Reflexionen*. Leipzig: Evangelische Verlagsanstalt.

Shuman, Joel J. (2014): *Pfingsten und das Ende des Patriotismus. Ein Aufruf zur Wiederherstellung des Pazifismus unter pfingstlichen Christen*. In: Haustein, Jörg, Maltese, Giovanni (Hg.): Handbuch pfingstliche und charismatische Theologie. Göttingen: Vandenhoeck & Ruprecht, 354–379.

Sider, Ronald J. (1995): *... denn sie tun nicht, was sie wissen. Die schwierige Kunst, kein halber Christ zu sein*. Moers: Brendow Verlag.

Sider, Ron (2020): *The Spiritual Danger of Donald Trump: 30 Evangelical Christians on Justice, Truth, and Moral Integrity*. Eugene: Wipf and Stock Publishers.

Snyder, Howard A. (1974): *Die Kirche als Evangelisationswerkzeug Gottes*. In: Alle Welt soll sein Wort hören (1974). Lausanner Kongress für Weltevangelisation. Hg. von Peter Beyerhaus. Dokumente in 2 Bde. Neuhausen-Stuttgart: Hänssler Verlag, 466–481.

Stadelmann, Helge (Hg.) (2002): *Liebe zum Wort. Das Bekenntnis zur biblischen Irrtumslosigkeit als Ausdruck eines bibeltreuen Schriftverständnisses*. VTR.

Stangenberg, Jens (2020): *Bibelfundamentalismus. Sein berechtigtes Anliegen und warum er dennoch daneben liegt ...* https://jensstangenberg.de/podcast/christlicher-fundamentalismus/

Steckel, Karl, Sommer, Ernst C. (Hg.) (1982): *Geschichte der Evangelisch-methodistischen Kirche. Weg, Wesen und Auftrag des Methodismus unter besonderer Berücksichtigung der deutschsprachigen Länder Europas*. Stuttgart: Christliches Verlagshaus.

Stephens, Hilde Loevdal (2019): *Family Matters: James Dobson and Focus on the Family's Crusade for the Christian Home*. Tuscaloosa: The University of Alabama Press.

Stewart, Katherine (2019): *The Power Worshippers. Inside the Dangerous Rise of Religious Nationalism*. New York: Bloomsbury Publishing Inc.

Stolz, Jörg u. a. (2014): *Phänomen Freikirchen. Analysen eines wettbewerbsstarken Milieus*. Zürich: Pano Verlag.
Stott, John (1974): *Die biblische Grundlage der Evangelisation*. In: Lausanne-Dokumente I. Alle Welt soll sein Wort hören. Hg. von Peter Beyerhaus. Neuhausen-Stuttgart: Hänssler Verlag, 60–84.
Stott, John (1976): *Gesandt wie Christus*. Wuppertal: Brockhaus Verlag.
Stott, John (1986): *Grundkurs des Glaubens*. Wuppertal: Brockhaus Verlag.
Stott, John (1996): *Christen auf dem Weg ins nächste Jahrtausend. Was sie glauben. Wie sie denken. Wie sie leben*. Moers: Brendow Verlag.
Stott, John (1987/88): *Christsein in den Brennpunkten unserer Zeit …* 4 Bände. Marburg: Verlag der Francke Buchhandlung.
Stratmann, Hartmut (1970): *Kein anderes Evangelium. Geist und Geschichte der neuen Bekenntnisbewegung*. Hamburg: Furche Verlag.
Strauch, Peter (2015): *Meine Zeit steht in deinen Händen. Biografie*. Holzgerlingen: SCM Hänssler.
Strübind, Andrea, Rothkegel, Martin (2011): *Baptismus. Geschichte und Gegenwart*. Göttingen: Vandenhoeck & Ruprecht.
Stuhlhofer, Franz (1992): *Das Ende naht! Die Irrtümer der Endzeitspezialisten*. Gießen: Brunnen Verlag.
Sutton, Matthew Avery (2017): *American Apocalypse. A History of Modern Evangelicalism*. First Harvard University Press.
Synan, Vinson (1997): *The Holiness-Pentecostal Tradition. Charismatic Movements in the Twentieth Century*. Grand Rapids: Eerdmans.

T

Taylor, Charles (2010): *Ein säkulares Zeitalter*. Berlin: Suhrkamp Verlag.
Tidball, Derek J. (1999): *Reizwort Evangelikal. Entwicklung einer Frömmigkeitsbewegung*. Stuttgart: Edition Anker im Christlichen Verlagshaus.
Tisby, Jemar (2019): *The Color of Compromise. The Truth about the American Church's Complicity in Racism*. Grand Rapids: Zondervan.
Todjeras, Patrick (2020): *»Emerging Church« – Ein dekonversiver Konversationsraum. Eine praktisch-theologische Untersuchung über ein anglo-amerikanisches Phänomen gelebter Religion*. Göttingen: Vandenhoeck & Ruprecht.
Todjeras, Patrick (2021): *»Post-evangelikal« – Eine Verständigung*. In: Pastoraltheologie 110, 59–79.
Tomlinson, Dave (2014): *The post evangelical*. SPCK Classics Edition.
Treloar, Geoffrey R. (2016): *The Disruption of Evangelicalism. The Age of Torrey, Mott, McPherson und Hammond*. London: InterVarsity Press.
Trueman, Carl R. (2020): *The Rise and Triumph of the Modern Self: Cultural Amnesia, Expressive Individualism and the Road to Sexual Revolution*. Wheaton: Crossway.
Turner, John G. (2008): *Bill Bright & Campus Crusades for Christ. The Renewal of Evangelicalism in Postwar America*. Chapel Hill: The University of North Carolina Press.

U

Urban, Christoph (2019): *Fundamentalismus. Ein Abgrenzungsbegriff in religionspolitischen Debatten.* Springer Fachmedien.

V

Vermulen, Brad (2020): *Reformed Resurgence: The New Calvinistic Movement and the Battle Over American Evangelicalism.* Oxford: University Press.

Vetter, Ekkehard (2009): *Jahrhundertbilanz – erweckungsfasziniert und durststreckenerprobt: Ein Beitrag zur Erweckungsgeschichte im 20. Jahrhundert und zur Entstehung der Pfingstbewegung in Deutschland.* Bremen: Missionsverlag des Mühlheimer Verbandes.

Voigt, Karl Heinz (1990): *Die Evangelische Allianz als ökumenische Bewegung. Freikirchliche Erfahrungen im 19. Jahrhundert.* Stuttgart: Christliches Verlagshaus.

Voigt, Karl Heinz (2004): *Freikirchen in Deutschland. 19. und 20. Jahrhundert.* Leipzig: Evangelische Verlagsanstalt.

Vondey, Wolfgang (2018): *Pentecostal Theology: Living the Full Gospel.* London: T&T Clark.

W

Wagner, C. Peter (1996): *Confronting the Powers.* Ventura: Regal Books.

Warren, Rick (2002): *Leben mit Vision. Wozu um alles in der Welt lebe ich?* Asslar: Gerth Medien.

Was Evangelikale glauben (1989). Die Glaubensbasis der Evangelischen Allianz erklärt. Hg. von Fritz Laubach und Helge Stadelmann. Wuppertal: R.Brockhaus Verlag.

Weber, Max (2008): *Wirtschaft und Gesellschaft. Grundriss der verstehenden Soziologie.* Frankfurt/Main: Zweitausendeins.

Weber, Timothy P. (2004): *On the Road to Armageddon. How Evangelicals became Israel's Best Friend.* Grand Rapids: Baker Academic.

Weg und Zeugnis (1980). Bekennende Gemeinschafen im gegenwärtigen Kirchenkampf (1965–1980). Hg. von Rudolf Bäumer u. a. Bad Liebenzell: Verlag der Liebenzeller Mission.

Weg und Zeugnis (1998). Dokumente und Texte der Bekenntnisgemeinschaften. Kirchliche Zeitgeschichte 1980–1995. Hg. von der Bekenntnisbewegung Kein anderes Evangelium. Lahr: Johannis.

Westerheide, Rudolf (2004): *EINS. Wie wir als Christen glaubwürdig werden.* Wuppertal: R.Brockhaus Verlag.

Weyel, Hartmut (2013): *Evangelisch und frei: Geschichte des Bundes Freier Evangelischer Gemeinden in Deutschland.* Witten: SCM Bundesverlag.

Whitehead, Andrew, Perry, Samuel (2020): *Taking America Back for Good: Christian Nationalism in the United States.* Oxford: University Press.

Williams, Daniel K. (2010): *God's own Party: The Making of the Christian Right.* New York: Oxford University Press.

Winterhoff, Birgit, Harder, Ulf, Herbst, Michael (Hg.) (2012): *Von Lausanne nach Kapstadt. Der dritte Kongress für Weltevangelisation.* Neukirchen-Vluyn: Aussaat.

Wolffe, John (2006): *The Expansion of Evangelicalism. The Age of Wilberforce, More, Chalmers and Finney.* Nottingham: Intervarsity-Press.

Worthen, Molly (2014): *Apostles of Reason. The Crisis of Authority in American Evangelicalism.* Oxford: University Press.

Wrogemann, Henning (2013): *Missionstheologien der Gegenwart. Globale Entwicklungen, kontextuelle Profile und ökumenische Herausforderungen.* Gütersloh: Verlagshaus.

Y

Yong, Amos (2020): *An Amos Yong Reader. The Pentecostal Spirit.* Hg. von Christopber A. Stephenson. Eugene: Wipf and Stock Publishers.

Z

Ziegert, Karl Richard (2015): *Die Verkäufer des perfect life. Über die Amerikanisierung der Religion und den Untergang der EKD-Kirchenwelt in Deutschland.* Berlin: LIT Verlag.

Zimmerling, Peter (2003): *Evangelische Spiritualität, Wurzeln und Zugänge.* Göttingen: Vandenhoeck & Ruprecht.

Zimmerling, Peter (2009): *Charismatische Bewegungen.* Göttingen: Vandenhoeck & Ruprecht.

Zimmermann, Johannes (2020): *Gemeinde, Mission und Transformation. Beiträge zur Gemeindeentwicklung.* Göttingen: Vandenhoeck & Ruprecht.

Zwischenbilanz (1991). *Evangelikale unterwegs zum Jahr 2000.* Hg. von der Deutschen Evangelischen Allianz, Stuttgart.

ANMERKUNGEN

1 Chimamanda Ngozi Adichie: The Danger of a Single Story. https://youtu.be/D9Ihs241zeg
2 Ich möchte dabei mehrere Dimensionen berücksichtigen. Der Religionswissenschaftler Charles Glock arbeitete heraus, dass Religionen stets unterschiedliche Dimensionen haben: eine inhaltliche Dimension (Dogma), eine praktische Dimension (Ethos), eine empirische Dimension (Erfahrung), eine ideologische Dimension (Theologie, Lehre) und schließlich eine Vollzugsdimension (Ritus). Diese Dimensionen helfen uns, eine einseitige Konzentration beispielsweise auf Theologie ebenso wie ein völliges Absehen von theologischen Fragen zu vermeiden.
3 Für die USA wurde dies schon im geschichtlichen Überblick deutlich. Aber auch in der deutschen evangelikalen Bewegung ist seit Jahren von wachsenden Widersprüchen die Rede. Vgl. für einen schnellen Überblick: Parzany 2017; Till 2018; Mette 2019; Diener 2021.
4 Bebbington 1989.
5 Bebbington 1989, 3–4.
6 Die fünfbändige Geschichte des Evangelikalismus »A History of Evangelicalism« kann als Standarddarstellung unserer Generation gelten: Vgl. Bebbington 2005; Wolffe 2006; Noll 2010; Stanley 2013; Treloar 2016. Vgl. zum Überblick auch Hutchinson/Wolffe 2012.
7 Vgl. den Untertitel von Noll 2003: The Age of Edwards, Whitefield and the Wesleys.
8 Zu diesem Zusammenhang vgl. ausführlich Eustace 2008.
9 Vgl. ausführlich Rivers 1991 und Rivers 2000.
10 Vgl. insgesamt Bebbington 1989. Mit diesem Standardwerk hat Bebbington gezeigt, dass es in Großbritannien eine seit dem 18. Jahrhundert bestehende geschichtliche Kontinuität evangelikaler Frömmigkeit gibt.
11 Vgl. Wolffe 2006, 183–215.
12 Vgl. Wolffe 2006, 69–90.
13 »Between 1850 and 1900 the evangelical movement was a dominant force in the English-speaking world.« Bebbington 2005, 267.
14 Für die angloamerikanische Vorgeschichte und vor allem die Wirkung in Deutschland siehe Holthaus 2005.
15 Vgl. Fiedler 1992.
16 Siehe Treloar 2016. Näheres siehe Kapitel 7.
17 Vgl. insgesamt Kapitel 5.
18 Vgl. ausführlicher Kapitel 8.
19 Vgl. Treloar 2016, 260–261.
20 Stanley 2013.

21 Vgl. vor allem Kapitel 9.

22 Vgl. insgesamt die sehr aufschlussreiche Studie zu Freikirchen beziehungsweise Evangelikalen in der Schweiz: Stolz 2014. Für die evangelikale Bewegung in Deutschland gibt es bislang keine vergleichbar guten Erhebungen.

23 Für die ersten Jahrzehnte der Evangelischen Allianz siehe die hervorragende Darstellung von Lindemann 2011.

24 Vgl. Beyreuther 1969; Voigt 1990; Jung 1992, 36–87; Beyer 1995; Westerheide 2004.

25 https://www.idea.de/fileadmin/ideade/pdf/Oekumenisches_Dialogpapier_WEA-PCPCU_dt_28022018.pdf

26 Lausanne 1974.

27 Kapstadt 2012, 226.

28 Vgl. zu dieser Größenordnung die kundige Argumentation von Thomas Schirrmacher: https://www.thomasschirrmacher.info/wp-content/uploads/2021/08/2021_WEA_DTC_Bulletin_b.pdf

29 ORF 30.5.2006 / 3Sat 6.1.2007.

30 ZDF Frontal 21, 4. August 2009.

31 Vgl. Goldberg 2007; Williams 2010; Fitzgerald 2017; Stewart 2019; Whitehead/Perry 2020, Gorski 2020. Auf Deutsch vgl. vor allem die kritische Darstellung bei Brockschmidt 2021.

32 Du Mez 2020.

33 Vgl. Du Mez 2020, 66–73.

34 Vgl. Du Mez 2020, 118–133.

35 Vgl. vor allem Du Mez 2020, 78–87.

36 https://www.christianitytoday.com/ct/2019/december-web-only/trump-should-be-removed-from-office.html

37 »Remember who you are and whom you serve. Consider how your justification of Mr. Trump influences your witness to your Lord and Savior. Consider what an unbelieving world will say if you continue to brush off Mr. Trump's immoral words and behavior in the cause of political expediency. If we don't reverse course now, will anyone take anything we say about justice and righteousness with any seriousness for decades to come?« (Übersetzung des Autors).

38 Vgl. Noll/Bebbington/Marsden 2019.

39 https://www.welt.de/regionales/nrw/article220413484/Papst-aus-der-Provinz-Ein-Bonner-ist-Kopf-der-evangelikalen-Christenheit.html

40 Vgl. den umfassenden Überblick zur deutschen Entwicklung in der vierbändigen Geschichte des Pietismus (1993–2003).

41 In der deutschen Kirchengeschichtsschreibung wird der Pietismus überwiegend als eine historische Epoche von 1670 bis 1780 gesehen. Diese Eingrenzung wird den geschichtlichen Kontinuitätslinien über das 18. Jahrhundert hinaus nicht wirklich gerecht. Deutsche Pietisten haben eine ebenso gebrochene und ungebrochene Traditionsgeschichte wie zum Beispiel deutsche Lutheraner. Darum halte ich es bis heute für sachgemäßer, dass die vierbändige »Geschichte des Pietismus« das Konzept des Pietismus auch für die folgenden Jahrhunderte verwendet und bis in die Gegenwart hinein verlängert.

Zugleich ist klar, dass die geschichtlichen Umbrüche teilweise sehr erhebliche Veränderungen dieser Strömung mit sich brachten.

42 Vgl. Heinrichs 1991; Voigt 2004.

43 Zur Heiligungsbewegung siehe Holthaus 2005. Zur Gemeinschaftsbewegung vgl. Lange 1979.

44 Vgl. die höchst unterschiedlichen aktuellen Darstellungen dieser Geschichte bei Bauer 2012, Hermle/Kampmann 2012; Oehlmann 2016 und Breitschwerdt 2019. Siehe auch noch Stratmann 1970; Busch 1995.

45 Diese Unterscheidungen wurde erstmals in den 1970er-Jahren vom Gnadauer Präses Kurt Heimbucher formuliert, vgl. Jung 1992, 87; 155; 232; 274. Vgl. zum Hintergrund dieser Unterscheidung Dietz 2017a.

46 Vgl. grundsätzlich: Wrogemann 2013, 119–141; Berneburg 1997, 72–90; Lausanne I–II 1974.

47 Graham 1974b, 49.

48 A. a. O., 61.

49 Vgl. auch die treffende Würdigung bei Herbst 2012, 17–24.

50 Stott 1974, 62.

51 Stott 1974, 69.

52 A. a. O., 77.

53 Graham 1974a, 563.

54 A. a. O., 564.

55 Peters 1974, 253.

56 Snyder 1974, 466.

57 Herbst 2012, 23.

58 Hartmut Bärend berichtet, der Kongress für Weltevangelisation in Berlin 1966 sei noch von einem Kreis »von führenden Evangelikalen aus den USA einberufen worden« und »weder die Deutsche Evangelische Allianz noch die AMD hatten Einfluss auf die Berufungen« (Bärend 2011, 174). In Kapstadt 2010 sah das schon anders aus. Aber Michael Herbst schreibt auch hier, dass der bestimmende Einfluss der angloamerikanischen Achse hinter den Kulissen unverkennbar gewesen sei (Herbst 2010, 27).

59 Kivengere 1974, 548.

60 https://lausanne.org/content/personal-testimony-ten-boom

61 Ten Boom (2019): Mit Gott durch Dick und Dünn. Holzgerlingen: SCM Hänssler, S. 31.

62 Bärend 2011, 190. Ausdrücklich benennt Bärend die Kreise, die hinter der Berliner Ökumene-Erklärung standen.

63 A. a. O., 337. Bedauernd stellt Bärend fest: »[B]ei den langen Diskussionen blieben die Überlegungen, wie das Evangelium in Deutschland insgesamt effektiver umgesetzt werden kann, auf der Strecke.« (A. a. O.)

64 Kapstadt 2012, 222.

65 Allerdings ist dieses positive Verhältnis von evangelischer Kirche und evangelikalen Gruppen in den letzten zehn Jahren unter massiven Druck geraten. Zentrale Bedeutung hatten dafür die Differenzen in sexualethischen Fragen, wobei unverkennbar ist: Diese Gegensätze wirken inzwischen spannungsvoller

in Freikirchen und Gemeinschaften als in den Landeskirchen (mit Ausnahme der württembergischen und der sächsischen Landeskirche).

66 Vgl. Kapitel 5.

67 Zur internen Entwicklung der Bekenntnisbewegung schreibt Findeisen: »Die inneren Streitigkeiten steigerten sich zu solcher Heftigkeit, dass immer mehr die Bekenntnisbewegung unter Trauer, ja Entsetzen verließen, darunter die meisten meiner Freunde. Schließlich verließ selbst Paul Deitenbeck mit dreifachem ›Kyrie Eleison‹ eine Sitzung und erklärte, bevor er aus der Tür ging: ›Ich verlasse die Bekenntnisbewegung unter Tränen als einer ihrer Gründer‹« (Findeisen 2002, 240). Über seinen Rückzug aus der Bekenntnisbewegung Ende der 1990er-Jahre schreibt Findeisen: »Mit ihr kam es für mich zum Ende, als sie einen warnenden Artikel gegen die Groß-Evangelisation ›Pro Christ‹ mit Ulrich Parzany veröffentlichen wollte. Davon trennten mich Welten, und dabei hatte mein Name nichts zu suchen.« (A. a. O., 243.) Vgl. auch Beyerhaus 2015.

68 Beim folgenden Abschnitt handelt es sich um eine Überarbeitung und Weiterführung meiner Gedanken aus: https://www.reflab.ch/teure-gnade/
Vgl. vor allem auch die treffende Skizze bei Herbst 2017. Siehe auch Eggers/Spieker 2005.

69 https://lausanne.org/content/evangelism-and-the-world; Lausanne I (1974), 146–194.

70 Padilla 1974, 148.

71 A. a. O., 168; 190.

72 A. a. O., 156.

73 A. a. O.,172.

74 Ebd.

75 A. a. O., 185.

76 A. a. O., 173.

77 A. a. O., 177.

78 A. a. O., 180.

79 Vgl. Helfenstein 1991.

80 Vgl. Escobar 1974.

81 A. a. O., 393.

82 A. a. O., 396f.

83 Graham 1974b, 47.

84 Ebd.

85 A. a. O., 50.

86 Stott 1976.

87 Vgl. Moberg 1972.

88 Laubach 1972, 111.

89 A. a. O., 113.

90 A. a. O., 114.

91 https://christiansforsocialaction.org/about-us/history/

92 Vgl. Johnston 1984.

93 Für die Geschichte siehe die eher den konservativen Evangelikalen nahestehende Darstellung in Berneburg 1997 und die mehr mit den sozialen Evangelikalen verbundene Sicht von Bosch 2011 und Bosch 2012.
94 Vgl. Bockmühl 1983.
95 Berneburg 1997, 365.
96 https://micha-initiative.de/das-ist-micha/micha-erklaerung
97 Kapstadt 2012, 244.
98 A. a. O., 248. Die deutsche Übersetzung verwendet konsequent »Veränderung«, wo es im Original »*transformation*« heißt. Damit wird ein Schlüsselbegriff der internationalen Debatte faktisch unsichtbar gemacht. Denn das deutsche Allerweltswort »Veränderung« wird nicht verstanden im Sinne der zuvor erzielten Klärungen. Die insgesamt sehr dünne Rezeption dieser Lausanner Texte in Deutschland hat sicher auch dazu beigetragen, dass später die Verwendung des Transformationsbegriffs in evangelikalen Kreisen Missverständnisse hervorrief.
99 A. a. O., 249.
100 A. a. O., 259.
101 A. a. O., 267.
102 A. a. O., 239.
103 A. a. O., 240.
104 A. a. O., 262.
105 Vgl. Evangelisation 1990, 18 und Kapstadt 2012, 67–74.
106 Micha Deutschland: https://micha-initiative.de/
107 Strauch 2015, 547. Auch in seinem Buch »Ich will keine Wetterfahne sein« distanzierte sich Rolf Scheffbuch ausdrücklich von einer solchen holistischen Sicht des Evangeliums. »Es ist so schade, wenn in unseren Tagen in der weltweiten evangelikalen Christenheit als prophetischer Micha-Impuls ausgegeben wird, dass Christen für das UNO-Programm zur Halbierung der wirtschaftlichen Armut eintreten sollten!« Zitiert nach Strauch 2015, 549.
108 Vgl. Siehe vor allem die Schriftenreihe »Transformationsstudien« im Marburger Francke Verlag. Einen sehr guten Überblick bekommt man in Faix/Künkler 2012. Siehe auch Reimer 2009.
109 Badenberg/Knödler 2013, 18.
110 Badenberg/Knödler 2013, 57.
111 Badenberg/Knödler 2013, 58. Siehe auch die Fortführung dieser Debatte in der Zeitschrift »Akzente« durch Volker Gäckle und Tobias Faix: http://www.rgav.de/images/stories/inhalte/akzente/ausgaben/nachjahren/2014/rgav-akzenteProzent203-2014.pdf
112 Pfingstaufruf 2013, 2.
113 Pfingstaufruf 2013, 3.
114 Ein Beispiel solcher Projekte ist die inzwischen stark gewachsene und vielfach mit Preisen ausgezeichnete Arbeit von Jumpers e. V. https://www.jumpers.de
115 Zimmermann 2020, 123–144.
116 In diesem Sinne hat der Gnadauer Verband 2017 in einer eigenen Erklärung die Bedeutung der Diakonie stark betont. Ganz im Lausanner Geist heißt es:

Verkündigung ist so »Diakonie mit dem Wort« – weil die diakonische Tat gedeutet wird (vgl. Apg 3,1-16). Diakonie ist »Verkündigung durch die Tat« – weil das verkündigte Wort vorbereitet, begleitet oder beglaubigt wird (vgl. Mk 2,1-12). Sodann bedeutet diese Verschränkung für jeden Kontext etwas anderes. Für den Raum der Gemeinschaftsbewegung wird formuliert: »Jede Gemeinschaft, die das Evangelium verkündigt, braucht diakonisches Handeln – oder sie ist keine Gemeinschaft im Sinne des Evangeliums.« Umgekehrt ist klar, dass für viele kirchliche Gemeinden die Umkehrung dieses Satzes notwendig sein mag.
Vgl. https://www.gnadauer.de/uploads/_gnadauer/2018/02/17-09-20-Keine-Gemeinschaft-ohne-Diakonie.pdf

117 Böcking 2021, 77.

118 Jenkins 2011.

119 EKD 2021, 5.

120 Vgl. Dayton 1987. Vgl. auch Hollenweger 1969. Hollenweger versucht stärker, die Pfingstbewegung von den Evangelikalen abzugrenzen, indem er den Einfluss der schwarzen Kirchen und der ökumenischen Bewegung betont. Zur Pfingstbewegung insgesamt siehe auch Martin 1990; Synan 1997; Gemeinhardt 2005; Zimmerling 2009; Anderson/Bergunder 2010; Anderson 2014; Krämer 2019; EKD 2021.

121 https://www.youtube.com/watch?v=WGHgyraJbfc
Die Logik hinter diesen Heilungen findet man schön beschrieben ab Min. 5.50ff, vor allem ab Min. 6.39ff.

122 Inzwischen ist Frisbees Wirken und sein großer Einfluss in David Di Sabatinos Dokumentarfilm »Frisbee: The Life and Death of a Hippie Preacher« (2005) gewürdigt. Frisbee verschwand nach einigen Jahren aus der Öffentlichkeit, als den Verantwortlichen klar wurde, dass er nicht nur homosexuell veranlagt war, sondern auch immer wieder heimlich sexuelle Kontakte pflegte.

123 Vgl. die eindrückliche Breite internationaler Einzelbeispiele im EKD-Text EKD 2021.

124 Kapstadt 2012, 278.

125 Ebd.

126 Die beste Gesamtdarstellung findet sich bei Bowler 2013.

127 Meyer 1995.

128 A. a. O., 31.

129 A. a. O., 38.

130 A. a. O., 143.

131 A. a. O., 42.

132 A. a. O., 181.

133 A. a. O., 182.

134 A. a. O., 73.

135 A. a. O., 91. Und weiter: »Logik ist nicht die Norm, in der sich unser Denken nach dem Willen Gottes bewegen sollte.« A. a. O., 94.

136 A. a. O., 92.

137 https://www.firstthings.com/article/2012/11/a-friendly-dissent-from-pentecostalism

138 Siehe http://sps-usa.org/
Wir nehmen Maß an der deutschsprachigen Textsammlung Haustein/Maltese 2014 und an EKD 2021.
139 Vgl. Haustein/Maltese 2014, 249–266.
140 Vgl. Vondey 2018.
141 Vgl. Grey 2011.
142 Vgl. Haustein/Maltese 2014, 464–490. Siehe auch Yong 2020, 23–71.
143 Vgl. Shuman 2014.
144 Holthaus 2005, 551–596.
145 Vgl. die klassischen Darstellungen bei Fleisch 1983 und 2003. Für das Folgende siehe Holthaus 2005, 571–592; Giese 1976. Siehe vor allem auch den Überblick von Frank Lüdke auf der Seite der Forschungsstelle Neupietismus der Evangelischen Hochschule TABOR, Marburg: https://www.eh-tabor.de/de/die-trennung-von-pfingstbewegung-und-gemeinschaftsbewegung
146 Vgl. Reinhardt 2012.
147 Lange 1979, 287–290.
148 A. a. O., 288.
149 Ebd.
150 A. a. O., 289.
151 Vgl. Vetter 2009. Vgl. 334–350.
152 Vgl. Eisenlöffel 2006, 229ff.
153 Weg und Zeugnis II (1998), 585.
154 A. a. O., 587.
155 A. a. O., 589.
156 A. a. O., 591.
157 Diese drei Gründe benennt Peter Strauch in seinen Erinnerungen als maßgeblich, Strauch 2015, 388.
158 Für die Kasseler Erklärung 1996 siehe: https://www.glopent.net/iak-pfingstbewegung/Members/GerhardBially/berliner-erklaerung#kek
159 So heißt es: »Beim Sprachengebet und der Sprachenrede wird die apostolische Ordnung nach 1. Kor. 14 verbindlich anerkannt.« Damit bekennt man sich faktisch nur zur Autorität der Bibel, ohne zu einer gemeinsamen Auslegung derselben zu kommen. Denn die strittige Frage war ja gerade, wie man die apostolische Ordnung in dieser Frage verstehen und anwenden müsse.
160 Ebd.
161 Den besten aktuellen Überblick gibt es gegenwärtig bei Hemminger/Kick 2020.
162 Vgl. die Schilderungen in dieser historischen Studie: Ribbat 1996.
163 Vgl. Harrison 2011.
164 https://erlc.com/resource-library/articles/4-lessons-from-carl-f-h-henrys-the-uneasy-conscience-of-modern-fundamentalism/
165 Vgl. Tidball 1999, 313f.
166 Exemplarisch siehe McDowell 2002. Dieser Umgang mit der Bibel ist sehr modern. Tatsächlich beziehen sich die Evangelikalen selten oder nie auf die traditionelle Schriftauslegung der alten Kirche oder des Mittelalters. In der

Antike und im Mittelalter war die Schriftauslegung der Kirchen von der Idee des mehrfachen Schriftsinns bestimmt. Der buchstäblich-historische Sinn biblischer Texte war vielfach gerade nicht entscheidend. Vielmehr suchte man nach dem symbolischen Sinn vieler biblischer Aussagen. Bei der Geschichte des Auszugs Israels aus Ägypten fragte man beispielweise nicht nach den historischen Umständen, dem Zeitpunkt in der Geschichte etc., sondern nach der geistlichen Bedeutung: Wie können wir aus der Gefangenschaft der Sünde ausziehen? Erst die Reformation wandte sich stärker dem wörtlichen Sinn der biblischen Texte zu. Aber auch die Reformatoren betrieben noch keine historische Forschung zur Entstehungszeit der Bibel. Vielmehr legten sie die biblischen Texte ganz von der paulinischen Rechtfertigungslehre her aus. Als entscheidend galt in allen biblischen Büchern die Botschaft, dass Gott sich uns gnädig zuwendet und wir ihm im Glauben vertrauen.

167 Zitiert nach Marsden 2006, 113.

168 Vgl. exemplarisch Lange 2017; Clausen 2021; Clausen/Fink/Gerstacker/Giebel/Lange 2021.

169 Siehe die differenziertere Typologie bei Craig 2000. Als kurzer Überblick sehr hilfreich: Stanley 2013, 121–149. Vgl. vor allem den Gesamtüberblick bei Worthen 2014.

170 Vgl. exemplarisch Craig 2017, 203–250.

171 Vgl. Lennox 2009; Keller 2010.

172 In der Regel bezeichnet man diesen Ansatz als »presuppositionalism«, d. h.: Die Rahmenvoraussetzungen unseres Denkens entscheiden darüber, welche Annahmen für uns annehmbar sind oder nicht. Vgl. zu Van Til und seinen Nachfolgern wie Schaeffer: Stanley 2013, 125–139; Worthen 2014, 209–226.

173 Vgl. aktuell scharfe Zeitkritik bei Trueman 2020.

174 Vgl. Lewis 1992. Das Folgende ist eine Überarbeitung der Ausführungen zu Lewis in Dietz 2017b.

175 A. a. O., 71.

176 A. a. O., 91.

177 Ebd.

178 A. a. O., 146.

179 A. a. O., 204.

180 A. a. O., 284.

181 Vgl. Vermulen 2020.

182 Vgl. Schmid 2020.

183 Vgl. https://www.thomasschirrmacher.info/blog/john-stott-immer-noch-unser-groesstes-modernes-vorbild-fuer-evangelikale-theologie/

184 Vgl. auf Deutsch: Stott 1986.

185 Vgl. auf Deutsch: Stott 1996.

186 Vgl. für Deutschland die Einführung bei Clausen 2010, 87–136.

187 2004–2006 haben Theologen des AfeT einen gemeinsamen Überblick gegeben zum Profil evangelikaler Theologie in Deutschland. Dabei benennt der Herausgeber Christian Herrmann im Vorwort ausdrücklich diese drei Hauptsäulen der evangelikalen Bewegung in Deutschland, vgl. Herrmann 2006, 8.

188 https://www.ikbg.net/pdf/Salzburger-Erklaerung-Original.pdf

189 https://www.ibe-feg.de
190 Raedel 2018, 229.
191 A. a. O., 231.
192 A. a. O., 239.
193 Mette 2019, 31.
194 Siehe vor allem die Gesamtdarstellung apokalyptischer Gedanken bei Suton 2014. Siehe auch Boyer 1992 und Frykholm 2004.
195 Vgl. für den deutschen Raum ausführlich die Beiträge bei Breul/Schnurr 2013.
196 Vgl. Sutton 2017, 8–46.
197 Vgl. Weber 2004, 155ff.
198 Lindsey/Carlson 1971, 121.
199 A. a. O., 152.
200 Sutton 2014, 355ff.
201 Festinger 1956.
202 Vgl. Für das Folgende: https://www.reflab.ch/wenn-prophetie-scheitert/
203 LaHaye/Jenkins 1996, 445.
204 Vgl. Protokolle 2018.
205 Vgl. Weber 2004, 129–154
206 Christianity Today berichtet, dass 27 Prozent der weißen Evangelikalen Qanon für überwiegend oder sogar völlig zuverlässig halten.
Vgl. https://www.christianitytoday.com/news/2021/february/white-evangelicals-qanon-election-conspiracy-trump-aei.html
207 https://www.theologische-links.de/downloads/oekumene/oekumeneerklaerung.html
208 Beyerhaus 1979, S. 38.
209 A. a. O., S. 32.
210 Die Zeitschrift idea Spektrum hatte bereits Anfang Mai 2020 einen zustimmenden Beitrag des einflussreichen württembergischen Pfarrers Winrich Scheffbuch veröffentlicht: https://www.idea.de/Kommentar/detail/corona-warum-ich-zur-demonstration-auf-den-stuttgarter-wasen-ging-110467
211 Die Sammlung von prophetischen Stimmen aus dem In- und Ausland bei Baron 2017 gibt vielfältige Beispiele einer solchen prophetischen Zeitkritik und dem Anspruch auf geistlich-politische Führung der Nation.
212 https://www.ead.de/mai-1/15052021-stellungnahme-zu-antisemitischen-vorkommnissen-und-einseitiger-israelkritik/
Schon im November 2020 distanzierte sich die DEA ausdrücklich von Verschwörungstheorien und rief Christen dazu auf, solchen Tendenzen zu widerstehen. Vgl. https://www.ead.de/fileadmin/DEA_Allgemein/Stellungnahmen/2020-11-07_Erklaerung_zur_Corona-Krise.pdf
213 Vgl. Stuhlhofer 1992. 2007 wurde dieses Buch noch einmal veröffentlicht mit einem positiven Vorwort von Thomas Schirrmacher, der inzwischen Generalsekretär der weltweiten Evangelischen Allianz ist.
214 Vgl. Schnabel 2013. Man könne Paulus sicher so verstehen, dass er für die Zukunft eine größere Hinwendung von Juden zu Jesus erwartet. »Es gibt jedoch keine biblische Grundlage für die These, dass die Ereignisse des Jahres 1948 (Staatsgründung Israels) und 1967 (Sechstagekrieg und Einnahme Ostjerusa-

lems durch Israel) als Erfüllung biblischer Prophetie zu gelten haben. … Die Unterstützung Israels durch christliche Zionisten ist zwar gut gemeint, ihre politischen Ansichten im Blick auf ein ›Groß-Israel‹ mit ausgedehnteren Grenzen als der heutige Staat Israel können aber nicht als legitime Interpretation biblischer Prophetie gelten.« Schnabel 2013, 198f.

215 Vgl. die vielen detaillierten Nachweise bei Stuhlhofer 1992.

216 Vgl. zuletzt den Überblick bei Urban 2019, 1–48. Vgl. auch Pfürtner 1991; Carpenter 1999; Riesebrodt 2000; vgl. vor allem auch den Podcast von Jens Stangenberg 2020.

217 Vgl. in vielfach pauschaler Anwendung auf die evangelikale Welt bei Lambrecht/Baars 2009. Sehr viel differenzierter siehe Birnstein 1999.

218 In seiner Studie zur Verwendung dieses Begriffs kommt Christoph Urban zu dem Ergebnis: »Der Fundamentalismusbegriff in der deutschsprachigen protestantischen Theologie der Gegenwart ist vor allem ein Abgrenzungsbegriff.« Urban 2019, 45.

219 Vgl. vor allem Marsden 1991 und Marsden 2006. Siehe auch Packer 1958 und Barr 1977.

220 Siehe Marsden 2006, 118ff.

221 Vgl. beispielsweise das Buch »Four Views on the Spectrum of Evangelicalism«, Bauder 2011. Hier werden (leicht in deutsche Konzepte übersetzt) fundamentalistische, bekennend-evangelikale, allianz-evangelikale und postkonservative Positionen unterschieden.

222 Vgl. vor allem Numbers 2006; siehe auch Hemminger 2009.

223 Morris/Withcomb 1977.

224 Dass es im Alten Orient vielfach regionale Überschwemmungen gab, die die vielfältigen Flutgeschichten angeregt haben könnten, ist naheliegend.

225 Vgl. zur heutigen Verbreitung die Untersuchung von Roser 2018.

226 Vgl. https://bibelbund.de/2015/05/anatomie-einer-reformation/ Vgl. Geldbach 2020.

227 »The criterion by which the Bible is to be interpreted is Jesus Christ.« https://www.utm.edu/staff/caldwell/bfm/1963-1998/1.html

228 »All Scripture is a testimony to Christ, who is Himself the focus of divine revelation.« https://www.utm.edu/staff/caldwell/bfm/2000/1.html

229 https://www.bucer.de/fileadmin/_migrated/tx_org/Chicago_Book3_01.pdf

230 Laubach 1972, 28.

231 A. a. O., 29.

232 Holthaus 2003, 309.

233 David Howard berichtet: »Some of the European nations did not wish to subscribe to the use of the word ›infallible‹, in reference to the scriptures.« A. a. O., 310.

234 Ebd.

235 A. a. O., 313.

236 Bergmann 1964, 5.

237 A. a. O., 7.

238 A. a. O., 10.

239 A. a. O., 12; 25.
240 A. a. O., 13.
241 A. a. O., 15.
242 A. a. O., 16.
243 A. a. O., 17.
244 A. a. O., 3.
245 Frey 2001, 41.
246 Vgl. Sauer 1948.
247 Sauer 1948, 45.
248 Ebd.
249 Ebd.
250 A. a. O., 55f.
251 Hörster 1990, 43.
252 A. a. O., 44.
253 Hempelmann 2001, 49.
254 Vgl. vor allem Schirrmacher 2001 und Stadelmann 2002.
255 Die entsprechende Seite ist auf www.ead.de inzwischen leider offline.
256 Schirrmacher 2009, 108.
257 https://www.thomasschirrmacher.info/wp-content/uploads/2020/06/2020-06_BLOG_TS_Erklaerung_Mette-Schirrmacher.pdf
258 https://www.thomasschirrmacher.info/blog/die-chicago-erklarung-probleme-mit-einem-amerikanischen-bekenntnis-fur-europa/
259 Vgl. Hemminger 2009; Drossel 2013.
260 EKD 2021, 79.
261 https://www.ekd.de/ekd_de/ds_doc/bedeutung_bibel_EVA_2021.pdf
262 Vgl. dieses Dokument aus dem katholisch-evangelikalen Dialog, die Seiten 7–9: https://www.idea.de/fileadmin/ideade/pdf/Oekumenisches_Dialogpapier_WEA-PCPCU_dt_28022018.pdf
263 Vgl. insgesamt Roy 2011.
264 Vgl. Taylor 2012, 251–274.
265 A. a. O., 491.
266 Kapstadt 2012, 237.
267 Vgl. Posner 2020, Stewart 2020.
268 Vgl. Gorski 2020
269 Vgl. Harding 2000; Fitzgerald 2017, 291–318.
270 Vgl. Stephens 2019.
271 Vgl. Fitzgerald 2017, 365–410.
272 https://www.manhattandeclaration.org/
273 Vgl. Brody 2012.
274 Vgl. Goldberg 2007; Stewart 2019.
275 Tisby 2019.
276 Kapstadt 2012, 240.
277 https://www.christianitytoday.com/news/2021/september/trump-evangelical-identity-pew-research-survey-presidency.html?utm_source=facebook&utm_medium=post&utm_campaign=article&fbclid=

IwAR22QhHXeJmYzzyGYXuuwW7aKqCpB7ZZB1yVpMBs2_yoNvNv Ct3Om0pQF50

278 https://taz.de/Evangelikale-Glaubensformen/!5752772/

279 Vgl. vor allem Bednarz 2018. In ihrem Buch benennt Bednarz eine Reihe bedeutender Akteure und Netzwerke der rechtspopulistischen evangelikalen Szene. In dieser Hinsicht wird man auch bei Malessa 2017 fündig. Ich werde mich im Folgenden nicht auf die Identifikation rechter Personen und Medien konzentrieren, sondern auf die inhaltlichen Merkmale rechter beziehungsweise rechtspopulistischer Gesinnung. Veröffentlichungen wie die von Bednarz und Malessa sind notwendig. Gerade weil die Zuschreibung »rechts« im öffentlichen Diskurs eine stark brandmarkende Qualität hat und ich zugleich die Hoffnung auf Veränderungsfähigkeit von Menschen nicht aufgeben möchte, geht es mir in diesem Kapitel stärker um grundsätzliche Klärung als um den konkreten Nachweis rechter Gesinnung in der evangelikalen Welt.

280 Vgl. Kauder 2020, 87–120.

281 Vgl. Fritz 2021.

282 Nach der verlorenen Wahl 2020 schrieb der konservativ-evangelikale Publizist Peter Hahne: »Nicht Hollywood oder die Wall Street bestimmen (allein) den Präsidenten, zwischen Atlantik und Pazifik gibt es auch noch etwas anderes: hart arbeitende, christlich orientierte, konservativ denkende und ganz normale Menschen. Leute, die Klartext à la Trump lieben und bis heute die Nase voll haben von der Lyrik eines Obama. Die keinen Ankündigungspräsidenten wie Clinton mehr wollen, sondern einen Macher. Und jemand, der seine Wahlversprechen umsetzt.« https://www.kath.net/news/73356

283 https://www.gnadauer.de/uploads/_gnadauer/2016/09/2015_02_ Präsesbericht_M._Diener.pdf (S. 35).

284 https://www.pro-medienmagazin.de/ekkehart-vetter-der-neue/
Dass eine solche Abgrenzung keineswegs überflüssig war, zeigten nicht zuletzt viele kritische Leserbriefe in dieser Zeitschrift.

285 https://www.ead.de/2017/september/25092017-afd-ergebnis-ist-schock

286 https://www.pro-medienmagazin.de/heiliger-geist-muss-mit-zeitgeist-im-gespraech-sein/

287 Gäckle 2015, 14f.

288 Vgl. grundsätzlich Dietz 2019.

289 Schirrmacher 2015, 79–83. jb_rf_2015.pdf (iirf.eu)
Der Text erschien zuerst in der WELT am 19.01.2015.

290 A. a. O., S. 79. Obwohl mit Schirrmacher inzwischen der Generalsekretär der WEA aus Deutschland kommt, werden die Positionen der Weltweiten Evangelischen Allianz meiner Erfahrung nach in Deutschland innerhalb wie außerhalb der evangelikalen Bewegung leider nur wenig wahrgenommen.

291 https://www.christianitytoday.com/news/2021/july/nahdlatul-ulama-nu-wea-evangelical-alliance-nations-mosque.html

292 Vgl. Till 2018; Childers 2021; Todjeras 2021.

293 Pally 2010.

294 Vgl. exemplarisch Sider 1995.

295 Die Erklärung »Reclaiming Jesus« (2018) ist ein jüngerer Ausdruck dieses evangelikalen Flügels: https://www.reformiert-info.de/daten/Reclaiming Prozent20JesusProzent20deutsch(1).pdf
296 https://biologos.org/
297 Vgl. vor allem Bielo 2011. Auf Deutsch siehe nun Todjeras 2020. Vgl. auch Faix/Bachmann/Künkler 2012.
298 https://www.crosswalk.com/church/pastors-or-leadership/first-person-understanding-the-emerging-church-1372534.html
299 https://religioustech.org/wp-content/uploads/2019/09/Emergent-Church-Driscoll-Mark.pdf
300 Mark Driscoll wurde wenige Jahre später von seiner Gemeinde abgesetzt. Inzwischen gibt es einen höchst aufschlussreichen Podcast des evangelikalen Magazins »Christianity Today« über den rasanten Aufstieg und den noch dramatischeren Zusammenbruch von Driscolls Gemeinde Mars Hill: https://www.christianitytoday.com/ct/podcasts/rise-and-fall-of-mars-hill/
301 Ebd.
302 Insofern ist der Beobachtung von Todjeras 2021 zuzustimmen, dass es sich beim Postevangelikalismus um ein vergleichbares Phänomen handelt.
303 Tomlinson 1995, 24.
304 »The Reason for many people to drop out of evangelical churches is their dislike of the Parentalism which dictate exactly what they should believe and how they should behave.« A. a. O., 44.
305 Differenzierter ist das Buch von Till 2018, das bei ähnlicher Grundorientierung wie Childers auch stärker danach fragt, welche Schwachstellen der evangelikalen Bewegung diese Bewegung möglich gemacht haben.
306 https://grassroots-christianity.ck.page/products/leaving-fundamentalism
307 Vgl. Hashtags wie #exevangelikal, #postevangelikal, #fundamentalfrei und Seiten wie @glaubensweite, @freikirchen.ausstieg
308 https://www.instagram.com/p/CQ3tXSgLbDZ/
309 https://www.instagram.com/p/CNfcQPGrS7W/
310 https://www.instagram.com/p/CTsCGGNMMND/
311 Vgl. Sauter 2017.
312 https://www.instagram.com/p/CL9cAjTLSlK/
313 Das Konzept der Dekonstruktion ist unter Einwirkung mehrerer Einflüsse entstanden. Der Begriff spielt eine große Rolle im Denken des französischen Philosophen Jaques Derrida. John Caputo hat Derridas Gedanken in seinem Buch »What Would Jesus Deconstruct?« (2007) aufgegriffen. Die meisten benutzen dieses Wort jedoch unabhängig von solchen philosophischen Konzeptionen.
314 Patrick Todjeras (2020) vertritt stärker eine Deutung, die die Prozesse als Abkehr von einem reformatorisch bestimmten Glauben sieht.
315 https://www.ekd.de/ekd_de/ds_doc/bedeutung_bibel_EVA_2021.pdf
316 Vgl. auch den Grundlagentext der EKD »Christlicher Glaube und religiöse Vielfalt in evangelischer Perspektive« (2015). https://www.ekd.de/ekd_de/ds_doc/christlicher_glaube.pdf
317 https://hossa-talk.de/
Vgl. auch die aufschlussreichen Veröffentlichungen »Flucht aus Evangelika-

lien« von Gofi Müller (Müller 2017) und »Ist das Gott oder kann das weg?« von Jakob Friedrichs (Friedrichs 2020). Vergleichbare Impulse finden sich auch im Projekt Movecast.de des Theologen Martin Benz oder im 365Grad-Podcast von Hanna, Pauline und Jan. Vgl. auch Hebel 2015.

318 In diesem Zusammenhang wird häufig auch die Online-Plattform Worthaus genannt (Transparenzhinweis: Ich selbst veröffentliche dort seit 2016 regelmäßig Beiträge). Weder Worthaus selbst noch seine bisherigen Referentinnen und Referenten verstehen ihre Vorträge als Beitrag zu einer »postevangelikalen« Richtung. Vielmehr geht es um eine allgemein verständliche Vermittlung wissenschaftlicher Theologie. Eine große Breite von relevanten Positionen war für Worthaus von Anfang an wesentlich. Tatsächlich kann man aber von einer starken postevangelikalen Rezeption von Worthaus sprechen. Viele Menschen mit evangelikalem oder fundamentalistischem Hintergrund wurden auf die Vorträge aufmerksam und haben (vor allem mithilfe der Beiträge des lutherischen Theologen Siegfried Zimmer) hilfreiche Anstöße gefunden, Erkenntnisse der modernen Theologie als Hilfe zu einem Glauben mit weitem Horizont zu gebrauchen.

319 Vgl. Faix/Aschoff 2009, 169f.

320 Claussen 2020, 211.

321 Sei ein lebendger Fisch, Text & Melodie: Margret Birkenfeld, © 1973 Gerth Medien, Asslar.

322 Loren Cunningham gehörte schon zu den Rednern in Lausanne 1974: Lausanne 1974, 1294–1309. Zu Bill Bright vgl. Turner 2008.

323 Vgl. das Video von Loren Cunningham: »Original Vision of 7 Mountain Strategy«: https://youtu.be/iOrLz_RdOjQ

324 Vgl. Wagner 1996. In Deutschland wurde eine solche Sicht auch in charismatischen Kreisen eher skeptisch aufgenommen, vgl. Kopfermann 1994.

325 Siehe hier: https://bethelmusic.com/ und hier: https://bssm.net/

326 Wallnau/Johnson 2013, 10.

327 A. a. O., 25.

328 A. a. O., 33.

329 A. a. O., 44–46.

330 Dreher 2018.

331 Dreher 2018, 31.

332 Auch in Deutschland finden wir Ausläufer dieses Denkens. Eine solche Geschichtssicht bestimmt zum Beispiel auch das Netzwerk Bibel und Bekenntnis. Im Kasseler Memorandum, dem maßgeblichen Text des eigenen Selbstverständnisses, heißt es programmatisch: »Angesichts der dramatischen geschichtlichen Prozesse der letzten 250 Jahre haben wir es als Fremdlinge in der Zerstreuung mit unterschiedlichen Diasporasituationen zu tun.« https://www.bibelundbekenntnis.de/allgemein/kasseler-memorandum-2020-stimme-sein-und-staerken/

333 Vgl. den Vortrag Causa Wolffiana von Norbert Schmidt: https://youtu.be/PKI8GdsWEkY

334 Vgl. den vielfältigen Nachweis für diesen Zusammenhang bei Pollack/Rosta 2015.

335 Pollack und Rosta schreiben, »dass die charismatischen und evangelikalen Gruppen in Brasilien in ihrem religiösen Engagement durch die hochreligiöse Mehrheitskultur eine kognitive, evaluative und affektive Unterstützung erfahren, die den Evangelikalen in Europa, wo sie eine religiöse Ausnahmeerscheinung darstellen, versagt bleibt.« A. a. O., 480.

336 Evangelisation 1990, 156–167.

337 A. a. O., 167.

338 Guinness 2021.

339 Hochgeschwender 2007, 76. Vgl. dort insgesamt 61–76.

340 Vgl. vor allem Joas 2015, 26–54.

341 Lausanne 1974, 14–15.

342 Newbigin 1989, 9f.

343 Vgl. https://lausanne.org/content/gospel-and-cultures-in-the-lausanne-movement

344 Evangelisation 1990, 344.

345 A. a. O., 345.

346 Ebd.

347 A. a. O., 326. Schon Bekräftigung Nr. 20 betont religiöse und politische Freiheit gleichermaßen. A. a. O., 331.

348 A. a. O., 336.

349 Vgl. klassisch bei Eisenstadt 2008.

350 »Bonhoeffer bekannte sich zum christlichen Abendland, er lebte für Freiheit, Recht und Ordnung, für den christlich-abendländischen Rechtsstaat, gegen die Revolution des Kollektivs, gegen den Aufstand von unten. Sein Leben und Denken ist die radikale Verneinung der Ideologie durch die Christologie. Sein Leben in der ersten Hälfte des 20. Jahrhunderts stand gegen das Chaos im Aufstand, gegen die Ordnung das Recht, wie es durch die Autorität des Gebieters geboten ist« (Huntemann 1989, 67).

351 Metaxas 2011, 160f.

352 A. a. O., 216.

353 Bonhoeffer 1992, 115.

354 A. a. O., 106.

355 A. a. O., 108.

356 A. a. O., 343.

357 https://www.bibelundbekenntnis.de/allgemein/kasseler-memorandum-2020-stimme-sein-und-staerken/

358 https://www.bibelundbekenntnis.de/stellungnahmen/impuls-fuer-bekennende-gemeinschaften-2020/

359 https://www.gnadauer.de/uploads/_gnadauer/2016/09/2015_02_PrProzentc3Prozenta4sesbericht_M._Diener.pdf / https://www.gnadauer.de/uploads/_gnadauer/2016/09/2015_02_Präsesbericht_M._Diener.pdf34.

360 A. a. O., 35.

361 https://www.gnadauer.de/uploads/_gnadauer/2021/02/Steffen-Kern-Weites-Land-Impulsreferat-Gnadauer-MV-19.02.2021.pdf

362 Vgl. Zimmerling 2003, 15ff. Vgl. grundsätzlich auch Dietz 2017c und Dietz 2020b.

363 Faix/Künkler 2018, 88. Beim Folgenden wird stark zurückgegriffen auf meine Studie, Dietz 2020a.
364 Faix/Künkler 2018, 238.
365 Ebd.
366 A.a.O., 251.
367 A.a.O., 5.
368 Vgl. die Liedtexte in diesem Abschnitt: Feiert Jesus 2013, 16; Feiert Jesus 2008, 23; Feiert Jesus 2008, 39.
369 Faix/Künkler 2018, 118.
370 Feiert Jesus 2013, 8.
371 A.a.O., 49.
372 A.a.O., 29.
373 Vgl. nun vor allem das Projekt der CVJM-Hochschule »Theologie und Lobpreis«: https://theologie-und-lobpreis.de/
In dem dazugehörigen Podcast kommen Musiker wie Martin Pepper, Arne Kopfermann und Albert Frey zu Wort.
374 Vgl. vor allem das Gespräch bei Hossa Talk: https://hossa-talk.de/99-wenn-dein-kind-stirbt-m-arne-kopfermann/
375 Kopfermann 2020, 278.
376 Kopfermann 2017, 183.
377 A.a.O., 189.
378 A.a.O., 224.
379 Kopfermann 2020, 64.
380 Frey 2019, 255.
381 Wo ich auch stehe, Text & Melodie: Albert Frey, © 1994 Hänssler Verlag, Holzgerlingen.
382 Frey 2019, 42.
383 Albert 2019, 109.
384 Vgl. Harter 2018.
385 Vgl. vor allem McGinn 2001. Zum Folgenden vgl. vor allem Dietz 2018c.
386 Vgl. Maleachi-Kreis 2010.
387 Schweyer 2020.
388 Siehe u.a. auch Apelt 2019.
389 A.a.O., 540.
390 Hartl 2021, 101ff.
391 https://www.christianitytoday.com/ct/2021/september-web-only/rhodes-ccli-top-25-worship-songs-singing-justice-songs.html?utm_source=facebook&utm_medium=post&utm_campaign=article&fbclid=IwAR1nv4x03bQTG-XUI_dZhbRpfoD1QbxN4ZpvP0pa6hutBVmdk4yOgE2K2fY
392 Kopfermann 2020, 284.
393 Ich möchte an dieser Stelle bewusst keine problematischen Beispiele aus bekannten Liedern zitieren. Mir geht es weniger darum, dass einzelne Lieder falsch oder gar nicht mehr singbar sind, sondern um den Eindruck, dass sich die Gewichtung von Themen insgesamt verschieben müsste.
394 Pepper 2018, 11.
395 Ebd.

396 Vgl. Zimmerling 2018.
397 A. a. O., 35.
398 https://www.patheos.com/blogs/mercynotsacrifice/2020/01/06/iran-mike-pompeo-and-the-total-depravity-of-the-other/
399 Vgl. grundsätzlich Diener 2021.
400 Vgl. zum Überblick Dietz 2018b.
401 Vgl. insgesamt Bockmühl 1983.
402 Bockmühl 2010.
403 Die »Kleine Ethik« von Thomas Schirrmacher kann ebenfalls von einem solchen Grundanliegen her verstanden werden: Ethik hat eine normative Seite, wie sie in den biblischen Geboten zum Ausdruck kommt. Ethik steht aber auch vor einer situativen Seite. Ethische Urteile müssen stets der jeweiligen Wirklichkeit gerecht werden. Daher – und auch dies sei biblisch eindeutig – seien Gläubige auch auf Erfahrung und Kenntnis der spezifischen Situation angewiesen, etwas, was die Bibel Weisheit nennt. Schirrmacher verbindet beide Anliegen mit einem dritten, einem existenziellen Aspekt: In seinem Herzen beziehungsweise Gewissen muss der Gläubige vor Gott »aufgrund normativer und situativer Überlegungen die eigentliche Entscheidung« fällen (Schirrmacher 2002, 42).
404 Vgl. nun die ausführliche historische Einordnung und theologische Würdigung bei Du Mez 2015.
405 Vgl. Bushnell 2016; Bushnell 2020.
406 Bushnell 2016, 36.
407 Beth Allison Barr ist nicht nur Universitätsprofessorin für Geschichte. Sie ist auch die Frau eines ehemaligen Pastors der Southern Baptist Convention. Viele Jahre lang hat sie es mitgetragen, dass in der Gemeinde klar ist: Er redet, sie schweigt. Im Kindergottesdienst dürfe sie mithelfen, vor allem in der Lehre von Mädchen und kleinen Jungs. Aber nicht ohne männliche Aufsicht. Lange Zeit hat sie das schweigend hingenommen. Als sie und ihr Mann anfingen, diese Geschlechterpolitik vorsichtig infrage zu stellen, erhielt er binnen Wochen seine Kündigung.
408 Piper/Grudem 1992; Fee 2005.
409 Evangelisation 1990, 331.
410 A. a. O., 339.
411 Vgl. Schmidt 2019. Vgl. auch Ronsdorf. ^{2}2021.
412 Vgl. Smith/Kern 2000.
413 Jackson/Lin 2021.
414 Der Text der Weltweiten Evangelischen Allianz weist in einer Fußnote darauf hin, dass laut einer Umfrage schon aus dem Jahr 2011 fast zwei Drittel der Mitglieder der SBC ein Pastorenamt der Frau befürworten würden. Vgl. Jackson/Lin 2021, 86.
415 Michel 1994, 17. Vgl. auch die Standardethik des deutschsprachigen Pietismus von Helmut Burkhardt: »Es ist tatsächlich nicht möglich, in der ethischen Urteilsfindung die Situation unberücksichtigt zu lassen.« Burkhardt 1996, 46.

416 https://www.siekd.de/wp-content/uploads/2021/11/2021-03_SI-KOMPAKT-Steinkuehler.pdf

417 Vgl. McGavran 1970.

418 Vgl. Paas 2016.

419 Vgl. die Seite von Willow Creek Deutschland: https://www.willowcreek.de/ Vgl. auch Hybels 1996 und Warren 2002.

420 Schwarz 2015, 31ff.

421 Vgl. Riecker 1974. Vgl. dazu auch Dietz 2018a.

422 Weber 2008, 179.

423 Ebd.

424 Die Zeitschrift *Christianity Today* hat sich dieser Herausforderung nun gestellt durch ein neues Podcastprojekt, *The Rise and Fall of Mars Hill*. https://www.christianitytoday.com/ct/podcasts/rise-and-fall-of-mars-hill/ Auch für das Verständnis der Megachurch-Geschichte ist dieser Podcast höchst lehrreich. Der Schwerpunkt liegt auf dem dramatischen Zusammenbruch der von Mark Driscoll gegründeten *Mars Hill*-Gemeinde in Seattle.

425 Vgl. Hopkins 1996.

426 Vgl. Paas 2016, 111–180.

427 Vgl. die deutsche Übersetzung bei Herbst 2006.

428 Zimmermann 2020, 78–80.

429 Ein Überblick zur Geschichte der Freikirchen in Deutschland findet sich bei Voigt 2004. Ein Gesamtüberblick zum Baptismus findet sich bei Strübind/Rothkegel 2011. Zur Geschichte der Evangelisch-methodistischen Kirche siehe Steckel/Sommer 1982. Zur Theologie des Methodismus vgl. nach wie vor Klaiber/Marquardt 2006. Zum Bund Freier Evangelischer Gemeinden siehe Weyel 2013. Zum Bund freikirchlicher Pfingstgemeinden vgl. Eisenlöffel 2006. In den letzten Jahrzehnten spielen auch russlanddeutsche Freikirchen eine zunehmend wichtige Rolle. Schätzungen gehen davon aus, dass es rund 1000 russlanddeutsche freie Gemeinden gibt, die bis zu 300 000 Menschen erreichen. Waren diese früher sehr stark auf sich selbst bezogen, so werden sie in den letzten Jahren zunehmend Teil der evangelikalen Bewegung in Deutschland oder schließen sich der evangelischen Allianz an. Das Forum freikirchlicher Gemeinden verbindet inzwischen über 100 Gemeinden in Deutschland. Es ist bemerkenswert, dass die jährlichen Predigertagungen ausdrücklich gemeinsam in Kooperation mit den *Southern Baptists* durchgeführt werden. Auch an dieser Stelle zeigt sich einmal mehr, dass evangelikale Entwicklungen in Deutschland von globalen Trends gar nicht zu trennen sind, und das heißt nach wie vor: von nordamerikanischen Entwicklungen.

430 https://www.gftp.de/images/GfTP/02_Symposion_2021/02_Programm Symposion.pdf

431 Vgl. vor allem die Grundlagentexte (»Gottes Wort im Menschenwort«, 2018) (https://downloads.feg.de/FeG_BL_Stellungnahme_Gottes_Wort_im_Menschenwort.pdf) und »Das Evangelium Gottes von Jesus Christus« (2020) (https://feg.de/wp-content/uploads/2020/09/2020_Das_Evangelium_Gottes_von_Jesus_Christus.pdf).

432 Zum Profil vgl. https://www.ibe-feg.de/

433 Bartholomä 2019.
434 A. a. O., 232.
435 Vgl. Paas 2019.
436 A. a. O., 201.
437 Moynar 2012, 431ff.
438 Schlink 1983, 696.
439 Vgl. für den Baptismus Klaus Schönberg in seinem »Basisbuch Gemeindegründung«: »In der Gemeindegründungsszene Deutschlands gibt es neue Entwicklungen: Freikirchliche Gemeindegründer und -gründerinnen, landeskirchliche FreshX-Gründer und -Gründerinnen und katholisch-pastorale Start-ups nehmen einander wahr, laden einander ein und feiern auch die Erfolge der anderen Kirchen. Das ist neu und ein echtes Zeichen gelebter Ökumene.« Schönberg 2021, 22.
440 Für eine ausführliche Darstellung dieses Konflikts fehlt in diesem Buch sowohl der zeitliche wie der persönliche Abstand. Einen Eindruck von der jüngeren Geschichte bekommt man im Podcast »Das Wort und das Fleisch«, vor allem in Folge 12 (https://wort-und-fleisch.de/). Einen ersten Überblick gab bereits Hemminger 2016, 163–167. Vgl. Parzany 2015 und Parzany 2017. Siehe nun vor allem auch Diener 2021.

FOTOS IM INNENTEIL

Bonhoeffer im Garten einer Pension in London, Juli 1939, Foto: unbekannt | akg-images (AKG1732)

Rev. Dr. Jonathan Edwards 1837, Gravur | Wikimedia Commons (https://de.m.wikipedia.org/wiki/Datei:Rev._Dr._Jonathan_Edwards_(1837_engraving).jpg)

Balthasar Denner: Nikolaus Ludwig von Zinzendorf, Öl auf Leinwand, 1731 | Unitätsarchiv Herrnhut (GS.043)

William Seymour, 1870, Foto: unbekannt | lectio.spu.edu (https://lectio.spu.edu/wp-content/uploads/lectio/romans/week6-seymour.jpg)

Rev. J. G. Machen, Foto: unbekannt | Wikimedia Commons (https://commons.wikimedia.org/wiki/File:J.G.Machen.jpg)

Aimee Semple McPherson, 1914, Foto: unbekannt | National Photo Company

Katharine Bushnell, Foto: unbekannt | Wikimedia Commons (https://commons.wikimedia.org/wiki/File:KATE_BUSHNELL.jpg)

Der Baptistenpfarrer und Erweckungsprediger Billy Graham eröffnet am 16. Juli 1974 in Lausanne den Internationalen Kongress für Weltevangelisation | akg-images | Keystone | STR (AKG7459030)

Corrie ten Boom | © Stichting Corrie ten Boomhuis, Haarlem

Festo Kivengere, (CC) BY-SA 4.0, Foto: unbekannt | Wikimedia Commons (https://commons.wikimedia.org/wiki/File:Bishop_Festo_Kivengere.jpg)
René Padilla, Foto: Ruth Padilla DeBorst
John Stott, Foto: unbekannt | Langham Partnership International
C.S. Lewis, ca. Anfang 1960er, Foto: unbekannt | picture alliance | Everett Collection (22429988)
Tim LaHaye, Foto: Brian MacDonald
Henry M. Morris, Foto: unbekannt | New Leaf Publishing
Rousas J. Rushdoony, Foto: unbekannt | NNDB (https://www.nndb.com/people/380/000058206/)
Rachel Held Evans, Foto: Maki Garcia Evans | HarperCollins
Bill Bright, Foto: unbekannt | Cru (https://www.cru.org/us/en/about/billbright.html)
Lesslie Newbigin, Foto: unbekannt | InternationlBulletin.org (http://www.internationalbulletin.org/issues/2009-01/2009-01-019-newbigin.gif)
Klaus Bockmühl, Foto: Brunnen Verlag GmbH | www.brunnen-verlag.de
Kristin Kobes Du Mez, Foto: unbekannt (https://public-platform.s3.amazonaws.com/wp-content/uploads/sites/18/2018/09/27005758/kristin-kobes-du-mez-copy.jpg)
Samuel Escobar, Foto: unbekannt (https://samuelescobar.com/wp-content/uploads/2015/04/samuel-escobar-pactonuevo-biografia-228x300.jpg)
Hal Lindsey, Foto unbekannt (https://www.tvguidetime.com/wp-content/uploads/2020/09/Hal-Lindsey.jpg)
Jemar Tisby, Foto: unbekannt | HarperCollins
David Gushee | Foto: Mercer University
Beth A. Barr, Foto: bethallisonbarr.com
Michael Moynagh, Foto: Privat
Amos Yong, Foto: Fuller Theological Seminary
Rick Warren, Foto: Ecclesine Photography
Thomas Schirrmacher, Foto: Esther Schirrmacher | Weltweite Evangelische Allianz
Arne Kopfermann, Foto: Sergej Falk
Albert Frey, Foto: Sergej Falk
Tobias Faix, Foto: Tim Guttenberger
Christoph Raedel, Foto: Christian Kaiser | FTA e. V.
Martin Pepper, Foto: Ralf Arndt, www.mensch-berlin.de